지워진 한국영화사

문화영화의 안과 밖

지워진 한국영화사

: 문화영화의 안과 밖

초판 발행 2014년 12월 15일

기획 한국영상자료원
펴낸이 이병훈

펴낸곳 한국영상자료원
주소 서울시 마포구 월드컵북로 400
출판등록 2007년 8월 3일 제313-2007-000160호
대표전화 02-3153-2001
팩스 02-3153-2080
이메일 kofa@koreafilm.or.kr
홈페이지 www.koreafilm.or.kr

편집 및 디자인 현실문화연구(02-393-1125)
총판 및 유통 현실문화연구

값 20,000원

ISBN 978-89-93056-50-1 (93680)

지워진 한국영화사

문화영화의 안과 밖

| 한국영상자료원 엮음 |

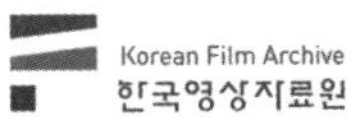

발간사

한국영상자료원 한국영화사연구소는 원로영화인 구술채록 사업을 비롯하여 한국영화 관련 연구 성과들을 발표하는 심포지엄과 세미나, 사료 편찬과 학술 서적 및 한국 고전영화 DVD·블루레이 발간 등 다양한 사업을 통해 한국영화에 대한 대중의 관심을 높이고 한국영화 연구의 질적 수준을 높이는 데 노력해왔습니다. 그리고 여기 이 책은 이러한 다양한 노력들이 모인 작은 결실입니다.

이 책은 지난 2012년, 한국영상자료원 한국영화사연구소에서 진행한 문화영화 관련 구술채록 사업이 발단이 되어 기획되었습니다. 문화영화에 대한 연구가 거의 없는 실정에서 문화영화계에 종사했던 여러 영화인들을 만나기 위해 연구소 직원들과 구술채록 연구원들이 모여 소규모의 세미나를 꾸렸고, 고려대학교 한국사연구소 역사영상융합연구팀 연구원들이 합류하면서 보다 풍성한 세미나를 진행하게 되었습니다. 2013년 7월, 한국영화사연구소는 그 공부의 결과를 모아 학술 심포지엄을 개최하였고, 이때 오갔던 논의들이 보다 정교화되어 이번 단행본 발간으로 이어졌습니다.

한국영화의 역사에서 중요한 축을 이루었지만 그간 제대로 논의된 적 없는 문화영화라는 영역은 어쩌면 한국영화사의 지워진 부분이라고 할 수 있습니다. 정부 시책을 전달하고 선전하는 것에서부터 시청각 교육과 계몽, 근대화·산업화의 경로에 있던 한국사회의 모습과 이국 풍물, 스포츠, 쇼 등 다채로운 볼거리를 소개하는 목적까지, 문화영화는 일제강점기부터 1990년대 초까지 오랜 기간 다양한 소재와 통로로 관객들과 만났습니다. 그러나 문화영화는 1990년대 이후 영화법의 변화와 TV의 역할 확대로 점차 극장에서 사라지기 시작했습니다. 그와 동시에 한국영화사의 기록에서 의식적이든 무의식적이든 망각되어 지워졌습니다.

이런 점에서 이 책은 한국영화사에서 지워진 문화영화라는 영역의 윤곽을 조금씩 그려나가는 밑거름이 될 것입니다. 비록 본격적인 연구를 위한 예비적 단계이기는 하지만, 이 책에서 다루고 있는 문화영화의 제도와 역사, 문화영화 생산과 수용의 양상은 당대 사회의 제도, 문화, 대중인식 등을 재구성하는 작업임과 동시에 문화영화의 가치와 문제를 새롭게 인식하는 계기가 되리라 기대합니다. 이 자리를 빌려 2년여의 지난한 과정에 동참해주신 연구자들의 노고에 다시 한 번 감사의 인사를 드립니다.

한국영상자료원장

이병훈

차례

발간사 4

서문

대안영화에서 선전영화까지

: 한국 문화영화의 역사와 쟁점 | 이순진 | 9

1부 문화영화의 제도와 역사

식민지기 조선의 문화영화 개념 형성에 관한 연구 | 정종화 | 45

문화영화의 제도화 과정

: 1960~70년대 영화법과 관련 정책 변화를 중심으로 | 조준형 | 75

국가에 의한 영화 제작의 역사와 국립영화제작소

: 정부 영화 제작 기구와 민간 영화산업의 관계를 중심으로 | 이순진 | 115

민간 문화영화 제작자를 통해 본 민간 문화영화 소사 | 이정아 | 160

2부 문화영화의 생산과 수용

한국 스포츠-민족주의의 한 기원
: 해방 전후 〈올림피아〉 1부 〈민족의 제전〉,
올림픽과 마라톤 문화/기록영화 상영을 중심으로 | 심혜경 | 187

제2차 세계대전 전후 선전 애니메이션과
1950~60년대 국립영화제작소 애니메이션의 관계 | 공영민 | 228

'쇼 문화영화'의 계몽성과 오락성
: 국민적 오락과 근대화 프로젝트의 파편들 | 박혜영 | 267

박정희 정권 후반기 영화와 섹스 그리고 국가
: 독일 성교육 영화 〈헬가〉의 수입과 검열 과정을 중심으로 | 조준형 | 305

일러두기

1. 이 책은 2012년 한국영상자료원 한국영화사연구소의 주제사(문화영화) 구술채록을 위한 세미나 및 2013년 한국영화사연구소 학술 심포지엄의 결과물입니다. 이 책은 2013년 학술 심포지엄 "지워진 한국영화사: 문화영화의 안과 밖"에서 발표된 글들과, 책의 필진으로 참여한 연구자들이 2012년 고려대학교 한국사연구소 역사영상융합연구팀 학술대회 "살아있는 역사, 움직이는 자료: 한일간 영상물 연구와 아카이빙 정보의 교류"에서 발표한 글 및 그 밖의 학술지에 발표한 글을 수정·보완하여 엮은 것입니다. 이 경우 각 글의 제목부에 별도의 표기와 함께 출처를 명기하였습니다.
2. 책의 기획과 구성은 한국영상자료원 한국영화사연구소와 이 책의 필자들이 공동 진행하였으며, 책임 편집은 한국영화사연구소 연구원 이지윤이 맡았습니다.
3. 맞춤법과 띄어쓰기는 "한글 맞춤법"을 따르되, 신문 기사 등의 인용은 당대의 표기를 따랐습니다. 또한 영화 등의 작품명은 〈 〉, 노래 및 기사 제목은 " ", 신문과 잡지명은 《 》, 논문은 「 」, 단행본은 『 』로 표시하였습니다.

서문

대안영화에서 선전영화까지
: 한국 문화영화의 역사와 쟁점*

이순진

1. 문화영화의 개념을 둘러싼 문제들

문화영화는 이론적으로 정의된 개념이거나 그 경계가 분명한, 배타적인 범주가 아니다. 그것은 영화 장르와 마찬가지로 특정한 사회 구성원 사이에서 합의된 일종의 소통체계이며 역사적으로 끊임없이 변화해온 범주이다. 또한 문화영화는 상업적인 장편 극영화, 기록영화, 뉴스영화, 또는 독립영화와 같이 다른 범주들과의 비교를 통해 규정되는 상대적인 범주이기도 하다.

문화영화가 처음으로 법적인 개념으로서 그 지위를 획득한 것은 1940년 시행된 조선영화령에 의해서이며,[1] 해방 후에는 박정희 정권의

* 이 글은 고려대학교 한국사연구소 역사영상융합연구팀의 학술대회 『살아있는 역사, 움직이는 자료: 한일간 영상물 연구와 아카이빙 정보의 교류』(2012년 6월 23일)에서 발표한 것을 단행본의 취지에 맞게 수정, 보완한 것이다.

영화법(1962년 제정영화법 제11조)이 극영화 상영 시에 '문화영화'의 상영을 의무화하도록 규정함으로써였다. 이때부터 문화영화는 그 작품의 내적 특성에 의해서보다는 외적 요인들에 의해서 더욱 잘 규정될 수 있는 범주가 되었다. 하지만 그렇다고 해서 상업적인 장편 극영화와 뉴스영화를 제외한 모든 영화를 포괄하는 관습적인 용법이 완전히 사라진 것은 아니어서, 예컨대 아방가르드 영화나 장편 애니메이션, 단편영화와 심지어는 광고영화까지도 '문화영화'의 범주 아래 제작, 상영되었다.

문화영화에 대한 논의에서 중요한 것은 그것의 개념을 이론적으로 명확하고 배타적인 것으로 정립하는 것이 아니다.[2] 문화영화 개념이 함

1 1940년 조선영화령에서는 문화영화의 명칭이 사용되지 않았다. 문화영화 명칭이 처음으로 나타나는 것은 1942년 5월 시행된 개정 시행규칙을 통해서이다. 이에 대한 자세한 논의는 이 책에 수록된 조준형, 「문화영화의 제도화 과정: 1960~70년대 영화법과 관련 정책 변화를 중심으로」를 참고할 것.

2 이는 영화 장르 이론에서 꾸준히 제기되어온 장르 정의의 문제와 연관된다. 장르 이론의 초창기에는, 예컨대 서부극 등과 같은 개별 장르들이 어떤 본질적 특성을 가졌는가를 중심으로 장르 범주를 규정하고자 하는 논의들이 활발히 생산되었다. 개별 장르들을 아이콘(icon), 관습(convention), 서사(narrative)의 특성을 통해 정의하려고 시도하는 토머스 샤츠의 『할리우드 장르』 같은 연구서가 대표적이다. 하지만 또 다른 장르 이론가들은 전통적인 장르 비평이 가진 본질주의적 성격에 문제를 제기해왔다. 예컨대 앤드루 튜더는 장르를 내적 특정에 따라 규범적으로 정의하고자 하는 비평가들이 일종의 '경험주의적 딜레마'에 빠져 있음을 지적한다. 비평가들은 "일군의 영화를 분석, 이를 기초로 [예컨대] 서부극을 정의"하는데 사실 분석이 끝나기 전까지는 그 영화들을 서부극이라고 부를 수 없다는 것이다. 서부극의 특성을 규명하기 위해 소환된 일군의 영화들은 분석 이전에 이미 서부극으로 범주화되어 있었던 셈이다. 따라서 "비평가에 의해 소급해서 지정된 장르 명칭을 받아들이고 그 범주를 통해 개별 영화들을 분류하고 특성을 논하는 방법"보다 "생산성 있는 가능성은 영화사로 되돌아가서" 그러한 범주가 역사적으로 구성되어온 과정을 밝히는 것이다(Andrew Tudor, "Genre", Barry Keith Grant ed., *Film Genre Reader*, University of Texas Press, 1986, pp. 3~10). 릭 앨트먼 또한 "장르에 대한 역사적 접근"이란 "영화 장르에 대한 표준화된 관점"을 피하고 장르의 역사를 복합적이고 서로 갈등하는 담론적 구성물의 역사로 파악하는 것이라고 지적한다(Rick Altman, *Film/Genre*, BFI, 1999, pp. 13~29). 마찬가

의해온 바가 암시하는 것, 예컨대 박정희 정권 이후로 법적 규정에 따라 문화영화의 개념이 어떻게 재정의되었는가와 같은 문제를 추적하는 편이 더 생산적일 수 있다. 말하자면 문화영화가 무엇인가를 묻기보다는 문화영화라는 범주가 어떤 힘들의 작용에 의해 역사적으로 어떻게 변화해왔는가, 또 문화영화는 여타의 범주들과 어떤 관계를 맺으며 자신을 구성해왔는가를 질문해야 한다는 것이다.

물론 법적 규정과 그에 기반을 둔 각종 제도적 장치들은 문화영화 개념의 역사적 변화 과정을 살펴보는 데 매우 중요하다. 그것이 문화영화와 관련한 사회적 합의를 도출하는 장을 형성했고, 그런 점에서 법과 제도는 문화영화를 규정하는 지배적인 힘인 동시에 그것의 존재 조건이었기 때문이다. 문화영화에 대한 학문적 접근이 우선적으로 법과 제도로 향하고 있음은 그와 같은 연유에서다.

이하나가 지적하고 있다시피, 문화영화는 그것이 문서화된 사료가 아니기 때문에 오랫동안 역사 연구자의 관심을 끌지 못했으며, 또한 상업적인 극영화feature film가 아니기 때문에 영화 연구자의 연구 대상으로도 주목받지 못했다.[3] 그런 점에서 "생산된 당시의 사회상과 국가상을 잘 보

지로 문화영화의 내적 특성을 '본질적'으로 규명함으로써 문화영화에 대한 논의를 출발시키고자 했을 때 봉착하게 되는 난관은 그것의 정의를 보다 정교하고 엄밀하게 규정함으로써 돌파할 수 있는 것이 아니라 오히려 문화영화를 둘러싼 사회적 관계들, 그것의 생산과 소비에 연루된 여러 주체 사이의 힘의 관계들을 역사적으로 규명하는 데 있다고 본다. 할리우드 장르를 통해 정교화된 서구의 장르 이론이 산업 내부의 관계들에 주목하는 것과는 달리, 한국 문화영화의 경우는 국가의 법적, 제도적 장치들이 결정적인 역할을 해왔음을 인식하는 것이 중요하다. 하지만 국가의 압도적인 규정력 아래에서도 산업 주체들이 그와 같은 규정력과 협상하거나 그것을 우회하는 갖가지 편법들을 고안해왔음을 기억해둘 필요가 있다. 한국 문화영화는 바로 그와 같은 과정을 통해 생산된 역사적 구성물인 것이다.

여주는 영상 사료"로서 문화영화의 중요성에 주목하고 있는 이하나의 문제의식은 새로운 것이라고 평가할 수 있다. 그는 문화영화에 대한 일련의 연구[4]를 통해, 문화영화를 규정해온 정치권력의 성격을 드러내면서 해방에서 1960년대까지 문화영화의 역사를 비교적 충실하게 재구성하고 있다. 하지만 분석 대상을 공보실(처) 대한영화사와 국립영화제작소의 제작물로 한정하고, 그것이 현실과 맺는 관계를 재현representation이 아니라 반영reflection으로 보는 입장[5]을 취함으로써, 문화영화의 역동적인 측면을 포착하는 데는 실패하고 있다. 또한 이하나는 문화 영역의 상대적인 자율성을 간과하고 특정한 정치적 목표에 의해 공보 정책을 수립하고 실행한 정치권력을 문화영화의 직접적인 작인作因으로 보는 경향이 있다. 그러나 문화 영역에 대한 정치권력의 통제라는 문제는 국가의 기구가 직접 나서서 문화물을 생산하는 양상을 넘어서는 차원을 포괄하며, 따라서 국립영화제작소의 제작 활동과 국가의 시책을 직접적으로 연관짓는 접근 방식

---

3 이하나, 「1960년대 문화영화의 선전 전략」, 『한국근현대사연구』 52집, 한국근현대사학회, 2010, 146쪽.

4 이하나, 「1950~60년대 '대한민국'의 문화 재건과 영화 서사」, 연세대학교 박사학위 논문, 2009; 이하나, 「정부 수립기~1950년대 문화영화와 국가 정체성」, 『역사와 현실』 74호, 한국역사연구회, 2009; 이하나, 「1960년대 문화영화의 선전 전략」, 『한국근현대사연구』 52집, 한국근현대사학회, 2010.

5 반영적 태도를 드러내는 가장 두드러진 지점은, "국토, 국민, 국가, 반공, 군사, 민족, 재건, 대통령, 정치, 경제, 문화, 생활, 체육, 국제, 기타" 등 주로 소재의 차원을 준거로 선정한 키워드들을 통해 문화영화를 분류하고 각각의 분류에 따라 시대별 문화영화의 특성을 분석하는 부분이다. 각각의 키워드가 실제 문화영화에 배타적으로 적용될 수 없다는 문제점은 차치하고라도, 재현의 문제는 결코 소재의 차원으로만 다루어질 수 없다는 점에서도 이와 같은 분류 체계를 통해 문화영화를 분석하는 것은 중요한 문제를 노정할 수밖에 없다. 재현이란 무엇을 다루느냐뿐 아니라 어떻게 다루느냐를 문제 삼는 것이기 때문이다.

은 제한적인 성과만을 낳을 수 있다. 국가에 의한 직접적인 문화영화의 생산 못지않게, 교육과 계몽의 필요성에 대한 사회적 동의에 기반을 둔 민간 문화영화의 역사 또한 상당한 두께를 형성하고 있다. 그뿐 아니라 국가에 의한 영화 제작조차도 그와 같은 사회적 동의에 기반하고 그것을 전유함으로써 정당성을 확보해왔다는 사실도 기억해야 한다.

문화영화의 상대적인 자율성은 심지어는 국립영화제작소의 제작물에서도 지속적으로 발견된다. 기본적으로 국립영화제작소의 문화영화 감독들은 기획에서 후반 작업까지 모두 혼자 책임지는 1인 제작 방식으로 일했다. 기획 아이템의 선정과 관련해서도, 정책적으로 주어지는 것도 있었지만 개인이 제안하는 경우도 많았다는 것이 문화영화 감독들의 공통된 증언이다. 정책 차원에서 결정된 아이템이라 하더라도 실제로 작품을 만드는 과정에서 감독의 재량권은 매우 폭넓게 인정되고 있었다.[6] 예컨대 국립영화제작소 소속 문화영화 감독이었던 김인태는 1962년 5·16 쿠데타 1주년을 맞아 정부 차원에서 대대적으로 개최했던 여러 국제 행사 가운데, 국제 음악제를 다룬 기록영화를 만들었다. 1962년 4월 18일부터 5월 16일까지 국립극장과 시민회관에서 개최되었던 이 행사가 명백히 정치적인 의도를 갖고 있었음에도, 기록영화 〈국제 음악제〉를 만드는 것은 거의 전적으로 감독의 재량에 맡겨져 있었다.[7] 이를 증명하듯, 박정희 의장이 참석했던 개막식이나 폐막식의 장면은 영화에 등장하지 않는다. 기록

6 이에 대해서는 보다 많은 자료의 수집과 치밀한 논증이 필요하다. 개별 사례를 넘어서서 만들어진 작품들을 검수하는 내부의 시스템에 대한 조사 연구 작업이 좀 더 진행되어야 한다.

7 이순진, 「김인태」, 〈문화영화〉 구술채록연구팀, 『2012년 한국영화사 구술채록연구 시리즈 〈주제사〉』, 한국영상자료원, 2012, 50쪽.

영화 〈국제 음악제〉는 전적으로 음악인들의 연주로만 채워져 있다.

또 다른 사례는 역시 국립영화제작소의 문화영화 감독 이지완의 예에서 찾을 수 있다. 설악산의 사계를 담는 해외 홍보용 기록영화를 만들기 위해 이지완은 2년 동안을 설악산에서 보냈다. 원래 계획은 1년 동안 찍는 것이었으나, 만족스런 촬영분이 확보되지 않아서 1년을 연장했다고 한다. 이처럼 한 작품의 제작을 위해 2년씩 현지에 거주하면서 영화를 찍는 일이 가능했던 것은 국립영화제작소가 단기적이며 직접적인 정치 선전을 넘어서는 영화의 생산 기지였음을 보여준다. 이와 같은 방식의 기록영화 제작은 서구의 인류학적 다큐멘터리의 전통에서 찾아볼 수 있는 것인데, 감독인 이지완 또한 다큐멘터리 영화 작가로서의 자의식을 확고하게 갖고 있었다.[8] 국가 공무원이자 기록영화 감독으로서의 이중적인 정체성과 관련해서는 별도의 논의가 필요하지만, 분명한 것은 국가의 공보 정책을 실현하는 영화를 만드는 일이라 할지라도 영화가 문화 재현물인 이상, 영화감독의 예술가적 자의식이 작용한다는 사실이다.

권력을 장악한 특정한 정치 세력이 만든 법과 제도가 문화영화의 존재 조건과 텍스트의 특성을 규정하는 가장 강력한 힘이었던 것만은 분명하지만, 그러한 제도적 규정력은 개별 텍스트 하나하나에 직접적으로 작용하기보다는 그 텍스트들이 생산되고 소비되는 장을 주조하고 그것이 수용되는 맥락을 제공하는 방식으로 작용했다고 보아야 한다. 그런 점에서 정치권력의 이해관계가 관철된 법과 제도 그 자체가 아니라, 오히려 그것이 창출하고 조율해온 시장의 영역에 주목할 필요가 있다. 문화영화

---

8 이순진, 「이지완」, 〈문화영화〉 구술채록연구팀, 『2012년 한국영화사 구술채록연구 시리즈 〈주제사〉』, 한국영상자료원, 2012, 129~131쪽.

가 최종적으로 대중과 만나는 지점은, 그것의 생산 주체가 국가든 민간이든 간에, 영화의 소비 시장이라는 점에서 더욱 그렇다.

박정희 정권은 문화영화의 동시상영제를 강력하게 시행함[9]으로써 그것의 배급과 상영에 개입하는 대신, 생산에 있어서의 독점권을 포기했다. 문화영화의 동시상영제는 시장에서의 수요를 창출했고, 이로써 문화영화를 제작, 수입하는 민간의 산업이 비교적 대규모로 형성되었다. 특히 1970년대 이후 정부 각 부처나 지방 관청, 그리고 홍보를 위해 광고영화를 본격적으로 제작했던 기업들까지도 문화영화의 발주처로 등장함으로써 문화영화의 시장은 더욱 확대될 수 있었다. 이와 더불어 식민지 시대 이래로 독자적인 볼거리로서 극장 흥행물의 중요한 일부를 담당했던 기록, 뉴스, 단편영화들의 성격이 1950년대까지도 어느 정도 유지되고 있었으며, 교육, 종교영화들이 교육 기관 및 교회를 비롯한 종교 기관과 같은 독자적인 판로를 확보하고 있었던 사실까지 고려한다면, 문화영화가 생산, 유통되었던 시장은 무시할 수 없는 규모를 갖고 있었다고 할 수 있다.

정치권력과 시장의 관계를 놓고 볼 때, 국가가 직접 문화영화를 생산하는 것에서 더 나아가 민간의 문화영화 제작사를 육성함으로써 지배 담론을 생산하는 일의 일부를 시장의 영역에 분담시켰다는 점은 특히 중요한 의미를 갖는다. 그것이 어떻게 형성되었든 간에 시장은 경제 논리에 의해서 작동하기 때문에 일정한 자율성과 자발성을 담지할 수밖에 없다

---

9 해방 이후 문화영화와 뉴스영화의 동시상영제가 처음으로 시도된 것은 자유당 정부 시절이었다. 1959년 1월 14일, 문교부 고시로 외국영화 상영 시 문화영화 및 뉴스영화의, 국산영화 상영 시 뉴스영화의 동시상영 규정이 발표되었던 것이다. 하지만 실제로 이 규정은 잘 지켜지지 않았던 것으로 보인다. 박정희 정권이 1962년 제정된 영화법에 문화영화의 동시상영을 의무로 명시함으로써, 비로소 동시상영 제도는 실효성 있는 장치를 마련하게 되었다.

는 점에서 그렇다. 민간의 영역이 자발적으로 지배 담론의 생산과 유통에 적극적으로 참여하는 것이야말로 공보 정책의 가장 이상적인 실현 방향이며, 특히 박정희 정권의 문화영화 관련 정책은 그와 같은 점을 충분히 고려하고 있었다는 점에서 1950년대 문화영화 정책과 차별화된다고 평가할 수 있다.

하지만 이와 같은 이상적인 실현 방향이 언제나 정권의 뜻대로 성취되었던 것은 아니다. 시장의 자율성은 그것이 비록 근본적으로는 법과 제도가 울타리를 친 영역 안에서만 작동되는 것이라 할지라도, 정치 논리를 배반하는 수준으로까지 경제적인 목표를 추구할 수도 있기 때문이다. 실제로 민간 영역의 문화영화를 육성하기 위해 상업적인 극영화와는 별도로 적용되었던 법적, 제도적 장치들이 영리를 추구하는 문화영화 업자들에 의해 여러 가지 방식으로 '활용'되었던 사례는 쉽게 목격된다.

예컨대, 영화법 제정 당시부터 문화영화 개념의 핵심을 구성했던 "사실 기록을 위주로 제작된 영화"(제정영화법 2조 5항)라는 규정을 근거로 민간의 문화영화 수입업자들이 해외의 선정적인 다큐멘터리를 수입, 상영하는 일이 빈번했다. 정부는 이에 대응해 1970년 12월 23일 영화법 시행령에 "단순히 오락 또는 흥행을 위하여 제작된 것으로서 극영화에 준하여 상영할 수 있는 영화"를 수입 추천에서 배제한다는 조항을 삽입했지만, 규정 해석에 있어서의 자의성을 근본적으로 봉쇄할 수는 없었다.

또 식민지 시대 이래로 과학적 지식을 소개하는 이른바 '과학영화'가 문화영화의 일부를 구성해왔던 역사 때문에, 1969년에는 〈혹성탈출 Planet of the Apes〉(프랭크린 J. 샤프너, 1968)과 〈바바렐라 Barbarella〉(로제 바딤, 1968) 같은 공상과학 영화 science fiction film가 문화영화로 분류되어 수입 추천을 받는 해프닝이 벌어지기도 했다. 1980년대까지 극장용 장편 애니메이션은, 그것이 명백히 영리적인 목적을 위해 제작, 상영된 것이었음에도, 어린이 대상의 영화는 '교육영화'의 일부라는 오래된 통념에 의해서 문화영화의 범주 안에 머물러 있었다. 심지어는 광고영화조차도 문화영화의 일부로 여겨져왔는데, 그것은 뉴스영화와 상업적인 극영화 이외의 모든 영화를 포괄하는 문화영화의 관습적 용법이 작용하는 한편으로, 개별 기업의 발전이 국가 차원의 일로 받아들여지면서 기업에 대한 홍보가 뉴스, 문화영화의 중요한 부분을 구성했던 개발주의 시대의 상황을 반영하는 것이다. 이와 같은 사례들은 배타적이고 전일적인 범주화를 요구하는 법적 개념이 문화영화와 같은 일종의 '장르'를 다루는 데 얼마나 무능한가를 드러내준다. 요컨대 문화영화를 법적으로 규정하고 완벽하게 통제하는 것은 사실상 불가능한 일이었던 것이다.

영화 역사의 관점에서 특히 중요한 것은 '비상업적'인 의도라는 규정이 상업적인 극영화를 제외한 모든 영화를 의미하는 한에서는 그것이 실험적인 단편영화들이나 정부 시책에 반하는 기록영화까지도 포괄할 수 있는 가능성을 담지하고 있었다는 점이다. 예컨대 영화감독 유현목은 문화영화 제작사인 유프로덕션을 설립하고 그 스스로 〈손〉(1966)과 같은 아방가르드 영화를 만들었을 뿐 아니라, 여성 실험영화 집단 카이두나 씨네클럽과 같은 젊은 세대들의 후원자로서의 역할을 수행했다. 물론 다른 한편으로 유현목은 〈조국의 등불〉이나 〈사랑의 등불〉과 같은 노골적인 정치 선전영화도 제작했다.[10] 유현목의 사례는 상반된 것으로 보이는 두 경

10 각각 박정희와 육영수를 다룬 〈조국의 등불〉과 〈사랑의 등불〉이 영화 작가 유현목의 자발적인 의사에 의해 만들어진 것이며, 그것이 검열 제도와의 길항 관계를 통해 지배 담론을 내면화한 결과라는 점에 대해서는 박유희가 설득력 있게 논구한 바 있다. 박유희, 「예술과 독재, 유현목

향의 영화들이 '문화영화'라는 이름 아래서 오랫동안 동거해왔다는 사실을 보여준다. 국가 시책을 홍보하는 관 주도의 선전영화propaganda film라는 지배적인 용법의 한편에서 문화영화는 주류영화에 대한 대안적인 영화alternative film들이 근거할 수 있는 입지점이기도 했던 것이다. 그런 의미에서 문화영화는 친체제적인 영화의 극단과 반체제적일 가능성을 가장 풍부하게 내장한 영화의 극단이 함께 기거하는 기묘한 구조물이라고 말할 수 있을 것이다.

요컨대 문화 영역은 그 본질상 완전한 국가의 통제 체계 안에 포섭될 수 없으며, 따라서 중요한 것은 그러한 통제 체계를 벗어나는 부분을 어떻게 조율 또는 활용할 수 있느냐는 문제였다. 이와 같은 초과의 영역을 둘러싸고 국가와 시장은 오랫동안 갈등과 협상을 반복해왔으며, 문화영화에 대한 연구는 바로 이 지점에 착목할 필요가 있다.

2. 문화영화의 쟁점들

2-1. 문화영화와 '과학적' 지식

한국영화사의 초창기부터 영화 매체는 서구 근대 과학기술의 산물로 받아들여졌다. 따라서 영화를 본다는 것은 그 자체가 서구의 과학기술과 만나는 경험이었다고 말할 수 있다. 바로 그와 같은 맥락에서 기차나

영화의 정체성」, 이순진 · 이승희 편, 『한국영화와 민주주의』, 선인, 2011, 383~418쪽.

비행기, 자동차 같은 근대의 운송 수단이나 여성의 출산 과정처럼 서구 의학에 의해 대상화된 신체를 담은 기록영화, 그리고 위생과 관련한 각종 계몽영화들은 그 자체가 독자적인 흥행물로서 존재할 수 있었다. 영화는 그것이 활동사진으로 불리던 초창기부터 그 존재 자체가 '과학'이었을 뿐 아니라 '과학'적 지식을 전달, 유포하는 중요한 매체였던 것이다. 영화가 그 스스로 '과학'이기를 멈추고 과학을 다루는 매체로 위치 지어지면서 과학영화라는 독자적인 범주가 등장하게 되었다. 이것은 달리 말하면 '사진을 활동'하게 하는 기계 장치 자체에 대한 관심이 줄어들고 영화가 일상적인 오락으로 자리 잡게 되는 과정이었다고 말할 수 있다.

과학영화라는 범주가 본격적으로 제기되고, 그것이 문화영화의 핵심적인 부분으로 자리 잡게 된 데에는 독일 우파UFA가 제작했던 문화영화들이 중요한 영향을 미쳤다. 문화영화Kulturfilm라는 용어의 원 출처였던 독일의 우파는 조선에서 처음으로 문화영화라는 이름으로 소개된 영화 〈미와 힘의 길〉의 제작사이기도 했다.[11] 1926년의 기사에서는 이 영화가 "백림 의학계 태두 니코라스 코프만"이 구상 지도한 영화라고 소개하고 있는데, 여기서 거론된 니콜라스 카우프만Nicholas Kaufmann은 의학을 전공한 과학자로서 우파의 문화영화부를 이끌었던 인물이다. 이 기사가 보여주는 것처럼 '체육영화' 또한 인간의 몸과 관련한 것이라는 점에서 과학과 연관되었으며, 체육영화는 위생영화와 더불어 과학영화의 중요한 부분을 구성했다. 인간의 몸과 관련한 것을 제외하고, 1930년대 후반 이래 과학영화의 핵심적인 부분 중의 하나는 이른바 '통속 과학영

11 "독일 신문화영화 대규모의 톄육 장려 영화", 《동아일보》 1926년 5월 16일자, 5면.

화' 또는 '반半과학영화'라고 불렸던, 과학적 지식을 쉽게 풀어서 전달했던 문화영화들이었다. 이러한 문화영화들에는 비행기, 라디오 같은 각종 기계들의 원리를 설명하는 것이 포함되어 있었는데, 당시 세계 전역이 전란에 휩싸여 있었던 만큼, 기계에 대한 관심은 이른바 '군비 과학'의 지식에 대한 관심으로 쉽게 연결될 수 있었다.[12]

해방 이후 독일 우파 문화영화의 영향력은 현저히 축소되었지만, 과학영화의 맥락에서 볼 때 식민지 시대와 해방 후의 상황은 연속적인 측면이 많다. 예컨대 기계화된 산업을 소개한 미국의 문화영화들이 식민지 말기 '통속 과학영화'의 연장선상에서 소비되었으며, 위생과 체육을 중심으로 한 신체에 대한 과학적 담론 또한 여전히 문화영화의 중요한 영역이었다.

과학, 즉 서구의 근대적 지식을 전달하고 유포하는 것을 핵심적인 목표로 내세우는 문화영화 가운데 일부는 1950년대 후반에 이르면 교육영화 또는 교재영화로 특화되면서 각종 학교나 도서관 등을 통해 유통되는 독자적인 채널을 확보하기 시작했다. 1950년대 말부터 목격되는 시청각 교육에 대한 급증하는 관심 안으로 식민지 시대 문화영화에서 중심적인 위치를 차지했던 한 부분이 포섭되었던 것이다. 이와 관련해 양종해, 김인태 등 다수의 국립영화제작소 감독들이 1963년 설립된 이화여자대학교 시청각 교육과의 강사로 출강했던 일은 시사적이다. 또한 국립영화제작소에서 해외로 나가는 문화영화의 번역과 녹음 작업을 담당했던 박

---

12 "불국 문화영화 〈3분간〉 과학영화와 예술가 영화 수입", 《동아일보》 1939년 1월 21일자, 석간 4면; "국책 색채 농후해가는 각국의 과학영화, 영국엔 식민지 정책적인 것이 만허", 《동아일보》 1938년 12월 24일자, 석간 5면.

익순이 1957년 수원의 신생활교육원Fundamental Education Center에서 시청각 교육과 통역을 담당하면서 문화영화의 세계에 입문했다는 사실 또한 상기할 필요가 있다. 요컨대 1950년대 말에서 60년대 초 시청각 교육이 제도 안에 자리 잡기 시작할 무렵, 문화영화 제작 인력과 시청각 교육 담당 인력의 교류 또는 이동은 식민지 시대 이래로 교육 및 교재영화로서 문화영화가 점해온 위상과 관련된 것이다.

일반적으로 과학적 지식을 전달하는 문화영화들에서 '문화'란 서구적인 것으로 개념화되었다고 말할 수 있다. 문화영화에서 과학은 단지 자연과학만을 의미하는 데 머무르지 않고 서구의 근대적 지식 체계로서의 학문science, 더 나아가서는 과학적(합리적) 사고에 기반을 둔 (것으로 여겨진) 서구적인 생활 방식까지도 의미했기 때문이다. 그런데 다른 한편으로 특히 1970년대에 집중적으로 제작되었던 해외용 문화영화들에서 '문화'는, 예컨대 〈한국미술 5천년전〉 등에서 보듯이, 한국의 문화적 정체성과 연관해 개념화되었다. '수입'되는 서구의 문화영화와 '수출'되는 한국의 문화영화는 근대와 전통, 서양과 동양이라는 오리엔탈리즘적 이항대립 구도 안에 정확하게 배치되어 있었다.

2-2. 한국의 '문화적 정체성'과 문화영화

근대/전근대(전통), 지식/정서, 서양/동양이라는 구도 안에서 한국을 '정체화'하는 문화영화의 전통 역시 식민지 시대로 거슬러 올라갈 수 있다. 1930년대 이래 조선적인 것에 대한 급증하는 관심을 반영하는 관광영화들을 중요한 사례로 거론할 수 있을 것이다.[13] 해방 직후 조선영화사가 제작한 〈제주도 풍토기〉와 〈신라의 고적〉, 그리고 국민문화영화사의

〈송도〉 등도 같은 맥락에 놓인 것이지만, 특히 해외 홍보 문화영화와 관련해서 이러한 경향이 두드러지게 드러나는 것은 박정희 정권 이후의 일이다. 이러한 경향의 영화들은 아시아 영화제를 비롯한 각종 해외 영화제에 출품되거나 해외 공보관을 통해서 세계 여러 나라에서 상영되었다.[14]

흥미로운 문제는 세계 속의 한국을 '문화'와 관련해서 정체화하는 데 있어서 어떠한 전통이나 역사가 소환되었느냐 하는 것이다. 예컨대, 5·16 쿠데타 이후 설립된 중앙 공보관의 전주분관장으로 일하면서 전주 예수병원의 미국인 의사들을 대상으로 한국을 소개하는 문화영화를 상영했던 유병희는 주로 "전통 혼례나 의상, 국악"과 같은 전통문화를 다룬 문화영화를 상영했다고 증언한다.[15] 또 그는 버마의 첫 공보관으로 일했던 1970년대 초에도 역시 비슷한 문화영화들을 버마의 언론인들과 문화예술인들에게 정기적으로 상영했다.[16] 버마의 사례에서 흥미로운 것은,

---

13 가장 대표적인 작품으로는 오카와 히토미, 김려실, 김한상 등이 다룬 바 있는 〈조선소묘〉 또는 〈Tyosen〉을 들 수 있다. 오카와 히토미, 「일제시대 선전영화에 표상된 조선의 이미지: 〈조선소묘〉(1939)를 중심으로」, 이화여자대학교 석사학위 논문, 2007; 김려실, 「기록영화 〈Tyosen〉 연구」, 『상허학보』 24집, 상허학회, 2008; 김한상, 「조선-만주 관광 문화영화와 '동아신질서'의 극장 경험」, 『영화연구』 43호, 한국영화학회, 2010.

14 1958년 국립영화제작소 인력들을 교육하기 위해 미국 시라큐스 대학 고문단이 내한했을 때 통역으로 일하기 시작했던 박익순은 1979년까지 국립영화제작소의 해외 업무 담당으로 근무했다. 그가 했던 일은 주로 해외 공관으로 보내는 뉴스 및 문화영화의 번역과 더빙 그리고 녹음 연출이었는데, 기본적으로 해외판은 영어, 일본어, 독일어, 프랑스어, 스페인어, 아랍어로 제작되었으며, 러시아어판을 제작하는 경우도 있었다고 한다. 이순진, 「박익순」, 〈문화영화〉 구술채록 연구팀, 『2012년 한국영화사 구술채록연구 시리즈 〈주제사〉』, 한국영상자료원, 2012, 186~191쪽.

15 이순진, 「유병희」, 〈문화영화〉 구술채록연구팀, 『2012년 한국영화사 구술채록연구 시리즈 〈주제사〉』, 한국영상자료원, 2012, 39~41쪽.

16 1970년에 버마에 첫 번째 공보관으로 파견되었던 유병희는 넓은 잔디밭이 있는 사택을

유병희도 증언하고 있다시피, 버마가 북한과의 정식 외교 관계를 맺고 있는 국가였기 때문에 공보 활동에 있어서도 남북한의 경쟁이 치열한 곳이었다는 점이다. 공통의 역사와 전통을 갖고 있던 남한과 북한이 각각 어떤 역사와 전통을 소환해 어떤 방식으로 자신들을 정체화했는지는 흥미로운 대목이다. 해외용 문화영화들을 면밀히 분석한다면, 냉전으로 구조화된 세계 안에서 한국이 스스로를 정체화하고자 하는 방식과 그 구체적인 논리가 드러날 것으로 본다. 이는 추후의 연구가 요구되는 대목이다.

또 다른 한편에서 흥미로운 것은 그것이 한국의 역사와 전통을 타자화하는 오리엔탈리즘적 사고에 경도된 것이었다 하더에서도, 국립영화제작소나 민간 문화영화사의 감독들에게 '해외용' 영화는 직접적인 정권의 홍보나 상업적 이해타산에서 벗어나 이른바 '예술가적 야심'을 발휘할 수 있는 기회를 제공했다는 사실이다. 국가 차원에서는 한국전쟁으로 고착되어 있는 한국의 대외 이미지를 개선할 필요 때문에, 또 민간 문화영화 제작사에서는 각종 영화제 수상 실적이 줄 수 있는 영업상의 이점[17] 이나 해외 수출에 따르는 국가의 보상 때문에 '해외용' 문화영화에 대해서 훨씬 더 관용적이고 느슨한 태도를 견지했다. 영화감독들 또한 이 영역에 있어서는 국립영화제작소 소속 공무원이나 민간 문화영화 제작사

구해서 그 지역 언론인들을 초청해 영화 상영과 만찬을 겸하는 파티를 자주(한 달에 두 번 정도) 열었는데, 여기서 상영되었던 영화는 직접적인 정치 선전을 하는 것보다는 좀 더 '문화적인 것'으로 선정했다고 증언한다. 이순진, 「유병희」, 앞의 책, 96~97쪽.

17 국립영화제작소의 문화영화 감독으로 활동하다가 1976년 민간 문화영화 제작사인 중앙영화사를 설립하고 2010년까지 이를 운영했던 권순재에 따르면 영화제용 문화영화는 기업으로부터 광고 문화영화를 수주하기 위한 일종의 투자로 여겨졌다. 영화제 수상 경력이 작품을 수주하는 데 직접적으로 영향을 미쳤다는 것이다. 이정아, 「권순재」, 〈문화영화〉 구술채록연구팀, 『2012년 한국영화사 구술채록연구 시리즈 〈주제사〉』, 한국영상자료원, 2012, 44쪽, 67쪽.

의 고용인이 아니라 예술가로서의 자의식을 현저하게 드러내는 경향이 있다.

따라서 상업적인 장편 극영화를 대상으로 하지 않는 모든 영화제, 또는 영화제의 비극영화非劇映畫 부문으로의 출품과 수상은 그 자체가 직접적인 정권의 홍보에 복무하거나 영리적 목적을 달성하는 수단이 되지는 않더라도 전체로서의 '문화영화'의 존재 가치를 떠받치는 중요한 장치로 작용해왔다고 말할 수 있다. 영화제를 통해서 문화영화는 계몽적일 뿐 아니라 '예술적'이기도 한 어떤 것으로 발돋움할 수 있었으며, 바로 그와 같은 인식은 정권 홍보영화를 포함하는 문화영화 일반에 대한 우호적인 여론을 유지, 확산시키는 데 도움이 될 수 있었던 것이다.

2-3. 문화영화와 어린이 관객

식민지 시대 이래로 문화영화는 상업영화의 대척점에서 위치 지어졌다. 상업영화, 특히 미국산 오락영화는 서구 문화의 퇴폐와 타락, 폭력 조장 등과 연관되었으며, 특히 어린이 관객에게 악영향을 미치는 것으로 여겨지곤 했다. 1926년 「활동사진 필름 검열 규칙」을 제정하는 과정에서 미국산 '깽' 영화를 본 어린이들의 모방 범죄의 심각성이 여론화되었으며, 이와 같은 서구 영화에 대한 비판적 시선은 1930년대 중반 이후 더욱 심화되었다. 조선영화의 시장을 장악하고 있는 미국산 오락영화를 견제하고 일본영화의 영향력을 확대하는 것을 목표로 했던 1934년의 「활동사진 영화 취체 규칙」은 1930년대 말까지 외국영화의 수입을 점차 감소시키는 일정을 제시했고, 이는 마침내 태평양 전쟁 발발 직후인 1941년 말에 미국영화의 전면 수입 및 상영 금지 조치로 귀결되었다.

「활동사진 영화 취체 규칙」이 외국영화의 수입을 규제하는 한편으로 "사회교화에 필요한 영화"의 강제 상영을 명할 수 있다는 규정을 포함하고 있음을 주목할 필요가 있다. 이는 해방 이후까지도 지속된 영화에 대한 금지와 권장이라는 두 가지 정책을 처음으로 명문화한 것이기 때문이다. 금지와 권장은 각각 '위험'한 서구의 사상, 풍습이 수입되는 통로인 동시에 효과적인 교육과 계몽의 도구라는 영화의 양면성에 대한 대응책의 성격을 갖고 있다. 이와 같은 정치권력의 개입이 특히 강력하게 목격되는 것은 바로 외부의 영향에 취약하다고 간주되는 어린이 관객에 대한 방침에 있어서다. 1940년 7월에 총독부는 전시 체제하 "유흥 오락" 방면의 대책을 내놓으면서 학생들의 영화관과 끽다점 출입을 취체하겠다는 방침을 발표했다.[18] 학생을 포함한 어린이들의 극장 출입을 금지하는 한편으로 총독부는 각급 학교를 찾아가는 이동영사 활동을 통해 '권장'해야 할 영화들을 지속적으로 상영했다. 식민지 말기에 전라남도청 소속 지방 기수로 학교를 대상으로 한 이동영사 활동을 담당했던 전경섭의 구술 증언에 따르면, 학교로 찾아가는 이동영사 프로그램은 대체로 독일산産 과학영화들이나 전쟁을 독려하는 일본의 문화영화들로 채워져 있었다.[19,20]

---

18 "영업시간을 재단축 自오후 6시 至 오후 10시, 유흥 오락 기관 신규 허가 신증개축도 불허, 백화점 판매액도 제한, 영화 연극 흥행도 제한, 자동차 운전수에 거절 특권 부여, 유흥 오락 금압 내용", 《조선일보》 1940년 7월 16일자, 조간 2면.

19 이순진, 「전경섭」, 한국영상자료원 엮음, 『한국영화사 구술총서 04: 한국영화를 말한다 - 한국영화의 르네상스 3』, 이채, 2007, 381~434쪽.

20 다른 한편으로 문화영화와 어린이 관객이 긴밀한 연관을 맺고 있음은 일본에서 영화법이 시행됨에 따라 도입된 '영화 인정관' 제도에서도 확인할 수 있다. 문부성은 '아동 관람 영화'와 '문화영화'의 인정 여부를 결정하는 두 명의 영화 인정관을 임명했다. "문부성의 영화 인정의 방침을 결정", 《동아일보》 1939년 9월 9일자, 석간 5면.

흥미로운 것은 이와 같은 구도가 생산했던 통념이 해방 이후까지도 지속되었다는 것이다. 어린이를 대상으로 하거나 어린이가 주인공으로 등장하는 영화는 그것의 형식(극/비극)과 목적(영리/비영리)이 무엇인가와 상관없이 오랫동안 문화영화의 범주 내에서 받아들여졌다. 그런 맥락에서 한국 최초의 장편 애니메이션 〈홍길동〉(신동헌, 1967)을 비롯해 〈로보트 태권 V〉(김청기, 1976)의 성공으로 붐을 이룬 1970년대 중반 이후의 애니메이션들은 문화영화의 법적 규정 내에서 제작, 배급, 상영되었다.[21] 문화영화의 교육적 효과에 대한 오래된 통념은 반공 이념과 더불어 '통속적 과학'의 흔적으로서 공상과학이 한국 장편 애니메이션의 중심적인 주제 영역으로 구축되는 데 영향을 미쳤다. 애니메이션이 아이들을 위한 것만이 아니며 그것이 교육이 아니라 오락을 위한 것일 수 있다는 사고는 1980년대 말 이후 성인만화가 널리 읽히기 시작하고 그것을 원작으로 한 영화들이 생산되는 과정을 통해 점차 확산된 것으로 보인다.

2-4. 문화영화와 선전

혁명과 전쟁으로 점철된 20세기에 영화는 무엇보다도 선전propaganda

21 이와 관련해 국립영화제작소의 미술실이 한국 애니메이션 영화를 생산했던 초기 인력의 배출처였다는 사실도 기억할 필요가 있다. 1950년대부터 미술실의 책임자였던 박영일은 정도빈, 양종해와 함께 '저축'을 주제로 한 애니메이션 〈개미와 베짱이〉(1962)를 만들었다. 그는 이후 국립영화제작소를 퇴사해 세기영화사의 장편 애니메이션을 여러 편 만들었다. 〈로보트 태권 V〉를 만든 김청기 또한 세기영화사 시절 박영일의 문하에서 성장했다. 공영민, 「양종해」, 한국영상자료원 엮음, 『한국영화사 구술총서 03: 한국영화를 말한다 - 한국영화의 르네상스 2』, 이채, 2006, 272~273쪽, 290쪽 주 37, 주 38.

의 매체였다. 러시아혁명과 소비에트 선동열차의 사례는 식민지 시대 조선에서도 좌파 영화 운동의 중요한 전범으로 여겨졌다. 특히 제2차 세계대전은 또 한편으로는 그것에 참여했던 열강들의 뉴스, 문화영화의 전쟁이기도 했다. 독일의 우파는 일찍부터 문화영화부를 만들었는데, 이곳에서는 우생학적 지식과 유럽의 역사를 게르만 민족의 우수성을 입증하는 문화영화의 소재로 전유했다. 독일과 동맹 관계를 맺고 있던 일본은 독일의 과학영화를 수입, 상영하는 한편으로 자신들의 문화영화를 식민지 주민을 전쟁에 동원하는 수단으로 활용했다. 해방 이후 한국 문화영화를 이론적으로 정립하는 데 중요한 영향력을 행사했던 영국의 존 그리어슨 John Grierson과 그의 동료들[22]은 대영제국 통상국 영화부Empire Marketing Board Film Unit에서 애국주의적인 기록영화들을 제작했으며, 1939년에는 캐나다로 건너가 그곳의 국립영화제작소National Film Board of Canada, NFB를 설립했다. NFB는 한국의 국립영화제작소가 모델로 삼았던 곳 가운데 하나였으며, 1960년대 후반에 국립영화제작소는 김인태와 최봉암을 그곳으로 연수를 보내기도 했다.[23]

해방 후 냉전체제하에서 미국을 중심으로 한 '자유진영'의 일부로

---

22 '그리어슨 학파'의 한 사람이었던 폴 로사(Paul Rotha)가 쓴 *Documentary Film* (Faber and Faber, 1935)은 문화영화의 이론적 배경으로 가장 자주 거론되었던 책이다.

23 공보실 영화제작소를 총괄했던 이성철과 공보실 산하 사단법인 대한영화사의 사무장으로 정부 영화 제작의 기초를 마련했던 이형표는 모두 캐나다 국립영화제작소가 공보실 영화제작소의 모델이 되었다고 증언한다. 1960년대 후반 캐나다 국립영화제작소에서 1년간 연수를 받았던 김인태 또한 그 제작 방식이 비슷했다고 증언하고 있다. 이순진, 한국문화예술위원회 편, 『2005년도 한국 근현대예술사 구술채록연구 시리즈 69: 이형표』, 한국문화예술위원회, 2005, 151~152쪽; 공영민, 「이성철」, 『2009년 한국영화사 구술채록연구 시리즈 〈생애사〉』, 한국영상자료원, 2009, 282쪽; 이순진 「김인태」, 앞의 책, 59~60쪽.

재편되었던 남한에서 과거 식민지 시대의 일본 및 독일의 문화영화를 대체한 것은 미 공보원을 통해 유입된 미국의 뉴스, 문화영화들이었다.[24] 이와 더불어 일제 말 사단법인 조선영화주식회사의 장비와 인력을 물려받은 뒤에 전후 원조를 통해 기반 설비를 마련하면서 영화를 통한 공보 활동을 담당하는 국가 기구로 자리를 잡게 된 공보실 영화제작소가 정권을 위한 선전영화를 제작, 배포했다. 한국전쟁 기간 중에 활발하게 전쟁 선전영화를 생산했던 국방부, 공군, 해군, 기타 사단 단위의 영화 제작 활동은 1963년에 국방부 국군영화제작소가 출범하면서 군의 정식 조직 체계로 흡수되었다.[25,26] 한국전쟁부터 베트남 전쟁으로 이어지는 시기, 즉 1950년대에서 1960년대까지 한국에서 지속된 선전영화의 핵심적인 부분 가운데 하나는 공산 세력과의 대결을 위해 국민을 동원하는 반공 담론과 관련된 것이다. 미 공보원, 공보부(공보처, 공보실), 국군영화제작소(국방부 촬영대)가 이 시기 선전영화의 제작, 배급, 상영에서 주도적인 역할을 했다.

1970년대 초부터 국립영화제작소의 일부 인력들이 제작소를 나와 민산 문화영화 제작사를 설립하기 시작했다. 국립영화제작소 인력의 1세대[27]라고 할 수 있는 양종해가 서울문화사를 설립한 것을 시작으로, 배석

---

24 이에 대한 자세한 논의는 허은, 『미국의 헤게모니와 한국 민족주의』, 고려대학교 민족문화연구원, 2008 참고.

25 국군영화제작소의 〈국방뉴스〉와 군 관련 문화영화들은 군인 사회라는 특수한 영역에서만 유통되기는 하지만 그 영향력과 양적 측면 모두에서 무시할 수 없는 중요성을 갖고 있다. 군영화의 역사에 대한 일차적인 정리는 국방부 편, 『군 영화 40년사』, 국군홍보관리소, 1992 참고.

26 또한 군은 국립영화제작소가 생산한 문화영화들, 기타 국책영화들의 중요한 배급처이기도 하다.

27 국립영화제작소 인력의 세대 구분은 아직 엄밀하게 정식화할 수 없다. 다만 몇 가지 중요

인, 권순재, 김학순, 박희준 등도 문화영화 제작사를 설립했다. 사업적인 측면에서 이들이 의존했던 것은 독자적인 발주처로 등장했던 지방 관청과 농림부를 비롯한 정부 각 부처 및 정부 산하 기관들, 그리고 무엇보다도 산업화 정책이 일정한 성과를 거둠에 따라 등장하기 시작한 대기업들이었다. 산업화의 진전 및 유신체제의 출범과 더불어 더욱 다양한 영역을 다루는 선전영화의 수요가 폭증함에 따라 그중 일부가 시장의 영역으로 이월되었다는 점에 주목할 필요가 있다. 특히 대기업이 문화영화의 발주처로 등장하면서 경제 개발과 관련한 담론의 상당 부분은 민간 문화영화 제작사로 넘어갔으며, 새마을운동을 중심으로 한 지역 개발 담론 또한 지방 관청의 발주를 통해 민간 문화영화 제작사가 분담하는 영역 가운데 하나가 되었다. 산업화의 진전에 따라 기업 선전/제품 선전의 수요가 증가하면서 '선전'은 정치 이념으로부터 기업/제품의 '선전'으로 확대되었다고 말할 수 있다. 하지만 이렇게 제작된 문화영화들은 일반 극장에서 일괄적으로 상영되는 것이기보다는 발주처별로 나름의 유통 경로를 통해 소비되는 경향이 있었다. 문화영화가 곧 독재 정권의 통치 이념을 재생산, 전파하는 정치 선전영화를 의미하게 되었던 것은 1970년대와 전두환 정권 시절, 국립영화제작소에서 제작하고 동시상영제를 통해 극장에 배포된 정권 홍보 문화영화들로 인한 것이었다.

1980년대 후반, 민주화 운동이 거세지면서 제도의 바깥에서 싹튼 영

한 분기점이 눈에 띄는데, 1958년 말 시라큐스 대학 고문단이 내한했을 무렵, 공채를 통해 선발한 나한태, 한호기, 김인태, 유병희 등을 2세대라고 본다면, 그 이전에 활동했던 이정섭(촬영), 이형표(연출, 대한영화사 사무장), 양종해(연출), 배석인(연출), 백명제(녹음) 등을 1세대, 그리고 1960년대 말 국립영화제작소의 인력 일부가 국립영화제작소를 떠나 민간 문화영화사를 설립하거나 방송국으로 자리를 옮기면서 충원된 일부 인력들을 3세대라고 할 수 있을 것이다.

화 운동은 다른 의미의 정치 선전영화를 생산하기 시작했다. 개별 대학의 영화 동아리 수준에서까지 독자적으로 제작하고 유포했던, 일일이 헤아릴 수 없을 만큼 쏟아져 나온 수많은 '속보'들이나 노동자의 시각으로 사회 정치적 현상들을 담아내고자 했던 〈노동자 뉴스〉를 비롯한 여러 형태의 대안적 뉴스영화들, 〈상계동 올림픽〉(푸른영상, 1988)을 시작으로 본격화된 기록영화 운동의 다양한 성과들이 정치 이념의 선전 매체로서 영화가 가진 힘을 다른 각도에서 새롭게 부각시켰다. 상반된 정치적 목표와 이념적 지향에도 불구하고 정치 이념의 선전이라는 측면에서 보자면, 이와 같은 영화 운동의 생산물들은 문화영화의 후예라고 볼 수 있다. 요컨대 문화영화는 1980년대 이후 민주화 운동과 함께 대두한 독립영화의 전사前史라고도 말할 수 있는 것이다.

하지만 오랜 독재의 세월을 통과하며 '문화영화'는 더 이상 돌이킬 수 없을 만큼 오염된 개념이 되었다. 독재 권력이 직접 생산하는 정치 선전영화라는 그 지배적 용법 때문에, 1980년대 이후 영화 운동을 주도했던 세력은 작은영화, 대안영화, 민족영화, 민중영화 같은 용어로써 그 전사와의 단절을 시도했다. 그들은 제도의 바깥에서 새로운 영화의 흐름을 만들고자 했다. 지배적인 영화와 결별하고 그 대안을 추구한다는 점에서 '대안영화'로 총칭할 수 있는 이러한 흐름은 반정부로부터 비상업, 반자본주의에 이르는 다양한 스펙트럼 안에 포진해 있었다. 그러나 민주정부의 수립과 더불어, 국책영화의 제작과 지원을 담당했던 영화진흥공사가 영화진흥위원회로 개편되고, 이와 같은 대안적 영화들에 대한 국가 차원의 지원이 공식화되면서 영화 운동 진영의 다수가 이른바 '합법적인' 영역 안으로 들어오게 되었다. 이와 같은 변화의 흐름은 이념적 지향이나 민주화 운동에의 투여 정도와 관계없이 주류 영화산업의 바깥에서 생산되는 모든 종류의 영화를 포괄하는 '독립영화'라는 새로운 개념으로 정식화되었다.

이 책은 한국영상자료원이 2012년에 진행한 문화영화에 대한 구술채록 작업으로부터 시작되었다. 한국영상자료원 한국영화사연구소의 조준형, 박혜영과 면담자로 참여했던 이순진, 이정아는 구술채록 작업을 보다 충실하게 진행하기 위해 문화영화 세미나를 기획했다. 여기에 고려대학교 한국사연구소 역사영상융합연구팀의 연구원인 박선영, 공영민, 심혜경, 이설이 합류해 1년여에 걸친 공동 연구를 진행했다. 공동 연구의 결과는 2012년 고려대학교 한국사연구소 역사영상융합연구팀이 마련한 학술대회 "살아있는 역사, 움직이는 자료: 한일간 영상물 연구와 아카이빙 정보의 교류"(2012년 6월 23일)와 2013년 한국영상자료원이 주최한 학술대회 "지워진 한국영화사: 문화영화의 안과 밖"(2013년 7월 27일)에서 발표되었다. 두 번의 학술대회에서 발표했던 글들을 수정, 보완하고, 전체 체계를 고려하여 두 편의 글을 추가함으로써 이 단행본이 구성되었다.

이 책은 크게 2부로 나뉘어진다. 먼저 총설에 해당하는 1부는 문화영화를 규정해온 법적, 제도적 장치들과 그러한 장치들이 주조한 장場 안에서 문화영화가 어떻게 위치 지어졌는가를 역사적으로 살펴보는 정종화와 조준형의 논문, 그리고 문화영화를 생산해온 두 주체, 즉 정부의 영화제작 기구와 민간 문화영화 제작사들의 역사를 각각 다룬 이순진과 이정아의 논문으로 구성되어 있다.

정종화의 「식민지기 조선의 문화영화 개념 형성에 관한 연구」는 한국 문화영화의 역사적 기원에 대한 것이다. 정종화는 문화영화라는 개념이 독일 우파의 Kulturfilm의 번역어에서 유래되었고 그것이 일본을 거쳐서 조선에 유입된 정황을 상세히 보여주고 있다. 하지만 이 글의 관심은 그와 같은 역사적 기원을 통해 '문화영화'의 개념을 정확하게 규정하는 데 있지 않다. 역사적 기원을 통해 특정한 개념의 근본적 속성 중 일부를 보여줄 수는 있지만 그 개념이 사회적으로 소통되며 획득한 다양한 의미들을 모두 그 기원 안으로 회수할 수는 없기 때문이다. 오히려 정종화는 문화영화의 개념이 일본을 거쳐 식민치하의 조선에 유입되는 과정에서 어떤 정치 사회적 힘들이 작동했는가, 그로 인해 식민지기 조선에서 문화영화는 어떤 개념으로 '형성'되어갔는가를 밝히는 것에 초점을 둔다. 그에 따르면 주로 '과학영화'를 의미했던 독일 우파의 문화영화는 "일본으로의 수용과 그 제작 국면의 차원에서 의미"의 변용을 거쳤으며, 특히 "영화국책의 국면에서 국책 선전영화로서의 분명한 성격을 부여"받게 되었다. 상당 기간 동안 과학영화, 교육영화의 함의를 내포하고 있던 문화영화는 1937년 중일전쟁 이후 영화 국책의 상황에서 '국민'의 창출과 직접적으로 연관되는 개념이 되었는데, 특히 이 국면에서 "문부성/조선총독의 인정"을 받은 "문화영화를 문화영화라고 한다"는 당국의 견해가 공식화되었다. 요컨대 "문화영화는 '국민정신의 함양 또는 국민지능의 계발 배양에 이바지할 영화이며 극영화가 아닌 영화'라는 모호한 정의 가운데, 결국 '문부성/조선총독의 인정'으로 성립되는 것이었다"는 주장이다.

해방 이후부터 박정희 정권 시기까지 문화영화의 제도화 과정을 밝히고 있는 조준형의 「문화영화의 제도화 과정: 1960~70년대 영화법과 관련 정책 변화를 중심으로」는, 말하자면 정종화 논문의 후속편이라 할 수 있다. 식민지기와 마찬가지로 해방 이후에도 문화영화는 법적, 제도적 규정력이 압도적으로 작동하는 범주였다. 조준형은 영화법과 문화영화 관련 정책들의 변화 과정을 면밀하게 검토하면서 그와 같은 규정력이 어떻게 문화영화의 장을 형성했는가를 논구한다. 이 과정에서 조준형이 강조하는 것은 그와 같은 규정력이 시장 주체들과의 협상과 절충을 통해 실제로 어떻게 작동했으며, 그것이 발생시킨 효과가 무엇인가를 살펴보아야 한다는 점이다. 영화법과 관련 정책들의 규정력은 일방향으로 관철되지 않고, 시장 주체들의 욕망이나 사회적 통념들과 협상하면서 때로는 문화영화의 개념 자체를 변형시켜왔다. '과정'과 '맥락'의 중요성을 강조한다는 점에서 정종화의 논의와 일맥상통한다고 볼 수 있다.

이순진의 「국가에 의한 영화 제작의 역사와 국립영화제작소: 정부 영화 제작 기구와 민간 영화산업의 관계를 중심으로」는 국가에 의한 영화 제작의 역사를 민간 영화산업과의 관계 속에서 조망하고자 한다. 해방 이후 문화영화의 가장 강력한 생산 주체였던 국립영화제작소에 대해서는 대개 박정희 정권의 정책 방향과 연관짓는 방향에서 논의되어왔다. 이순진은 식민치하 사단법인 조선영화주식회사에서 이승만 정권기의 공보실(처) 영화제작소와 사단법인 대한영화사, 박정희 정권 시기의 국립영화제작소와 영화진흥공사로 이어지는 국가에 의한 영화 제작의 역사적 맥락 안에서, 그리고 민간 영화산업과의 관계 안에서 국립영화제작소를 위치 짓고자 한다. 국립영화제작소를 포함한 정부 영화 제작 기구는 영화 매체에 대한 전반적인 국가의 관리 계획의 일부로 존재해왔다는 것이다. 이순진의 논의는 민간 영화산업과의 관계를 중시한다는 점에서 조준형의 문제의식과 상통하는 바가 있는데, 두 논문은 모두 문화영화나 그 생산 주체들의 역사를 독자적으로 구성하기보다는 문화영화를 전체 영화사 안으로 들여옴으로써 영화사 서술의 지형 자체를 재고하려는 시도라고 할 수 있다. 영화사 서술에서 누락된 것을 단순히 보충하기보다는 누락된 것들을 통해 영화사 전체를 재구성하고자 하는 것이다.

문화영화에 대한 선행 연구들이 대개 국립영화제작소나 미 공보원 같은 공적 기관들의 활동에 초점을 맞춰왔음을 생각할 때, 이정아의 「민간 문화영화 제작자를 통해 본 민간 문화영화 소사」는 민간의 문화영화사라고 하는 새로운 연구 대상에 대한 관심을 촉구한다는 점에서 중요한 시도이다. 이 글은 관련 선행 연구가 거의 없고 자료도 충분치 않은 상황에서 구술채록 작업을 통해 민간 문화영화의 역사를 구성한다. 이정아는 "국가 정책에 밀접할 수밖에 없는 태생적인 한계 속에서도" 문화영화 감독으로서의 정체성을 확보하기 위해 분투해온 문화영화인들의 노력을 중요하게 평가한다. 정권 홍보와 구별되는 '순수' 문화영화라는 범주를 만들고, 그에 의거해 작품 활동을 해왔던 것은 그와 같은 노력의 일환이라고 볼 수 있다는 것이다. 정권 홍보를 위한 수단으로서 정부가 독점해온 것으로 인식되어온 문화영화를 한국 다큐멘터리 영화 역사의 일부로 재조명하기 위해서는 민간의 이와 같은 흐름에 주목할 필요가 있다. 문화영화 제작자들은 민간에서 다큐멘터리의 생산을 지속해왔던 유일한 주체들이기 때문이다.

1부가 문화영화 관련 제도와 역사적 맥락을 조명하는 총설에 해당한다면, 2부는 좀 더 구체적인 사례 연구, 또는 텍스트 분석이라고 할 수 있다. 그렇다고는 해도, 필자들은 중심 분석 대상으로 삼고 있는 사례 또는 텍스트를 보다 넓은 역사적 맥락에 위치시키면서 관련 쟁점들을 포괄적으로 다루고자 했다. 2부는 심혜경의 「한국 스포츠-민족주의의 한 기원: 해방 전후 〈올림피아〉 1부 〈민족의 제전〉, 올림픽과 마라톤 문화/기록영화 상영을 중심으로」, 공영민의 「제2차 세계대전 전후 선전 애니메이션과 1950~60년대 국립영화제작소 애니메이션의 관계」, 박혜영의 「'쇼 문화영화'의 계몽성과 오락성: 국민적 오락과 근대화 프로젝트의 파편들」, 조준형의 「박정희 정권 후반기 영화와 섹스 그리고 국가: 독일 성교육 영화 〈헬가〉의 수입과 검열 과정을 중심으로」 등 총 4편으로 구성되어 있다. 네 명의 필자는 식민지 시대 이래 문화영화의 하위 장르 또는 하위 범주로 지속적인 중요성을 가진 스포츠 문화영화, 애니메이션, '쇼 문화영화', 그리고 성교육 영화(과학영화)를 각기 다루고 있다.

심혜경의 논문은 손기정의 베를린 올림픽 마라톤 우승 화면이 포함되어 있는 레니 리펜슈탈Leni Riefenstahl의 올림픽 기록영화 〈올림피아Olympia〉(1938)가 식민지 조선과 해방 이후 남한의 맥락에서 각각 어떻게 수용되었는지를 밝힌다. 손기정과 〈올림피아〉의 사례는 스포츠 문화영화가 그 수용 초기부터 이미 민족주의와 긴밀하게 결부되어 있음을 보여준다. 1940년 식민지 조선에서 처음 소개되었을 때 〈올림피아〉는 "[일본] 문부성이 제국주의 파시즘의 미학으로, 조선체육협회가 군국주의 체육의 도구로 이용"하려 했지만 "조선인들에게 다른 의미로 확장되어 전유"되었다. 그것을 단적으로 보여주는 것이 바로 '일장기 말소 사건'이며, 또한 이 영화의 상영을 전후로 해서 춘천, 마산 등지에서 벌어졌던 학생들의 소요 사태이다. 흥미로운 것은 파시즘 미학의 정점을 보여주었다고 평가받으며 2차 대전 종식 이후 서구에서는 상영이 기피되었던 〈올림피아〉가 해방 이후 한국에서 환대를 받았다는 사실이다. 심혜경은 "대한민국의 국가 만들기 프로젝트"를 위해 손기정이라는 스포츠 영웅과 더불어 이 영화가 높은 활용 가치를 가졌기 때문이라고 본다. 요컨대 해방 이후 〈올림피아〉를 비롯한 각종 마라톤 기록영화들의 상영은 오늘날까지 그 영향력을 지속해오고 있는, 국가 기관과 스포츠 관련 단체들이 주도해온

'스포츠-민족주의'의 한 기원이 되었다는 것이다.

공영민의 논문은 한국에서 애니메이션이 어떻게 그토록 오랫동안 문화영화의 범주 안에 자리하게 되었는지를 잘 보여준다. 2차 대전과 문화냉전을 거치면서 전 세계적으로 애니메이션은 '공보 선전'의 수단으로 적극적으로 활용되었다. 1958년 무렵 미국의 원조를 통해 그 제작 설비를 마련하면서 한국 애니메이션의 역사를 시작했던 공보실 영화제작소/국립영화제작소의 작업은 그와 같은 세계사적 맥락 안에서 볼 필요가 있다. 공영민은 미국, 일본, 독일, 소련 등 2차 대전에 참전했던 세계열강들의 애니메이션을 통한 공보 선전 활동을 두루 살핌으로써 국립영화제작소 애니메이션을 세계사적 맥락 안에서 이해할 수 있도록 해준다. 또 한편으로 중요한 것은 한국 애니메이션의 역사 안에 국립영화제작소의 애니메이션을 위치 짓는 것이다. 이와 관련하여 공영민은 1963년까지 박영일, 정도빈, 한성학 등을 중심으로 국립영화제작소에서 이루어졌던 여러 가지 실험적 시도들에 주목한다. 하지만 "정책 선전 이외의 주제로 실험적인 시도"를 할 수 있는 여지가 점차 줄어들었던 국립영화제작소의 내부 사정과 상업적인 장편 애니메이션 및 TV 애니메이션이 점차 확대되는 외적인 상황이 맞물리면서 국립영화제작소의 실험적 시도는 지속되기 어려웠다. 중요한 것은, 그럼에도 불구하고 국립영화제작소의 애니메이션은 한국 애니메이션 역사에서 매우 중요한 기원적 장면을 구성하고 있다는 점이다.

박혜영의 논문은 교육과 계몽을 위한 것이라는 문화영화에 대한 일반적인 통념과는 어긋나게, 그것의 '오락성'에 주목한다. 1960년대 말 문화영화의 흥행 잠재력을 입증했던 몇 가지 사례들이 부각되면서, 문화영화는 한동안 극장 흥행용으로도 만들어져서 대중의 '오락'으로 소비되었다. 이 글은 특히 이 시기에 국립영화제작소를 나와 '쇼 문화영화'를 만들었던 박희준의 사례를 중심으로 국책과 오락의 관계를 다룬다. 정책 선전이나 정권 홍보를 효율적으로 수행하기 위해 악극단의 '쇼'를 동원한 역사는 식민 말기나 한국전쟁기까지 거슬러 올라갈 수 있고, 정부 영화 제작 기구는 이와 같은 선례들을 영화 내로 끌어들여서, 이미 이승만 정권 시기부터 '쇼 문화영화'들을 만들어왔다. 박희준의 〈강산에 노래 싣고 웃음 싣고〉(1972)는 국립영화제작소의 〈팔도강산〉(배석인, 1967)이 그랬던 것처럼 국토 개발 담론과 긴밀하게 연관되어 있지만, "국책적 목적에 의해 가시화되고 발견된 국토의 확인이라는 선전 효과보다는 야외로 나간 가수들의 노래와 '쇼'가 주는 오락적 재미에 더욱 초점을 두고 있다." 특히 박혜영이 주목하는 것은 이와 같은 '오락 문화영화'가 1960년대 말에서 70년대 초반까지 영화산업과 문화 환경의 전반적인 변화가 주조해낸 '틈새시장'에 의존해서 생존해온 방식이다. '쇼 문화영화'가 보이스 오버 내레이션을 통해 '근대적인 비전이나 국책 선전을 보여주고자' 한다고 주장하고 있지만, 실은 그것이 '도시 주변부, 각 지역의 소외된 중장년층'을 대상으로 '전근대적인 상영 관행'을 통해 소비되었던 사실에 주목할 필요가 있다. 요컨대 '쇼 문화영화'들은 "주변화된 쇼 양식 자체를 가져오고 새로운 매체에서 밀려난 것들을 보여주며 도시 주변부와 지방 관객들, 즉 근대화 프로젝트로부터 소외된 이들을 위무하고 포섭"하고자 했다는 것이다.

조준형의 논문은 1968년과 77년 두 차례에 걸쳐 수입, 개봉된 독일 성교육 영화 〈헬가Helga-Vom Werden des menschlichen Lebens〉의 검열 과정을 중심으로, 해당 시기 성 담론과 국가에 의한 영화 검열의 문제를 다루고 있다. 성을 포함한 인간 신체에 대한 담론은 식민지 시대 이래로 과학영화의 범주 안에 포함되어왔다. 이 같은 전통 안에서, 여성의 출산과 분만 과정을 담고 있는 〈헬가〉는 1968년 당시에는 당대 한국사회에서 특히 중요하게 여겨졌던 가족계획 사업의 맥락에서 대단히 낮은 수위의 검열만을 받은 채 통과되었다. 하지만 '산아 제한'과 관련된 성교육 영화라는 수입사의 주장을 받아들여 관대한 처분을 내린 검열 당국의 기대와는 달리 〈헬가〉는 '섹스영화의 범람'이라는 당시의 상황과 연관되어 소비되었다. 조준형은 포르노그래피와 같은 성적 표현물의 생산 및 수용의 확대라는, 〈헬가〉가 생산되고 소비된 서구의 맥락과 서구의 '섹스 혁명'이 당대 한국사회에서 수용되는 방식을 폭넓게 고찰하고 〈헬가〉의 검열과 상영 과정을 면밀하게 검토함으로써, 성적 표현물을 둘러싼 1960년대 말 한국의 복잡한 문화적 지형을 효과적으로 보여준다. 1977년 재수입 당시에는 1968년과는 달리 검열 불합격 처분과 수입사의 재심 신청, 그리고 총 14개 처에 달하는 대폭적인 삭제 후에 상영 허가가 내려지는 우여곡절이 있었다. 조준형은 이를 긴급조치 시대로 접어드는 1975년 이후의 정치적 변화와 연관짓고, 특히 "'한국식 민주주의'에 기반을 둔 주체성을 바탕으로 한 건전한 민족문화예술 창달이라는 유신 정권의 문화 정책이 영화계에까지 직접 영향을 미"친 것으로 설명하고 있다. 〈헬가〉는 박정희 정권이 후반기로 들어서는 초입이었던 1960년대 말과 유신체제의 문화 통제가 극에 달했던 1970년대 말의 문화적 상황을 풍부하게 재구성하게 해주는 사례라고 할 수 있다. 한편으로 이 연구는 심혜경의 〈올림피아〉 수용 연구와 함께, 수입 영화의 검열과 소비의 맥락에 주목함으로써 한국 문화영화의 생산에 초점을 맞춰온 그간의 연구 경향을 재고하도록 촉구하고 있기도 하다.

문화영화에 대한 공동 연구를 진행하고 그 결과를 모아 이제 세상에 내놓는 이 책은 여기에 참여한 필자들로서는 연구의 완결이기보다는 '시작'을 의미한다고 말할 수 있다. 필자들 대부분이 문화영화를 다룬 본격적인 논문으로서는 처음 쓰는 글이라는 점에서도 그렇지만, 논의의 수준 또한 여러 가지 점에서 미흡하다고 느껴지기 때문이다. 이 분야의 축적된 연구 성과가 아직 많지 않다는 것, 여기서 다룬 문화영화의 쟁점들이 비교적 새로운 것이라는 사실로 작은 위안을 삼고자 한다.

여러 가지로 부족한 '시작'이지만 그 시작의 과정에서 여러 선생님들과 만나고 조언을 듣고 의견을 나눈 것은 필자들 모두에게 매우 행복한 경험이었다. 2012년 고려대학교 한국사연구소 역사영상융합연구팀의 학술대회에서는 박희태, 김려실 선생님이 조준형의 「문화영화의 제도화 과정: 1960~70년대 영화법과 관련 정책 변화를 중심으로」와 이순진의 「대안영화에서 선전영화까지: 한국 문화영화의 역사와 쟁점」의 토론을 맡아 주었다. 2013년 한국영상자료원의 학술대회에서는 이영미, 천정환 두 분 선생님이 심혜경, 박혜영, 이정아, 공영민, 조준형의 논문에 대한 토론자로 참석하여 심도 깊은 논의를 이끌어주었다. 여러 선생님들의 조언과 충고가 논문을 마무리하는 과정에서 큰 보탬이 되었음을 말씀드리고 싶다.

개인적인 사정상 출판 과정에 참여하지는 못했지만, 1년여간 세미나를 함께 했던 박선영, 이설 두 분 선생님께도 감사의 말을 전하고 싶다. 세미나에서 함께 고민하고 토론하는 과정을 통해 필자들은 많은 것을 배울 수 있었다.

마지막으로 문화영화와 〈대한뉴스〉를 영상 사료로서 접근하면서 역사학 내에서 관련 연구를 진행하고 있는 허은 선생님을 비롯한 고려대학교 한국사연구소 역사영상융합연구팀을 각별히 언급해야 한다. 학술대회를 통해, 그리고 그분들이 생산한 여러 논문을 통해 분과 학문의 벽을 넘어서 이 새로운 연구 대상에 어떻게 접근할 것인가를 함께 고민할 수 있었던 것은 필자들 모두에게 큰 행운이었다. 훌륭한 선생님들, 연구자 동료들이 함께하고 있다는 든든함은 이 책의 출간을 이끌어온 가장 중요한 추동력 가운데 하나였다. 역사영상융합연구팀의 모든 분께 깊이 감사드린다.

참고문헌

신문 및 잡지

《동아일보》,《조선일보》등 각 기사

구술채록 자료집

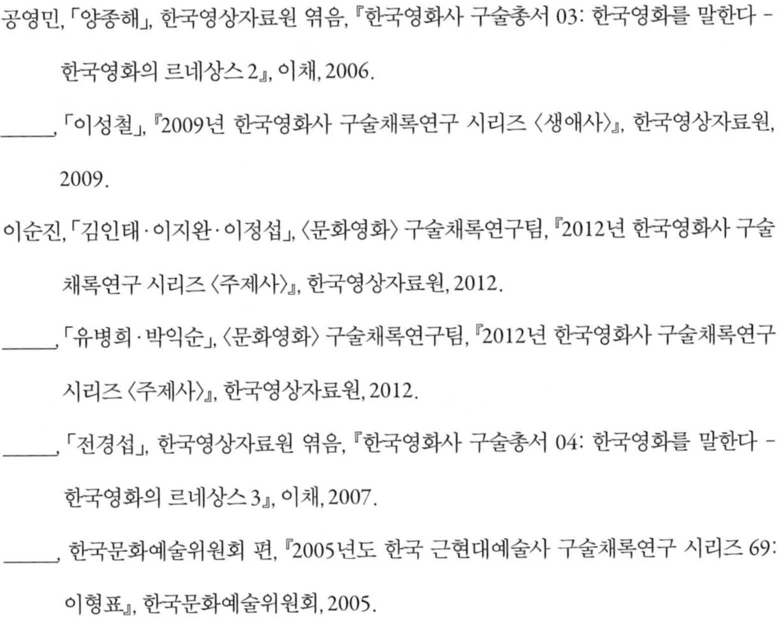

공영민,「양종해」, 한국영상자료원 엮음,『한국영화사 구술총서 03: 한국영화를 말한다 - 한국영화의 르네상스 2』, 이채, 2006.

_____,「이성철」,『2009년 한국영화사 구술채록연구 시리즈 〈생애사〉』, 한국영상자료원, 2009.

이순진,「김인태 · 이지완 · 이정섭」, 〈문화영화〉 구술채록연구팀,『2012년 한국영화사 구술채록연구 시리즈 〈주제사〉』, 한국영상자료원, 2012.

_____,「유병희 · 박익순」, 〈문화영화〉 구술채록연구팀,『2012년 한국영화사 구술채록연구 시리즈 〈주제사〉』, 한국영상자료원, 2012.

_____,「전경섭」, 한국영상자료원 엮음,『한국영화사 구술총서 04: 한국영화를 말한다 - 한국영화의 르네상스 3』, 이채, 2007.

_____, 한국문화예술위원회 편,『2005년도 한국 근현대예술사 구술채록연구 시리즈 69: 이형표』, 한국문화예술위원회, 2005.

이정아,「권순재」, 〈문화영화〉 구술채록연구팀,『2012년 한국영화사 구술채록연구 시리즈 〈주제사〉』, 한국영상자료원, 2012.

논문 및 단행본

국방부 편,『군 영화 40년사』, 국군홍보관리소, 1992.

김려실, 「기록영화 〈Tyosen〉 연구」, 『상허학보』 24집, 상허학회, 2008.

김한상, 「조선-만주 관광 문화영화와 '동아신질서'의 극장 경험」, 『영화연구』 43호, 한국영화학회, 2010.

박유희, 「예술과 독재, 유현목 영화의 정체성」, 이순진·이승희 편, 『한국영화와 민주주의』, 선인, 2011.

오카와 히토미, 「일제시대 선전영화에 표상된 조선의 이미지: 〈조선소묘〉(1939)를 중심으로」, 이화여자대학교 석사학위 논문, 2007.

이하나, 「1950~60년대 '대한민국'의 문화 재건과 영화 서사」, 연세대학교 박사학위 논문, 2009.

_____, 「1960년대 문화영화의 선전 전략」, 『한국근현대사연구』 52집, 한국근현대사학회, 2010.

_____, 「정부 수립기~1950년대 문화영화와 국가 정체성」, 『역사와 현실』 74호, 한국역사연구회, 2009.

허은, 『미국의 헤게모니와 한국 민족주의』, 고려대학교 민족문화연구원, 2008.

Andrew Tudor, "Genre", Barry Keith Grant ed., *Film Genre Reader*, University of Texas Press, 1986.

Rick Altman, *Film/Genre*, BFI, 1999.

1부

문화영화의 제도와 역사

식민지기 조선의 문화영화 개념 형성에 관한 연구*

정종화

1. 들어가며

이 글은 한국영화사의 변경적 존재인 문화영화의 역사적 실체를 파악하기 위해, 해방 이전 제국 일본과 식민지 조선에서 문화영화의 기원과 그 형성 과정에 대해 검토하는 것을 목적으로 한다. 사실 문화영화는 역사적 맥락을 반영한 정확한 개념 규정 없이 혹은 정확한 정의를 내리는 것이 유보된 채, 역설적이지만 일반적으로 사용된 용어일 것이다. 즉 기록영화와 유사어로, 또 극영화와는 상대적인 영역의 영화 유형[1] 으로 느슨하게 정의된 채 사용되어왔다. 분명한 것은 '문화영화'가 일제 식민지

---

* 이 글은『영화연구』61호, 한국영화학회, 2014에 수록된 동명의 논문을 수정, 보완한 것이다.

1 데이비드 보드웰, 크리스틴 톰슨의『영화예술』에 의하면, 극영화와 다큐멘터리를 구분하는 틀은 형식(form)이나 양식(style)의 차원보다는 제작 양식(modes of production) 그리고 영화 유형(types of films)의 차이로 구별된다. David Bordwell·Kristin Thompson, *Film Art: An Introduction* (Sixth Edition), McGraw-Hill, 2001.

기의 산물이라는 것이다. 독일의 '쿨투르 필름Kulturfilm'이 일본을 통해 직역되어 식민지 조선에서도 그대로 사용되기 시작한 '문화영화'라는 용어는 '식민지 근대'[2]적 산물인 동시에, 해방 이후 한국사회에서도 여전히 지속되었다는 측면에서 후기 식민주의적 문제의식과도 필연적으로 연결된다.

해방 이후 1950년대 중반까지 문화영화 관련 규정이 법제화되지는 않았지만, 1949년 총리령 「대한영화사 관리규정」을 통해 "국책에 순응한 영화의 제작" 즉 문화영화 제작이 장려되었고,[3] 1962년 1월 20일 한국의 첫 영화법이 제정되면서 식민지기의 문화영화라는 기획은 본격적으로 재등장한다. 2조 5항에서는 문화영화의 정의가,[4] 11조에서는 그 의무 상영이 법률로 규정되었다. 본문에서 살펴보겠지만, 식민지기의 상황도 동일하다. 최초 법제에서는 직접적으로 문화영화로 호명되지는 않은 채 극영화의 상대적인 개념으로 규정되다 이후 국책의 필요성에 따라 명확한 성격이 부여되면서 문화영화라는 이름을 정확히 얻는 식이었다. 이 글이 주목하는 부분은 바로 문화영화라는 모호한 용어, 즉 그 정의의 어려움의

---

2 윤해동은 '식민지 근대'가 제국과 식민지를 바라보는 대안적인 시각임을 제시하며, 식민지가 일국적이고 자족적인 정치·경제·사회적 단위가 아니라 제국의 일부를 구성하고 있었다는 점과 제국과 식민지는 상호작용하는 하나의 '연관된 세계'를 구성하고 있었다는 사실을 인식의 한 축으로 삼는다고 설명한다. 윤해동, 『식민지 근대의 패러독스』, 휴머니스트, 2007, 52쪽.

3 식민지기부터 1970년대까지 한국 문화영화의 제도화 과정은 이 책에 수록된 조준형, 「문화영화의 제도화 과정: 1960~70년대 영화법과 관련 정책 변화를 중심으로」를 참고할 것. 조준형, 위의 글, 81쪽.

4 "사회, 경제, 문화의 제 현상 중에서 교육적, 문화적 효과 또는 사회 풍습 등을 묘사 설명하기 위하여 사실 기록을 위주로 제작된 영화"로 정의되어, 표면적으로는 국책성이 탈각되었다. 그리고 조준형도 지적하고 있듯이, "위주로"라는 표현으로 정의의 모호성을 남기고 있다. 조준형, 위의 글, 91쪽.

기원에 관한 것이다. 해방 이전 제국 일본에서도 식민지 조선에서도 문화영화라는 용어는 일제의 모호한 기획이었고, 서구 독일과 아시아 일본을 거쳐 조선으로 중역重譯되어 수용된 명백한 식민지 근대의 산물이었다. 흥미로운 사례를 하나 들어보면 다음과 같다.

한국에는 『기록영화론』이라는 제목으로 1982년에 처음 번역된[5] 폴 로사Paul Rotha의 *Documentary Film* (1936)은 1938년, 일본에서 번역되며 『문화영화론文化映畵論』이라는 제목을 얻었다. 번역 초판본 역자 서문에 의하면 "본 역서의 표제는 좀 더 넓고 좀 더 대중에게 친숙하게 다가오는 단어를 사용해, 문화영화론이라고 번역해냈다"고 밝힌다.[6] 하지만 기록영화 작가이기도 한 역자 아쓰키 다가厚木たか(1907~1998)는 1960년 개정판을 내면서 번역서의 제목을 『다큐멘터리 영화ドキュメンタリィ映畵』로 바꾼다. 1991년의 저서 『여성 다큐멘터리스트의 회상女性ドキュメンタリストの回想』[7]에서 그는 "1938년 시점에 3년 후의 '귀축미영鬼畜米英'이 될 영국의 다큐멘터리

---

5 폴 로다, 유현목 옮김, 『영화이론총서 제7집: 기록영화론』, 영화진흥공사, 1982.

6 역자 서문의 첫 번째 문단을 옮기면 다음과 같다. "본서의 텍스트는 폴 로사의 1936년 발간 『다큐멘터리 필름』으로, 같은 저자의 『지금까지의 영화』(1930) 및 『오늘날의 영화』(1931)에 이은 역작이다. 다큐멘터리 필름이라고 하는 말은, 종래 자료영화나 기록영화 같은 번역어가 사용되어 왔다. 그렇지만, 그 어느 쪽도 원어의 내용을 전폭적으로 표현하기 어려운 감이 있어, 본 역서의 표제는 좀 더 넓고 좀 더 대중에게 친숙하게 다가오는 단어를 사용해, 문화영화론이라고 번역해냈다. 무엇보다 본서를 펼쳐 읽은 독자에게는 '다큐멘터리 필름'이란 자료·기록·계몽·선전 등을 목표로 독자적인 영화예술 저널에 있는, 훌륭한 창작 방법에 의한 것이라고 하는 점이 이해되어진다고 생각한다. 이런 점에서 보면, 원어 그대로 사용하는 편이 지금부터 우리나라에서 이러한 종류의 영화를 가리키는 용어로서도 적당하다고 생각되어, 본문 중에는 '다큐멘터리'라는 말을 그대로 사용했다." 폴 로사(Paul Rotha), 아쓰키 다가(厚木たか) 옮김, 『문화영화론(文化映畵論)』, 제일예문사(第一芸文社), 1938.

7 아쓰키 다가, 『여성 다큐멘터리스트의 회상(女性ドキュメンタリストの回想)』, 도메스출판(ドメス出版), 1991.

이론서를 번역해 출판한다는 것이 군 당국으로부터 환영받았을 리 만무했고, 출판사인 제일예문사第一芸文社 역시 고초를 겪었다"고 기록한다.[8] 즉 영국의 다큐멘터리 이론서의 제목이 '문화영화론'으로 명명되는 식민지기의 맥락이 있었던 것이다. 바로 이 글이 주목하는 부분은 식민지기의 비극영화非劇映畵 영역이 기록영화가 아닌 문화영화라는 용어로 정착되는 상황에 있다.

최근 해방 이후 한국의 문화영화 영역을 둘러싼 다양한 측면에 대한 연구가 진행되고 있지만,[9] 그 기원인 식민지기 조선의 상황에서 제국 일본과 어떠한 상호작용을 거쳐 문화영화가 정착되었는지에 대해 본격적으로 연구된 바는 없다. 대체로 연구자들은 "'문화영화'란 일반적으로 극장에서 흥행을 목적으로 공개하는 극영화의 상대적인 개념으로서 논픽션 필름nonfiction film, 다큐멘터리 필름documentary film, 기록영화와 유사한 개념으로 사용"[10]된다는 전제 하에, 한국에서 "문화영화 개념이 함의

---

8 요시하라 쥰페이(吉原順平), 『일본단편영상사 - 문화영화 · 교육영화 · 산업영화(日本短編映像史-文化映畵·教育映畵·産業映畵)』, 이와나미서점(岩波書店), 2011, 62쪽 재인용.

9 최근 들어 가시적인 진척을 보이고 있는데, 대표적인 연구 성과물은 다음과 같다. 2012년 고려대학교 한국사연구소 역사영상융합연구팀 학술대회 자료집 『살아있는 역사, 움직이는 자료: 한 일간 영상물 연구와 아카이빙 정보의 교류』의 이순진, 「대안영화에서 선전영화까지: 한국 문화영화의 역사와 쟁점」 등의 연구, 2013년 한국영상자료원 한국영화사연구소 심포지엄 자료집 『지워진 한국영화사: 문화영화의 안과 밖』, 2014년 고려대학교 한국사연구소 국제학술회의 자료집 『영상과 아카이빙 그리고 새로운 역사쓰기』의 김려실, 「식민지 조선의 문화영화: 조선총독부 제작 문화영화를 중심으로」 등의 연구가 있다. 이하나는 『국가와 영화: 1950~1960년대 '대한민국'의 문화재건과 영화』(혜안, 2013)의 4장 1절 「1950년대 문화영화와 국가 표상」, 4장 2절 「1960년대 문화영화의 재현/선전 전략」에서 문화영화를 다루고 있다. 또한 미국 국립문서기록관리청(NARA)의 소장 영상 자료 조사를 통해 냉전체제의 산물로서의 문화영화를 연구하는 김한상의 작업(「냉전체제와 내셔널 시네마의 혼종적 원천: 〈죽엄의 상자〉 등 김기영의 미 공보원(USIS) 문화영화를 중심으로」, 『영화연구』 47호, 한국영화학회, 2011 등)이 주목할 만하다.

해온 바가 암시하는 것"의 문제를 추적하는 것, 즉 문화영화의 구체상具體像을 파악하기 위해 법과 제도 그리고 산업이 텍스트와 관계 짓는 상황을 검토하는 것으로 학술적 돌파구를 삼고 있다.[11] 하지만 해방 이후 한국 문화영화 지형의 전개 과정을 파악하기 위해서는 이 글이 목적하는 식민지기라는 출발점에 대한 검토가 반드시 필요해 보인다.

해방 이전으로 시야를 돌리면, 선행연구의 결이 달라진다. 직접적으로 문화영화라는 주제를 다룬 연구들보다는 1920년대 조선총독부가 중심이 되어 수행한 영화의 이용, 특히 '선전영화'의 제작과 상영을 검토한 연구들,[12] 문화영화가 국책영화 지형으로 흡수된 1940년대 일제 말기의 상황을 검토하면서 문화영화를 다룬 논문들[13]이 있다. 이 논문들은 국책 선전 목적으로서의 비극영화가 생산된 정책적, 산업적 배경을 충분히 검토하고 있지만, 문화영화 개념의 역사를 파악해내고 있지는 못하다. 즉 문화영화와 비슷하지만 다른 맥락에서 사용된 '교육영화', '선전영화', '계발 선전영화' 등의 용어들을 당시의 사료를 인용하는 과정에서 그대로 사용하고 있지만, 이런 용어가 등장하고 정착된 역사적 맥락에 대한

---

10 이하나, 「정부 수립기~1950년대 문화영화와 국가 정체성」, 『역사와 현실』 74호, 한국역사연구회, 2009, 521쪽.

11 이순진, 앞의 글, 27쪽.

12 복환모, 「1920년대 초 조선총독부 「활동사진반」의 역할에 관한 연구」, 『영화연구』 24호, 한국영화학회, 2004; 배병욱, 「1920년대 전반 조선총독부의 선전영화 제작과 상영」, 『지방사와 지방문화』 9권 2호, 역사문화학회, 2006; 김정민, 「조선총독부 내무국 사회과의 교화영화 정책 출현 배경에 관한 고찰」, 『한국문학연구』 37호, 동국대학교 한국문학연구소, 2009 등이 대표적이다.

13 한상언의 「일제 말기 통제 영화 제작 회사 연구」, 『영화연구』 36호, 한국영화학회, 2008와 「조선군 보도부의 영화 활동 연구」, 『영화연구』 41호, 한국영화학회, 2009 등이 대표적이다.

고민이나 검토는 부족한 편이다.

이 글은 제국 일본에서 극영화와 상대적인 개념으로서의 문화영화 등의 용어가 어떤 맥락을 통해 등장한 것인지 고찰한 다음, 이후 일제의 영화 국책 상황에서 식민지기 조선의 문화영화 개념이 어떻게 변화되고 규정되었는지 그 양상을 점검할 것이다. 이 논의는《영화순보》등 식민지기 영화 관련 지면에서 생산된 '문화영화' 담론을 기반에 둘 것이다. 특히 당시 담론을 통해 문화영화가 성립될 수 있는 '영화 국책'의 제도적 조건들을 확인하기로 한다. 바로 텍스트 내적 규정에 해당하는 문부성의 '인정認定' 과정과 텍스트 외적 맥락, 즉 문화영화 제작의 동인이 된 '강제 상영'에 집중해 살펴볼 것이다.

2. 문화영화의 역사적 기원

식민지기 제국 일본/식민지 조선에서 문화영화라는 용어는 언제 처음 등장해 일반적으로 사용하게 되었을까. 이는 문화영화라는 말이 언론 지면에서 처음 사용된 때, 그리고 법제에서 공식적으로 명문화되기 시작한 때 등 여러 국면을 아울러 검토해 봐야 하는 문제이다. 하지만 우리가 그동안 암묵적으로 동의해 온, 기록영화와 유사한 개념이자 극영화의 상대적인 개념으로서의 문화영화라는 모호하고 느슨한 정의를 떠올린다면 이 문제의 규명이 그리 간단치 않음을 짐작할 수 있다. 다시 말해 제국 일본과 식민지 조선의 영화에서 극영화가 아닌 영역을 모두 검토해야 함을 말해주는 것이기 때문이다. 우선 1945년 이전, 제국 일본에서 비극영화의 여러 영역이 문화영화로 대표되는 국면을 살펴보고자 한다. 시기적으로 교육영화(교재영화), 과학영화, 문화영화 등으로 불렸던 각 국면과, 영화 국책에 있어 중요한 수단으로 '문화영화'라는 이름이 내세워졌다가 1944년에 일제가 전쟁의 과학적 합리화에 중점을 두면서 '문화영화'라는 용어가 폐기되고 '긴급지도영화' 등으로 변용되었던 맥락을 검토할 것이다.

요시하라 쥰페이吉原順平[14]는 『일본단편영상사』에서 문화영화 등이 포함된 비극영화의 지형을 크게 "영화관 외의 영화", 즉 상업적인 영화관에서 상영되는 극영화 이외의 존재로 보고 이 영역을 저서의 제목처럼 '단편영화'로 상정한다. 그는 특히 부제를 통해 '문화영화·교육영화·산업영화'를 차례로 명기하며 이에 역사적 순서의 의미를 부여하고 있다.[15] 즉 1945년 이전의 단편 지형을 크게 문화영화로 보는 것은 전시기 영화관에서 장편영화와 함께 병영竝映되었기 때문이며, 전후는 '교육영화'가 활발했기 때문에 대표성을 띠는 것으로, 경제 부흥의 고도 성장기는 기업 발주의 '산업영화'가 두드러졌기 때문이다.[16]

이처럼 1945년 이전은, 크게 '문화영화'로 볼 수 있지만 좀 더 자세

---

14 요시하라 쥰페이는 1957년부터 75년까지 이와나미 영화제작소(株式會社岩波映畫製作所)에서 기록영화, 산업영화 등의 기획, 각본 일을 담당했다.

15 이 책에서 요시하라 쥰페이는 '단편'을 정의함에 있어 길이를 기준으로 명확하게 구분하고 있는 것은 아니다. 그는 "단편영화라는 것은 극영화 이외의 이른바 문화영화 또는 교육영화, 비극영화로 불리는 것이지만, 어느 쪽도 명칭으로 적절치 않다"고 전제한다. 그는 "'단편'을 정의하는 것은 길이로도 내용으로도 어렵다"며, "상업적인 영화관에서 독립적인 흥행이 가능한 '장편'에 필요한 길이에 미치지 못하는 것"을 단편으로 본다. 즉 "길이에 관계없이 영화관 이외의 장소에서의 사용을 상정해 제작한 작품으로 파악하는 것이 바람직하다"는 것이다. 요시하라 쥰페이, 앞의 책, vii쪽.

16 요시하라 쥰페이, 앞의 책, v쪽.

히 들여다보면 교육영화, 문화영화, 과학영화 등으로 불리는 복잡한 맥락들이 존재함을 알 수 있다. 초창기 일본영화사에서 단편의 최초 목적은 '교육'이었기 때문에, 장편의 '오락'과 대치되는 개념으로 상정하여 '교육영화'로 지칭되었다. 즉 비극영화를 '교육영화'로 부른 것은 흥행 목적의 오락용 극영화 이외의 영화를 지칭하기 위해서였다.[17] 교육영화의 기원은 1911년, 문부성에 '통속교육조사위원회'가 설치, 전체 3부部 중 2부가 '환등영화, 활동사진 필름의 인정'을 담당한 것으로 거슬러 올라간다. 여기서 '통속 교육通俗教育'은 민중 교육, 사회 교육을 의미하는 것이었다. 그리고 1921년, 문부성은 통속 교육을 사회 교육으로 바꾸고 '추천영화운동'을 시작한다.[18] 요시하라 쥰페이는 특히 교육영화라는 용어가 활발하게 사용된 시기를 1927년 시점으로 기록한다. 교육영화의 제작 회사가 결집해 '일본교육영화제작자연맹'이 설립되고, 문부성이 사회교육국 서무과에 영화부를 설치하고, 오사카마이니치大阪毎日 신문사가 오사카마이니치 필름 라이브러리를 개설해 간사이 활영교육關西活映教育 연구회를 조직한 것이 모두 1927년의 일이었다.[19]

한편, 1940년부터 도호영화의 문화영화부에서 문화영화 〈고바야시 잇사小林一茶〉 등의 프로듀서로 일한 무라 하루오村治夫 역시 일본 문화영화의 전사前史를 언급하며, 대체로 일본에 영화가 들어와서 1931년 만주사변 이후 문화영화가 본격적으로 등장할 때까지 그 기초가 된 유형을 실사

---

17 요시하라 쥰페이, 앞의 책, 8쪽.

18 요시하라 쥰페이, 앞의 책, 4~5쪽.

19 요시하라 쥰페이, 앞의 책, 6~9쪽. 한편 교육영화라는 명칭도 서구 용어의 번역어이다. 이전의 교육영화라는 명칭은 미국 플레이사의 'educational film'의 번역어로 교육영화, 교재영화라는 용어로 이어졌다. 요시하라 쥰페이, 앞의 책, 24쪽.

영화, 교육영화, 시사영화 등이라고 기록한다.[20] 그는 교육 선전영화의 시작을 1917년경으로 기록한다. 이때 세리카와 마사카즈芹川政一의 도쿄 시네마상회東京シネマ商會가 문부성을 비롯한 제 관청의 교육영화, 선전영화를 만들기 시작했고, 러시아인 브로드스키Brodsky[21]가 도요東洋필름컴퍼니를 경영하며 실사영화를 제작했다. 교육영화 제작자의 유력한 발주자는 바로 문부성이었다. 이러한 교육 선전영화 지형이 활기를 띤 것은 이 영화사들이 1923년 간토 대지진의 실사 기록 능력을 부여받으면서인데, 특히 도쿄 시네마상회는 문부성으로부터 간토 대지진의 기록을 위탁받아 〈간토 대진대화실황關東大震大火實況〉(1923)을 완성한다.[22]

이처럼 일제가 영화를 활발하게 선전, 교육에 활용한 것은 제1차 세계대전 중 독일의 영화 선전전이 단연 연합국을 압도하는 상황에 주목했기 때문이다. 대전 후 독일은 재빨리 영화 통제를 단행하여 국민 교육영화를 인정하고 보호하고 장려했다.[23] 이러한 국가적 배경을 토대로 등장한 것이 '우파Universum Film AG'의 'Kulturfilm'이었다. 독일영화 최대의 영화 콘체른인 우파의 문화부(1918년 설립)가 제2차 세계대전 중까지 제작한 단편영화를 바로 'Kulturfilm'이라 부른 것이다.[24] 독일의 문화영화는 니콜라스 카우프만Nicholas Kaufmann 박사를 중심으로 천문, 지리, 생

---

20 무라 하루오(村治夫), "영화 배급사 직원 양성소 강연록: 일본문화영화 약사", 《영화순보》 화북전영특집, 64호(1942년 11월 1일), 62쪽.

21 원문은 포로스키로 되어 있지만, 벤자민 브로드스키(Benjamin Brodsky)를 지칭한다. 현재 남아있는 그의 작품은 일본 여행기(travel-lecture)인 〈From Beautiful Japan〉(1918, 15분) 등이다.

22 무라 하루오, 위의 글, 64쪽.

23 무라 하루오, 위의 글, 64쪽.

24 요시하라 쥰페이, 앞의 책, 24~25쪽.

리, 위생, 동식물 방면의 과학적인 것을 내용으로 하고, 미속도, 고속도 촬영 같은 기술을 통한 과학적인 관찰력을 방법으로 삼은 것이었다. 대표적으로 〈미와 힘으로의 길〉(1925)[25]에 이어 〈우주의 경이〉(1925)[26]와 같은 장편물을 제작해 독일의 국민 교육, 특히 과학적 사고력을 기르는 데 주목했다.[27] 〈미와 힘으로의 길〉은 일본과 조선에 독일 우파의 문화영화의 존재를 알린 작품으로 기록된다.

잘 알려진 것처럼, '문화영화'라는 어원은 제국 일본에서 독일 우파의 'Kulturfilm'을 번역하면서이다. 쇼와 초기[28] 경에 독일에서 일본으로 들어온 〈미와 힘으로의 길〉이라는 영화에 '쿨투르 필름'이라는 명칭이 붙어 있었기 때문에 여기에서 직역한 단어가 생긴 것이다.[29] 무라 하루오에 의하면, 일반적으로 '문화영화'라는 말이 사용된 것은 이후 쇼와 8년, 즉 1933년경으로 기록된다.[30] 식민지기 조선에서 '문화영화'라는 용어가 처음 등장한 것 역시 동일한 영화를 통해 확인할 수 있다. 바로 1926년 5월 16일자 《동아일보》 기사에서 "작년 3월에 독일 '우파' 회사에서 문화영화라고 발표하여 세상을 놀랜 영화가 있었다고 한다. 그 영화는 이름을 '미美와 힘力의 길'이란 전 6편 10권의 영화로 백림伯林의 '니코라스 코프

---

25 *Wege zu Kraft und Schönheit (Golden Road to Health and Beauty)* (Kulturabteilung·UFA, Nicholas Kaufmann·Wilhelm Prager, 1925). 일본 개봉 제목은 〈美と力への道〉이다.

26 *Wunder der Schopfung* (Colonna-Film GmbH·UFA, Hanns Walter Kornblum, 1925). 일본 개봉 제목은 〈宇宙の驚異〉이다.

27 무라 하루오, 앞의 글, 64쪽.

28 쇼와 1년이 1926년이다.

29 미하시 아이요시(三橋逢吉), "영화 배급사 직원 양성소 강연록: 문화영화의 인정", 《영화순보》 62호(1942년 10월 11일), 34쪽.

30 무라 하루오, 앞의 글, 64쪽.

만' 씨가 전체를 구상 지도한 것"이라고 소개되고 있다. 이 기사의 제목은 "독일 신문화영화-대규모의 체육 장려 영화"였다.

요시하라 쥰페이가 언급하고 있듯이, 1910년대부터의 교육영화라는 명칭이 문화영화로 바뀐 것은 니콜라스 카우프만 박사의 단편 자연과학 영화가 일본에 수입되어 호평 받은 것이 계기가 되었다.[31] 무라 하루오의 기록처럼, 문화영화가 의미하는 것은 'The Scientific Educational Film'이었다. 이는 당시 영국의 영화잡지 《클로즈 업》에 'Kulturfilm'의 각주로 붙여진 것이다.[32] 앞서 살펴본 것처럼 우파의 문화영화 대부분은 니콜라스 카우프만 박사가 감수한 '과학영화'였다. 특히 1936년경 도와상사東和商事가 우파의 'Kulturfilm'을 수입해 문화영화로 공개하면서 일본사회에 큰 영향을 끼치게 되었다. 그리고 문화영화는 '영화법'에 등장할 정도로 영향력이 큰 단어가 되었다.[33] 다음 장에서는 문화영화라는 용어 자체도 서구에서 일본으로의 수용과 그 제작 국면의 차원에서 의미가 변화한 것임을 확인할 수 있을 것이다.

1939년에 일본 최초의 영화법으로 문화영화의 강제 상영 조항이 규정되고, 이를 기회로 판단한 일본과 조선의 영화계에 문화영화 제작 붐이 일어난다. 무라 하루오가 지적하듯이, "영화법은 문화영화를 위한 입법이라고 해도 과언이 아닐 정도이며 상설관에 문화영화를 지정 상영시켰다는 것이 획기적인 것"[34]이었다. 즉 영화 국책의 국면에서 국책 선전

31 요시하라 쥰페이, 앞의 책, 33~34쪽.

32 무라 하루오, 앞의 글, 65쪽.

33 요시하라 쥰페이, 앞의 책, 24~25쪽.

34 무라 하루오, 앞의 글, 65쪽.

영화로서의 분명한 성격을 부여받은 상황이었다. 그러나 패전의 막바지인 1944년, 문화영화라는 용어는 폐기되었다. 일제는 '결전 비상조치 요강'을 발동해, 문화영화의 강제 상영을 폐지했고, 직접적인 전쟁 수행의 수단이 되는 '긴급지도영화'가 이를 대신해 극영화와 병영되었다.[35] 이는 '전쟁은 과학적 합리화가 필요해 과학의 보급이 필요하다'는 맥락에서 '과학영화'의 중요성이 부각되었기 때문이다. 문화영화는 일제의 패망 직전, '긴급지도영화', '술과術科영화'라는 이름으로 다시 변용되었다.[36]

3. 식민지기 문화영화 법제와 그 담론

3-1. 법제상의 문화영화

식민지 조선에서 '문화영화'라는 용어 혹은 개념이 법제상으로 처음 등장한 것 역시 무라 하루오가 만주사변 이후의 1933년경으로 기록한 것과 비슷한 시기인 1934년 전후로 볼 수 있다. 1933년 후반부터 본격적으로 논의된 조선의 영화 국책은 이듬해 "조선만의 독특하고 강력한 부령"[37]으로 실시되는데, 바로 1934년 8월 7일 공포, 9월 1일부터 시행한 총독부령 제82호 「활동사진 영화 취체 규칙」이다. 문화영화는 "제

---

35 요시하라 쥰페이, 앞의 책, 49쪽.

36 요시하라 쥰페이, 앞의 책, 52쪽.

37 "경성: 경성 영화계 근황", 《국제영화신문》 141호(1935년 1월 상순), 52쪽, 한국영상자료원 한국영화사연구소 엮음, 『일본어 잡지로 본 조선영화 1』, 한국영상자료원, 2010, 53쪽 재인용. 이하 《국제영화신문》 기사는 이 자료집에서 재인용한 것이다.

6조 **사회교화를 목적으로 하여 제작된 영화 또는 시사, 풍경, 학술, 산업 등에 관한 영화**에서 조선 총독이 인정한 작품에 대해서는 앞 조 및 제8조 제2항의 규정을 적용하지 않는다"[38](강조는 인용자)는 조항으로 처음 등장한다.[39] 흥미로운 점은 이 시기의 언론 지면에서 「활동사진 영화 취체 규칙」의 시행을 전하는 기사 내용에 있다. 《키네마순보》의 경우 제6조의 문구를 "**사회교화영화**나 **문화영화** 등은 조선 총독이 인정하면 제한을 두지 않는다"[40](강조는 인용자)라고 축약, 정리해서 전하고 있기 때문이다. 여기서 주목할 부분은 바로 두 지점이다. 극영화가 아닌 양식의 비극영화를 통틀어 문화영화로 한정짓지 않고, 사회교화영화와 병기한 것, 그리고 시사, 풍경, 학술, 산업 등에 관한 영화를 문화영화로 보는 것이다.[41] 즉 문화영

38 앞 조 및 제8조 제2항의 규정은 "도지사가 필요하다고 인정할 때는 영화의 종류, 수량 또는 영사 시간을 제한할 수 있다"는 극영화에 대한 제한 조항을 말한다.

39 "조선의 영화 통제령 드디어 실현: 활동사진 영화 취체 규칙 9월 1일부터 실시", 《국제영화신문》 132호(1934년 8월 하순), 26~27쪽.

40 "조선의 영화 통제안: 9월 1일부터 실시", 《키네마순보》 515호(1934년 8월 21일), 35쪽, 한국영상자료원 한국영화사연구소 엮음, 『일본어 잡지로 본 조선영화 2』, 한국영상자료원, 2011, 107쪽 재인용. 이하 《키네마순보》 기사는 이 자료집에서 재인용한 것이다.

41 한편 「활동사진 영화 취체 규칙」의 전신 격인 조선 최초의 전국적 단위의 영화 검열 규칙인 「활동사진 필름 검열 규칙」(1926년 7월 5일 공포)에서 '문화영화'라는 용어나 관련 개념이 등장하는지 확인해 볼 필요가 있다. 제2조에서 "의식(儀式), 경기(競技), 기타 간단한 시사(時事)를 실사한 필름으로 조선총독부의 검열을 받을 여유가 없는 것에 대해서는 영사지를 관할하는 도지사가 이를 검열할 수 있다"는 조항의 내용이 등장하나, 1934년 「활동사진 영화 취체 규칙」의 조항처럼 문화영화에 대한 구체적인 개념을 지시한다고 보기에는 부족하다. 즉 '시사'를 포함하는 문화영화라는 의미보다 뉴스영화의 동의어로서의 '시사영화'의 성격이 강하다고 볼 수 있다. 이후 살펴보겠지만 일본 영화법/조선영화령에서 문화영화와 시사영화는 개념상 분리되었다. 한편 「활동사진 필름 검열 규칙」과 「활동사진 영화 취체 규칙」의 내용 및 특징에 대해서는 다음 글을 참조할 것. 박혜영, 「해제: 1926년 '활동사진 필름 검열 규칙'~'활동사진 영화 취체 규칙'을 중심으로」, 한국영상자료원 엮음, 『식민지 시대의 영화 검열 1910~1934』, 한국영상자료원, 2009,

화의 정의가 사회교화영화와 분리된 데에서 계몽성과 국책성의 선전영화로만 한정되지 않았음을 알 수 있다. 또 법제에서는 문화영화라는 용어를 정확히 내세우지 않았지만, 영화계는 이를 문화영화의 정의로 수용하는 현상을 보였다. 영화 국책 작동 초기, 문화영화에는 교육영화, 과학영화의 성격이 유지되었다고 볼 수 있다.[42]

「활동사진 영화 취체 규칙」의 핵심적인 내용은 시행세칙에서 볼 수 있듯이, 외국영화의 상영 제한, 바꿔 말해 국산영화의 의무 상영 강제였다. 6조에서 정확히 '문화영화'를 규정하지 않았지만, 극영화가 아닌 영역에 영화의 종류, 수량 또는 영사 시간 같은 규정을 적용하지 않음으로써, 즉 제한을 두지 않음으로써 장려의 기반을 열어두었던 것이다. 식민지 조선에서 문화영화에 대한 최초의 명문화된 법률 규정은 1940년에 공포된 조선 최초의 영화법인 조선영화령과 그 시행규칙에서 찾아볼 수 있다. 문화영화라는 용어가 법제에 등장함으로써 명확한 법적인 지위를 얻은 것이다.

1939년 4월, 일본 최초의 문화 입법인 '영화법'이 법률 제66호로 제정, 10월부터 시행되었고, 조선에서는 주무대신이라는 문구를 조선 총독

113~123쪽.

42 하지만 1941년 8월 영화 신체제 선언 이후라고 해서 프로파간다로서의 문화영화의 성격이 확고해진 것은 아니다. 1941년 '조선영화 신체제 수립을 위하여'라는 좌담회에 출석한 이창용, 즉 히로카와 소요(廣川創用)가 "내지에서 인정된 문화영화는 조선에서도 꼭 봐야 하지만 조선은 조선으로서의 기록적인 작품, 학술적인 작품이 절대로 필요하다"고 발언한 것에서 엿볼 수 있듯이, 1920년대 중반 일본/조선으로의 수용 초기에 정의되었던 문화영화의 개념은 여전히 잔존했다. "좌담회: 조선영화 신체제 수립을 위하여", 《영화순보》 30호(1941년 11월 1일), 17쪽, 한국영상자료원 한국영화사연구소 엮음, 『일본어 잡지로 본 조선영화 3』, 한국영상자료원, 118쪽 재인용.

으로 바꾸어 1940년 1월 4일 조선총독부제령 제1호로 조선영화령이 공포되었다. 그 시행규칙은 조선총독부령 제181호로 1940년 7월 25일 제정, 8월 1일부터 시행되었다. 당시 《키네마순보》는 "조선영화령 시행규칙 드디어 8월부터 실시"라는 기사를 통해, 조선총독부의 영화령 시행규칙이 전문 64조로 대체로 '내지'와 비슷하다고 전하고, 특히 "문화영화는 경성, 부산, 평양, 그리고 대구는 11월 1일, 그 이외는 내년 1월 1일부터 지정 상영"[43]한다고 기록한다. 영화계가 관심을 가질 문화영화의 강제 상영에 방점을 둔 기사였다. 그렇다면 앞선 기사에서도 확인한 것처럼, 《키네마순보》의 기사가 문화영화를 주어로 전하고 있는 내용이 실제 법 조항에서는 어떻게 기록되고 있는지 검토해 볼 필요가 있을 것이다.

조선영화령은 "영화의 제작·배급·상영 기타 영화에 관하여는 영화법 제19조의 규정을 제외하고 동법에 의한다. 다만, 동법 중 칙령은 조선총독부령으로, 주무대신은 조선 총독으로 한다"고 규정되었다. 즉 영화법 15조에 근거한 조선영화령 15조는 "① 조선 총독은 명령으로서 영화제작자에 대하여 **국민 교육상 유익한 특정 종류의 영화**의 상영을 시킬 수 있고 ② 행정관청은 명령이 정하는 바에 의하여 특정의 영화 제작업자에 대하여 **계발 선전상 필요한 영화**를 교부하고 기한을 지정하여 그의 상영을 시킬 수 있다"(강조는 인용자)고 강제 상영에 대해 규정하고 있는 것이다. 이어 조선영화령 시행규칙에서도 문화영화라는 단어는 직접 등장하지 않음을 확인할 수 있다. 시행규칙 37조 1항을 통해 "영화법 제15조 1항의 규정에 의하여 상영을 하게 하여야 하는 영화는 **국민정신의 함양 또는**

43 "조선영화령 시행규칙 드디어 8월부터 실시", 《키네마순보》 724호(1940년 8월 11일), 6쪽.

국민지능의 계몽 배양에 도움이 되는 영화(극영화를 제외한다)로서 조선 총독이 인정한 것으로 한다"(강조는 인용자)고 규정되었다.[44] '시사, 풍경, 학술, 산업 등에 관한 영화'를 문화영화로 의미한 「활동사진 영화 취체 규칙」과 달리, 1937년 7월 중일전쟁 이후의 영화 국책 상황에서 문화영화의 개념은 '국민'을 적극적으로 국책의 자리에 위치시키는 것이었다. 한편 15조 2항에서 '계발 선전영화'를 구분한 것은 다음 장에서 검토하기로 한다.

문화영화를 주어로 내세우지 않고 문화영화에 대한 내용을 기록한 37조의 문구는 조선총독부령 제204호로 1941년 7월 17일 일부 개정하여 시행될 때, 조선총독부령 제230호로 1941년 8월 20일 일부 개정 후 1941년 8월 28일 시행될 때까지 그대로 유지되었다. 그리고 다음 해 조선총독부령 제141호로 1942년 5월 11일 일부 개정 및 시행될 때 37조가 전문 개정되는데, 이 때 '문화영화'라는 용어가 구체화되었다.

> 제37조 ① 영화법 제15조 제1항의 규정에 의하여 상영을 하게 하여야 하는 영화는 **조선 총독이 인정한 문화영화 및 시사영화**로 한다. ② 전 항의 **문화영화라 함은 국민정신의 함양 또는 국민지능의 계몽과 배양에 도움을 주는 영화**로서 **극영화가 아닌 것**을 말하며, **시사영화라 함은 시사를 촬영한 영화로서 국민에게 내외의 정세에 관**

---

44 제37조 ① 영화법 제15조 제1항의 규정에 의하여 상영을 하게 하여야 하는 영화는 **국민정신의 함양 또는 국민지능의 계몽 배양에 도움이 되는 영화**(극영화를 제외한다)로서 조선 총독이 인정한 것으로 한다. ② 영화 흥행자는 1회의 흥행에 대하여 전 항의 규정에 의한 인정을 받은 영화 250미터 이상을 상영하여야 한다. 다만, 영화 흥행자가 영화법 제15조 제2항의 규정에 의하여 영화를 상영하는 경우 및 제16조 제1항의 추천을 받은 영화를 상영하는 경우에는 그러하지 아니하다.

하여 필수 지식을 얻게 하는 것을 말한다.

③ 영화 흥행자는 1회의 흥행에 대하여 제1항의 영화 각 1개 이상을 상영하여야 한다. 다만, 영화 흥행자가 영화법 제15조 제2항의 규정에 의하여 영화를 상영하는 경우 및 제16조 제1항의 추천을 받은 영화를 상영하는 경우에는 문화영화의 상영을 하지 아니할 수 있다.

④ 전 항의 규정에 의하여 상영하여야 하는 문화영화의 길이는 250미터 미만일 수 없다.[45]

1942년의 개정된 시행규칙 37조에서 주목할 부분은 1) 문화영화를 국민정신의 함양 또는 국민지능의 계몽과 배양에 도움을 주는 영화이면서 동시에 극영화가 아닌 영화로 상정하는 점, 2) 문화영화와 별도로 시사영화의 정의가 등장하는 점이다. 이제 시사영화, 즉 뉴스영화는 문화영화의 영역에서 확실히 분리되었다. 인용한 규칙에서 볼 수 있듯이, 식민지 조선에서 문화영화의 성립은 조선 총독의 '인정'이며, 그 실천 방법은 '강제 상영'이었다. 이제 조선영화령의 모법이 된 1939년 일본의 영화법에서 문화영화의 개념 정의를 둘러싼 상황을 검토하면서, 전시 문화영화의 구체상을 밝힐 '인정' 제도와 '강제 상영' 규정에 대해 점검할 것이다.

---

45 일본 영화법/조선영화령의 문화영화 관련 규정이 독일 영화법에서 근거한 것임을 다음 기사를 통해 확인할 수 있다. "문화영화 제작의 보호 장려를 위해서는 영화법 제8조에 의하며 특히 문화영화 평가 준칙이라는 것을 규정하고, 각 영화관에 있어서는 강제적으로 250미터 이상의 문화영화를 상영하게 되어있다." 윤묵, "각국 연극 영화 정책: 독일의 영화 국책(완)", 《동아일보》 1939년 1월 28일자, 5면.

3-2. 문화영화의 '인정'과 '강제 상영'

> 영화법은 문화영화를 '국민정신의 함양 또는 국민지능의 계배(啓培)에 이바지하는 영화'라고 하고 있습니다. 이것은 영화 시행규칙의 제35조 제1항에 규정하는 부분인데 '국민정신의 함양 또는 국민지능의 계배에 이바지하는 영화'는 모든 영화에 대해서 말하는 부분이며, 그만큼 아직 문화영화를 명확히 정의하지는 못하고 있습니다.[46]

문부성 사회교육관 미하시 아이요시三橋逢吉는 1942년 10월 11일호(제62호) 《영화순보》의 "문화영화의 인정"이라는 글을 통해 '국민정신의 함양 또는 국민지능의 계배에 이바지하는 영화'라는 조항은 문화영화를 지칭하는 것이지만, 전시기 극영화 역시 이러한 성격을 포함하지 않는다고 볼 수 없다는 입장에서 문화영화 정의의 모호성에 대해 말하고 있다. 일본영화 사학자인 마키노 마모루牧野守 역시 당시 문화영화라는 용어가 법률상의 용어로서 숙성되지 않아, 당국 역시 법제화에 당면해 곤란했음을 기록한다.[47] 즉 영화법의 문화영화 관련 조항에서, 그 내용은 당시 널리

46 미하시 아이요시, 앞의 글, 32쪽.

47 감수 · 해설 마키노 마모루(牧野守), 「해설: 문화영화의 시대(文化映畫の時代)」, 『일본영화론 언설 대계 제1기 1: 영화의 인식[우에노 고소] · 문화영화론[아이카와 하루키](日本映畫論言說大系 第1期: 映畫の認識[上野耕三] · 文化映畫論[相川春喜]』, 유마니서방(ゆまに書房), 2003, 385쪽. "'문화영화'를 법률상 어떻게 정의할 것인가라는 질문에 대한 정부 측의 답변은, '문화영화'라는 용어는 법률 용어로 아직 충분하지 않고, 이번 심의 단계에서 검토 중이라고 명백히 답변하지 못했음을, 즉 일반적으로 문화영화라는 명칭은 세간에 유포되어 있는 영화에 관해 그것을 법률에 의해 특정하는 것은 무리라는 것이다. 게다가 법률 용어로 잘 어울리지도 않는다고 정부 측은 답변하지 않

사용된 '문화영화'를 의미하지만 직접 명명되지 못한 상황을 짐작할 수 있는 것이다. 미하시 아이요시는 "영화 배급사 직원 양성소 강연록"인 이 글의 서두에서 "문화영화는 어떤 것인지라는 것에 대해서 여러분도 이미 아시다시피 아직 이런 것이다라는 일정한 설은 없다"고 말한다. 즉 '문화적 의의와 가치가 있는 영화', '과학영화가 본체', '과정을 다루는 영화' 등으로 논의되었지만, 이제는 "영화법 정신에 따라 만들어진 영화"라는 것이다.[48]

앞서 조선영화령 시행규칙 37조를 살펴본 것처럼, 일본 영화법 시행규칙도 내용이 동일함을 확인할 수 있다. 바로 시행령 35조이다. 제1항에서 "영화법 제15조 제1항의 규정에 따라 상영을 해야 하는 영화는 문부대신이 인정하는 문화영화 및 시사영화로 한다"고 기록하며 강제 상영 규정을 명확히 지칭하고 있고, 제2항에서 "전 항의 문화영화라는 것은 국민정신의 함양 또는 국민지능 계발 배양啓培에 이바지할 영화로서 극영화가 아닌 것을 말한다"며 문화영화의 정의를 규정하고 있다. 그리고 제1항에서 확인할 수 있듯이, 이렇게 규정된 문화영화 중에서 문부대신이 인정한 것이라야 문화영화로 성립됨을 명기하고 있다. 즉 "문화영화라고 불리는 것은, 당국의 해석으로는 인정을 받은 문화영화를 문화영화라고 한다"는 것이다.[49]

문화영화의 성립 조건을 말해주는 대표적인 사건이 〈고바야시 잇사〉

을 수 없을 정도로 정부 내에서도 충분히 공감대가 형성되지 못했다는 것이다."

48 미하시 아이요시, 앞의 글, 32쪽.

49 이세키 다네오(井關種雄), "영화 배급사 직원 양성소 강연록: 영화흥행개론(1)", 《영화순보》 신년 특별호, 69호(1943년 1월 11일), 59쪽.

의 인정 건이다. 당시 도호영화 영업부장이었던 이세키 다네오井關種雄에 의하면, 1941년 2월 가메이 후미오龜井文夫[50] 연출의 〈고바야시 잇사〉[51]가 상영될 때, 도호영화는 이 영화의 신문 광고에 문화영화라는 타이틀을 붙여 내보낸다. 하지만 당국은 〈고바야시 잇사〉는 문부성이 인정하지 않았으니 문화영화가 아니며 그것을 문화영화라고 칭하여 공개하는 것은 위법이라고 통보한 것이다.[52] 즉 문화영화는 '국민정신의 함양 또는 국민지능의 계발 배양에 이바지할 영화이며 극영화가 아닌 영화'라는 모호한 정의 가운데, 결국 '문부성의 인정'으로 성립되는 것이었다. 그렇다면 실제 문화영화의 인정 과정에서 어떤 기준들이 작용했을지 검토하기로 한다.

문부성이 문화영화 인정을 시작함에 있어[53] '문화영화란 이런 것이다'라는 것을 제작자에게 명시할 필요에서 발표한 것이 바로 「문화영화 인정의 범위 및 표준」[54]이었다. 이는 1941년, 정보국 제5부 제2과장이었

---

50 가메이 후미오는 도호 문화영화부 제작으로 중일전쟁을 기록한 문화영화인 〈상해(上海)〉 〈북경(北京)〉(1938)을 연출했다. 이어 그는 중일전쟁 하의 무한함락(武漢陷落)을 다룬 〈싸우는 병대(戰ふ兵隊)〉(1939)를 연출했는데, 이 작품은 내무성 검열에서 상영 불가 처분을 받아 네거티브 필름까지 폐기하게 된다. 그 역시 이 사건으로 체포, 투옥됐다.

51 가메이 후미오가 전투적 자세에서 일시 물러나 만든 작품으로, 고바야시 잇사의 하이쿠(俳諧)와 일본 농민의 생활 풍경을 대비적으로 몽타주해 일본 문화영화의 고전 명작으로 평가받는다.

52 이세키 다네오, 앞의 글, 59쪽.

53 한편 극영화의 경우, 내무성이 주체가 되어 시나리오를 검토하고 촬영을 승인하는 사전 검열을 진행했다.

54 「문화영화 인정의 범위 및 표준」 전문은 다음과 같다.(강조는 인용자) 1. 문화영화의 인정은 일반용 영화라고 인정한 것으로 문화영화의 인정 신청을 한 것에 대해 이를 행한다. 2. **인정할만한 문화영화는 정치, 국방, 교육, 학예, 산업, 보건 등에 관해 국민정신의 함양 또는 국민지능의 계배에 이바지한 것으로서 극영화가 아닌 것**으로 한다. 단 취재의 진실성을 왜곡하지 않는 정도에서 **부분적으로 극적 요소가 개입되는 것도 무방하다**. 3. 인정할만한 문화영화의 요건은 대략

던 후와 유슌不破祐俊이 저술하고 재단법인 대일본영화협회가 발간한 『영화법 해설』[55]에서 확인할 수 있다. 그 2항에서 "인정할만한 문화영화는 정치, 국방, 교육, 학예, 산업, 보건 등에 관해 국민정신의 함양 또는 국민 지능의 계배에 이바지한 것으로서 극영화가 아닌 것으로 한다. 단 취재의 진실성을 왜곡하지 않는 정도에서 부분적으로 극적 요소가 개입되는 것도 무방하다"라고 명기한 것처럼, 지금까지 문화영화에 관해 논의된 내용들이 모두 점검되고 포함되었음을 알 수 있다. 특히 문화영화인지 극영화인지 구별하기 어려운 상황이 계속되자, 어느 정도의 극적 요소는 용인하는 것으로 방향을 설정하고 있다. 3항의 '인정할 만한 문화영화의 요건'에서는 그 첫 번째로 "일관된 지도적 내용을 가질 것"이라고 규정해, 영화 국책 상의 '계발 선전영화'로서의 문화영화의 성격을 확실히 하고 있다.

일본 영화법/조선영화령에서 확인할 수 있었던 것처럼, 사실 "극영화가 아닌 것"이 문화영화라는 기준은 영화 양식상의 문제에 있어 문화영화의 개념 규정의 모호성을 증폭시키는 대목일 것이다. 즉 극영화에서의 기록성이나 문화영화에서의 극성 같은 양식적 중첩의 문제이다.[56] 기

다음과 같다. (1) **일관된 지도적 내용을 가질 것.** (2) 취재한 내용이 정확할 것. (3) 영화적 표현이 적정할 것. (4) 일반 영화 관객자의 이해를 얻을 수 있을 것. 4. 다음 영화는 인정 대상으로 삼을 수 있다. (1) 광고영화지만 그 내용이 영리적이지 않고 더 나아가 우수한 작품. (2) 관광자는 풍경영화에서 깊이 그 민속성, 역사성, 풍토성 등을 다룬 작품.

55 후와 유슌(不破祐俊), 『영화법 해설』, 대일본영화협회, 1941, 77~78쪽, 감수 마키노 마모루, 『일본영화론 언설 대계 제1기 8: 영화법안 의사 개요 [제74회 제국의회]·영화법 해설[후와 유슌](日本映畵論言說大系 第1期 8: 映畵法案議事概要[第七十四回帝國議會]·映畵法解說[不破祐俊], 유마니서방(ゆまに書房), 2003, 497~498쪽 재인용.

56 극영화이지만 문화영화적 요소가 많은 것으로 논의된 대표적인 영화가 〈말(馬)〉(도호 도

본적으로 일제의 문화영화는 "영화법의 정신에서 연역演繹하여 본래 허구 혹은 가상假構을 포함하지 않는 작품이며, 현실에서 취재하여 현실의 사실을 알림으로써 국민의 지능을 계배하고 더 나아가 국민정신의 함양을 도모하려는 영화"로 정의된다.[57] 즉 극영화는 픽션에서, 문화영화는 현실에서 취재하여 성립되므로, 문화영화는 '픽션(허구)'을 포함하지 않는 양식이라는 것이다. 하지만 1942년 시점의 미하시 아이요시는 "문화영화가 그 표현 형식에서 연기 등의 극적인 수법을 완전히 배제할 수도 또 그것을 배제할 필요도 없다"고 지적한다. 「문화영화 인정의 범위 및 표준」에서 확인한 것처럼, 현실의 사실을 전달할 때 그것을 왜곡하지 않는 범위에서 극적 수법을 허용할 수 있다는 것이다. 그는 실제 문화영화와 극영화의 구별, 판정이 힘든 경우가 다수 발생했고, "장래에는 문화영화인지 극영화인지 구별하기가 사실상 매우 어려운 작품도 나오지 않을까" 우려될 정도라며, 문화영화 인정의 실제 적용 단계에서의 어려움을 전하고 있다.[58]

미하시 아이요시는 "문화영화의 인정"에서 "최근 문화영화와 어깨를 나란히 하고 있는 것이 계발 선전영화라는 것"이 있다며 최종적으로 문화영화를 규정한다. 그는 계발 선전영화는 국책적 선전을 담은 작품으로, 국민을 계발하고 국책을 선전하는 의미로 보아 극영화까지 포함되는 것으로 정의하고 있다.[59] 그러나 "계발 선전영화는 문화영화의 일부분"

쿄[東宝東京], 영화과학연구소[合資會社映畵科學研究所], 야마모토 가지로[山本嘉次郎], 1941)과 〈흙과 병대(土と兵隊)〉(닛카쓰 다마가와[日活多摩川], 다사카 도모타카[田坂具隆], 1939)이다. 미하시 아이요시, 앞의 글, 33쪽.

57 미하시 아이요시, 앞의 글, 32쪽.

58 미하시 아이요시, 앞의 글, 33쪽.

이라며, 계발 선전영화를 구별해 내기보다 문화영화의 성격을 국책 선전으로 확정하는 쪽을 택한다.[60] 즉 국책의 목적은 문화영화가 가지고 있는 요소이며 문화영화를 통해 그 목적을 가장 잘 달성할 수 있다는 것이다. 그의 정의처럼, 영화 신체제 이후 문화영화의 궁극적 본질은 '대동아 영화' 혹은 '공영권 영화'였다.[61]

마지막으로 점검할 것은 문화영화의 강제 상영 규정이다. 일본 영화법/조선영화령 시행규칙에서 확인한 강제 상영 방법을 정리하면, 1) 영화 흥행자는 한 번의 흥행에 대해 인정을 받은 문화영화, 시사영화 각 한 편 이상을 상영해야 하며, 2) 추천을 받은 영화를 상영하는 경우에는 문화영화의 상영을 하지 않을 수 있었고, 3) 문화영화의 길이는 250m 이상이어야 했다.

---

59 앞서 영화법 제15조 제2항에 등장한 "계발 선전상 필요한 영화", 즉 '계발 선전영화'는 법조항상으로는 문화영화 그리고 시사영화와 구분되는 개념이었다. 후와 유슌은 이를 『영화법 해설』에서 "문부성이 정신 총동원 운동을 위해 제작해, 각 도부현(道府縣)에 교부한 시국영화나 저축장려영화나, 군사 보호원이 상병(傷兵) 보호 혹은 총후의 수호를 묘사한 영화 등을 지방 장관이 제공해 상영을 명하는 것"으로 설명하고 있다. 전시기 일제의 영화 정책에 의해 극영화도 문화영화도 모두 국책성으로 수렴되는 상황을 보여주는 대목이다. 후와 유슌, 앞의 책, 84쪽, 감수 마키노 마모루, 앞의 책, 504쪽 재인용.

60 1942년 일제가 영화 국책의 원활한 가동을 고민하는 시점에서, 문화영화에 대한 무라 하루오의 다음 정의는 시사하는 바가 있다. 1920년대 중반 서구 용어의 번역을 통한 문화영화 수용 초기부터 1940년대 일제 말기까지 문화영화가 아우르는 포괄적인 개념에 대한 발언인 것이다. "과학적 경향의 작품에는 동식물 관련이 가장 많고 다음으로 기술적인 것과 물리적인 것이 있습니다. 생활 문화적 작품이라는 것은 조금 막연한데 우리의 최근의 생활에 관한 문제를 다룬 것입니다. 지리 풍속적인 작품이란 진기한 토지, 풍속, 민속적인 것입니다. 계발 선전적 작품이란 국책의 설명, 국민운동 등을 해설적으로 보여주는 것입니다. 이것이 현재까지의 문화영화가 시도한 작품의 대부분입니다." 무라 하루오, 앞의 글, 66쪽.

61 미하시 아이요시, 앞의 글, 37쪽.

문화영화의 강제 상영 조항은 일본과 조선의 영화 제작사들에게 산업적 기회가 되었을 것이다. 문화영화의 제작 주체는, 일본의 경우 큰 극영화 회사 소속의 문화영화부와 각 신문사의 영화부, 그리고 소규모 프로덕션들이었다. 그리고 특히 소규모 단편, 실사영화 제작사들이 문화영화로 전향하는 기회가 되었다. 앞서 검토한 "문부대신/조선 총독이 추천한 영화를 상영할 경우에는 문화영화를 상영하지 않아도 괜찮다"는 조항은 법 제정 당시 문화영화가 적을 것이라는 점을 고려해 만든 규정이었다.[62] 즉 추천 영화인 극영화는 문화영화의 대용이 될 수 있다는 것이다. 조선총독부의 조선영화령에 입각해 1940년 8월 1일부터 실시된 인정認定 통계에 의하면, 4개월 반 동안 각각 일반용 영화 1,616편本, 비일반용 영화 229편, 인정 문화영화 292편으로,[63] 문화영화는 극영화 제작 편수의 약 16% 수준이었다.[64] 이처럼 문화영화는 극영화에 비해 제작 편수가 적었고, 당국은 영화법 실시에 지장이 없도록 대체로 인정하는 경향이었다.[65]

문화영화의 길이를 250m 미만이어서는 안 된다고 규정한 것은 문화영화의 상영 시간 단축을 막기 위해서이다. 250m는 약 820ft로, 약 9분에 해당하는 러닝타임이 된다.[66] 즉 일반적으로 영화 한 롤(1,000자)에 해당

62 미하시 아이요시, 앞의 글, 34쪽.

63 "시보: 조선의 인정 통계", 《영화순보》 2호(1941년 1월 21일), 10쪽, 한국영상자료원 한국영화사연구소 엮음, 『일본어 잡지로 본 조선영화 3』, 한국영상자료원, 2012, 16쪽 재인용.

64 1년 후의 시점에서는 일반용 영화 1,887편, 비일반용 영화 315편, 인정 문화영화 567편이 제작되어, 문화영화는 극영화 제작 편수의 약 26% 수준이었다. 아키 아키라(亞木朗), "조선영화령 1주년 회고", 《영화순보》 28호(1941년 10월 11일), 29쪽, 한국영상자료원 한국영화사연구소 엮음, 『일본어 잡지로 본 조선영화 3』, 한국영상자료원, 2012, 80쪽 재인용.

65 미하시 아이요시, 앞의 글, 34쪽.

하는 길이를 최소 단위로 규정한 것이다. 이처럼 문화영화의 러닝타임을 확보한 것은 영화관의 프로그램 한 세트 그리고 흥행 시간과 관련된 문제였다. 영화법 제43조는 "상설 영화 흥행장에서 흥행을 하는 영화 흥행자는 한 번의 흥행 시간이 2시간 30분을 넘을 수 없다. 다만 문화영화나 시사영화를 상영하는 경우에는 30분을 초과하지 않는 범위에서 연장할 수 있다"는 전체 흥행 시간의 제한과 예외적 연장에 대해 규정하고 있다.

1942년 시점, 영화관의 프로그램 조합은 대체로 극영화 한 편, 문화영화 및 시사영화 한 편으로 구성되었다. 한 흥행 시간은 무조건 2시간 30분 이내이다. 예컨대 2시간 이상인 극영화 한 편이거나, 1시간짜리와 1시간 20분짜리 극영화 2편을 편성하는 경우가 있다면, 문화영화를 상영할 시간이 부족하게 된다. 한편 이때 문화영화도 250~300m 정도의 작품만 있는 것이 아니라 1시간 분량의 작품들이 등장했다. 이런 이유로 문화영화의 경우에는 초과한 시간을 30분 더 연장할 수 있도록 규정함으로써 상영을 장려한 것이다.[67] 당시 도호영화 영업부장이었던 이세키 다네오는 극장 프로그램 중 어트랙션 공연으로 시간이 지체되어 문화영화 상영을 누락했다가 영화법 위반으로 엄격한 처벌을 받았음을 증언한다.[68] 하지만 문화영화의 강제 상영 정책이 실제로 전시 일본과 조선의 극장가에서 완벽하게 작동되었을지는 더 검토해볼 문제이다. 식민

---

66 35mm 필름을 초당 24프레임으로 영사할 때의 기준이다. 1ft=16프레임: {(820×16)프레임/24프레임}/60초=9.1분이 된다.

67 이세키 다네오, 앞의 글, 59~60쪽.

68 이세키 다네오, 앞의 글, 59쪽.

지 조선 극장가의 경우, 영화령 시행 즉시가 아닌 1941년 10월 말부터 문화영화를 본격적으로 상영했고, 1942년 초부터 극영화, 문화영화, 뉴스영화가 하나의 프로그램으로 구성되어 상영된 것으로 보이기 때문이다.[69] 이처럼 문화영화 제도가 영화 국책상의 영화산업계에서 어떻게 실천되었는지를 검토하는 것은 추후의 과제로 남는다. 특히 식민지 조선의 경우 조선영화령 시행 이후 과도기적 상황이 어떠했는지도 함께 점검해야 할 부분일 것이다.

4. 나가며

지금까지 제국 일본과 식민지 조선에서 문화영화의 기원과 1930년대 중반 이후의 영화 국책 국면에서 그 개념의 형성 과정에 대해 검토해 보았다. 이 글이 주목한 것처럼, 서구 독일과 아시아 일본을 거쳐 조선으로 중역되어 수용된 '식민지 근대'의 산물이었던 문화영화는 해방 이전, 일본에서도 식민지 조선에서도 일제의 모호한 기획이었고, 그 작동 역시 그랬다. 법과 제도에서 문화영화가 함의하는 모호성, 즉 그 정의하기 어려움은 식민지기뿐만 아니라 해방 이후 그리고 1962년 1월 한국의 첫 영화법 제정 이후까지 연결된 후기 식민주의적 문제의식일 것이다.

---

69 정종화, 「1940년대 초반 경성의 영화 흥행계」, 한국영상자료원 한국영화사연구소 엮음, 『일본어 잡지로 본 조선영화 4』, 한국영상자료원, 2013, 351~352쪽. 예컨대 경성 다카라즈카극장의 경우, 1941년 10월 30일부터 극영화 〈세기는 웃는다〉와 문화영화 〈낚시 1년〉을, 1942년 3월 4일부터 독일 극영화 〈고향〉과 조선전매국·조선영화사의 문화영화 〈흙에 열매를 맺는다〉, 〈일본뉴스〉(90호)를 모두 상영했다.

앞서 살펴본 것처럼, '문화영화'라는 용어의 기원은 〈미와 힘으로의 길〉(1925)을 위시로 제국 일본에서 독일 우파의 'Kulturfilm'을 수입해 번역하면서부터다. 특히 1936년경 도와상사가 우파의 'Kulturfilm'을 수입해 문화영화로 공개하면서, 일본사회에 큰 영향을 끼치게 되었다. 그리고 일본을 통해 직역된 '문화영화'는 식민지 조선에서도 그대로 사용되었다. 문화영화는 1939년 10월의 일본 영화법, 1940년 8월의 조선영화령을 통해 법제화될 정도로 영향력이 큰 용어였다. 제국 일본과 식민지 조선에서 문화영화는 공히 문부대신/조선 총독의 '인정'으로 성립되었고, 그 실천 방법은 '강제 상영'이었다.

특히 이 글은 문부성의 「문화영화 인정의 범위 및 표준」을 통해, 일제의 영화 국책상에서 성립된 문화영화의 개념을 추출했다. 인정할 만한 문화영화는 핵심적으로 1) 정치, 국방, 교육, 학예, 산업, 보건 등에 관해 국민정신의 함양 또는 국민지능의 계배에 이바지한 것, 2) 극영화가 아닌 것 그리고 3) 일관된 지도적 내용을 가질 것으로 규정되었다. 당시 문부성 사회 교육관 미하시 아이요시의 언급처럼, "문화영화는 시국하 이 대동아전쟁 완수를 어떻게 구현해 갈 것인가에 대해 우리들 국민의 지도상 매우 중대한 역할"을 하는 것이었고, "총후 국민에 대해서는 국책 완수를 위해 어떤 것을 실제 생활면에서 해야 하는가를 여러 가지 가르쳐 나가야 하는" 것이자 "동아공영권 내의 사람들에게도 영향을 미치는 것"으로 정향되었다.[70] 이처럼 영화 국책 상의 문화영화는 '계발 선전영화'의 성격으로 합일되고, 집중되었다.

70 미하시 아이요시, 앞의 글, 32쪽.

이제 남은 과제는 일제의 문화영화 국책이 실제로 어떻게 작동되었는지를 제국 일본과 식민지 조선의 민관의 관계상을 통해 살피는 작업일 것이다. 1939년 일본 영화법 제정을 전후로 조선에도 문화영화를 제작하려는 기획이 진행되었고, 같은 해 5월 조선총독부 관방문서과 촉탁囑託이었던 쓰무라 이사무津村勇가 대표로, 야마나카 유山中裕와 이익李翼 등의 일본인과 조선 영화인들이 참가한 '조선문화영화협회'가 설립되었다. 1939년 〈바다의 빛海の光〉〈국기 아래 나는 죽으리國旗の下に我死なん〉〈산촌의 여명山村の黎明〉 등 3편을 제작한 조선문화영화협회의 활동은 조선 문화영화 제작의 구체상을 파악할 수 있는 대표적인 경로일 것이다. 또 문화영화의 확산 경로를 파악하기 위해서는 계발 선전을 위해 조선총독부가 주도적으로 설립한 '조선영화계발협회'의 순회 영사 시스템을 점검할 필요가 있다.

참고문헌

신문 및 잡지

《동아일보》, 《국제영화신문(國際映画新聞)》, 《영화순보(映画旬報)》, 《키네마순보(キネマ旬報)》 등 각 기사

무라 하루오(村治夫), "영화 배급사 직원 양성소 강연록: 일본문화영화 약사", 《영화순보》 화북전영특집, 64호(1942년 11월 1일).

미하시 아이요시(三橋逢吉), "영화 배급사 직원 양성소 강연록: 문화영화의 인정", 《영화순보》 62호(1942년 10월 11일).

이세키 다네오(井關種雄), "영화 배급사 직원 양성소 강연록: 영화흥행개론(1)", 《영화순보》 신년특별호, 69호(1943년 1월 11일).

자료 총서

한국영상자료원 엮음, 『식민지 시대의 영화 검열 1910~1934』, 한국영상자료원, 2009.

한국영상자료원 한국영화사연구소 엮음, 『일본어 잡지로 본 조선영화 1~4』, 한국영상자료원, 2010~2013.

감수·해설 마키노 마모루(牧野守), 『일본영화론 언설 대계 제1기 1: 영화의 인식[우에노 고소]·문화영화론[아이카와 하루키](日本映画論言説大系 第1期: 映画の認識[上野耕三]·文化映画論[相川春喜])』, 유마니서방(ゆまに書房), 2003.

______, 『일본영화론 언설 대계 제1기 8: 영화 법안 의사 개요 [제74회 제국의회]·영화법 해설[후와 유슌](日本映画論言説大系 第1期 8: 映画法案議事概要[第七十四回帝国議会]·映画法解説[不破祐俊])』, 유마니서방(ゆまに書房), 2003.

논문 및 단행본

윤해동,『식민지 근대의 패러독스』, 휴머니스트, 2007.

이순진,「대안영화에서 선전영화까지: 한국 문화영화의 역사와 쟁점」,『살아있는 역사, 움직이는 자료: 한일간 영상물 연구와 아카이빙 정보의 교류』, 고려대학교 한국사연구소 역사영상융합연구팀 학술대회 자료집, 2012.

이하나,「정부 수립기~1950년대 문화영화와 국가 정체성」,『역사와 현실』74호, 한국역사연구회, 2009.

정종화,「1940년대 초반 경성의 영화 흥행계」, 한국영상자료원 한국영화사연구소 엮음,『일본어 잡지로 본 조선영화 4』, 한국영상자료원, 2013.

조준형,「문화영화의 제도화 과정: 1960~70년대 영화법과 관련 정책 변화를 중심으로」, 이순진 외,『지워진 한국영화사: 문화영화의 안과 밖』, 한국영상자료원, 2014.

마키노 마모루(牧野守),「해설: 문화영화의 시대(文化映画の時代)」,『일본영화론 언설 대계 제1기 1: 영화의 인식[우에노 고소] · 문화영화론[아이카와 하루키](日本映画論言説大系 第1期 1: 映画の認識[上野耕三]·文化映画論(相川春喜)』, 유마니서방(ゆまに書房), 2003.

요시하라 쥰페이(吉原順平),『일본단편영상사-문화영화 · 교육영화 · 산업영화(日本短編映像史-文化映画·教育映画·産業映画)』, 이와나미서점(岩波書店), 2011.

폴 로사(Paul Rotha), 아쓰키 다가(厚木たか) 옮김,『문화영화론(文化映画論)』, 제일예문사(第一芸文社), 1938.

David Bordwell·Kristin Thompson, *Film Art: An Introduction* (Sixth Edition), McGraw-Hill, 2001.

문화영화의 제도화 과정
: 1960~70년대 영화법과 관련 정책 변화를 중심으로*

조준형

1. 들어가며

이 글은 1960~70년대 영화법 및 관련 정책의 변화를 중심으로 문화영화의 제도화 과정을 살피는 것을 목적으로 한다. 한국영화사나 한국근현대사 연구에서 비극영화非劇映畵가 문화영화라는 이름으로 연구되기 시작한 것은 최근의 일로, 빠른 시간 내에 상당한 연구 성과를 보이고 있는 분야라 할 수 있다. 이 분야의 연구는 대부분 텍스트에 대한 해석을 중심으로 이루어져왔으며, 특히 문화영화(들)를 통해 정부 정책의 의도를 살피거나 당대의 이데올로기적 지형도를 살피는 글이 주를 이루어왔다.[1]

---

* 이 글은 『영화연구』 59호, 한국영화학회, 2014에 수록된 동명의 논문 및 고려대학교 한국사연구소 역사영상융합연구팀 학술대회 『살아있는 역사, 움직이는 자료: 한일간 영상물 연구와 아카이빙 정보의 교류』(2012년 6월 23일)에서 발표한 「1960~1970년대 문화영화의 제도화 과정과 생산 주체」를 수정, 보완한 것이다.

1 최근 이 분야의 글로는 이하나, 「정부 수립기~1950년대 문화영화와 국가 정체성」, 『역사

그러나 이러한 연구 과정에서 문화영화가 무엇인가라는 질문에 대한 본격적인 답변은 거의 이루어지지 못했다. 많은 논자들이 명시적으로 혹은 묵시적으로 문화영화를 비극영화로 (특히 관제적인 선전영화로) 규정하지만,[2] 실제 이는 한국영화라는 장에서 문화영화가 호명되거나 생산 및 유통되었던 관행과는 상당한 괴리가 있다. 예컨대 〈로보트 태권 V〉(김청기, 1976)와 같은 애니메이션 영화나, 심지어 〈혹성탈출Planet of the Apes〉(프랭크린 J. 샤프너, 1968)과 같이 명백한 극영화가 문화영화라는 이름으로 제작되거나 수입되었기 때문이다.

사실 문화영화는 정의 내리기 불가능할 정도로 대단히 복잡한 현상과 담론이 각축하는 장이다. 앞서 언급했듯 문화영화 중 애니메이션과 극영화에 가까운 영화들이 상당수 존재했다는 사실은 제쳐놓고라도, "극영

와 현실』 74호, 한국역사연구회, 2009; 이하나, 「1960년대 문화영화의 선전 전략」, 『한국근현대사연구』 52집, 한국근현대사학회, 2010; 김한상, 「조선-만주 관광 문화영화와 '동아신질서'의 극장 경험」, 『영화연구』 43호, 한국영화학회, 2010; 위경혜, 「한국전쟁 이후~1960년대 문화영화의 지역 재현과 지역의 지방화」, 『대중서사연구』 24호, 대중서사학회, 2010; 이순진, 「한국전쟁 후 냉전의 논리와 식민지 기억의 재구성: 1950년대 문화영화에서 구축된 '이승만 서사'를 중심으로」, 『기억과 전망』 23호, 민주화운동기념사업회, 2010; 김한상, 「냉전체제와 내셔널 시네마의 혼종적 원천: 〈죽엄의 상자〉 등 김기영의 미 공보원(USIS) 문화영화를 중심으로」, 『영화연구』 47호, 한국영화학회, 2011; 김한상, 「1945-48년 주한 미 군정 및 주한 미군 사령부의 영화 선전」, 『미국사연구』 34집, 한국미국사학회, 2011; 변재란, 『대한뉴스, 문화영화, 근대적 기획으로서의 가족계획」, 『영화연구』 52호, 한국영화학회, 2012 등을 거론할 수 있다.

2 예컨대 이 분야의 선구적인 논문을 제출한 이충직은 문화영화를 "극영화의 상대적인 개념으로서 Barsam이 말하는 nonfiction 영화와 유사한 개념"으로 규정하고 있고(「한국의 문화영화에 관한 연구」, 중앙대학교 석사학위 논문, 1985, 4쪽), 이하나의 경우에는 문화영화에 극적 요소가 있음을 지적하고 있으나, 실제 분석의 과정에서 "기록영화 및 교육영화를 포함하는 넓은 의미의 다큐멘터리와 같은 개념"(「정부 수립기~1950년대 문화영화와 국가 정체성」, 521쪽)으로 분석 범위를 제한하고 있다.

화가 아닌 것"이라는 정의 자체가 유사 군의 본질을 포착하는 것을 핵심으로 하는 '개념'의 정의에 들어맞지 않기 때문이다. 예컨대 1950~60년대 신문 기사에서 빈번하게 발견되는 "문화영화를 육성하자"라는 영화평론가들의 주장은 단순히 극영화가 아닌 것을 육성하자는 뜻은 아닐 것이다. 그 주장은 일정한 가치 판단을 전제하고 있다. 즉 이 평자들의 주장에서 '문화영화'는 계몽적, 교육적, 실험적 가치를 가지고 있어야 한다. 그러나 가치판단의 주관성이나 상대성을 생각하면, 문화영화에 대한 이러한 내포적 방식의 정의는 언제나 불완전할 수밖에 없다. 당시 어떤 평자들도 문화영화의 외연과 내포를 정확히 포착하지 못했으며, 그것은 실제로 불가능한 일이기도 하다. 그리고 문화영화가 순수한 학문적 혹은 담론적 관심의 대상에 그쳤더라면 그 범주는 보다 실체적인 하위 범주들로 산포되었을 것이며, 문화영화라는 명칭이 그토록 오랫동안 살아남지도 못했을 것이다.

이 글은 다큐멘터리, 계몽영화, 교육영화, 선전영화, 애니메이션, 홍보영화 등 다양한 범주로 해체되었어야 할 문화영화라는 모호하고 집합적인 명칭이 일제강점기 이후 1990년대 후반까지 오랜 기간 지속된 것은 정부 정책에 의한 제도적인 장치 때문이었음을 주목한다. 실제 문화영화가 무엇인가, 혹은 무엇이어야 하는가에 대해 가장 고민했을 주체는 다름 아닌 검열을 수행하는 (문화)공보부의 관료들과, 이 검열 관료들과 줄다리기를 벌여야 하는 수입업자 혹은 제작자들이었을 것이다. (문화)공보부 관료들의 판단이 중요했던 것은 제도적으로 문화영화의 동시상영이 강제되고 있었고, 우수 문화영화에 대한 보상으로 외화 수입 쿼터가 배정되었으며, 문화영화 수입 쿼터와 극영화 수입 쿼터의 배분 결정 방식과 쿼터의 가격 차이로 인한 수입업자들의 이해관계가 상반되고 있었기 때문이다. 요컨대 문화영화의 정의는 제도나 정책과 깊은 관련을 가지고 있었다. 따라서 법령과 정부의 정책 등에서 문화영화가 어떻게 규정되었는가를 살펴보는 것은 문화영화의 존재 조건을 연구하는 작업에서 가장 중요한 부분 중 하나라 판단된다.[3] 아울러 (특히 1960년대 후반 이후) 법규의 해석을 둘러싼 다양한 혼란과 갈등, 법규를 통한 개념의 재조정 과정을 검토함으로써 '문화영화'의 정의가 끊임없이 유동했음을 보여주는 것 역시 이 글의 목적 중 하나이다.

2. 전사: 영화법 이전의 문화영화 관련 규정

2-1. 문화영화가 법률로 들어오다: 조선영화령

문화영화에 대한 최초의 명문화된 법률 규정은 조선영화령과 시행규칙에서 찾아볼 수 있다.[4] 1940년 시행된 조선영화령은 15조에서 "조선

3 그럼에도 문화영화의 법률적 규정을 살피는 것은 일정한 한계를 가질 수밖에 없다. 법률상의 규정은 부분적으로 영화산업이나 담론과의 소통을 통해 구성되기도 하지만, 법체계의 완결성에 의해 강하게 규정되기 때문이다. 예컨대 법률에서의 특정 정의는 그 개념에 대한 충분한 숙고나 연구의 결과물이라기보다는 해당 법률에서 필요한 실용적인 수준만큼만 규정되며, 때로 그것은 하위 법규나 행정적인 실행 단계로 위임되기도 한다. 따라서 문화영화에 대한 법률적 정의를 검토하는 것은 다양한 문화영화의 정의를 검토하기 위한 출발점 정도로 이해하는 것이 좋을 것이다.

4 문화영화라는 명칭과 의무 상영이 명확하게 법규로 규정되는 것은 조선영화령에 이르러서이지만, 조선총독부는 1930년대 초 이후 「활동사진 필름 검열 규칙」, 「활동사진 영화 취체 규칙」 등을 통해 사회교화에 필요하다고 인정할 때에는 사회교화영화를 강제 상영하게 하거나, 해당 영화에 대한 검열 수수료를 면제하기도 했다. 일제강점기 문화영화와 관련 정책의 개략적인

총독은 명령으로서 영화 제작자에 대하여 국민 교육상 유익한 특정 종류의 영화의 상영을 시킬 수 있"다고 한 후, 같은 해 조선총독부령 제181호로 제정된 시행규칙 37조 1항을 통해 그 대상을 다음과 같이 규정한다. "영화법 제15조 1항의 규정에 의하여 상영을 하게 하여야 하는 영화는 국민정신의 함양 또는 국민지능의 계몽 배양에 도움이 되는 영화(극영화를 제외한다)로서 조선총독이 인정한 것으로 한다."[5] 그리고 2항을 통해 해당 영화가 250m 이상이어야 할 것을 규정하고 있다.[6]

그러나 이 조항은 명시적으로 문화영화라는 명칭을 사용하고 있지 않다. 문화영화라는 명칭이 법규에 처음으로 나타나는 것은 1942년 5월에 시행된 개정 시행규칙을 통해서이다. 개정 시행규칙 37조 1항에서는 "영화법 제15조 제1항의 규정에 의하여 상영을 하게 하여야 하는 영화는 조선총독이 인정한 문화영화 및 시사영화로 한다"고 하고 있으며, 2항에서는 "전 항의 문화영화라 함은 국민정신의 함양 또는 국민지능의 계몽과 배양에 도움을 주는 영화로서 극영화가 아닌 것을 말하며, 시사영화라 함은 시사를 촬영한 영화로서 국민에게 내외의 정세에 관하여 필수 지식을 얻게 하는 것을 말한다"[7]고 명시하고 있다. 이 규칙에 문화영화뿐 아니라 '시사영화'(뉴스영화)의 개념까지 등장하는 것은 흥미롭다.

흐름에 대해서는 주은우, 「식민지 도시와 근대성의 영화적 재현: 기록영화 〈경성〉과 식민권력의 자기 재현」, 『사회와 역사』 92집, 한국사회사학회, 2011; 김한상,「1930~40년대 조선에서의 문화영화 상영」, DVD 〈발굴된 과거 네 번째: 고스필모폰드 발굴영상 모음〉 해설 자료집, 한국영상자료원, 2009 등을 참고할 것.

5 「조선영화령 시행규칙」(시행 1940.8.1, 조선총독부령 제181호, 1940.7.25 제정)

6 250m는 대략 820ft에 해당한다. 35mm 필름을 초당 24프레임으로 영사할 경우 1분에 90ft 정도가 소요되므로 820ft의 상영 시간은 대략 9분~10분이 된다.

7 「조선영화령 시행규칙」(시행 1942.5.11, 조선총독부령 제141호, 1942.5.11, 일부개정)

또한 1942년 개정안에서는 일정한 예외는 있지만, "영화 흥행자는 1회의 흥행에 대하여 제1항의 영화 각 1개 이상을 상영하여야 한다"고 함으로써 문화영화와 뉴스영화의 상영을 의무화하였다. 이때 문화영화의 길이에 대한 조항(250m)은 유지되었으나 시사영화의 길이에 대한 조항은 존재하지 않았다.

이와 같은 일제 말기 조선영화령의 규정은 문화영화 논의에 중요한 시사점을 준다. 우선 국민정신 함양, 국민지능의 계몽 및 배양이라는 핵심적 정의에서 무엇보다 '국민'이라는 단어에 주목할 수 있다. 문화영화가 한국영화사에서 제도적 규정력에 의해 유지되어온 것은 사실이지만, 일제강점기라 하더라도 문화영화가 선전영화와 자동적으로 동일시되는 것은 아니었다. 영화 담론의 장 내에서 그것은 오히려 오늘날의 교양 방송물에 더 근접할 수 있는 다양한 외연과 내포를 가지고 있었다. 그러나 일제 말기의 군국주의 체제는 이러한 다양성을 '국민' 속에 가둠으로써 사실상 문화영화를 프로파간다의 맥락에 위치시켰고, 이는 오늘날까지 '문화영화 = 프로파간다'라는 등식을 유지하도록 만드는 출발점이 되었다.

그럼에도 이상의 규정을 구분해 살펴볼 필요는 있을 것이다. 국민정신의 함양이 보다 직접적인 프로파간다를 지칭하는 것이라면, 국민지능의 계몽과 배양은 문화영화의 외연에 해당하는 과학영화, 기록영화, 교육영화 등의 맥락을 포함한다고 볼 수 있다. 실제로 일제 말기조차도 후자의 영역에 속하는 영화들이 직접적인 프로파간다 영상물보다 양이 많았던 것으로 추정된다.

2-2. 「대한영화사 관리규정」을 통해 본 해방 이후 문화영화와 대한뉴스의 제작 주체

해방 이후 1950년대 중반까지 법제화된 문화영화 관련 규정은 없다. 다만 직접적으로 문화영화라는 명칭을 사용하지는 않지만 1949년 총리령으로 제정된 「대한영화사 관리규정」을 주목할 필요가 있다.[8] 대한영화사는 일제 말기 조선 내 영화 제작사를 통폐합해 관영화한 사단법인 조선영화제작주식회사가 전신이다. 사단법인 조선영화제작주식회사는 노골적인 친일, 친군국주의 영화만을 만들었던 이른바 '어용'의 상징과도 같지만, 당대 조선 내 모든 제작사들의 시설, 장비, 설비, 인력을 통합해서 만들어졌던 만큼 해방 이후 이 회사가 남긴 유산은 가히 국내 최대의 것이었다. 그리고 적산의 처리 과정에서 이 회사가 1949년의 총리령을 통해 관영화되었던 것이다.

이 규정은 새롭게 출범하는 대한영화사의 임무나 목적에 대한 내용을 간략하게 담고 있으며, 대다수는 관리 조항으로 이루어져 있었다. 1조가 규정하는 이 회사의 목적은 "국책에 순응한 영화의 제작과 영화문화의 건전한 발전을 도모하"는 것이며, 같은 조항에서 공보처가 회사를 관리하도록 규정하고 있다. 목적과 관리 주체의 성격에서 짐작할 수 있는 바와 같이 이 회사는 관제영화를 만드는 것을 중요한 임무로 두었다. 또한 3조를 통해 영화사의 관리 주체인 이사회의 장으로 공보처장을, 부이사장으로 공보처 차장을 당연직으로 임명토록 했다. 관영이기는 하지만

8 「대한영화사 관리규정」(시행 1949.5.23, 총리령 제15호)

사단법인의 이사장과 부이사장을 공보처장과 공보처 차장으로 임명하도록 한 것은 그만큼 초기 이승만 정권이 대한영화사의 위상과 임무를 중요시했음을 짐작케 한다. 발족 초 대한영화사의 이사장으로는 이철원 공보처장, 부이사장으로 이헌구 공보처 차장이 임명되었으며, 전무는 안석주, 연출실장은 이규환, 상무 겸 제작부장은 강노향, 연기실장은 이금룡 등이 맡았다.[9] 이후 대한영화사는 이승만 정권의 공보처(1955년 이후 공보실) 산하 기관으로서 정부의 뉴스영화와 문화영화 제작의 산실 역할을 했고, 이후 국립영화제작소의 전신이 된다.

공보처는 단순히 대한영화사의 관리뿐 아니라 영화 검열을 비롯한 영화에 관한 전반적인 행정을 전담한 주무부처였는데, 1955년 정부조직법의 개정과 함께 공보처는 대통령 직속의 공보실로 재편되었고, 영화에 관한 사무는 문교부로 이관되었다.[10] 흥미로운 것은 1955년 검열을 비롯한 영화 업무의 주무부처가 공보실에서 문교부로 이관된 이후에도 공보실에 영화과가 존재했다는 사실이다. 공보실 선전국 산하에 영화과가 존재했던 것은 대한영화사가 그 산하에 있었기 때문인데, 그런 면에서 볼

---

9 "대한영화사, 조영 개혁코 창립", 《경향신문》 1949년 7월 27일자, 2면; "문화인동정", 《경향신문》 1949년 9월 19일자, 2면.

10 공보처와 문교부는 대한민국 정부 수립 직후부터 영화의 관할을 두고 수년간 다투었다. 그것은 정부조직법상의 관할과 공보처 직제 규정과 문교부 직제 규정 사이에 괴리가 있었기 때문이다. 즉 정부조직법상으로는 예술과 공연 업무를 전담토록 되어 있는 문교부가 영화를 관장해야 했으나, 공보부 직제상에 영화를 관장토록 해 관할의 다툼이 발생할 수밖에 없었다. 그러나 문교부의 지속적인 항의에도 불구하고 공보처는 1955년까지 영화를 관장했던 주무부처로 기능했다. 공보처와 문교부 간의 관할권 갈등의 역사에 대해서는 조준형, 「해방 후 1960년대 초까지 영화 검열: 수행 주체, 법규, 작동 방식」, 『탈식민 냉전 국가의 형성과 검열』, 성균관대학교 동아시아학술원·인문한국 주최 학술회의 자료집, 2011 참고.

때 사실상 공보실 영화과는 대한영화사의 관리와 이를 통한 〈대한뉴스〉[11]와 문화영화의 제작을 위해 존속했다고 해도 과언이 아니다. 공보처의 공보실로의 변화는 명칭만으로는 조직의 축소라 할 수도 있으나, 대통령 직속이었다는 점에서 실질적인 권한이 축소되었을 것이라 판단할 수는 없다. 또한 1957년과 1960년 두 차례에 걸쳐 복사 벌수가 확대됨으로써 〈대한뉴스〉는 미 공보원이 발간하는 〈리버티 뉴스〉와 함께 영상뉴스로 영향력을 확대하게 된다.[12]

2-3. 문화영화 규정의 재등장과 의무 상영제의 부활

법률은 아니지만 행정규정을 통해 문화영화라는 명칭을 다시 발견할 수 있는 것은 1958년 문교부 고시 53호로 발표된 「국산영화 제작장려 및 영화오락 순화를 위한 보상특혜조치」를 통해서이다. 우수 국산영화 제작자, 국산영화 수출업자, 국제영화제 수상업자, 문화영화 수입자, 우

11 〈대한뉴스〉는 해방 직후 제작되었던 〈조선시보〉를 기원으로 한다. 정부 수립 후 공보국 영화과가 발족되면서 〈대한전진보〉로 개제되어 부정기적으로 제작되다가 한국전쟁으로 중단되었다. 1952년 부산에서 다시 부정기적으로 제작되다 1953년 서울 수복 이후 〈대한뉴우스〉로 개명하면서 월 1회 제작되었으며, 1957년부터 매회 1편 각 10벌을 복사(1960년에는 각 30벌로 확대)해 전국 극장에서 영사하도록 제공되었다. 문화공보부, 『문화공보 30년』, 1979, 27쪽.

12 〈대한뉴스〉의 영향력이 커지게 된 것은 이승만 전 대통령이 상당한 관심을 가지고 있었다는 사실과도 관련된다. 1950년대 중후반 영화과장을 역임했던 이성철의 증언에 따르면, 이승만은 공보실에서 제작하는 〈대한뉴스〉를 거의 빠짐없이 챙겨보았다고 한다. 이로 인해 이승만의 환심을 사고자 하는 권력자들이 자신의 치적을 홍보하거나 정적을 제거하기 위해 〈대한뉴스〉를 활용했던 사례도 있었다고 한다. 또한 이성철은 당시 공보실의 영화과장이 정부 각 부처의 과장급을 통틀어 가장 힘 있는 자리였다고 증언한다. 공영민, 「이성철」, 『2009년 한국영화사 구술채록연구 시리즈 〈생애사〉』, 한국영상자료원, 2009 참고.

수 외국영화 수입 배급자 등에 대한 지원 조건들로 구성된 이 '조치'는 한국영화의 제작과 순화를 위해 영화시장 주체들에게 외화 수입 쿼터라는 일정한 인센티브를 제공하는 최초의 체계화된 규정이었다. 이 '조치'에는 문화영화에 대한 개념 규정이 등장한다.

> 4. 문화영화 및 뉴스영화 수입자에 대한 보상특혜
>
> 1. 4,000피트 이상의 문화영화 3편 이상을 수입하여 국내 극장에 상영한 자에 대하여 극영화 1편을 수입할 수 있는 특혜를 부여한다. 단, 16미리 이하의 문화영화는 특혜의 대상에서 제외한다.
>
> 2. **문화영화라 함은 교육, 과학, 문화, 산업, 시사, 체육, 음악 등을 내용으로 하여 실사 기록을 위주로 제작한 영화를 말한다. 단, 순수하게 학생의 교육을 위하여 제작된 교재영화는 문화영화에서 제외한다.**
>
> 3. 뉴스영화의 수입 허가를 얻어 매주 1편 이상을 계속 수입 배급하는 자에 대하여서는 그 보상으로서 3개월마다 외국영화 1편을 수입할 수 있는 특혜를 부여한다. (강조는 인용자)

위에서 확인할 수 있는 바와 같이 '조치'에서의 문화영화 개념은 일제 말기 문화영화의 개념과 사뭇 다르다. 국민정신이나 국민지능과 같은 정치적 목적의 개념은 탈각되고, 문화영화의 하위 범주를 기술적으로 포착한 개념 규정이라 할 수 있다. 물론 그 규정의 대상이 한국 문화영화가 아닌 외국 문화영화라는 사실을 전제해야 한다. 그럼에도 이와 같은 기술적인 문화영화의 범주화는 이승만 정권의 영화에 대한 비교적 자유주의적인 시각을 일정 부분 반영하고 있다고 해석할 수도 있을 것이다.

그 제목에 '국산영화 제작장려'가 포함되어 있음에도 이 '조치'에는 국산 문화영화나 뉴스영화 제작자에 대한 장려책이 없다. 이는 당시 대부분의 문화영화나 뉴스영화의 제작 주체가 미 공보원USIS, 대한영화사(공보실), 각 지자체 및 공공단체 등으로 편중되어 있던 상황의 산물로 추정된다.

다른 한편, 1959년에는 해방 이후 최초로 문화영화의 의무 상영 조치가 부활한다. 1월에 발표된 문교부 고시 제417호, 「외국영화 수입허가 시책」을 통해서였다. 이 시책에는 외국영화 상영 시 단편 문화영화 1편과 뉴스영화를, 국산영화 상영 시 뉴스영화를 동시상영하도록 하는 의무 조항이 포함되었다.[13]

이 고시가 발표된 거의 같은 시점에 대한영화사(공보실 영화제작소)의 본관이 신축 완성되었다는 사실은 단순한 우연의 일치만은 아닐 것이다. 1959년에 신축된 본관은 미 국무성 산하 국제협조처International Cooperation Administration, ICA 원조에 의한 대충자금 1억 5천 7백만 환을 들여 완성된 것인데, 당시 동양에서 가장 훌륭하다는 평을 들을 정도의 장비와 시설을 갖추고 있었다.[14] 1959년 1월의 신문 기사에 따르면, 당시 〈대한뉴스〉는 35mm 15벌, 16mm 20벌이 복사되어 전국 개봉 극장에 배급되고 있었고, 특히 1959년에는 시네마스코프 컬러 다큐멘터리 5편, 특보 15편, 영문판 뉴스 24편, 기타 문화영화 30편을 제작한다는 야심찬 계획이 추진되고 있었다.[15]

---

13 "추천제에서 할당제로, 문교부 신년도 영화 수입 허가시책 발표", 《한국일보》 1959년 1월 14일자, 4면.

14 "천연색 시네스코도 가능, 현대식 시설 완비, 공보실 촬영소", 《경향신문》 1959년 1월 18일자, 4면.

15 "뉴스영화는 어떻게 만들어지나? 공보실 영화제작소 루포", 《동아일보》 1959년 1월 21일자, 4면.

초기 고시를 발한 공보실이 의도했든 그렇지 않았든, 문화영화와 뉴스영화의 강제 상영이 정치적으로 이용될 가능성은 열려 있었다. 이미 1958년의 총선거는 1960년 3월 정부통령 선거의 예행연습이라는 평가까지 있을 정도로 전국적인 부정선거로 인식되고 있었다. 1959년 4월 2일에는 문교부, 내무부, 공보실, 극장협회의 관련자들이 모여 문화영화와 뉴스영화의 의무 상영을 어기는 극장에는 본영화의 상영권을 박탈하겠다는 의사를 밝혔고,[16] 같은 날 문교부는 자유당의 요청에 의한 것이라며 농어촌 산민들에게는 "영화 녹음, 강연회 및 우리나라 산업 발전상 등을 촬영한 영화를 가지고 세 반으로 나누어서 전국 방방곡곡을 순회"하는 문화정책을 발표했다.[17] 또한 4월 13일에는 공보실에서 "뉴스영화의 날"을 정하고 공보실에서 제작한 〈대한뉴스〉 특보, 뉴스 및 문화영화를 월 2회 시공관에서 일반에게 공개 상영키로 발표했다.[18] 이후 실제 공보실에서 제작하는 〈대한뉴스〉와 문화영화는 이승만과 이기붕, 자유당을 선전하는 노골적인 선전 매체로 전락했고, 이는 4월혁명 이후 중요한 문제로 부각되기도 했다.[19]

---

16 "뉴스·문화영화 반드시 상영, 관계자 간에 합의", 《동아일보》 1959년 4월 3일자, 3면.

17 "기록영화, 강연회의 순회 등, 산마을 갯마을에 문화를", 《조선일보》 1959년 4월 3일자, 3면.

18 "뉴즈영화의 날 결정", 《조선일보》 1959년 4월 13일자, 3면

19 1960년 안경호는 3·15 부정선거와 공보실 문화영화, 〈대한뉴스〉의 관계에 대해 다음과 같이 쓰고 있다. "지난 3·15 선거를 앞두고 주야 2부제로 전 기능을 발휘해서 뉴스·프린트를 매주 6,70본씩 완성한 것을 비롯하여 만송(晩松)영화가 무려 백본, 청년 이승만은 도합 40권 물의 프린트를 70여본, 기타 극영화 제작 등 한국영화 제작 역사상 기록적인 성과를 올"렸고, "다량으로 생산된 〈대한뉴스〉는 경무대와 서대문 경무대의 소식 그리고 자유당과 부정선거 선전에 관한 것만을 편집한 것이 태반이었으며 문화영화는 ▲경무대의 하루 ▲우리 대통령 ▲만수무강 ▲이 대통령 신년사 ▲이 대통령 출마 요청 등등 매거(枚擧)키 어려울 정도로 이 대통령물이 전부를

3. 제도화와 혼란: 영화법 제정 이후 문화영화 정책 변화

3-1. 문화영화와 뉴스영화 상영의 의무화
: 제정영화법과 1차 개정영화법

주지하다시피 5·16 군사쿠데타 이후 영화에 관한 일련의 입법 조치들이 취해졌다. 1961년에 국립영화제작소설치법과 공연법이, 1962년 1월에는 영화법이 제정되었다. 1961년에 공표된 「국립영화제작소설치법」은 전문 4조의 소략한 법률이었다. 1조에서는 "정부의 영화 제작 사무를 분장하기 위해 공보부 장관 소속하에 국립영화제작소를 두"도록 했고, 3조에서는 "국립영화제작소는 공공기관의 영화 제작 사업 또는 민간 영화 제작을 조장하기 위하여 필요한 사업을 할 수 있"도록 규정했다.[20] 국립영화제작소의 설치는 이전 대한영화사 시절, 실제 공보부의 직영이면서도 형식만 사단법인체로 운영하는 데 대한 비판을 염두에 두었던 것으로 보인다. 국립영화제작소의 설치 목적이나 배경에 대해서는 1961년 8월, 군사정권이 발표한 「공보 목표, 정책, 지침 및 공보 활동의 방침과 구체적 방안」 중 정책 부분에서 간접적으로 짐작할 수 있다.

차지하여 국가나 국민의 문화를 위한 공보 사업이 아니라 대통령의 전속 기념기록영화과로 전락되고 말아 일반 관객의 권태의 증오만을 초래했던 것." 안경호, "뉴스영화 카메라의 눈을 어디로 가져갈 것인가, 공보실 뉴스영화 제작의 혁신을 위한 제언", 《경향신문》 1960년 5월 31일자, 석간 4면.

20 「국립영화제작소설치법」(시행 1961.6.22, 법률 제632호)

공보 매체 전파 수단의 보급 확장

혁명과업 완성에 전 국민의 자율적이며 적극적인 참가를 도모하여 공보 매개체인 신문 잡지를 비롯한 모든 간행물, 방송, 연극, 영화, 사진, 시가, 음악, 미술, 조각, 연설, 포스타, 삐라 등 각종 전파 수단의 광범한 보급을 통하여 국민과 정부와의 접촉 기회를 최대한도로 확대시켜 상호이해를 촉진시킨다.[21]

'혁명과업'의 완성과 정부와의 접촉 기회를 최대한도로 확대시키기 위해 정부가 가장 직접적으로 활용할 수 있는 매체가 문화영화와 뉴스영화였고, 당시 영화의 미디어적 영향력을 감안할 때 국립영화제작소는 정권으로서는 핵심적인 미디어 기관이었다고 할 수 있다.[22] 물론 앞서 살펴본 바와 같이 국립영화제작소의 물적·인적 기반이 1959년, 이승만 정권기 대한영화사(일명 공보실 영화제작소) 시절부터 거의 갖추어져 있었음을 감안한다면, 「국립영화제작소설치법」이 장비나 시설에 있어서 큰 변화를 가져온 것이라 보기는 어렵다. 다만 이 법을 통해 공보처(실)와 대한영화사 간의 모호한 관계를 정리하고 그 위상을 국립으로 함으로써, 명시적으로 국가가 문화영화와 뉴스영화의 직접적인 공급자가 되었다는 선언적·제도적 의미는 작지 않다.

「국립영화제작소설치법」에 이어 1962년 1월 제정된 영화법은 "공

21 문화공보부, 앞의 책, 44~45쪽.

22 설립 초와 비교하기는 어렵지만, 1969년의 예를 볼 때 전체 문공부 예산 37억 원 중 국립영화제작소의 예산이 1억 7천만 원으로 거의 4~5%를 점하고 있다는 사실은 박정희 정권기 국립영화제작소의 정부 내 위상과 비중을 짐작할 수 있게 한다. "올해 예산으로 본 문공부 문화 시책",《신아일보》1969년 1월 18일자, 5면.

연자가 영화를 공연하고자 할 때에는 문화영화를 동시에 상영하여야 한다”(11조)고 규정함으로써 문화영화의 의무 상영을 법률로 규정했다. 당시 법 2조에서 규정한 문화영화의 정의를 살펴보자면 “사회, 경제, 문화의 제 현상 중에서 교육적, 문화적 효과 또는 사회 풍습 등을 묘사 설명하기 위하여 사실 기록을 위주로 제작된 영화”였는데(2조 5항), 이 조항은 1966년 2차 개정영화법에서 ‘제 현상’이 ‘제 분야’로 바뀐 외에는 1990년대까지 그대로 유지되었다.

한편 제정영화법은 무역 계획의 범위 내에서 이루어져야 하는 외국극영화의 수입과 달리, 외국 문화영화와 뉴스영화에 대해서는 이에 구애받지 않도록 함으로써 일종의 특례 조항을 두었다(6조). 또한 1962년 7월에 공포된 시행규칙 6조에서는 1) 동시상영할 문화영화의 길이(7분품 이상) 2) 상영 허가증 기재 사항(문화영화의 제명, 규격 및 종별 기타 필요한 사항) 3) 벌수 제한(동시상영하는 극영화의 제목이 다른 경우 6편 미만, 같을 경우 10편 미만, 국가 목적상 필요한 문화영화는 제외) 등 본법에 규정되지 않은 문화영화 동시상영의 세부 조항들을 규정했다.

전체적인 영화법 조항들이 그렇듯이, 제정영화법은 다소간 임시적인 것이었고, 군사정권의 영화 정책이 완성된 형태로 나타나는 것은 1차 개정영화법을 통해서였다. 이 개정영화법에서 문화영화와 함께 뉴스영화의 의무 상영이 규정되었다(11조). 이와 함께 뉴스영화에 대한 정의 조항이 등장한다. “이 법에서 ‘뉴우스영화’라 함은 정치·경제·사회·문화 등 제 부면의 시사를 신속·정확하게 보도하기 위하여 제작된 영화를 말한다.”(2조 6항) 이 규정 역시 1966년 2차 개정영화법에서 ‘제 부면’이 ‘제 분야’로, ‘뉴우스’가 ‘뉴스’로 바뀐 외에는 1990년대까지 그대로 유지되었다.

영화법상 문화영화에 대한 개념 규정은 일제 말기나 이승만 정권기와 다소간 차이를 보인다. 앞서 살펴본 바와 같이 일제 말기 문화영화 개념에 목적성(국민의 창출)이 두드러졌다면, 이승만 정권기의 그것은 일체의 목적성을 배제한 서술적 성격을 가졌다. 반면 박정희 정권기의 문화영화 개념은 이승만 정권기의 서술적 성격과 함께 '교육적, 문화적 효과'라는 의도성 혹은 효과성을 함께 포함하고 있다. 계몽성이 문화영화의 본질에 내재되어 있는 중요한 속성임을 감안할 때, 이러한 정의는 긍정적으로든 부정적으로든 문화영화의 본성을 어느 정도 포착하고 있다고 볼 수 있다. 또한 그 효과성의 수식어를 '교육적, 문화적'이라는 비정치적인 어감의 단어로 한정하고 있는 것은 당시 정치 편향 비판에 대한 입법자의 주의 깊은 고려를 짐작할 수 있게 하는 부분이기도 하다. 이러한 경향은 뉴스영화에 대한 정의에서도 드러난다. 일제 말기의 뉴스영화(시사영화)에 대한 정의가 명시적으로 국민을 호명하고 있는 반면, 박정희 정권기의 그것은 목적성을 '보도'라는 객관적인 정의로 한정하고 있다.[23]

일제 말기 문화영화에 대한 정의와 박정희 정권기의 정의가 미묘하게 달라지는 시점은 문화영화의 극성劇性에 대한 부분이다. 일제 말기 문

---

23 이와 같은 문화영화나 뉴스영화에 대한 신중하고 객관적인 정의는 이승만 정권기 문화영화와 〈대한뉴스〉를 부정선거에 활용했던 전례에 대한 의식적인 반응으로 보인다. 당시가 이승만 정권의 부도덕과 부패를 전면적으로 공격했던 군사정권의 초기 상황임을 감안할 때, 이러한 추정이 무리하다고 할 수는 없을 것이다. 예컨대 당시 한 신문 기사에 따르면 박정희는 국립영화제작소장에게 뉴스영화나 문화영화에 자신의 얼굴이 너무 많이 나온다는 비판을 전달하며, 자신에 관한 뉴스에 많은 시간과 필름을 소비하지 말고 건설적이고 교육적인 계몽영화 만들기를 당부했다("'내 얼굴 너무 내지 말라', 박 의장 영화제작소장에 지시", 《경향신문》 1962년 1월 21일자, 3면). 물론 이와 같은 언급은 정치적 제스처일 가능성이 높지만, 그럼에도 이러한 언급이 나타난다는 것 자체는 당시 박정희가 이러한 비판을 의식하고 있었음을 반증하는 것으로 보인다.

화영화가 "전 항의 문화영화라 함은 (…중략…) **극영화가 아닌 것**"으로 규정된 반면, 박정희 정권기에는 "**사실 기록을 위주로** 제작된 영화"(강조는 인용자)로 규정되고 있다. 이는 이승만 정권기의 "실사 기록을 위주로"라는 정의와 유사하다. 이 '위주로'라는 표현은 정의상의 모호함을 남기는데, 문화영화가 기록영화 혹은 비극영화와 같은 범주로 해석될 수 있는가라는 중요한 문제와 맞닿아 있다. 이 문제는 극영화와 비극영화의 구분, 나아가 영화 자체의 본질에 닿는 복잡한 문제이므로 이 글에서 상론할 수는 없다. 다만 법률적 정의상 문화영화에 극적인 요소가 포함될 가능성이 열려 있었고, 이는 실제 일제시기 이후 지속적으로 극성이 가미되거나 심지어 극으로만 구성된 문화영화들이 제작되어왔다는 사실을 반영하는 것이다. 그러나 이와 같은 규정은 그 모호성을 이용한 한국 영화산업 주체들로 인해 특히 1960년대 후반 이후 관련 규정 해석과 운용상에 상당한 난점을 가져온 원인이 된다.[24]

---

24 문화영화의 비극성과 관련해 가장 문제적인 장르는 애니메이션이다. 단순히 보완적인 기법으로 실사 다큐멘터리 등에 포함된 경우가 아닌, 완성된 작품으로서의 애니메이션은 대부분 극성을 가지고 있으며, 비극영화로 분류할 수는 없다. 그럼에도 1950년대 이후 수입된 장편 애니메이션은 문화영화로 분류됐는데, 이는 애니메이션이 아동용이고, 따라서 교육적인 목적을 가진 장르라는 인식이 통용되었기 때문으로 보인다. 그러나 국산 장편 애니메이션에 대해서는 이러한 기준이 확립되지 못했던 탓인지, 1967년 한국 최초의 장편 애니메이션 〈홍길동〉은 애초 극영화로 상영 허가를 받은 후 문화영화로 재분류되는 혼란을 겪기도 했다. 또한 〈혹성탈출〉과 같은 SF 극영화가 문화영화로 인정받거나, 국립영화제작소가 문화영화로 만든 〈팔도강산〉이 극영화로 상영 허가를 받는 사례도 발생했다. 이러한 정책·산업적인 관행을 감안할 때 문화영화를 비극영화와 등치시켜온 그간의 연구와 담론 경향은 재고되어야 할 것이다. 1960년대 후반 이후의 혼란상에 대해서는 후술할 것이다.

[표1] 문화영화와 뉴스영화의 개념 규정

	조선영화령(1940)	국산영화 제작장려 및 영화오락 순화를 위한 보상특혜조치(1958)	영화법(1962)
문화영화	국민정신의 함양 또는 국민지능의 계몽과 배양에 도움을 주는 영화로서 극영화가 아닌 것	교육, 과학, 문화, 산업, 시사, 체육, 음악 등을 내용으로 하여 실사 기록을 위주로 제작한 영화. 단, 순수하게 학생의 교육을 위하여 제작된 교재영화는 제외.	사회, 경제, 문화의 제 현상 중에서 교육적, 문화적 효과 또는 사회풍습 등을 묘사 설명하기 위하여 사실 기록을 위주로 제작된 영화
뉴스영화 (시사영화)	시사를 촬영한 영화로서 국민에게 내외의 정세에 관하여 필수 지식을 얻게 하는 것		정치·경제·사회·문화 등 제 부면의 시사를 신속·정확하게 보도하기 위하여 제작된 영화

다시 제1차 개정영화법의 내용으로 돌아오면, 무역 계획에서 문화영화의 특례 조항은 유지되었고(6조), 문화영화와 뉴스영화의 동시 상영과 관련해 몇 가시 세부사항이 바뀌었다. 1963년 7월 공보부령 12호로 발표된 시행규칙 상에서 문화영화의 길이는 기존 7분 길이에서, 일반적인 문화영화는 35mm 기준 200m 이상, 만화영화로 된 문화영화는 140m 이상으로 개정되었다.[25] 제명과 규격, 종별 등을 본영화인 극영화 상영 허가증에 기재하는 규정은 그대로 유지되었다. 마지막으로 문화영화의 복사 가능 벌수는 15벌 이하로 확대되었고, 국가 시책상 필요한 문화영화의 예외

---

25 200m는 상영 시간으로는 7~8분에 해당하며, 140m는 5분가량에 해당한다.

조항은 그대로 유지되었다(이상 6조). 또한 1963년 4월 개정된 공연법에서는 영화법 개정의 취지에 맞추어 공연자 혹은 공연장 경영자로 하여금 극영화 상영 시 동시상영하는 문화영화 및 뉴스영화의 제명을 관람자가 보기 쉬운 곳에 게시하도록 했다(공연법 21조 4호).

1차 개정영화법에서 새롭게 규정된 것은 국산 문화영화 제작업자의 등록 조항이다. 앞서 언급한 바와 같이 이승만 정권기나 장면 정권기, 문화영화의 제작 주체는 대개 공적 주체들이었다. 그러나 1962년 문화영화의 의무 상영이 제도화되면서 민간 문화영화 제작사들이 생겨났고, 정부는 이에 대한 체계화의 필요성을 느낀 것으로 보인다. 1963년 5월에 개정된 시행령 1조는 국산 문화영화 제작업자의 등록 기준으로 35mm 이상의 촬영기 1대 이상, 총 성능 50kW 이상의 조명기를 요구했다. 이는 극영화 제작자에 비해서는 상대적으로 간소한 조건이었다.[26] 또한 이 기준을 충족해 등록된 문화영화 제작업자가 영화를 제작할 때에는 그 제작 전에 공보부 장관에게 신고하도록 했다(4조). 제정영화법 4조가 신고의 주체를 '제작업자'라 규정하고 있었음을 감안할 때, 문화영화 제작업자를 구체적으로 지칭하고 있는 점이 눈에 띈다.

---

26 당시 법이 규정한 극영화 제작업자의 등록 조건은 다음과 같다. 1) 35미리 이상의 촬영기 3대 이상. 2) 조명기(총 성능 200키로왓트 이상). 3) 내화구조로서 방음장치가 완비된 건평 200평 이상의 견고한 스튜디오. 4) 동시녹음기 1대 이상. 5) 5년 이상의 영화감독 경험을 가진 전속 영화감독 3인 이상. 6) 5편 이상 극영화에 출연한 경험을 가진 남녀 전속배우 각 10인 이상. 7) 5년 이상 영화촬영 경험을 가진 전속 촬영기술자 3인 이상. 8) 5년 이상의 녹음 경험을 가진 전속 녹음기술자 1인 이상. 「영화법 시행령」(시행 1963.5.31, 각령 제1328호, 1963.5.31, 일부개정), 1조 1항.

3-2. 1960년대 후반: 문화영화 시장의 창출

(1) 2차 개정영화법상 문화영화 관련 규정: 1966~1970

1966년 9월 3일 공포된 2차 개정영화법은 법만으로는 1차 개정영화법에 비해 크게 달라진 점은 없다. 앞서 언급한 바와 같이 문화영화와 뉴스영화의 정의에서 약간의 자구 수정이 있었지만, 동시상영이나 영화 제작자 등록 조건은 큰 변화가 없다. 다만 문화영화와 뉴스영화의 동시상영을 규정한 제14조에서 "직접 또는 간접으로 정치적 선전이 되는 문화영화 또는 뉴스영화는 상영할 수 없다"고 규정하고 있는 점이 특기할 만하다. 이는 6대 대통령 선거와 7대 국회의원 총선거라는 양대 선거를 한 해 앞둔 정치적으로 민감한 시점에서, 정치적 중립을 표명하기 위해 의식적으로 부가된 조항으로 보인다. 이와 같은 조항이 삽입된 것은 역으로 문화영화나 뉴스영화가 정치적으로 악용될 소지가 항상 있음을 반증하는 사례이기도 하다. 또한 무역 계획에 대한 문화영화 수입의 특례 조항은 삭제되었다.

본법상의 변화는 크지 않지만 시행령, 시행규칙 등의 하위 법령이나 시책 등에서 문화영화의 제도적인 부분은 이 기간 상당한 변화의 양상을 보였다. 우선 1966년 12월 27일 개정된 시행령상에는 큰 변화 없이 유지된 등록 관련 규정 외에 문화영화에 대한 몇 가지 규정이 추가되었다. 먼저 검열 관련 조항이다.

> 제19조 (검열) 문화영화·뉴스영화·텔레비전 영화·광고영화 및 영화의 예고편의 검열에 있어서는 법 제13조의 규정에 의한 검열 기준에 의하는 외에[27] 제24조 제5항의 규정에 의한 18세 미만자의 영

화 관람의 허용에 대한 심의 기준에 따라 이를 검열하여야 한다.

이 조항의 의미는 외면적으로는 간단해 보인다. 즉 문화영화건 뉴스영화건 간에 일반적인 영화 검열 조항의 기준을 충족시켜야 하며, 동시에 18세 미만 관람 가(연소자 관람 가)여야 한다는 것이다. 그러나 이 규정이 처음으로 등장하는 것을 감안한다면, 시사하는 바가 적지 않다. 즉 문화영화나 뉴스영화는 1950년대는 차치하더라도 영화법 제정 후인 1962년에서 66년 사이에는 검열을 받지 않았는가라는 질문에 봉착하기 때문이다. 검열 일반의 원칙을 규정한 본법 규정을 살펴보면, 상영 허가 혹은 검열의 대상은 영화 및 예고편으로 규정되며, 이 조항 이전의 시행령이나 시행규칙상으로도 문화영화나 뉴스영화를 특칭해 검열을 규정한 조항은 발견되지 않는다. 그렇다면 문화영화나 뉴스영화는 '영화(및 예고편)'에 대한 일반적 검열 조항에 포함되어 있다고 보아야 할 것인가, 아니면 검열의 대상에서 제외되었다고 보아야 할 것인가. 적어도 본영화로 상영 가능한, 민간에서 제작하거나 수입한 장편 문화영화는 검열의 대상이 되었고 실제로 검열이 이루어졌던 것으로 보인다. 그러나 그 자체가 공보부인 국립영화제작소가 제작한 〈대한뉴스〉나 장·단편 문화영화, 민간에서 제작한 단편 문화영화들이 검열의 대상이 되었는지에 대해서는 현재로서

---

27 법 13조의 검열 기준은 다음과 같다. ① 공보부 장관은 제11조 제2항의 규정에 의하여 영화를 검열하는 경우 다음 각 호의 1에 해당된다고 인정할 때에는 그 합격을 결정하지 아니하거나 당해 부분을 삭제하고 합격을 결정할 수 있다. 1. 헌법의 기본 질서에 위배되거나 국가의 권위를 손상할 우려가 있을 때 2. 공서량속을 해하거나 사회질서를 문란하게 할 우려가 있을 때 3. 국제간의 우의를 훼손하게 할 우려가 있을 때 4. 국민정신을 해이하게 할 우려가 있을 때 ② 전항의 검열 기준에 따르는 세부사항은 대통령령으로 정한다.

는 정확하게 판단할 만한 근거가 없는 실정이다. 어쨌든 1966년 12월 이후에는 적어도 국내외 장·단편 문화영화, 뉴스영화가 검열의 대상이 된 것은 명백하다고 하겠다.[28,29] 그 외 시행령에는 1966년 2차 개정영화법을 통해 처음으로 도입된 스크린 쿼터 제도의 대상 한국영화로 극영화뿐 아니라 극영화에 준하는 장편 문화영화를 인정하는 조항이 신설되었다(25조).

1967년 7월 공표된 시행규칙에서도 약간의 변화가 있었다. 먼저 미터로 규정되었던 동시상영 문화영화의 최소 길이는 다시 시간으로 규정되었다. 즉 일반 문화영화는 7분, 만화영화는 5분 이상이어야 했다. 최소

---

28 그러나 1967년 이후의 시점에서도 동시상영의 대상이 된 단편 문화영화가 제대로 된 검열 과정을 거쳤는지에 대해서는 의문의 여지가 없지 않다. 당시 자료를 보면 문화영화의 검열 번호는 대체로 본영화의 부속서류로서 제출되는 수속필증의 순서에 따라 거의 자동적으로 매겨졌다. 이는 수속필증이 제출되기 전에는 검열이 이루어지지 않았음을 의미하는데, 그렇다면 본영화와 동시에 단편 문화영화의 검열 역시 이루어졌거나, 아니면 실제로는 이루어지지 않았음을 의미한다.

29 이와 관련해 추가로 검토해보아야 할 문제는 또 하나의 중요한 검열 절차에 해당하는 제작 신고와 관련된 부분이다. 제작 신고는 단순한 신고가 아니라 영화의 기획 단계, 즉 시나리오를 대상으로 광범위한 첨삭이 이루어지는 중요한 검열 절차이기도 했다. 앞서 살펴본 바와 같이 제작 신고의 조항은 1962년 제정영화법시 신고의 주체로 문화영화를 특칭하지 않은 채 '제작업자'라 규정했고, 1963년 1차 개정영화법에서는 '영화업자'와 함께 '문화영화 제작업자'를 구체적으로 규정하고 있다. 그러나 1966년 2차 개정안에서는 다시 "영화를 제작하고자 할 때"(11조)라는 포괄적 규정으로 돌아오고 있다. 그렇다면 1962년에서 63년 사이, 그리고 1967년부터 문화영화 제작업자는 제작 신고를 할 필요가 없었다는 것일까? 아니면 문화영화 제작업자를 포괄적 의미의 '영화를 제작하고자 하는 자'로 해석해 문화영화 제작업자 역시 제작 신고를 했어야 하는 것일까? 또한 1963년 1차 개정영화법의 경우라 하더라도, 장편이 아닌 단편 문화영화 제작자까지 신고를 했어야 했을까? 무엇보다 해야 한다는 당위적 해석에도 불구하고, 실제로 했을지에 대한 질문은 별개로 제기되어야 한다. 그러나 이 일련의 문제 역시 현재로서는 답변을 내리기 어렵다. 다만 상당한 완성도의 시나리오가 존재할 수 있는 극영화와 달리, 구성안조차도 있었을지 불명확한 다큐멘터리성 문화영화에서 제작 신고가 요구하는 대본을 갖추어 신고할 수 있었을지에 대한 의문을 제기할 수 있다.

프린트 벌수는 15벌이 유지되었다. 상한 없이 예외로만 인정되었던 국가 시책상 필요하다고 인정되는 문화영화의 복사 가능 벌수는 30벌로 제한되었다(11조).

(2) 외화 수입 쿼터 배정, 문화영화 시장의 창출과 이권화된 문화영화

주지하다시피 외화 수입 쿼터는 박정희 정권기 한국 영화산업에서 가장 중요한 키워드 중 하나였다. 외화 수입 쿼터가 어떤 기준으로 배정되느냐에 따라 한국 영화산업 전체의 동향, 장르의 경향이 달라졌고, 수입 쿼터를 획득하기 위한 불법과 탈법이 한국 영화산업을 왜곡했다.[30] 주목할 점은 1966년 2차 개정영화법 이후 외화 수입 쿼터가 문화영화와도 관련된다는 사실이다. 먼저 1966년 12월의 영화법 시행령 제11조는 다음과 같이 규정한다.

> 제11조 (수입 추천 기준) ① 외국 극영화의 수입 추천은 당해 연도의 무역 계획과 법 제19조 제4항의 규정에 의하여 수입할 수 있는 영화 편수의 범위 안에서 이를 행한다.
>
> ② 다음 각 호의 1에 해당하는 영화(극영화 및 **이에 준하여 상영할 수 있는 문화영화**에 한한다. 이하 이 항에서 같다)에 대하여는 그 1편에 대하여 외국 극영화 1편의 비율로 수입을 추천한다.
>
> 1. 공보부 장관이 지정하는 국제영화제에 출품한 영화.
>
> 2. 전 호의 규정에 의한 국제영화제에서 공보부 장관이 지정하는 상

30 외화 수입 쿼터와 한국 영화산업 간의 관계에 대해서는 조준형, 「박정희 정권기 외화수입 정책 연구: 1960년대를 중심으로」, 『극예술연구』 31집, 한국극예술학회, 2010 참고.

을 받은 영화.

3. 공보부 장관이 우수 국산영화로 시상한 영화.

4. 영화의 수출 가격이 공보부 장관이 정하는 금액 이상으로 수출되어 그 수출 지역에서 상당한 기간 유료 상영을 마친 영화. (강조는 인용자)

이 시행령 이전까지 외화 수입 쿼터의 배정 방침 항목은 큰 범주에서 위와 크게 다르지 않았다. 즉 수출 실적, 국제영화제 출품 실적, 국제영화제 수상 실적, 국내영화제 수상 실적, 정부 선정 우수영화 제작 실적 등의 기준이 상황에 따라 가변적으로 적용되었고, 그 대상은 극영화로 한정되었다. 그런데 이제 여기에 극영화에 준하는 문화영화가 그 대상이 된 것이다. 외화 수입 쿼터에 민감하게 반응하는 한국 영화시장 주체들의 경향을 감안할 때, 이는 문화영화의 제작에 상당한 영향을 미칠 수 있는 사안이었다.

그렇다면 이와 같은 개정의 배경은 무엇이었을까? 1966년을 전후한 시기는 정부의 문화영화에 대한 관심이 높아지고 영화계에서도 양질의 문화영화 육성에 대한 담론이 증가하고 있는 때였다. 이러한 전체적인 상황이 개정의 한 원인이 되었음은 분명하다. 그러나 보다 구체적인 정황이 있었다. 그것은 바로 박상호 감독의 〈비무장지대〉(1965)를 둘러싼 논란이었다.

분단 상황의 비극을 아이들의 눈을 통해 다큐멘터리 형식으로 담아낸 〈비무장지대〉[31]는 1966년 서울에서 열린 13회 아시아영화제에서 최우

31 이 영화는 극영화 버전과 다큐멘터리 버전, 두 개의 버전이 있었다. 다큐멘터리 버전은 아시아영화제 출품을 위해 재편집된 것이었다.

수 작품상을 수상했으나, 기존 영화제 수상에 주어지는 외화 수입 쿼터의 대상이 극영화에 한정되어 있던 법규로 인해 아무런 보상을 받지 못했다. 이에 박상호 감독을 비롯한 당대의 영화 평론가들과 언론은 법규의 부당함을 지적하였고, 개정을 촉구했다.[32] 이전까지 장편 문화영화는 장편에 해당하는 높은 제작비를 회수할 수 있는 시장 자체가 거의 존재하지 않았으므로, 대체로 미 공보원과 국립영화제작소 등의 공공영역에서만 만들어졌고, 국제영화제 수상작들은 모두 국립영화제작소의 작품들이었다. 이런 이유로 외화 수입 쿼터의 대상 실적은 극영화에 한정되었던 것이다. 그러나 〈비무장지대〉의 수상으로 인해 순수 민간 영역에서의 장편 문화영화 제작과 해외영화제 진출의 가능성이 나타났고, 이러한 상황 변화가 당시 영화법 시행령에 반영된 것으로 보인다.

1966년의 시행령 개정 후 1967년, 특히 1968년부터 실제 민간 영화사들의 문화영화 제작 비중이 높아지는 경향을 보인다. 특히 주목할 것은 기존 극영화 제작사인 신필름, 세기상사 등이 문화영화 제작에 적극성을 보이게 되었다는 사실이다. 그러나 장편 문화영화의 제작과 수입의 활성화는 시행령상의 규정 외에도 또 다른 요인들이 함께 작용하고 있었다.

첫 번째 요인은 장편 문화영화가 1960년대 중후반 이후 상당한 흥행 잠재력을 증명해내고 있었다는 사실이다. 1960년대 중후반, 해외에서 수입된 문화영화 몇 편이 인기를 끌기 시작했다.[33] 그러나 문화영화의 흥행

32 "비극영화는 억울하다, 수상하면 주는 수입 쿼터 혜택 못 받아, 〈비무장지대〉가 시정 건의", 《중앙일보》 1966년 6월 4일자, 7면; "비(非)극영화 육성책을, 〈비무장지대〉의 경우", 《한국일보》 1966년 6월 7일자, 7면; "육성 외면…문화영화, 상영조차 힘든 실정", 《경향신문》 1966년 6월 14일자, 5면 등.

33 1960년대 후반 한 신문 기사에 따르면 외국 극영화의 수입 쿼터 암매 가격은 600~700만

잠재력이 폭발한 것은 1967년 개봉된 〈팔도강산〉(배석인)에 의해서였다. 〈팔도강산〉의 예기치 않은 흥행 성공은 문화영화의 판도를 완전히 바꾸어놓았다.[34] 이 영화는 시리즈의 후속작뿐 아니라 다수의 아류작을 낳았고, 〈팔도강산〉과 그 후속편인 〈속 팔도강산: 세계를 간다〉(1968)의 감독인 배석인과 양종해는 영화 개봉 후 각각 국립영화제작소를 그만두고 민간 문화영화 제작업에 뛰어들게 된다. 〈팔도강산〉은 문화영화가 기획에 따라 극영화 못지않은 상업적 파급력을 가질 수 있음을 보여준 사례가 되었다.[35]

원, 장편 문화영화 수입 쿼터의 암매 가격은 150만 원 내외였다. 장편 문화영화들 중 〈사막은 살아있다〉 〈야생의 엘자〉 〈티코〉 〈몬도가네〉 〈검은 대륙〉 등은 해외의 풍물을 자극적으로 소개하는 영화들로, 한국 내 흥행에서 상당한 수익을 올리기도 했다. "싸구려 저질 외화, 수입 쿼터제의 부작용", 《동아일보》 1969년 5월 17일자, 5면.

34 〈팔도강산〉은 국립영화제작소가 제작을 맡고 공보부가 제공했다. 이 영화는 국도극장에서 개봉해 32만 6천 명이 관람했다. 이 수치는 서울 개봉관 기준 36만 명을 동원해 전무후무한 흥행 성공을 기록했다는 신상옥의 1961년 작 〈성춘향〉에 맞먹는 것이었다. 이후 이 시리즈는 3편의 추가적인 속편을 낳았고, KBS의 일일연속극으로 제작되어 40% 이상의 시청률을 기록하였다. 〈팔도강산〉에 대한 상세한 내용은 김한상, 『조국 근대화를 유람하기: 박정희 정권 홍보드라이브, 〈팔도강산〉 10년』, 한국영상자료원, 2007 참고.

35 본문의 언급에도 불구하고 〈팔도강산〉이 일반적인 극영화인가 문화영화인가에 대한 구분은 다소 모호한 점이 있다. 〈팔도강산〉의 기획 주체가 공보부, 제작 주체가 국립영화제작소이고, 이 영화가 애초에 문화영화로 기획되었다는 점, 그리고 픽션의 형식을 띤 문화영화가 이전에도 상당수 제작되었을 것을 감안한다면 문화영화로 볼 수 있을 것이다. 그러나 상영의 단계에서 국립영화제작소는 이 영화의 공연권을 연방영화사에 대여했고, 상영을 위한 행정 절차는 일반 극영화와 같이 진행되었다. 무엇보다 이 영화의 검열합격증 '영화의 종별' 란에는 극영화로 표기되어 있다(이 내용은 한국영상자료원에 보존된 〈팔도강산〉 검열 서류에 기재되어 있다). 그것은 선거를 앞두고 공화당의 지원을 받아 제작된 이 영화를 일반적인 극영화로 포장해 보다 많은 관객에게 보이겠다는 의도의 결과로 보인다(관련 내용에 대해서는 김승경, 「배석인」, 『2009년 한국영화사 구술채록연구 시리즈 〈생애사〉』, 한국영상자료원, 2009 참고). 어쨌든 〈팔도강산〉은 극영화와 문화영화의 경계가 흐려진 대표적인 사례로 거론될 수 있을 것이다. 후술하는 바와 같

유사한 맥락에서 두 번째 요인으로 지적할 수 있는 것은 국산 애니메이션의 흥행 성공 흐름이다. 1967년 1월, 한국 최초의 장편 애니메이션 〈홍길동〉(신동헌)이 개봉해 그해 흥행 순위 10위 안에 드는 성공을 거두었다. 이후 〈홍길동〉의 후속편인 〈호피와 차돌바위〉(신동헌, 1967) 〈흥부와 놀부〉(강태웅, 1967) 〈손오공〉(박영일, 1968) 등의 애니메이션 영화가 상업적인 가능성을 인정받았고, 〈흥부와 놀부〉 〈손오공〉은 1967년과 68년에 각각 우수 문화영화상을 수상하기도 했다. 문화영화의 한 가지인 장편 애니메이션의 시장성이 확인되면서 애니메이션을 통한 문화영화의 제작과 수입이 일정 부분 활성화된다.

세 번째 요인은 앞서 언급한 법령의 연장선상에서 1968년에 보다 구체화되는 정부 정책상의 변화이다. 문공부는 1968년 영화 시책에서 민간 문화영화 보호 육성책을 내놓는다. 그 내용은 국립영화제작소를 통한 민간 문화영화 제작 지원, 대종상 및 민간 문화영화제에 문화영화 부문상 보강 및 국제영화제 문화영화 출품, 영화제 출품 및 수상한 동시상영 문화영화의 복사 편수를 15편에서 30편으로 완화, 동시상영 문화영화의 민간 영화 우선 등의 방향이었다.[36] 또한 대폭적인 시상을 통해 우수 단편 문화영화 3편을 제작한 제작자에게는 외국 문화영화 1편의 수입권을, 우수 장편 문화영화 제작자에게는 외국 극영화 수입권을 준다는 계획을 발표했다.[37] 그 외에도 우수 합작영화 작품으로 선정될 경우 외국 극영화 복사판 또는

이 1969년을 전후한 시점, 극영화와 문화영화의 경계가 무너지는 과정에서 문화공보부가 모호한 입장을 표명한 것은 이와 같은 〈팔도강산〉의 전례를 염두에 둔 것이 아니었을까.

36 국제영화사, 『1970 영화연예연감』, 1969, 90쪽.

37 "이 해엔 무엇을 어떻게? 68년도 공보부 문화정책을 본다", 《신아일보》 1968년 1월 9일자, 5면.

외국 장편 문화영화의 수입권을 인정하기도 했다.

1968년도에 배정된 외국 문화영화 쿼터 배정 내역을 정리한 [표2]는 1968년의 문화영화 정책이 어떤 방식으로 작동했는지를 보여준다. 우수 합작영화에 대한 보상, 상·하반기 우수 단편 문화영화에 대한 보상 등이 장편 문화영화 수입권 배정의 근거로 제시되어 있으며, 이는 시책에서 밝힌 바와 같다. 그러나 문제는 우수 반공영화, 우수영화 기술상, 대종상 장려상의 보상책으로 장편 문화영화의 수입 쿼터가 배정되고 있는 부분이다. 이에 대한 근거는 현재까지 찾을 수 없다. 다만 우수 반공영화, 우수영화 시상 기술 부문, 대종상 장려상에 해당하는 경우는 외국 극영화의 20/100에 해당하는 보상을 받도록 규정되어 있었음을 감안할 때,[38] 어떤 근거에서인지 알 수는 없지만 영화제의 주요 부문이 아닌 상을 받아 극영화 수입 쿼터 1편이 되지 못한 점수의 수입권을 가진 회사에 장편 문화영화의 수입을 인정해주었던 것으로 보인다. 수입된 외국 장편 문화영화는 이전부터 어느 정도의 상업적 잠재력이 증명되고 있었지만, 다음 장에서 살펴볼 바와 같이, 특히 1969년 들어 명백한 극영화들이 문화영화 개념의 모호함을 이용해 수입됨으로써 그 가치가 더욱 높아지게 된다.

무엇보다 문화영화 제작자들에게 실질적인 유인책이 되었던 것은 시행령에서 규정한 장편 문화영화를 통해 획득 가능한 외국 극영화 수입 쿼터였다. 예컨대 세기상사는 자사의 애니메이션 〈홍길동〉과 〈손오공〉을 통해 1967년과 68년 각각 1편의 외화 수입 쿼터를 배정받았다. 또한 은영필름은 1967년의 클레이 애니메이션 〈흥부와 놀부〉를 통해 우수 문화

38 「외국영화 수입권 배정 계획」, 국제영화사, 앞의 연감, 92쪽.

[표2] 1968년도 외국 문화영화 코타 배정 일람[39]

(68.12.31)

사별	배정일	배정 근거	비고
신필림 신상옥	1968.3.11	67, 66년도 하반기 우수 합작영화: 〈대폭군〉	
세기 우기동	1968.3.26	67년도 하반기 우수 단편 문화영화 〈만화영화이야기〉 〈균형의 미〉 〈에치켓 시리즈〉	
연합 홍의선	1968.3.25	67, 66년도 하반기 우수합작 영화: 〈스타베리 김〉	
합동 곽정환	1968.3.25	67, 66년도 하반기 우수합작 영화: 〈순간은 영원히〉 67, 66년도 하반기 우수합작 영화: 〈비련〉	
	1968.3.12	〈연합전선〉 우수 반공영화로 선정 배정	
현대 석정선	1968.3.26	67년도 상반기 단편 문화영화 〈오늘과 내일〉 124, 125, 118호	
	1968.9.5	67년도 상반기 단편 문화영화 〈강산에 꽃이 피네〉, 16미리 일선 장병 위안	
	1968.10.14	68년도 상반기 우수 단편 문화영화	
신영 이원일	1968.3.26	67년도 상·하반기 우수 단편 문화영화 〈부흥되는 농가〉 〈국가의 앞〉 〈잘사는 길〉	
신필림 신상옥	1969.1.7	68년도 상반기 우수영화 기술상(녹음-〈대원군〉)	배정은 69년도에 했으나 코타 구분은 68년도 하반기 분임
제일 황의식	1969.1.7	68년도 상반기 우수영화 기술상(입체-〈임꺽정〉)	
연방 주동진	1969.1.7	67년도 대종상 장려상(〈화산댁〉)	

39 국제영화사, 앞의 연감, 119쪽.

영화 선정 보상으로 1편, 아시아영화제 출품에 대한 보상으로 1편, 도합 2편을 배정 받기도 했다.[40] 평균 극영화 제작비를 상회하는 한국 장편 애니메이션이 1967년에서 72년 사이 10편이나 제작된 것은 부분적으로는 이와 같은 장편 문화영화에 대한 지원책 덕분이기도 할 것이다.

3-3. 시장과 국가의 술래잡기: 문화영화 개념의 혼란

(1) 3차 개정영화법 이후 문화영화 규정의 변화: 1970~

이러한 문화영화 지원책의 이면에서는 또 다른 탈법적인 관행이 나타나고 있었다. 그것은 문화영화 개념의 모호함을 악용한 결과였는데, 이는 1969년 하반기에 본격적인 문제로 제기되었다. 1969년 하반기는 달 착륙을 계기로 우주과학에 대한 관심이 높아지는 동시에 서구에서 양산된 SF 영화들이 본격적으로 수입되는 시점이었다. 이러한 상황에서 〈혹성탈출〉 〈바바렐라 Barbarella〉(로제 바딤, 1968) 〈마이크로 결사대 Fantastic Voyage〉(리차드 플라이저, 1966)와 같은 SF 영화들이 대거 문화영화로 수입되었다. 당시 신문 기사들은 이 SF 영화들이 본래 문화영화의 취지에서 벗어난 명백한 극영화들로, 1백만 원 내외의 장편 문화영화 쿼터 가격으로 6~7백만 원 쿼터 가격의 극영화를 수입하게 해준 것이라며 비난했다. 또한 이들은 기존에 장편 문화영화 쿼터를 통해 수입된 외화들 역시 본래적 의미의 문화영화에서 벗어나서 외국의 성 문화나 선정주의적 풍습을 드러내는 영화들이라고 비판했다.[41,42] 이러한 혼탁상은 부분적으로

---

40 국제영화사, 앞의 연감, 126~130쪽.

1968년 당시 문공부 영화위원회가 문화영화 진흥책의 일환으로 문화영화의 개념을 비교적 탄력적으로 해석하고자 한 방침을 밝힌 결과로 보인다.[43] 그 연장선상에서 검열을 주관했던 문공부는 "문화영화를 협의와 광의로 해석할 수 있"고 "보는 이에 따라 해석상의 차이가 있을 수 있다"[44]며 해당 영화들이 문화영화로 수입된 것이 정당하다는 논리를 펼치기도 했다. 그러나 이와 같은 답변은 당시 한 기자가 수입업자의 말을 빌려 지적하듯 "그런 식이라면 앞으로 들여올 모든 영화에 문화영화 쿼터를 적용시켜줘야 할 것"[45]이라는 설득력 있는 비판에 직면할 수밖에 없었다.

이와 같은 비판은 1970년 3차 영화법 개정 이후 시행령 개정에 영향

41 "극영화냐 문화영화냐", 《조선일보》 1969년 10월 2일자, 7면; "문화영화로 둔갑 수입 극영화, 약삭빠른 업자들 농간으로, 검열 기준 흐리멍텅해, 감독청서 봐주는 느낌, 때론 저질 성 영화까지", 《신아일보》 1969년 10월 4일자, 5면; "놀아나는 문화영화 쿼터, SF물이 둔갑 수입, 색다른 소재면 문화영화", 《신아일보》 1969년 11월 13일자, 5면; "규정 애매한 영화관계법, 문화영화 코터로 극영화 들여와", 《경향신문》 1969년 11월 15일자, 5면 등.

42 명백한 극영화가 문화영화로 수입된 이 시기의 혼란상까지는 아니겠지만, 극영화와 문화영화 사이의 모호함을 이용하는 시장 주체들의 책략은 이전부터 있었던 것으로 보인다. 예컨대 이성철은 4월혁명 이후 민간인의 신분이 되었던 시절, 문화영화를 수입했다. 그가 수입한 두 편의 문화영화 중 하나는 자연분만에 대한 독일영화 〈아무도 가르쳐주지 않는다〉였다. 이성철에 따르면 문교부 검열 담당은 이 영화가 배우가 등장하는 극적인 요소가 강하다고 해서 문화영화로 인정해주지 않고자 했고, 이성철은 배우가 나오는 문화영화의 사례를 다수 거론하며 문화영화로 승인을 받았다고 한다. 본인의 증언에 의하면 이 영화는 상당히 큰 흥행 성공을 거두었는데, 당시 '본격 성애영화'로 홍보되었다고 한다. 공영민, 「이성철」, 앞의 책, 204~205쪽.

43 《신아일보》 1969년 11월 13일자 기사는 다음과 같이 관련 내용을 전한다. "문공부 영화위는 68년에 또 '사회·경제·문화·교육·과학 등 제 분야에 걸쳐 기록적 가치가 있거나 문화적 또는 교육적 가치가 있는 실사 기록을 영화화한 것. 단 문화영화의 본질·주제를 살리기 위해 삽입되는 픽션이나 배우 사용은 문화영화로 인정한다'고 문화영화의 한계를 주체적으로, 그리고 약간 확대 해석해놓고 있다."

44 위의 기사, 《신아일보》 1969년 11월 13일자, 5면.

45 위의 기사, 《신아일보》 1969년 11월 13일자, 5면.

을 미쳤던 것으로 보인다. 1970년 9월의 3차 개정영화법은 한국영화 제작사와 수입사를 통합하였던 1963년 1차 개정영화법 이래의 방침이 수정된 결과물로서, 한국영화 제작에 대한 인센티브로 외화 수입권을 배정하는 방식을 일시적으로 폐지했다. 이는 문화영화에 있어서도 마찬가지로 적용되어 문화영화 제작에 대한 외화 수입권이라는 보상책 역시 사라지게 된다. 이에 따라 1970년 12월에 발표된 영화법 시행령에서는 기존 11조의 수입 추천 기준 조항 역시 폐지되었다. 대신 외국 문화영화의 수입 불가 조건이 신설되었는데, 이는 다음과 같다(16조 2항).

> ② 다음 각 호의 1에 해당하는 외국영화에 대하여는 문화영화로서 수입 추천을 할 수 없다.
> 1. 주된 소재나 구성에 있어서 극적 요소가 있는 영화.
> 2. 단순히 오락 또는 흥행을 위하여 제작된 것으로서 극영화에 준하여 상영할 수 있는 영화.
> 3. 단순히 특정한 사람이나 물건 또는 사항을 소개하거나 선전하는 영화.

이와 같은 규정에 따라 주된 소재나 구성에서 극적 요소가 있는 영화는 문화영화 수입 대상에서 제외되었고, 그로 인해 수입되는 문화영화의 개념은 보다 순수한 의미의 비극영화에 가까운 방식으로 규정되었다. 또한 해외의 풍습을 소개한다는 이유로 문화영화라는 외피를 빌려 해외의 엽기적인 풍습이나 성 문화를 소개하는 영화의 수입 역시 3호의 기준에 의해 차단되었다.

그 외 본법상의 문화영화와 뉴스영화에 대한 정의, 동시상영 의무 및 조건(정치성 금지)은 1966년의 영화법 조항이 그대로 유지되었다. 또한 시행령에 있어서도 문화영화 제작사의 등록 조건과 스크린 쿼터 해당 조항 역시 유지되었으며, 시행규칙상 동시상영 문화영화의 시간, 프린트 벌수 역시 그대로 유지되었다.

1973년 2월에 공포된 4차 개정영화법은 1970년에 분리되었던 수입과 제작을 다시 일원화시켰고, 기존 등록제로 운영되던 영화사를 허가제로 전환함으로써 국가의 개입 규제를 강화하였다. 그러나 수입과 제작이 일원화되었는데도 외화 수입권의 배정 방식은 본법은 물론 시행규칙에도 규정되지 않았다. 이는 법령이 아니라 당해 문화공보부가 발표하는 영화시책에서 규정되었는데, 외화 수입권의 배정 방식을 계기별 상황에 따라 탄력적으로 운용하기 위한 것으로 보인다. 이러한 변화는 문공부의 자의성을 높임으로써 정부의 산업에 대한 영향력 확대를 의도한 것으로 판단된다. 어쨌든 당시의 외화 배정 시책에는 단순히 우수영화, 영화 수출작 등으로 표기되어 있어, 문화영화가 그 대상이 되었는지에 대해서는 명확하지 않다.

4차 개정영화법과 함께 2월에 발표된 영화법 시행령의 문화영화에 대한 규정에서는 이전과 다소 달라진 점이 나타난다. 우선 영화 제작업이 등록제에서 허가제로 바뀌면서 허가의 기준이 다소 달라졌다. 이전의 장비에 대한 조건 대신, "영화의 제작을 위한 자금으로 2백만 원을 보유"할 것이 제시되었다(3조 2항).[46] 동시상영할 영화의 길이, 검열합격증 부기 조

46 극영화의 검열 신청을 위한 문화영화 관련 서류 제출 조항(16조 1항 3호)에서는 미묘한 변화가 엿보인다. 즉 "동시상영할 문화영화를 취득한 것이 있을 때에는 이를 증명하는 서류(극영화인 경우에 한한다)"를 제출하도록 규정하고 있는데, 이 변화는 다소 흥미롭다. "동시상영할

건은 이전과 같이 유지되었고, 복사 프린트 벌수의 한계는 15벌에서 20벌로 증가했다.

다른 한편, 문화영화의 수입 추천 금지 조항과 관련해 "3. 단순히 특정한 사람이나 물건 또는 사항을 소개하거나 선전하는 영화"라는 기준은 삭제되었다(11조 2항). 이는 수입 대상 문화영화 규정이 다소간 완화되고 있다는 사실을 보여준다.

(2) 〈엔터테인먼트〉 수입 과정의 논란과 문화영화 개념의 재규정

그러나 1976년 9월의 개정 시행령에서는 다시 수입 추천 불가 영화의 기준이 강화되었다. 당시 신문 기사에 따르면 이는 "극영화인지 문화영화인지 그 구별이 모호할 정도의 작품이 많이 나오고 있기 때문"[47]이었다. 다시 한 번 수입 문화영화의 경계 문제가 대두된 것이다. 이로 인해 1976년 개정된 영화법 시행령에서는 문화영화로 수입 추천이 금지되는 기준이 [표3]에서와 같이 보다 세분화되고 강화된다.

그런데 흥미롭게도 이 시책이 발표되기 전, 또 한 번 문화영화의 개념을 둘러싼 논란이 있었다. 1975년 12월 말, 당대의 대표적 영화업자 김태수가 대표로 있던 태창흥업이 수입한 〈엔터테인먼트That's Entertainment〉(잭 헤일리 주니어, 1974)라는 영화의 검열을 둘러싸고 이어진 논란의 경위는 다음과 같다.

문화영화를 취득하였음을 증명하는 서류"라는 단순한 조항이 왜 조건문으로 바뀌었을까? '취득'하지 않는 다른 방식이 생겨난 것일까? 이에 대해서는 추후 보완적인 연구가 필요하다.

47 "영화법 시행령 개정, 외화 수입 창구 일원화 영진공서 전담… 보다 값싸게, 극, 문화 구분 기준 명문화", 《경향신문》 1976년 8월 31일자, 6면.

[표3] 문화영화 수입 추천 금지 조항 변화 (1970~)

영화법 시행령 16조 2항 (1970.12~1973.2)	영화법 시행령 11조 2항 (1973.2~1976.8)	영화법 시행령 11조 2항 (1976.9.1~)
1. 주된 소재나 구성에 있어서 극적 요소가 있는 영화 2. 단순히 오락 또는 흥행을 위하여 제작된 것으로서 극영화에 준하여 상영할 수 있는 영화 3. 단순히 특정한 사람이나 물건 또는 사항을 소개하거나 선전하는 영화	1. 주된 소재나 구성에 있어서 극적 요소가 있는 영화 2. 단순히 오락 또는 흥행을 위하여 제작된 것으로서 극영화에 준하여 상영할 수 있는 영화	1. 주된 소재나 구성에 있어서 극적 요소가 있는 영화 2. 순수 기록물 또는 준 기록물이 아닌 영화 3. 영화의 주된 내용을 해설이 아닌 대사로 처리한 영화 4. 교육적·문화적인 효과가 없는 단순한 오락 위주의 영화

〈엔터테인먼트〉는 MGM이 제작한 뮤지컬 영화들의 주요 히트 장면들을 모아놓은 편집영화였다. 1975년 12월 29일 수입 당시 수입 추천 심사를 맡았던 자문위원들은 이 영화가 문화영화에 해당한다고 인정했다. 그러나 1976년 1월에 있었던 영화 검열 과정에서 검열위원들은 이 영화가 영화법 시행령 11조 2항의 제2호("단순히 오락 또는 흥행을 위하여 제작된 것으로서 극영화에 준하여 상영할 수 있는 영화")에 저촉된다는 이유로 문화영화로 인정하지 않고, 일반적인 장편 극영화의 쿼터를 적용할 것을 수입자에 통보했다.

이에 1976년 2월 태창흥업은 문화공보부 장관에게 소원장을 제출했다. 소원 청구의 이유는 기본적으로 '극영화에 준함'이라는 기준의 모호함에 있었다. 소원장의 작성자는 그 모호함을 지적하며, 〈엔터테인먼트〉가 단순히 오락 또는 흥행을 위해 제작된 영화가 아니라 문화사적 가치를 지니고 있고, 이는 수입 추천 단계에서 이미 공인된 것임을 주장했다. 또한 소원장 작성자는 문화영화든 아니든 관객 대상의 상영을 목적으로 한 영화라면 어쩔 수 없이 일정한 흥행적 요소를 가질 수밖에 없음을 역설했다.

이 소원장을 접수한 문화공보부 법무담당관실은 검열을 수행한 예술국에 그간의 경위와 소원자의 주장에 대한 의견을 문의했다. 예술국은 이 영화가 극영화나 문화영화 둘 중의 어디에 속하는지는 애매하다는 사실을 인정했으나, 시행령 11조 2항에 의거 극영화에 준한 영화로 결정했다는 의견을 통보했다. 흥미로운 것은 이 의견의 말미에 예술국이 "시행령 11조 2항의 규정이 포괄적이어서 적용에 있어 재량의 범위가 크다는 견해가 나올 수 있음"을 인정했다는 사실이다. 결국 문공부는 소원자의 의견을 받아들여 〈엔터테인먼트〉에 대한 극영화 쿼터 부여를 철회하고 이 영화를 문화영화로 인정하게 된다.[48]

이와 같은 논란이 벌어진 지 얼마 되지 않은 1976년 9월에 이루어진 시행령 개정안에서 "단순히 오락 또는 흥행을 위하여 제작된 것으로서 극영화에 준하여 상영할 수 있는 영화"라는 기준이 삭제되고 3개의 세부 기준이 추가되었다는 사실은 〈엔터테인먼트〉 검열 과정의 논란이 시행령의 개정으로 이어졌을 것임을 짐작케 한다.[49] 이는 문화영화의 개념이 시장 수제의 '실천'에 의해 변경된 또 하나의 사례라 할 수 있을 것이다.[50]

---

48 해당 내용은 한국영상자료원에 보존된 〈엔터테인먼트〉의 검열 서류를 근거로 한 것이다.

49 당시 한 신문은 이 시기 영화법 시행령 개정과 관련해 〈엔터테인먼트〉를 직접적으로 언급하고 있다. "한편 최근에 와서는 문화영화 수입 과정에서도 문제점이 빚어졌다. 극영화인지 문화영화인지 그 구별이 모호할 정도의 작품이 많이 나오고 있기 때문이다. 얼마 전에 수입됐던 〈엔터테인먼트〉라는 작품이 대표적인 경우였다. 수입업자는 문화영화를 고집하고 당국은 극영화 코터를 적용하려 해서 문제가 됐던 것. 이번 영화법 시행령 중 일부를 개정함으로써 이런 몇 가지 문제점들은 해결을 보게 된 셈이다." 앞의 기사, 《경향신문》, 1976년 8월 31일자, 6면.

50 이와 같은 개정안의 시행에도 당시 정부가 원했던 순수한 기록영화 형식의 교육적·문화적 목적에 부합하는 '문화영화'가 이후에 제작되거나 수입되었는지는 의문이다. 1979년의 한 신

4. 나오며

이후 문화영화 관련 규정은 1984년 12월에 5차 개정 등을 거치면서도 큰 변화 없이 근간을 그대로 유지했다. 그것은 무엇보다 문화영화가 맡았던 주요한 기능이 새롭게 부상한 TV 매체에 이관됨으로써 사실상 그 효용이 상실되었기 때문일 것이다. 그리고 마침내 1996년 영화법이 영화진흥법으로 개칭되면서 뉴스영화의 동시상영 조항은 삭제되었고, 문화영화의 의무 상영은 1998년에 폐지된다. 이로써 1962년부터 법률로 시행되었던 뉴스영화와 문화영화의 의무 상영제는 35년 이상 지속된 끝에 폐지되었다. 그와 함께 명목상 유지되던 문화영화라는 개념 역시 종말을 맞이한다.

서두에서도 언급한 바와 같이 이 글은 문화영화를 이해하기 위한 하나의 출발점에 불과하다. 그러나 문화영화가 산업 내에서 형성된 여타의 장르와 달리 제도적 명명과 규제 혹은 진흥의 틀 내에서 구성된 경향이 크다는 사실을 감안한다면,[51] 문화영화 제도의 역사를 정리하는 것은 반

문 기사에 따르면, 이 시기에도 문화영화의 수입이 붐을 이루고 있었고, 수입되는 영화는 '세계 곳곳에서 일어났던 갖가지 가공할 사건들의 현장 필름'을 편집한 〈대참사〉, 이소룡이나 일본 카라데계의 1인자로 꼽히는 최영의의 인생이나 활약상을 담은 영화, 〈몬도가네〉 시리즈 등 노골적으로 흥행을 목적으로 한 경우가 다수였다. 이는 정부가 외국 극영화의 수입을 25편으로 줄이자 영화 기업들이 활로를 찾기 위한 돌파구로 문화영화에 주목한 데서 나타난 일종의 풍선효과 같은 것이었다. "외국 문화영화 수입 붐, 올 7편, 이미 3편 상영, 극영화 대신 새 활로로", 《동아일보》 1979년 9월 15일자, 5면.

51 물론 문화영화 외에도 한국영화사에서 제도적으로 명명된 장르가 존재한다. 예컨대 반공영화나 새마을영화 등 일종의 국책영화 장르가 그것이다. 이와 같은 경향은 정책의 산업 규정력이 컸던 박정희 정권기의 특수한 현상이라고도 볼 수 있다.

드시 거쳐야 할 단계이기도 하다.

이를 위해 이 글은 법률의 제·개정 사항을 중심으로 기본적인 문화영화 관련 규정의 변화를 살펴보았다. 특히 이 글의 초점은 법적으로 규정된 문화영화의 개념이 허약한 가공물이며, 1960년대 후반 이후 시장 주체들이 그 규정의 허점을 이용함으로써 끊임없는 혼란을 불러왔음을 보여주는 데 있었다. 비단 문화영화 관련 규정이 아니더라도 법규의 문자들이 실체화되는 것은 언제나 일선에서의 행정 담당자들과 산업 주체들 간의 실천 관행을 통해서다. 법규에서 추상적으로 표현되는 입법자의 의지는 일선의 담당자들에 의해 해석되고 빈틈이 메워지며, 때로는 시장 주체들과 행정 당국의 협상 및 공모, 대화 과정에서 배반당하고 악용되기도 한다. 이 왜곡이 시장과 사회의 일정한 반응을 불러오며 다시 법규 제·개정의 변화로 이어진다. 이 글은 문화영화를 둘러싼 이와 같은 국가와 시장 사이의 술래잡기와 같은 과정을 몇 가지 사례를 통해 보여주고자 했다. 이는 박정희 정권기 문화영화의 개념을 이해하는 데뿐 아니라 국가와 영화, 나아가 국가와 시장 간의 역학 관계를 파악하는 데에도 다소간의 시사점을 제공할 것이다.

참고문헌

신문 및 잡지

《경향신문》, 《동아일보》, 《신아일보》, 《조선일보》, 《중앙일보》, 《한국일보》 등 각 기사

구술채록 자료집

공영민, 「이성철」, 『2009년 한국영화사 구술채록연구 시리즈 〈생애사〉』, 한국영상자료원, 2009.

김승경, 「배석인」, 『2009년 한국영화사 구술채록연구 시리즈 〈생애사〉』, 한국영상자료원, 2009.

논문 및 단행본

국제영화사, 『1970 영화연예연감』, 1969.

김한상, 「1930~40년대 조선에서의 문화영화 상영」, DVD 〈발굴된 과거 네 번째: 고스필모폰드 발굴영상 모음〉 해설 자료집, 한국영상자료원, 2009.

_____, 「1945-48년 주한 미 군정 및 주한 미군 사령부의 영화 선전」, 『미국사연구』 34집, 한국미국사학회, 2011.

_____, 「냉전체제와 내셔널 시네마의 혼종적 원천: 〈죽엄의 상자〉 등 김기영의 미 공보원(USIS) 문화영화를 중심으로」, 『영화연구』 47호, 한국영화학회, 2011.

_____, 『조국 근대화를 유람하기: 박정희 정권 홍보 드라이브, 〈팔도강산〉 10년』, 한국영상자료원, 2007.

_____, 「조선-만주 관광 문화영화와 '동아신질서'의 극장 경험」, 『영화연구』 43호, 한국영화학회, 2010.

문화공보부, 『문화공보 30년』, 1979.

변재란, 『대한뉴스, 문화영화, 근대적 기획으로서의 가족계획」, 『영화연구』 52호, 한국영화학회, 2012.

위경혜, 「한국전쟁 이후~1960년대 문화영화의 지역 재현과 지역의 지방화」, 『대중서사연구』 24호, 대중서사학회, 2010.

이순진, 「한국전쟁 후 냉전의 논리와 식민지 기억의 재구성: 1950년대 문화영화에서 구축된 '이승만 서사'를 중심으로」, 『기억과 전망』 23호, 민주화운동기념사업회, 2010.

이충직, 「한국의 문화영화에 관한 연구」, 중앙대학교 석사학위 논문, 1985.

이하나, 「1960년대 문화영화의 선전 전략」, 『한국근현대사연구』 52집, 한국근현대사학회, 2010.

_____, 「정부 수립기~1950년대 문화영화와 국가 정체성」, 『역사와 현실』 74호, 한국역사연구회, 2009.

조준형, 「박정희 정권기 외화수입정책 연구: 1960년대를 중심으로」, 『극예술연구』 31집, 한국극예술학회, 2010.

_____, 「해방 후 1960년대 초까지 영화 검열: 수행 주체, 법규, 작동 방식」, 『탈식민 냉전국가의 형성과 검열』, 성균관대 동아시아학술원·인문한국 주최 학술회의 자료집, 2011.

주은우, 「식민지 도시와 근대성의 영화적 재현: 기록영화 〈경성〉과 식민권력의 자기 재현」, 『사회와 역사』 92집, 한국사회사학회, 2011.

국가에 의한 영화 제작의 역사와 국립영화제작소
: 정부 영화 제작 기구와 민간 영화산업의 관계를 중심으로

이순진

1. 서문

> 근데 이거는, 이건, 이런 문제는 지금 그 당시에 그 행정을 맡으셨던 분들. {예, 예} 그 분들이 확실히 알 거예요. 우리, 나 같은 사람은 인제 거기 뭐 감독, 촬영, 기사, 뭐 이런 사람들하고 마찬가지지만. {예} 지금 옛날 생각을 허면 그때가 어… 문공부 영화과 시절이었나? 뭐 국립영화제작소 시절이었나? {예} 이게 확실히 구분이 안 서요. 그르고 오랫동안 거기서 일을, 저 몸담고 일을 했는데 지금 기억은 그냥 영화제작소로 알고, 알고 있는데.[1]

---

1 이순진, 「박익순」, 〈문화영화〉 구술채록연구팀, 『2012년 한국영화사 구술채록연구 시리즈 〈주제사〉』, 한국영상자료원, 2012, 150쪽.

1958년 공보실 영화제작소에 입사한 후 1979년까지 녹음 및 통역으로 일했던 박익순은 정권의 부침에 따른 정부 영화 제작 기구의 변화에 대해서 '구분이 안 선다'고 말한다. 박익순뿐 아니라 유병희, 김인태, 이정섭 등 국립영화제작소에서 일했던 다른 제작인력들 또한 비슷하게 증언하고 있다.[2] 제작인력들이 느끼는 이와 같은 연속성은, 예컨대 4월혁명과 5·16 쿠데타와 같은 정치적 격변 속에서 정부의 공보 관련 기관들, 특히 정부 영화 제작 기구가 상당한 조직의 변화를 감당해왔음을 생각하면 의외라고 할 만하다.

반면 박익순이 말했던 것처럼, 당시 행정을 맡았던 이성철에게 있어서 정부 영화 제작 기구에서의 경험은 정치적 변화에 따라 심한 부침을 겪을 수밖에 없는 것이었다. 대한영화사를 산하에 두고 정부 영화 제작을 담당하던 공보실 영화과는 자유당 정권을 일방적으로 홍보하는 선전영화를 제작, 상영함으로써 4월혁명의 국면에서 심각한 비판에 직면했다. 이에 따라 대통령 직속이었던 공보실 영화과는 장면 정권에서는 국무원 사무처 내 공보국 영화과로 그 위상이 격하되었다. 공보실 영화과장으

2 2012년에 한국영상자료원은 문화영화에 종사했던 인력들의 구술채록 작업을 진행했다. 국립영화제작소와 민간의 문화영화업계 종사자들로 대별하여 진행했던 이 구술채록 작업에서는 김인태(미술·연출), 이지완(연출), 이정섭(촬영), 유병희(연출), 박익순(녹음), 권순재(연출), 박행철(제작), 박희준(연출·제작), 김청기(연출), 한호기(연출) 등이 구술자로, 이순진, 이정아가 면담자로 참여했다. 이 가운데 국립영화제작소에 재직했던 구술자는 김인태, 이지완, 이정섭, 유병희, 박익순, 권순재, 박희준, 한호기 등이다. 한국영상자료원은 이때의 구술채록을 『2012년 한국영화사 구술채록연구 시리즈 〈주제사〉 문화영화 1: 김인태·이지완·이정섭』, 『2012년 한국영화사 구술채록연구 시리즈 〈주제사〉 문화영화 2: 유병희·박익순』, 『2012년 한국영화사 구술채록연구 시리즈 〈주제사〉 문화영화 3: 권순재·박행철』, 『2012년 한국영화사 구술채록연구 시리즈 〈주제사〉 문화영화 4: 박희준·김청기·한호기』 등 총 4권의 자료집으로 출간하였다.

로 이승만 정권 영화 행정의 실무 책임자였던 이성철은 춘천방송국장으로 좌천되었다가 결국 사표를 제출했다. 그는 5·16 쿠데타가 발발한 후에 공보부 영화과장으로 돌아왔다가 1961년 6월 22일, 법률 제631호 및 각령 제22호로 설치된 국립영화제작소의 소장이 되었다.[3] 이성철은 조직의 변화는 물론이고 당시 영화제작소에 대한 국내외의 비판 내용도 기억하고 있을 뿐 아니라, 비교적 느슨하게, 어떤 경우에는 "예술의 견지"에서 영화를 보았던 이승만 정권에 비해 5·16 쿠데타를 주도한 군인들은 영화를 철저히 공보의 관점에서 파악하고 있었다고 지적하기도 했다.[4]

정부 문서와 같은 공적인 문서에 의존한 역사 서술에서라면, 후자의 기억이 보다 더 역사적 실체에 다가서는 것으로 여겨질 수 있을 것이다. 영화제작소는 정부 조직의 일부로서, 특히 정권 홍보를 위한 선전영화의 생산 기지로서 존재했기 때문에 정치적 변화에 따른 부침을 겪어왔던 것이 사실이다. 5·16 쿠데타 발발 직후에 군부 세력이 국립영화제작소를 출범시킨 것, 한국사회의 절차적 민주주의가 확보되면서 국립영화제작소가 문화영화와 〈대한뉴스〉의 극장 상영을 종영하고 케이블 방송(KTV) 체제로 재편됨으로써 사실상 해체된 것이 그 예라고 할 수 있다.

문화영화 텍스트 분석을 정권의 성격과 해당 시기의 정치적 쟁점들로 수렴하는 경향은 바로 이처럼 정권의 부침을 영화제작소의 위상과 역할에 있어서 결정적인 변화 요인으로 파악하는 관점에서 비롯된다. 예컨대 문화영화를 "생산된 당시의 사회상과 국가상을 잘 보여주는 영상 사

---

3 공영민, 「이성철」, 『2009년 한국영화사 구술채록연구 시리즈 〈생애사〉』, 한국영상자료원, 2009.

4 이순진 면담, 이성철 증언, 2014년 7월 11일.

료"[5]로서 이해하고 있는 이하나는 "국토, 국민, 국가, 반공, 군사, 민족, 재건, 대통령, 정치, 경제, 문화, 생활, 체육, 국제, 기타"의 범주를 통해 문화영화를 분류하고 그 역사적 추이를 검토함으로써 정권의 성격과 당대의 사회상에 접근하고자 한다.[6]

하지만 19세기 말, 그 역사가 시작된 이래 영화 매체는 언제나 교육과 계몽, 또는 정치 선전의 수단으로 존재해왔다는 것, 따라서 식민지 시대에 이와 같은 영역을 담당하는 것으로 특화된 이후 1995년 극장 상영을 종료할 때까지 한국사회에서 중요한 영향력을 행사해왔던 문화영화의 역할을 특정한 정권의 요구 문제로만 환원할 수는 없다는 점을 상기해야 할 것이다. 식민지 조선/한국에서 문화영화는 개별 정권의 수준을 뛰어넘는, 근대성의 성취를 위한 대중 교육 및 계몽의 과제와 연관되어 있었다. 20세기 초 이래 영화 매체의 공공성에 대해서 광범위한 사회적 동의가 존재해왔으며, 이와 같은 공공성을 감당하는 영역으로서 문화영화가 긴 생명력을 유지해왔던 것은 바로 이 때문이다. 어떤 정권이든, 하물며 그것이 식민 권력이라 할지라도, 정부에 의한 영화 제작과 상영이 바로 이와 같은 사회적 동의에 기반하고 그것을 전유함으로써 자신의 정당성을 확보해왔다는 점을 주목해야 한다.

정부 영화 제작 기구의 제작 인력들이 증언하는 연속성은 바로 이와 같은 교육과 계몽의 필요성에 대한 지속되는 사회적 동의와 관련된 것이

---

5 이하나, 「1960년대 문화영화의 선전 전략」, 『한국근현대사연구』 52집, 한국근현대사학회, 2010, 146쪽.

6 이하나, 「1950~60년대 '대한민국'의 문화 재건과 영화 서사」, 연세대학교 박사학위 논문, 2009.

다. 그들은 직접적인 정권 홍보영화를 만들면서도 다른 한편으로는 정권의 부침에 따른 조직 변화에 큰 영향을 받지 않고 보건 위생, 농사 개량법, 각종 통신수단을 비롯한 현대적 기기의 사용법, 교통질서 준수와 같은 근대사회의 생활 규율과 관련된 각종 교육, 계몽영화들을 지속적으로 만들어왔다. 이성철과 같은 행정 관료가 경험했던, 정권의 부침에 따른 정부영화 제작 기구의 급격한 변화가 현상적이고 단기적인 것이라고 한다면, 근대성의 성취를 위한 교육과 계몽의 도구로서 영화 매체의 공공성에 대한 사회적 동의, 그리고 그것에 기반을 둔 지속적인 '문화영화'의 생산이야말로 식민지 시대 이래 지속되어온 국가the state에 의한 영화 제작의 성격을 근본적으로 규정하는 것이다.

나는 국립영화제작소가 박정희 정권 시대에 발현된 국가 영화 제작 기구의 한 형태였다고 본다. 따라서 국립영화제작소의 성격과 변화 과정을 이해하기 위해서는 보다 긴 역사적 맥락에 그것을 놓을 필요가 있다. 정권 교체와 같은 정치적 이벤트를 넘어서서 근대 한국사회의 근간에서 작동한 동력이 국가에 의한 영화 제작의 성격을 어떻게 규정했는가를 살펴보아야 한다는 것이다. 따라서 이 글에서는 박정희 정권 시대에 국립영화제작소가 등장하기까지 한국에서 국가에 의한 영화 제작은 어떤 역사적 과정을 밟아왔는가, 또 정부 영화 제작 기구는 민간 영역의 영화산업과는 어떤 관계를 맺어왔는가의 문제를 중심으로 국립영화제작소의 역사를 살펴보고자 한다.

일제 말, 사단법인 조선영화주식회사(이하 '법인 조영')를 통한 영화의 국영화 경험은 이후 오랫동안 영화 매체에 대한 강력한 국가 통제가 유지될 수 있는 하나의 근간으로 작용했다. 법인 조영-사단법인 대한영화사(공보실 영화제작소)-국립영화제작소로 이어지는 정부 영화 제작 기구의 계보는 국가에 의한 영화 제작의 긴 역사를 구성하고 있다.[7] 여기에 미군정 시대에 시작된 미 공보원에 의한 영화 제작과 한국전쟁 시기부터 상당히 오랫동안 지속되었던 군에 의한 영화 제작의 역사까지 포함한다면, 국가에 의한 영화 제작의 역사는 상당한 두께를 형성한다고 볼 수 있다.

식민치하의 국가에 의한 영화 제작 경험의 연속성과 더불어, 해방 이후 정부 영화 제작 기구를 둘러싼 환경의 변화를 함께 이해하는 것이 중요하다. 일찌감치 국립영화촬영소를 설치하면서 전면적인 영화 국영화의 상황을 이어갔던 북한과는 달리,[8] 남한에서는 민간의 영화산업을 복구하고자 하는 작업이 국가와 민간에 의해서 함께 추진되었다. 정부 영화 제작 기구의 강화와 민간 영화산업의 육성은 동시에 추진되어야 하는 과제였으나, 영화의 생산 수단을 확보할 만한 민간의 자본이 미약했기 때문에 영화 매체에 대한 국가의 장악력은 한국 영화산업의 전성기라는 1960년대를 넘어 한국영화의 제작 자율화가 이루어지는 1980년대 중반까지 지속되었다. 정부 영화 제작 기구는 바로 이 시기 동안 영화 매체에 대한 국가의 전반적인 관리 계획의 일부로 존속했다. 그것은 정권 홍보 영화들을 생산했을 뿐 아니라 때로는 영화산업의 지원자이자 관리자로서, 또 때로는 일정한 역할을 민간과 서로 분담하는 협력자로서의 위상을 부여받았고 그 역할을 수행했다. 국립영화제작소의 역사를 민간의 영화산업과의 관계 속에서 이해해야 하는 것은 바로 이 때문이다.

---

7 국립영화제작소는 자신의 약사(略史)를 정리하면서 법인 조영을 가장 첫머리에 올려놓고 있다. 1949년 총리령으로 공보처 산하에 설치된 사단법인 대한영화사는 법인 조영의 장비를 물려받아 시작되었다. 국립영화제작소, 『대한뉴스 목록 제1집: 1953-1979』, 1994.

8 북한의 국립영화촬영소는 1947년 2월에 설치되었다. 그러나 그보다 앞선 1946년 7월에 북한은 조선기록영화촬영소를 설치하면서 〈우리의 건설〉을 비롯한 기록영화를 내놓기 시작했다.

그런데 여기서 정부 영화 제작 기구의 강화와 민간 영화산업의 복구가 모두 전후 냉전체제로의 재편 상황에서 미국의 영향력 아래 추진되었다는 사실에 주목할 필요가 있다. 미국 정부는 막대한 원조 자금을 제공해 정부 영화 제작 기구의 물적 기반을 마련해주었을 뿐 아니라 제작 인력 훈련을 위한 고문관을 파견하기도 했다. 미 공보원은 미국 행정부에 소속된 기관이었고 미국 정부의 입장에서 각종 영화들을 생산했지만, 김기영, 이형표, 배석인 같은 영화감독을 배출하고 여러 기술 인력들의 활동 기반이 되어줌으로써 영화 인력의 재생산을 돕고 그들의 지속적인 활동을 보장했다.[9] 이와는 별도로 미국의 민간 기구인 아시아재단은 한국영화문화협회를 통해 영화의 후반 작업 시설을 조성함으로써 민간 영화산업의 활성화를 도모했다. 이와 같은 미국의 개입이 단지 영화 생산의 물적 기반을 구축하는 데 그치지 않고 식민지 시대 일제에 의해 구성된 문화영화의 개념을 시청각 교육을 위한 교육영화 또는 정부의 공보 활동을 위한 수단이라는 미국식 개념[10]으로 재규정하는 과정을 동반했다는 사실을 인식하는 것이 중요하다.

---

9 미 공보원의 영화를 통한 공보 활동에 대해서는 허은, 『미국의 헤게모니와 한국 민족주의』, 고려대학교 민족문화연구원, 2008을 참고. 한편 미 공보원의 영화 활동에 대한 연구를 지속적으로 내놓고 있는 김한상은 김기영과 같이 미 공보원에서 활동을 시작했던 한국의 영화감독에게서 민족영화의 혼종적 기원을 밝히고자 한다. 이와 같은 연구는 미 공보원 영화과의 한국 현지 제작 활동이 영화 인력의 (재)생산에 미친 영향을 보다 구체적으로 밝히고자 한다는 점에서 의미가 있다. 김한상, 「냉전체제와 내셔널 시네마의 혼종적 원천: 〈죽엄의 상자〉 등 김기영의 미 공보원(USIS) 문화영화를 중심으로」, 『영화연구』 47호, 한국영화학회, 2011.

10 1979년 문화공보부에서 펴낸 『문화공보 30년』은 공보의 개념이 미군정 시대에 들어온 것이라고 지적한다. 문화공보부, 『문화공보 30년』, 1979, 21쪽.

2. 영화 매체에 대한 국가 관리의 역사 : 식민지 시대부터 한국전쟁기까지

영화 매체에 대한 국가 관리는 두 가지 수준에서 논의할 수 있을 것이다. 첫째는 영화의 생산 수단을 국가가 직접 소유하고 영화를 생산, 유통하는 수준이며, 둘째는 국가가 갖가지 정책적 수단을 통해 민간의 영화산업을 통제하거나 특정한 방향으로 유도하는 수준이다. 소비에트나 북한 같은 사회주의 국가처럼 영화의 모든 생산 수단을 국가가 소유했던 경우를 제외한다면, 대부분의 국가에서는 이 두 가지 수준의 국가 관리를 어느 정도는 병용해왔다고 할 수 있다. 문제는 그 구체적인 양상이 해당 정치권력의 성격과 어떤 관련을 맺고 있으며, 특정한 국면들에서 어떻게 드러났는가를 살펴보는 일일 것이다. 예컨대 2차 대전과 같은 특수한 상황에서는 시장경제에 기반을 둔 자본주의 국가들조차 전쟁 수행을 위해 영화산업을 상당한 수준으로 동원[11]하거나, 국가에 의한 직접적인 영화제작을 현저하게 강화했다.

식민지로 2차 대전을 경험했던 조선에서 영화는 일제의 전쟁 수행을 위해 조선인을 동원하는 수단으로 자리매김되었다. 총독부는 민간의 모든 영화 생산 수단을 국가에 귀속시키고 영화의 생산을 독점했으며, 1920년대 중반 첫 소개된 이래 일종의 교육, 계몽영화로 통용되곤 했던 '문화영화'는 '국가가 인정하는 것'을 가장 중요한 성립 조건으로 삼는

11 특히 2차 대전 당시 디즈니의 애니메이션 캐릭터들을 활용한 미국의 선전영화 사례에 대해서는 이 책에 수록된 공영민, 「제2차 세계대전 전후 선전 애니메이션과 1950~60년대 국립영화제작소 애니메이션의 관계」를 참고.

법적인 개념[12]이 되었다. 조선총독부의 전일적인 지배하에 놓여 있었던 법인 조영에서의 경험은 영화인들로 하여금 이후에도 영화 매체에 대한 강력한 국가의 통제와 관리를 쉽게 받아들이도록 하는 근간으로 작용했다.

해방 직후의 영화 국영화론[13]은 소비에트나 북한의 사례에 자극받은 좌파 영화인들이 주도한 것이었다고는 해도, 일제 말기 법인 조영의 경험이 없었더라면 그처럼 광범위한 설득력을 발휘할 수 없었을 것이다. 우파 영화인들조차도 영화의 국영화, 또는 적어도 공영화 주장에 합세[14]했는데, 다른 한편으로 이는 민간에서 활용할 수 있는 영화의 생산 수단이 사실상 전무했고 영화산업에 새롭게 투자될 민간의 자본도 구할 수가 없었던 현실 때문이기도 했다.[15] 그러한 상황에서 국가가 제공하는 설비와 제

---

12 이에 대한 자세한 논의는 이 책에 수록된 정종화, 「식민지기 조선의 문화영화 개념 형성에 관한 연구」를 참고.

13 영화 국영화론은 해방 직후 산발적으로 논의되다가 민주주의민족전선이 출범하면서 조선영화동맹의 공식적인 의견으로 제의되었다. 조선영화동맹은 "1. 영화의 제작 내지 영화산업에 소요되는 기재와 설비를 국가적인 견지에서 계획적으로 수입하거나 수출하고 교재, 문화, 계몽, 기록 내지 극영화의 제작에 힘씀. 1. 배급을 외래 자본과 국가 경제 사이의 조절을 위한다는 입장을 견지하며 민족문화를 앙양할 수 있는 기획 정책을 수립하여 시행할 것이며 상설 영화관을 건설하고 운영함. 1. 이론 및 기술 진영을 확보 양성하기 위하여 영화과학연구소를 개설하고 영화인(예술가, 기술가)을 외국에 파견하여 질적 개선을 꾀함. 1. 사영(민영 사업)에 대해서는 기술적인 조치와 문화적, 기획적으로 국가에서 적극적으로 지도하고 원조함. 1. 전문적인 영화 학교의 건립과 학교, 직장, 공장, 농촌과 산간 지역 그리고 어촌마다 영화 상영관을 설비한다." 등을 원칙안으로 제시했다. 민주주의민족전선 편, 「영화」, 『조선해방 연보』, 문우인서관, 1946.

14 영화의 국영 내지 공영화를 주장한 김정혁을 그 예로 들 수 있다. 그는 영화를 "전적으로 국영 내지 공영"으로 함으로써 "제작의 이념을 국가 또는 공공적으로 할 수 있"으며 "외화의 수입 엄선 상영의 가장 대중적 효과를 장악할 수 있을 것"이라고 하면서 이와 같은 주장이 "종래의 통제병적"으로 생각되어서는 안 된다고 경계한다. 김정혁, "'영화' 국영, 공영으로!", 《경향신문》 1946년 10월 8일자, 4면.

15 미 군정의 예술과장을 역임했던 영화감독 안철영은 "영화 기관을 국영"으로 하는 것은

작비를 이용해 안정적으로 영화를 제작했던 식민 말기 법인 조영의 경험은 따라할 만한 가장 가까운 선례가 될 수 있었을 것이다. 거슬러 올라가면 일제 말 조선의 영화인들이 민간의 영화 제작 설비를 모두 합친 '통합회사'의 출범에 동의한 것도 자본의 부족이 조선영화계의 고질적 문제인 탓이었다. 요컨대 국가의 직접 투자와 관리에 대한 광범위하고 지속적인 공감대는 식민지 시대부터 존재하면서, 영화 매체에 대한 국가의 강력한 개입과 통제를 가능하게 하는 배경이 되었다는 것이다.

이와 더불어 해방 직후 한국에서 영화는 민족국가의 건설이라는 대의에 복무해야 한다는 요구에 의해 지배되었기 때문에, 영화 생산의 공적 기관에의 의존은 당연하게 여겨졌다. 미 군정의 502부대와 미 공보원, 경찰청이나 소방서 같은 관공서에서부터 YMCA나 향린원 같은 비영리 민간 단체들에 이르기까지, 영화를 생산하는 주체는 다양했다. 당연하게도 그들은 대개 뉴스영화나 문화영화를 제작했지만, 식민지 시대와는 달리 문화영화라는 용어는 지배적으로 사용되지 않았다. 기록영화, 문화계발영화, 계몽영화, (아동)교육영화, 비연기영화와 같은 명칭이나 소방영화, 애림영화, 경찰영화와 같은 소재 차원의 명칭이 혼재되어 사용되고 있었다. 이는 식민 말기 일제에 의해 법적, 제도적 개념으로 규정되고 사용된 '문화영화'의 역사적 부담을 의식한 것으로 생각할 수 있다. 그러나 문화영화를 새롭게 규정하거나 그를 대체하는 개념을 만들어내고자 하는 의

"국가주의적인 나라"에서 일어나는 일이며 "우리나라는 국정이 다른 만큼 역시 민간이 중심이 되어"야 한다고 선을 그으면서도 "정부의 재정적 원조"를 통해 "토대"를 닦아야 한다고 하면서 국가의 적극적인 역할을 인정하고 있다. 안철영, "생활문화를 개선하자", 《서울신문》 1949년 1월 1일자, 4면.

식적인 노력이 목격되지는 않는데, 이는 식민 말기에 그랬던 것처럼 문화영화의 생산, 유포 주체가 단일하거나 체계적인 목적의식을 갖고 있지는 않았기 때문이다.

1949년 총리령으로 공보처가 그 산하에 사단법인 대한영화사를 설립한 것은 여러 생산 주체들에 의해 산발적으로 진행되고 있던 계몽, 교육 영역에서의 영화 생산을 중앙 정부의 관리 아래 통괄하고자 하는 의도의 산물이다. 현실적으로는 여기저기 흩어져서 체계 없이 운용되고 있던 영화 관련 기자재들을 효율적으로 관리, 활용해야 한다는 필요성 또한 작용했을 것이다. 그러나 곧 한국전쟁이 발발했기 때문에, 사실상 대한영화사가 정부 영화 생산의 중심지로 제 역할을 하기 시작한 것은 환도 이후부터였다. 공보처의 영화과 관리였던 이성철이 증언하다시피, 전쟁 기간 동안 임시 수도 부산에 머물렀던 공보처 영화과의 주된 업무는 영화 제작보다는 외국영화들에 대한 검열 사무였고,[16] 영화 제작은 좋은 설비를 갖추고 있던 상남의 미 공보원 영화과, 그리고 전시 뉴스릴과 전쟁 다큐멘터리 생산을 주도했던 군을 중심으로 이루어졌다. 영화인들은 제작 설비를 따라 상남과 진해, 그리고 대구 등지로 흩어졌다.[17]

녹음기사 이경순의 당시 행보를 살펴보면 이 시기 영화인들이 어떻

16 공영민, 「이성철」, 앞의 책, 101~112쪽.

17 상남에는 미 공보원이 있었고 진해에는 해군 교재창의 영화 제작 설비가, 대구에는 공군의 영화제작소가 있었다. 이 시기 미 공보원, 국방부 영화과, 공보처 영화과에서 활동하던 인력들의 현황에 대해서는 심혜경, 「주한 미 공보원 영화과의 제작 환경과 한국 영화인들」, 『한국영상자료원 2011 수집복원전 자료집: 냉전 시대 한국의 문화영화 - 테드 코넌트, 험프리 렌지 콜렉션을 중심으로』, 한국영상자료원, 2011, 25~30쪽; 공영민, 「공보처 영화과와 영화 인력」, 위의 책, 31~36쪽 참고. 같은 자료집 39~40쪽에는 심혜경, 공영민이 함께 작성한 당시 각종 기관에 소속되어 활동했던 영화인의 계보도가 실려 있다.

게 움직였으며 어떤 기관들이 영화 제작에 개입했는지를 확인할 수 있다. 법인 조영에서 녹음 일을 시작했고 해방 직후에는 미 502부대에서 영화 녹음을 했던 이경순은 미 공보원이 중앙청 내에 영화 제작 설비를 마련하자 이필우, 유장산 등과 함께 미 공보원의 하청을 받아 뉴스영화와 문화영화를 만들었다. 전쟁 발발 후에 그는 미 공보원을 따라 상남으로 내려가서 활동하다가, 국방부 정훈국 제작의 전쟁 다큐멘터리 〈정의의 진격〉 녹음 문제를 둘러싸고 미 공보원과 충돌, 결국 진해로 옮겨 가 해병학교의 지원으로 녹음 및 현상 시설을 마련하게 된다. 그는 이 진해 시절에 첫 생산된 〈대한뉴스〉와 〈국방뉴스〉의 녹음을 담당했으며, 환도하는 길에 잠시 대구에 들러 공군의 영화 제작을 위한 녹음실을 설치했다. 그가 환도해 공보처 영화과 산하 대한영화사에서 일하기 시작한 것은 1954년 4월의 일이었다. 그 무렵 공보처 영화과에서는 대한영화사에 일제 녹음 설비를 신규로 설치했고, 대한영화사 녹음실은 1958년 아시아재단이 정릉에 후반 작업 시설을 마련할 때까지 대다수 극영화들의 후반 작업을 위해 활용되었다. 이경순은 이병일, 오영진, 김관수, 윤봉춘 등이 주도하던 한국영화문화협회가 아시아재단의 지원을 받아 정릉촬영소를 마련하자 이곳으로 옮겨가면서 정부 영화 제작과 결별하게 된다.[18]

---

18 이경순의 이력은 이경순, 『소리의 창조: 나의 영화 녹음 50년』, 도서출판 고려, 1996(비매품)을 참조해 재구성했다. 하지만 몇몇 부분에서는 이경순의 회고와 상이한 기록도 있다. 예컨대 이경순을 비롯한 이필우 프로덕션 소속의 한국 영화인들이 미 공보원과 결별한 원인에 대해서, 당시 미 공보원의 제작 보좌관이자 통역사였던 이형표는 그것이 〈정의의 진격〉 녹음 문제보다는 미 공보원이 한국 영화인들에게 하청을 주는 방식으로 제작하던 것을 직접 제작하는 방식으로 전환하면서 생긴 갈등 때문이었다고 증언한다. 이형표의 증언대로라면 이 문제는 미 공보원이 한국 현지에서의 영화 제작 체계 전반을 재구축하는 과정에서 한국 영화 인력과의 협력 방식을 재조정하는 것과 관련된 것이라고 볼 수 있다. 이경순은 국방부 정훈국 제작의 〈정의의 진격〉

한국을 대표하는 녹음 기사였던 이경순의 1958년까지 행보는 이 시기 정부 영화 제작 기구와 민간 영화산업 간의 관계를 집약적으로 보여준다. 영화 제작에 필요한 물적 기반을 다룰 수 있던 기술 인력들은 정부나 군 그리고 미 공보원의 영화 제작 시설을 운용하면서 해당 기관의 영화와 민간의 상업영화 양쪽 영역에서 활동했다. 사실상 민간의 영화 제작조차도 어떤 식으로든 공적 기관에 기대지 않으면 이루어질 수 없었다는 것이 보다 정확한 설명일 것이다. 예컨대 이민은 전쟁 중에 〈화랑도〉(강춘, 1951)와 〈출격명령〉(홍성기, 1954)에 출연하면서 배우 활동을 이어갔는데, 두 영화 모두 문화영화의 범주에 포함되지 않는 장편 극영화였지만 〈화랑도〉는 육군 11사단의, 〈출격명령〉은 공군의 제작 지원을 통해 만들어졌다.[19] 미 공보원을 제외한다면, 대한영화사가 관리하던 법인 조영이 남긴

녹음을 미 공보원이 거부했기 때문에, 이에 한국 영화인들이 분노해 미 공보원과 결별했다고 말하고 있다. 이순진, 한국문화예술위원회 편, 『2005년도 한국 근현대예술사 구술채록연구 시리즈 69: 이형표』, 한국문화예술위원회, 2005, 132~133쪽.

19 이순진, 「이민」, 〈대구·경북지역 영화사〉 구술채록연구팀, 『2011년 한국영화사 구술채록연구 시리즈 〈주제사〉』, 한국영상자료원, 2011, 10~11쪽. 한국전쟁 기간 중에 가장 활발했던 군에 의한 영화 제작 또한 이 시기에는 아직 체계화되지 못해서 개인적인 연줄이 있으면 사단 단위의 영화 제작 지원 또한 가능했다. 〈화랑도〉의 경우는 강춘 감독이 11사단의 김구량 소령을 통해 제작을 성사시킨 것이다(이순진, 「이민」, 위의 책, 34쪽). 환도 이후에 국방부는 서울의 필동에 세트장과 녹음실을 만들었는데, 정창화의 〈장화홍련전〉(1962), 양주남의 〈종각〉(1958), 김소동의 〈왕자호동과 낙랑공주〉(1956) 등이 국방부 세트장에서 촬영한 영화들이다(이순진, 「김수용」, 『2003 영화의 고향을 찾아서: 인터뷰 자료집』, 한국영상자료원, 2003, 80쪽). 1950년 한형모 등이 주도해 〈정의의 진격〉을 제작하는 것으로 시작된 군 영화의 역사에 대해서는 별도의 논의가 필요하다. 다만 국방부 세트장의 예에서 알 수 있다시피 전후 일정 기간 동안은 군 영화의 제작 설비 또한 민간 영화인들에 의해 활용되었다는 점은 기억해둘 필요가 있다. 국방부는 1963년 그간의 군 영화 제작을 체계화해 국방부 국군영화제작소를 출범시켰다. 군 영화의 역사에 대해서는 국방부에서 편찬한 『군 영화 40년사』, 국군홍보관리소, 1992에 일차적인 정리가 되어 있다.

시대에 뒤떨어진 장비들 이외에 개인 수준에서 갖고 있던 카메라 몇 대[20]가 영화인들이 사용할 수 있는 기자재의 전부였고, 신규 투자를 할 수 있는 여력은 민간은 물론이고 정부조차도 매우 제한적으로만 갖고 있었다. 이러한 상황에서 영화를 제작하고자 한다면 상대적으로 더 많은 생산 수단을 보유한 정부에 의존하는 것은 피할 수 없는 일이었을 것이다. 그리고 정부와 민간 영화 제작 모두의 중심에는 법인 조영에서 기술을 익혔던 영화 기술 인력들이 있었다. 그들의 활동을 매개로 정부 영화 제작과 민간의 영화 제작이 서로 연결되면서 함께 명맥을 유지하고 있었던 것이다.

3. 전후 한국 영화산업의 부흥과 국가에 의한 영화 매체의 관리

전후 한국 영화산업 부흥의 신호탄이 되었다고 평가받는 이규환의

---

20 몇몇 개인이 갖고 있던 보렉스와 아이모 같은 아마추어나 종군기자를 위한 16mm 카메라가 이 무렵 뉴스영화와 문화영화는 물론이고 극영화 촬영에도 사용되었다. 민간에서 활용할 수 있었던 35mm 카메라로는 재력가의 아들이었던 공군 중령 정인엽이 개인적으로 사들인 것이 있었는데, 대구의 공군 본부에서는 이 카메라를 기반으로 영화 제작팀을 구성해 〈출격명령〉을 촬영했다고 한다(이순진, 「이민」, 앞의 책, 38쪽). 경우에 따라서 개인도 소유할 수 있었던 카메라와는 달리, 현상, 녹음 등의 후반 작업 시설은 안정적인 공간에 상설적인 설비를 갖춰야 할 뿐 아니라 이를 다루기 위해서는 전문적인 기술력이 요구되었기 때문에 개인이 접근하기는 매우 어려웠다. 피난 시절에 대구에서 활동했던 배우 이민은 당시 대구에 이학순이 만든 현상실이 있었다고 증언한다(이순진, 「이민」, 앞의 책, 13쪽, 37쪽). 주로 16mm를 현상했다는 이 현상실은 전쟁 기간 중 대구에서 영화 제작이 매우 활성화되었던 상황에 기댄 매우 예외적인 경우였다. 대구에서 제작된 〈태양의 거리〉(민경식, 1952)와 〈내가 넘은 38선〉(손전, 1951) 등이 이학순이 현상을 맡은 작품이다.

〈춘향전〉(1955)은 공보처 영화과의 전폭적인 지원 아래 생산될 수 있었다. 그즈음 공보처가 신규로 입수한 35mm 아리플렉스 카메라로 촬영한 이 영화는 전쟁 기간 중에 16mm 필모나 아이모 또는 보렉스로 촬영했던 대부분의 극영화들과는 확연히 차별화된 화면 질감으로 큰 인기를 끌었다.[21] 녹음 또한 공보처 녹음실에서 이경순이 담당했다.[22] 〈춘향전〉 이후 영화가 수익성 있는 사업이 될 수 있음이 드러나면서 이른바 '전주錢主'라고 불렸던 민간의 군소 투자자들이 상당수 등장했다. 이들은 장기적인 시설 투자를 할 만한 대규모 자본을 갖고 있지는 않았지만 작품 제작이 활성화되는 데는 기여했다. 한 작품 크게 성공하게 해보겠다는 생각으로 돈 보따리를 들고 영화인들을 찾아다니는 전주들로 충무로와 명동의 다방들이 북적댔다. 당시 언론은 이를 두고 한탕주의라고 비판했지만, 어쨌든 그들 덕에 한국영화 제작 편수는 급증해, 특히 1958년에 이르면 연간 제작 편수가 80편을 넘어서게 된다.[23]

영화산업이 활성화되고 제작 편수가 비약적으로 급증했음에도, 민간의 본격적인 설비 투자는 정부가 개입함으로써 비로소 이루어질 수 있었다. 아시아재단에 의해 정릉촬영소가 마련되었던 것과 같은 시기에 수도영화사의 홍찬은 안양에 대규모의 촬영소를 구축했는데, 그 과정에는 경무

---

21 이순진, 「이민」, 앞의 책, 13쪽, 38~39쪽.

22 이경순의 회고에 따르면 공보처가 녹음 시설을 구비한 것은 1954년 8월의 일이며, 이 녹음 기재로 당시 생산된 대다수의 한국영화들을 녹음했다고 한다. 이경순, 앞의 책, 113~114쪽.

23 한국영화 연간 제작 편수는 전쟁 직후인 1955년, 15편에 불과했으나 1958년이 되면 83편이 된다. 1950년대 한국영화 제작 편수는 다음과 같다. (출처: 『한국연예대감』, 성영문화사, 1961, 361~374쪽에서 재구성)

연도	1952	1953	1954	1955	1956	1957	1958	1959	1960
제작 편수	7	5	14	15	42	28	83	108	90

대가 깊숙이 개입해 있었다. 수도영화사의 안양촬영소는 당시 동양 최대 규모라고 알려졌을 만큼 대대적인 투자를 통해 조성되었지만, 전적으로 정부의 특혜 융자에 의존한 것이었다. 수도영화사와 더불어 1950년대 후반 양대 메이저 회사를 구성했던 임화수의 한국연예주식회사 또한 정권과 긴밀하게 밀착해 있었다. 1960년 대통령 선거 직전에 이루어졌던 〈독립협회와 청년 리승만〉(신상옥)의 제작, 배급 사례는 이른바 정권 홍보의 차원에서 공보실 영화과와 민간의 영화산업이 어떻게 공조할 수 있었는지를 보여준다. 임화수가 주도했던 반공연예인단이 주축이 되고 한국연예주식회사가 제작한 이 영화에 자유당의 선거 자금 4천만 환이 공보실을 통해 유입되었다는 사실이 4·19 직후에 밝혀졌다. 그뿐 아니라 공보실 영화과에서는 이 영화의 16mm, 35mm 프린트를 대량으로 만들어서 군부대와 여러 지방 조직들을 통해 대대적으로 상영했다.[24] 같은 시기에 만들어져 종종 〈독립협회와 청년 리승만〉과 함께 상영되었던 〈만송 이기붕〉에 대해서 이성철은 이 역시 임화수가 제작을 주도했다고 기억[25]하고 있으나, 이는 공보실 영화제작소가 제작한 일종의 '문화영화'로 유통되었다.

이와 같은 방식의 선전영화 제작은 법인 조영을 통해 국가가 직접 선전영화를 기획, 제작, 유통시켰던 일제 말기의 상황보다는 1930년대 말에서 40년대 초에 총독부에서 학생 단체 관람이나 추천영화 제도 등 갖가지 유인책을 통해 민간의 산업으로 하여금 선전영화를 만들도록 유도

24 안양촬영소의 설립과 당시 이승만 정권의 유착 관계 및 〈독립협회와 청년 리승만〉의 제작, 배급 과정에 대한 자세한 논의는 이순진, 「냉전의 논리와 식민지 기억의 재구성」, 이순진·이승희 편, 『한국영화와 민주주의』, 도서출판 선인, 2011, 216쪽 참고.

25 공영민, 「이성철」, 앞의 책, 185쪽.

했던 사례들과 더 유사하다. 민간의 자원을 활용해서 보다 효율적이고 대중적인 선전영화를 생산, 유통하는 이 같은 방식이 해방 직후와 한국전쟁 기간을 지나 1950년대 말까지 이어졌음을 〈독립협회와 청년 리승만〉의 사례가 단적으로 보여주고 있다. 이승만 정권의 집권 연장을 위해 민간의 영화산업을 동원했던 1950년대 말의 상황은 당연하게도 영화의 생산 수단을 확보할 수 있는 자원의 분배가 온전히 국가의 몫이었던 당시의 사정이 배경으로 작용한 것이다.[26] 요컨대 정부는 자원의 배분을 미끼로 민간의 영화산업에 강력한 영향력을 행사할 수 있었던 것이다. 4월혁명 이후에 공보실 영화과가 집중적인 비판의 대상이 되었던 것은 편파적인 뉴스영화와 대통령의 업적을 기리는 선전 문화영화들을 직접 생산했던 탓만이 아니라, 민간의 영화산업에 대해 정권의 영향력을 행사하는 실행 기관으로서 기능했기 때문이었다.

하지만 같은 무렵에 공보실 영화제작소가 대규모의 미국 원조를 통해 민간의 영화계와는 구분되는 독자적인 체계를 구축하는 과정이 동시에 진행되고 있었음에도 주목해야 한다. 국가에 의한 영화 제작의 수준을 획기적으로 끌어올렸던 영화제작소의 변화를 당시 선거를 앞둔 이승만 정권의 이해관계의 문제로만 수렴해서 이해할 수는 없다. 그것은 무엇보다도 정권 교체나 유지의 수준이 아니라 보다 근본적인 차원에서 한국사회의 변화를 유도하고자 했던 미국에 의해서 기획, 실행된 것이었기 때문이다.

---

26 특정 영화인 또는 세력에 대한 특혜와 그에 대한 대가로 정권의 필요에 영합하는 이 악순환의 구도는 영화 생산 수단의 마련을 위한 자원의 분배 문제에 국한되지 않고 영화인 개인을 정치 선전에 동원하는 수준으로까지 이어졌다. 예컨대 이승만 정권은 1960년 선거를 앞두고 자유당 유세에 최은희, 김승호 등의 배우들을 비롯한 영화인들을 대거 동원했는데, 이들은 4월혁명 이후에 그와 같은 전력 때문에 곤욕을 치렀다.

4. 영화제작소의 체계 구축과 시청각 교육 매체로서의 문화영화

민간의 영화 후반 작업 시설인 정릉촬영소가 개소하고 〈춘향전〉의 흥행 성공으로 영화 제작의 활황 국면이 만들어졌던 1958년 무렵은 정부 영화 제작 기구에 있어서도 중요한 분기점이었다. 공보실 영화과에서는 1957년, 국제연합한국재건단UNKRA의 원조 자금 10만 달러를 확보해 B 스튜디오를 준공하고 35mm 방음 미첼 카메라, 35mm 광학녹음기, 조명기 등을 마련한 데 이어, 1959년 1월에는 미 국무성 산하 국제협조처 International Cooperation Administration, ICA의 원조 자금 1억 5천 7백만 환으로 A 스튜디오를 준공함으로써 A동(사무실 및 라보레토리), B동(동시녹음 촬영소), C동(녹음실) 등 3개 동으로 이루어진 공보실 영화제작소 설비를 완성했다.[27] 요컨대 민간 영화산업이 본격화되는 것과 동시에 정부 영화 제작 또한 지속적인 영화 생산을 위한 안정적인 기반을 구축했던 것이다.

1957년과 58년 사이에 원조 기관의 도움으로 확충된 영화 제작 설비의 면모를 확인하기 위해서는 [표1]과 같이, 1962년에 출간된 『한국연예대감』(성영문화사)에 수록된 국립영화제작소 기재 현황을 참조할 수 있다. 전쟁 직후 마련한 아리프렉스 카메라와 35mm 자기녹음기를 제외하면 공보실 영화제작소는 16mm 위주로 된 제작, 상영 시설을 갖고 있었다. 미첼 카메라와 자동현상기, 35mm 광학녹음기 등을 마련하면서 본격

---

27 『한국연예대감』, 성영문화사, 1962, 422쪽; "천연색 시네스코도 가능, 현대식 시설 완비, 밋첼 등 카메라 15대, 공보실 촬영소", 《경향신문》 1959년 1월 18일자, 4면; 이순진, 한국문화예술위원회 편, 앞의 책, 126~128쪽 참고.

적인 35mm 영화 제작 체계로 전환한 것이 이 시기 제작 설비 구축의 특징이다. 방음 미첼 카메라와 더불어 동시녹음 촬영소(B동)까지 마련하면서, 당시 국립영화제작소는 국내에서 유일하게 동시녹음이 가능한 설비를 갖추게 되었다.

설비의 구축과 더불어 이 시기 정부 영화 제작 기구는 그 체계와 영화 제작 방식에 있어서 근본적인 변화를 겪게 되는데, 그러한 변화는 무엇보다도 새로운 인력의 양성에서부터 시작되었다. 스튜디오의 준공에 앞서 1958년에 공보실은 이 기자재를 활용할 새로운 인력을 공채로 선발했고, 그해 11월에는 그들을 훈련시키기 위해 미국 시라큐스 대학에서 고문단이 파견되었다. 연출, 대본, 촬영, 편집, 녹음, 현상, 유지 관리 등 총 7개 분야의 전문가들로 구성[28]된 시라큐스 고문단은 1958년 11월에 내한하여 1963년까지 5년간 영화제작소에 머물며 인력을 교육했다.[29] 시라큐스 고문단의 파견 비용은 미 국무성 산하 국제협조처ICA의 원조 자금으로 충당되었으며, 이성철에 따르면 이들의 활동과 교육 내용은 현지 원조 집행 기관이었던 주한 미 대사관 산하 주한 미 경제협조처USOM가 관리했다.

---

28 이순진, 「박익순」, 앞의 책, 129쪽.

29 영화와 관련한 업무를 담당하는 공보실 인력에 대한 교육은 대규모로 진행된 시라큐스 고문단의 활동 이외에 영화제작소 핵심 인력을 미국의 교육 기관에 연수시키는 것을 통해서도 이루어졌다. 공보실 영화과장이었던 이성철은 1957년에서 58년 사이에 미 국무부 산하 국제협조처(ICA)의 지원으로 블루밍턴의 인디애나 대학교에서 'ICA Audio-Visual Leadership Program'을 이수했으며 1958년 귀국하기 전에는 캐나다 국립영화제작소(National Film Board of Canada, NFB)를 시찰했다. 캐나다 국립영화제작소에는 1960년대에 국립영화제작소의 김인태, 최봉암 두 사람이 1년 간 연수를 가기도 했다. 그밖에 공채 이전 세대로서 영화제작소의 대표적 감독이었던 양종해와 배석인 또한 미국 연수를 다녀왔다.

[표1] 1962년 현재 국립영화제작소 기재 현황

구분	기재명	수량
촬영	35mm 미첼 카메라	3
	아리플렉스 카메라	5
	아이모 카메라	5
	16mm 카메라	5
	16mm 및 35mm 줌 렌즈	
	35mm 시네마스코프 렌즈	
	기타 조명용 이동용 차	
현상	35mm, 16mm 겸용 자동현상기	2
	16mm 자동현상기	1
녹음	35mm 광학녹음기	1
	16mm 광학녹음기	1
	35mm 자기녹음기	2
	16mm 테이프녹음기	1
	1/4인치 테이프녹음기	7
	재생녹음기	3
	콘솔	3
	턴테이블	5
편집	35mm 및 16mm 무비올라	5
	리와인더, 엘지 넘버링 머신 등 특수편집대	
영사	35mm 스탠다드 영사기	6
	35mm 휴대용 영사기	5
	16mm 영사기	123
	환등기	6
발전기	60kW	1
	25kW	2
	15kW	1
	10kW	3
	2.5kW	2
	1.5kW	50
	변전시설 500kW	

(출처: 『한국연예대감』, 성영문화사, 1962, 422쪽의 서술을 표로 재구성)

문화영화는 더군다나 그 유썸에 즈그들 승인 받아야 돼요, 즈그 본부에. 에, 그 우리가 〈다이크〉 〈뚝〉이라는 영화 맹글겠다 허믄 '맹그는 효과가 뭐다. 한국사람들이란 것이 수해 방지에 약하다. 이 수해 방지 허기 위해서 뚝을 싸야 되는데 뚝을 어트게 쌓는 게 제일 뭐냐. 그러믄 아카시나 나물 심어야 된다.' 뭐 이런 식의 논리적인 뭘 부에 보내요, 유썸, 유썸에. 유썸에서 인제 대개 오케이 나오죠, 금새. 그거 뭐 인저 오케이 나오든 아니든 시작해요, 여기서. 이 형식적으로 인저 뭔 받는 게 또 있지만, 그치만 그것이 하나의 그 포뮬라가 돼 가지구 '영화는 이렇게 허는 것이다. 그렇게 함부루 막 들구만 나가는 게 아니다. 절도 있게 해야 된다'는 걸 딱 넣어주죠.[30]

주한 미 경제협조처에 대한 보고와 승인이 형식적인 과정에 그쳤다 해도, 이성철이 지적한 대로 그 형식이야말로 매우 중요한 것이었다. 영화 제작이 카메라를 "함부루 막 들구만 나가는 게 아니"라는 것, 논리를 갖춘 기획으로부터 영화 제작이 시작된다는 것을 인식시켰기 때문이다.[31] 1958년 공채를 통해 영화제작소에 들어왔던 유병희, 김인태, 한호기 등과 시라큐스 고문단의 통역사로 같은 시기에 특채되었던 박익순, 그리고 1954년에 이미 공보처 영화과에 입사하여 대통령 전담 촬영 기사로 활동하고 있었던 이정섭 등은 시라큐스 고문단의 교육이 영화제작소에 미친

---

30 공영민, 「이성철」, 앞의 책, 175쪽.

31 원조를 매개로 한 이와 같은 보고와 승인 형식이 한국 정부가 생산한 영화에 미국의 영향력이 작용할 수 있는 체계로 작동했다는 것 또한 중요한 사실이다. 이는 당시 한국 현지에서 생산되고 있던 미 공보원의 문화영화와 더불어 한국민의 교육과 계몽에서 미국이 행사한 영향력의 문제로서, 별도로 논구되어야 한다.

영향에 대해서 서로 다르게 증언하고 있다. 하지만 어쨌든 그와 같은 교육 과정이 정부 영화 제작 방식을 체계화하는 데 획기적인 전기를 마련했다는 것만은 분명하다.

박익순에 따르면 시라큐스 고문단의 교육은 강의실에서 강의하는 방식이 아니라 일종의 직업 훈련on the job training으로서, 영화제작소 인력과 영화 제작 과정을 함께하면서 조언하는 방식으로 진행되었다. 즉 제작 회의를 함께 하고 대본을 검토, 토론하거나 촬영 현장에 참관하면서 조언하는 것이 그들의 교육 방식이었다는 것이다. 물론 새로 도입된 기자재에 대한 훈련도 병행하였는데, 특히 무비올라를 이용한 편집과 자동현상기 사용법, 그리고 미첼 카메라를 이용한 동시녹음 촬영 방법 등이 새롭게 교육되었다.[32] 김인태는 영화제작소의 제작 과정을 기획과 대본 검토, 촬영, 현상과 러시 시사, 편집 후 시사, 녹음 후 완성품 시사로 정리한다. 기획 회의나 대본 검토 과정, 그리고 완성까지 세 번에 걸친 시사회를 통해 시라큐스 고문단과 영화제작소의 다른 제작 인력들, 관련 행정가들의 토론이 이루어졌다.[33]

당시에 영화제작소는 사실상 한국 내에서 유일하게 명실상부한 스튜디오의 설비와 체계를 갖춘 곳이었으며, 이곳에서 교육받고 활동했던 새로운 인력들은 단지 스튜디오 체계에 걸맞은 체계적이고 전문화된 제작 과정을 습득했다는 점에서만 새로운 것은 아니었다. 대부분 일제 말기 법인 조영에서 활동한 경력을 갖고 있었으며 해방 후에 제작 설비를 따라

32 이순진, 「박익순」, 앞의 책, 155~156쪽.

33 이순진, 「김인태」, 〈문화영화〉 구술채록연구팀, 『2012년 한국영화사 구술채록연구 시리즈 〈주제사〉』, 2012, 27~33쪽.

정부 영화 제작에 참여하면서도, 민간의 극영화산업을 복구하는 데 궁극적인 목표를 두었던 영화인들에게는 정부 영화 제작이란 말하자면 상황이 강제한 것이었다. 문화영화나 뉴스영화의 제작은 그들의 전문 분야라기보다는 영화 제작 활동을 이어가기 위한 방편인 경우가 더 많았다. 또한 문화영화에 대한 개념이나 접근 방식에 있어서 그들에게 법인 조영의 경험이 중요하게 작용했을 것임을 짐작하기는 어렵지 않다.[34] 반면에 전혀 다른 경로를 통해, 즉 미국의 영향력 아래서 문화영화 감독으로 훈련된 신진 인력들의 경우는 처음부터 정부 영화 제작에 특화된 경우였다. 그들은 과거의 인력들보다 문화영화 제작에 있어서 훨씬 더 전문적인 소양과 지향점을 갖도록 훈련받았지만, 아니 그랬기 때문에 오히려 더 문화영화에 대한 그간의 통념에 의문을 품고 있었다.

> 그때는 말이지 혼합이 돼 가주고! 뭐가 뭔지 모르겠어, 하여간 내도 해놓구두 이게 계몽영환데 분명히, 왜 이걸 문화영화라고 하냐, 이런 생각할 때도 있었다구. (…중략…)
> 내가 얘기하는 건 교육영화. 에듀케이셔널 필름. 그러면은 아까 그 〈십자로의…〉 무슨 뭐 경찰 있잖아. 어? 그런 거. 그건 교육영화란 말이야, 일종에! 근데 그걸 잔, 잘 받아들이는 사람들은 계몽영화다 또 그런단 말야 어? 근데 이건 교육, 경찰관을 교육시키기 위해

34 더구나 해방과 전쟁으로 이어지는 시기는 일제 말과 마찬가지로 일종의 비상시국이었기 때문에, 비상시의 영화 활동이라는 현상적인 유사성 또한 그들이 일제 말의 제작 관행을 이어가는 데 중요한 역할을 했을 것이다. 예컨대 일제 말과 한국전쟁기의 전쟁 기록영화의 제작 관행과 전쟁에 대한 형상화의 유사성 및 차이가 무엇인가는 이와 연관해서 탐구해볼 만하다. 하지만 이는 별도의 연구 과제이다.

서 만든 거라고 나 생각하는데.[35]

글쎄 뭐 문화영화라는 거보다가 우리가 만든 거는 그 당시에 어 교육 영화라든지. 지금 아까 얘기했지만 기생충, 뭐 저 치아 건강이라든지, 물을 아껴 쓰자, 교통안전 뭐 이런 거. 이런 건데 그걸 갖다가 교육용도 있지만 때론 그것이 이제 문화영화. 뭐 계몽이랄까. 무슨 그 선전은 아냐, 그는. 국민의식을 갖다가 개선하는 거지. 그런 쪽이지.[36]

그때 그 에드거 데일인가? 에드거 데일이라는 사람이 그 미국 무슨 대학 교순가? 그… 시청각 교육에 대한 전반적인, 어 모든 분야에 대한 그 책을 쓴 분인데, 나한테 아마 지금도 있을지도 모르겠어요, 어디. 근데 그거를 많이 읽었죠.[37]

에드거 데일의 책[38]을 통해 시청각 교육 전반을 공부했다는 박익순은 영화제작소 이전에 수원 신생활교육원에서의 경험[39]을 통해 가장 확

---

35 이순진, 「유병희」, 〈문화영화〉 구술채록연구팀, 『2012년 한국영화사 구술채록연구 시리즈 〈주제사〉』, 한국영상자료원, 2012, 28~29쪽.

36 이순진, 「김인태」, 앞의 책, 39쪽.

37 이순진, 「박익순」, 앞의 책, 146쪽.

38 Edgar Dale, *Audio Visual Methods in Teaching* (Revised Edition), The Dryden Press, 1955.

39 수원 신생활교육원의 설립 당시 명칭은 한국 신생활지도자훈련원이다. 1956년 유네스코 및 국제연합한국재건단의 지원을 받아 유네스코와 한국 정부가 공동으로 설립했다. 1959년 국립 신생활교육원 설치령에 따라 한국 정부(문교부 소속)로 이관되었다가, 농림부 소속 농촌 지도자 훈련원으로 개칭되었다. 1959년의 설치령에 따르면 신생활교육원의 교육 과정은 본과와 특과로 나뉘어져 있으며, 교과는 "생활 기초 교육, 교육학, 사회학, 심리학, 농업 경제, 보건학, 가

고하게 시청각 교육의 맥락에서 이른바 '문화영화'를 이해하게 된 경우다. 유병희와 김인태가 박익순처럼 미국의 시청각 교재를 통해 학습했는지는 알 수 없지만, 그들 또한 시청각 교육의 맥락에서 '문화영화'를 받아들이고 있음은 교육영화나 계몽영화가 더 적합한 명칭이라고 생각하는 데서 알 수 있다. 말하자면 문화영화라는 용어가 관습적으로 지속되었을지라도 이들에게 있어서 그것이 함의하는 바는 과거와는 달랐다는 것이다. 어찌 되었든 그들은 자신들이 정부 기관에 소속되어서 만들고 있는 영화들이 확실히 '선전은 아니'라고 생각한다는 점에서, 법인 조영 시절부터 한국전쟁기까지 국가에 의한 영화 제작에 참여했던 과거의 영화인들과 다르고, 정부 제작 영화가 훨씬 더 직접적인 정권 홍보로 기울었던 1960년대 말 이후의 문화영화 감독들과도 다르다.[40]

정학, 시청각 재료, 사회조사 실습, 기타 적당하다고 인정되는 학과"로 구성되어 있었다. 수업 연한은 본과 2년, 특과 6개월이었다. 설치령에서는 또한 본과 수료자에 대해서는 공무원 임용 시 초급 대학을 졸업한 자와 동등한 자격을 인정한다고 규정하고 있다(「국립신생활교육원설치령(안) 제정의 건」, 1960, 국가기록원 나라기록(관리번호 BA0230863)). 박익순은 이 가운데 시청각 재료 분야의 교수로 있던 테드 코넌트(Theodore Conant)의 통역사로 일했다. 신생활교육원의 교수진은 유네스코가 파견한 외국인들로 구성되어 있었으며 통역을 담당하는 한국인 파트너를 두었고, 이 파트너는 통역뿐 아니라 교육 과정 전반을 함께 했다. 박익순에 따르면 외국인 교수가 떠난 후에 한국인 파트너가 교수직을 물려받는 것으로 계획되어 있었다고 한다. 이때 박익순은 테드 코넌트와 함께 일하면서 영화는 물론이고 슬라이드와 같은 다른 시각 매체를 활용한 교수법을 익혔다. 이순진, 「박익순」, 앞의 책, 127~129쪽.

40 1960년대 말부터 활발하게 등장했던 민간의 문화영화 산업 안에서 활동하던 문화영화 감독들은 직접적인 정권 홍보영화로부터 자신들이 생산하는 문화영화를 구분하기 위해 '순수' 문화영화라는 용어를 만들어 사용했다(이에 대한 자세한 논의는 이 책에 수록된 이정아, 「민간 문화영화 제작자를 통해 본 민간 문화영화 소사」를 참고). 또한 같은 시기에 활동했던 국립영화제작소의 문화영화 감독들, 예컨대 이지완이나 한호기 등은 정권 홍보영화와 구분되는 문화영화의 다른 영역을 확보하기 위해 자신들의 활동 중 일부를 다큐멘터리 작업 또는 국가 영상기록물의 생산이라는 차원에 위치시키고자 한다.

그들에게 있어 '선전'을 대체한 문화영화의 핵심적인 내용과 가치는 시청각 교육이라고 하는 당대에 유입된, 영화에 대한 새로운 패러다임으로부터 나오는 것이었다.[41] 흥미로운 것은 그들이 예컨대 경찰관 같은 특정한 대상의 교육을 위한 교재로서의 교육영화와 포괄적으로 '국민의식을 개선'하는 계몽영화를 구분해서 생각하는 경향이 있다는 점이다. 이는 이른바 '시청각 교육'이라는 명제 아래 교육(문화)영화는 도서관 및 각급 학교를 통해 배급, 상영되는 독자적인 채널을 마련해가기 시작했던 당시의 정황과 관계가 있다. 시청각교재연구소 등 이 시기 교육(문화)영화 제작 및 이론을 주도했던 관련 단체들은 교육학적 기반 위에서 활동하고 있었는데, 영화제작소의 새로운 인력들은 확실히 국가에 의한 영화 제작에 '동원'되곤 했던 극영화 지향의 영화인들보다는 이쪽과 더 친연성이 있었다. 영화제작소를 관리하는 입장에 있던 이성철이 일찌감치 미국 대학에서 시청각 교육에 대한 훈련 과정을 이수한 데서 알 수 있다시피, 시청각 교육의 맥락에서 식민지 시대 이후의 '문화영화'를 재정향하고자 하는 기획은 시라큐스 고문단의 내한 이전부터 진행되어오던 것이었다. 박

---

41 1950년대 후반, 시청각 교육에 대한 사회적 관심이 증가하면서 교재영화 전문 제작사나 연구소 등이 여럿 생겼다. 윤태영, 장운표 등이 시청각 교육에 대한 글들을 신문에 기고했으며, 또한 윤태영이 이끌던 이문교육영화연구소, 한국시청각교재연구소 등이 교육영화 또는 교재영화를 제작했다. "교재영화의 특이성, 시청각 교육에 대한 관견"이라는 당시의 기사(《한국일보》 1958년 3월 29일자, 4면)에 따르면, 한국에서 시청각 교육은 1951년 원홍균(동경고등학교 교장)이 미국 교육 시찰을 마치고 동년 6월에 한국시청각교육회를 설립하면서 시작되었다. 한국시청각교육회는 1951년에 영화 교실 개설, 1952년에 시청각 교육 주보 발행, 1954년에 〈자라는 새 교육〉 제작, 1956년에 동화 『까막등』 발간 및 국제 친선 학생 작품 전시회 개최, 강습회 등의 활동을 펼쳤다. 문교부에서는 1958년에 한미합동경제위원회의 승인을 받아 9만 9천 달러의 원조로 2명의 미국인 기술자를 초빙, 3명의 기술자를 해외에 파견하고, 남산에 시범 시청각교육회관을 마련해 필름 라이브러리를 두겠다고 발표하기도 했다.

익순은 신생활교육원에서 시청각 교육을 교수한 바 있었지만, 김인태, 양종해 등 영화제작소의 다른 인력들 또한 1963년 국내 최초로 설치된 이화여대의 시청각교육과에 출강했다.

이들이 계몽영화와 구분해 교육영화라고 지칭했고 이후에 교재영화로 분화되었던 영역에서 제작된 영화들은 박정희 정권 초기에 자리를 잡은 동시상영제를 통한 극장 상영용으로는 활용되지 않았기 때문에 대중적으로 널리 알려지지는 않았다. 하지만 1950년대 말 이래로 정부 영화 제작에서 상당히 높은 비중을 차지하고 있었다.[42] 정부 각 부처에서 발주하고 영화제작소가 제작한 이 교육영화들은 발주 기관의 필요에 따라 내부용 또는 일반용 교재로 사용되었다.[43] 일정한 시기까지 극장 동시상영용 문화영화의 생산은 민간의 문화영화 제작사들이 분담하고 있었지만, 이 분야의 영화 제작은 정부 영화 제작 기구의 독점적 영역으로 남아 있었다. 특히 박정희 정권이 출범하고 영화 관련 각종 제도와 기구가 정비된 이후인 1963년에 정부는 그간 각 부처에서 따로 만들어오던 국책영화

---

42 예컨대 1967년도 국립영화제작소 사업별 예산 내역을 보면 각 부처 영화 제작 예산은 총 13,836,800원으로, 전체 예산의 10%를 차지하고 있다. 이는 매주 공급되었던 〈대한뉴스〉를 포함한 뉴스영화 제작에 배정된 예산(26,291,200원, 전체의 20.6%)의 절반을 넘는 수준으로, 전체 예산 순위로 보면 3위에 해당하는 것이었다. 제작 편수에 있어서도 흔히 문화영화라고 불렸던 '교육 계몽영화'가 연간 20편, 해외 선전영화가 30편인 데 비해, 각 부처 영화 제작은 총 39편이다. 이홍재, 「공보 활동을 위한 정부 영화 제작 기획의 실태」, 동국대학교 석사학위 논문, 1968, 50~51쪽.

43 예컨대 중앙정보부가 주도했던 각종 반공 교육 현장에서 사용되었던 반공 문화영화들은 정부의 특정한 수요에 맞춰 생산된 경우이다. 이지완의 증언에 따르면, 특히 보안이 요구되었던 중앙정보부 영화들을 제작할 때에는 그에 대해 발설하지 않겠다는 서약서를 쓰고 작업했다고 한다. 이순진, 「이지완」, 〈문화영화〉 구술채록연구팀, 『2012년 한국영화사 구술채록연구 시리즈 〈주제사〉』, 한국영상자료원, 2012, 116쪽.

를 국립영화제작소에서 일괄 제작하기로 방침을 정함으로써[44] 정부 교육영화의 생산 체계를 확고하게 갖추게 된다.

문화영화 생산을 위해 특화된, 전문 교육을 받은 신진 인력들이 영화제작소의 중심이 되면서부터 정부 영화 제작과 민간의 영화 제작은 외견상 완전히 분리되었다. 〈독립협회와 청년 리승만〉의 사례에서 보듯이, 민간 영화산업이 활성화된 이후부터 민간과 정부 간의 협업은 정부와 밀착 관계에 있던 영화인들을 중심으로 상업적인 극영화를 대작 형태로 만들어서 대대적으로 상영하는 방식으로 이루어졌다. 물론 공보실 영화과는 이를 뒤에서 관리하고 지원했지만, 이와 같은 흐름은 정부와 무관하다는 모양새를 유지해야 했다. 공식적으로 정부 영화 제작은 일상적이고 지속적인 뉴스영화와 문화영화의 생산이라는 별도의 영역으로 분리되었다.

사단법인 대한영화사는 영화제작소 건물 C동에 자리 잡고 여전히 상업영화들의 녹음 작업을 하고 있었지만, 이경순이 떠나고 신진 인력들이 영화제작소에 들어오는 1958년 무렵이 되면 사실상 영화제작소의 일상 활동과는 무관하게 운영되었다. 유병희는 대한영화사에 대해서 들어본 적이 없다고 증언하고 있고,[45] 김인태는 외부 영화를 녹음하는 데 사용되는, 영화제작소와는 무관한 기관으로 기억하고 있다.[46] 박익순의 기억은 좀 더 구체적인데, 대한영화사는 영화제작소와 함께 중앙청 경내에 있었지만 직원은 서로 달랐고 극영화 녹음을 위해 민간의 영화인들이 드나

---

44 "문화 오락 등 31편, 국책영화도 일괄 제작하기로, 국립영화제작소 63년도 새 계획", 《서울신문》 1963년 3월 1일자, 8면.

45 이순진, 「유병희」, 앞의 책, 32~33쪽.

46 이순진, 「김인태」, 앞의 책, 25쪽.

드는 곳이었다는 것이다. 대한영화사 녹음실은 상업영화의 후시녹음을 하던 곳으로, 여기서 거둔 수익을 공보실 영화제작소 인력의 수당으로 나눠주곤 했다.[47] 말하자면 대한영화사를 통해 공보실 영화과는 일종의 영리 사업을 하고 있었던 셈인데, 이에 대해서는 4월혁명 이후에 비판 여론이 있었다. 안경호는 공보실 영화과와 영화제작소를 총체적으로 비판하는 가운데, 특히 대한영화사에 대해서 "영화과에서 외부 영화 작업에 관유물을 대여하고 막대한 수입을 올리고 있는 운영 방법이 법적으로나 외견상 비합리적"이라고 지적한다.[48]

그러한 비판이 타당한 것이었음에도 대한영화사 녹음실이 계속 존속할 수밖에 없었던 것은 여전히 민간의 영화 후반 작업 시설이 충분하지 못했기 때문이다. 한국 영화산업의 전성기라고 하는 1960년대를 통과하면서도 후반 작업 시설에 대한 투자의 부족이 여전히 해결되지 못한 문제였음은 1973년 창립된 영화진흥공사가 1980년대까지도 영화의 후반 작업 시설 운용을 핵심적인 사업으로 삼고 있었다는 사실이 보여준다. 1961년 당시 기사에서는 대한영화사를 개편해 국립영화제작소를 출범시킨다고 보도[49]하면서 국립영화제작소가 대한영화사의 후속 기관임을 명시하고 있지만, 박익순은 대한영화사의 후신이 국립영화제작소라기보다는 영화진흥공사라고 지적한다.[50] 그것의 기능과 역할 면에서 보자

47 이순진, 「박익순」, 앞의 책, 148~149쪽.

48 안경호, "뉴스영화, 카메라의 눈을 어디로 가져갈 것인가, 공보실 뉴스영화 제작의 혁신을 위한 제언", 《경향신문》 1960년 5월 31일자, 석간 4면.

49 "四局一委會 공보부 기구", 《경향신문》 1961년 6월 23일자, 1면.

50 이순진, 「박익순」, 앞의 책, 149쪽.

면 설득력 있는 지적이다. 영화진흥공사의 출범은 대한영화사와 함께 외견상 사라졌던 정부의 민간 산업 지원 업무를 공식화, 체계화하는 조치로 생각할 수 있다. 말하자면 정부 영화 제작을 전담하는 영화제작소와 민간 영화산업에 대한 지원의 일종으로 후반 작업 시설을 운용하던 대한영화사의 이원 체계는 국립영화제작소와 영화진흥공사가 순차적으로 설립되면서 재구축되었던 것이다. 어찌 되었든 군부 세력이 여러 공보 기구들을 재정비하고 있던 이 무렵에는 대한영화사가 폐지되고 국립영화제작소가 출범함으로써 정부 영화 제작과 민간 영화산업은 각자의 길로 가는 것처럼 보였다.

5. 박정희 정권의 국립영화제작소, 그리고 공보 매체로서의 영화

군부 세력이 영화를 철저히 공보public information의 관점에서 이해하고 있었음은 5·16 쿠데타로 정권을 장악하자마자 곧바로 문교부에 소속되어 있던 영화 검열 사무를 공보부로 이관한 데서도 알 수 있다.[51] 이홍재는 공보 활동을 "정부의 각종 시책이나 업적을 각종 매스 미디어를 통하여 정확히 국민에게 알리고 국내외의 여론과 정세를 올바르게 조사 분석하여 정부에 전달하는 순환 과정으로서의 활동"이라고 규정하고, 정

51 박정희 정권이 영화뿐 아니라 문화예술 전반을 공보의 관점에서 바라보고 있음은 1968년 문화공보부의 출범을 통해 알 수 있다. 문화를 '공보'의 영역 안으로 포섭하는 것이 문화공보부의 출범으로 공식화되었던 것이다.

부 영화 제작을 그와 같은 공보 활동에서 중요한 일부분으로 위치 짓는다.[52] 공보의 영역에서 영화 매체는 신문, 잡지를 비롯한 각종 간행물들, 그리고 라디오 및 텔레비전 방송과 더불어 언론의 일부로 다루어졌다.[53] 1952년에 그 1호가 생산된 이래 정부 영화 제작에서 가장 중요한 비중을 차지해왔던 〈대한뉴스〉의 존재는 영화 매체가 언론의 일부로서 어떻게 기능할 수 있는지를 단적으로 보여준다. 전국 방송을 시작하면서 텔레비전의 영향력이 급속히 확대되기 시작했던 1960년대 말까지 〈대한뉴스〉는 국내의 시청각 뉴스 생산을 거의 독점[54]하면서 강력한 영향력을 행사했다.

쿠데타 직후에 군부 세력은 영사반의 순회 상영 실태를 포함한 각종 미디어들의 전국적 보급 상황에 대해 광범위한 조사 작업을 실행했다. 공보를 위해 생산된 각종 간행물들이 전국적으로 어떻게 보급되고 있는지를 확인하는 것은 가장 기본적인 작업이라고 할 수 있을 것이다. 공보부 조사국에서는 1961년 9월 3일에서 12일까지 10일간에 걸쳐 전국을 대상으로 라디오, 전기, 신문, 농촌문고의 보급 상황과 각종 홍보 선전 간행물

---

52 이홍재, 앞의 글, 1~2쪽. 이 논문을 쓸 당시 이홍재는 국립영화제작소에 재직하고 있었다. 그는 정부 영화 제작 기획에 대한 논의의 상당 부분을 문화공보부와, 특히 국립영화제작소 내부 문서에 의존해서 전개하고 있다.

53 문화공보부가 1979년에 펴낸 『문화공보 30년』 또한 같은 관점을 견지하고 있다.

54 1960년대 말까지 존속했던 또 다른 시청각 뉴스로는 미 공보원이 제작한 〈리버티 뉴스〉가 있다. 미 공보원의 지부들과 지방의 군소 흥행업자들을 통해 유통되었던 〈리버티 뉴스〉의 영향력은 5·16 쿠데타 이후 국립영화제작소가 발족하고 영화법이 제정되어 뉴스영화와 문화영화의 극장 상영이 의무화됨으로써 〈대한뉴스〉가 보다 안정적인 제작, 배급, 상영의 구조를 갖춤에 따라 점차 약화되었다. 결국 〈리버티 뉴스〉는 1967년 6월 1일 제721호를 끝으로 생산을 중단하게 된다. 〈리버티 뉴스〉의 제작 중단이 텔레비전이 전국 방송을 시작하고 보도 매체로서 영향력을 현저히 강화하기 시작하던 무렵에 이루어졌다는 사실도 주목을 요한다.

배포 실태, 각종 영사반의 순회 상영 실태 등을 광범위하게 조사했다. 그 가운데 영사반 순회 상영 실태를 살펴보면 다음과 같다.

[표2] 도별 각종 영사반 순회 상영 실태 (1961년 8월)[55]

	도(道) 이동영사반	USIS 영사반	농림부 영사반	보사부 영사반	기타 정부 영사반	계
전국	1,103	979	228	85	231	2,626
경기도	118	103	33	4	8	266
충청북도	122	89	32	12	93	348
충청남도	222	113	21	14	–	370
전라북도	196	74	20	15	27	332
전라남도	132	103	20	1	6	262
경상북도	97	148	17	9	43	314
경상남도	119	292	47	13	5	476
강원도	59	51	19	12	37	178
제주도	38	62	19	5	12	80

해방 직후와 한국전쟁 기간 동안에는 상설 극장의 수도 부족했지만 특히 전국적 배급망은 거의 작동하지 않는 형편이어서, 대도시 개봉관 상영 이후에 영화의 소비는 단매 방식으로 영화 프린트를 넘겨받아 지역을 옮겨 다니며 흥행하는 개별 흥행업자들의 이동영사에 상당 부분 의존했

55 『각종 홍보 선전 간행물 배포, 각종 영사반 순회 상영 실태 조사 보고서(자료 제4집)』, 공보부 조사국, 1961, 30쪽.

다. 한국 영화산업이 활성화되는 1950년대 말 무렵에 지방 대도시와 군 단위의 극장을 묶는 전국적인 영화 배급망이 형성되기 시작했지만, 아직은 미흡한 수준[56]이었기 때문에 식민지 시대 이래 영화 상영의 중요한 통로였던 이동영사의 비중은 여전히 높았다. 각종 기관들의 공보 활동을 위한 영화 상영 또한 마찬가지였는데, 그 이동영사의 횟수가 1961년 8월 한 달간 전국적으로 총 2,626회에 이른다는 [표2]의 통계는 바로 그와 같은 당시 상황을 보여주고 있다. 소도시와 농어촌까지 포괄하는 극장의 설립은 단기간에 이루어질 수 없고 이를 촘촘하게 엮는 배급망의 구축 또한 요원한 일이었기 때문에, 공보의 수단으로서 영화 매체의 파급력을 높이기 위해서는 이동영사의 포괄 범위와 횟수를 늘리는 것이 중요했다.

1962년 전국 8개소에 설치된 중앙공보관 지방분관들[57]은 공보 활동의 일환으로 문화영화와 뉴스영화를 이동영사하는 채널로 새롭게 등장했다. 영화제작소의 문화영화 감독으로 있다가 1962년 중앙공보관 전주분관장으로 발령받았던 유병희의 지방 공보 활동 사례는 당시 공보 활동에 영화 매체가 어떤 방식으로 활용되었는지를 잘 보여준다.

> 그러니까 그 저… 전주방송국. {예} 큼직한 〔게〕 인제 방송국에 보면 그냥 뭐 콘쎄트 하난 놀구 있는 데두 있구 그래. (…중략…) 그

---

56 예컨대 전국적 배급망의 상황을 짐작하게 해주는 영화 프린트 복사 벌수는 1950년대 말에 대개 3~6편의 수준이었다. 이는 같은 영화를 3~6곳의 극장에서 동시에 상영할 수 있다는 뜻이다.

57 1961년 12월 공보관 설치법(법률 제840호)이 제정됨에 따라 국내 및 국외의 공보관 설치를 위한 법적 근거가 마련되었다. 이어서 1962년 2월 5일 공보관 직제가 제정됨으로써 중앙공보관과 8개소의 지방분관 및 주미, 주일, 주불 공보관이 설치되었다.

래서 콘쎄트를 하나 얻어 가주고 그건 깨끗이 다 정리해 가주고 사진 전시. 한, 저 뭐냐 저, 공보부에서 사진을 아무리 잘 만들어 뭐하노? {네, 그렇죠.} 사람이 봐야 될 거 아니야! {그렇죠, 예에.} 그런데 보는 데도 한도가 있어요. 보는 게 한계가 있다고. 누가 거기 와 가주고 그걸 봅니까? (…중략…) 그러니까 인제 나는 영화 16미리 필림을, 그걸 하면 한국사람들이 영화 좋아하잖아? {예} 그거를 이 콘쎄트 안에서, {아아} 우리 직원 하나 시켜 가주고 매일 그걸 인제 상영을 했다고. 으? {아! 예} 문화영화도 좋구 뭐 뉴스든 당연히 뉴스는 들어가지. 그러니까 사람들이 저 오기 시작하잖아. 그래 이제 거기서 이제 동시에, 그야말로 오디오 비주얼을 하는 거야.[58]

중앙공보관 전주분관에서는 상설적인 공간에서 사진 전시와 정기적인 영화 상영을 했을 뿐만 아니라 문화영화와 〈대한뉴스〉를 붙여서 정해진 코스에 따라 '주기적으로 시골을 도는' 이동영사 활동을 지속했다. 이때 필요한 문화영화와 〈대한뉴스〉는 중앙공보관을 통해서 국립영화제작소에 요청해 수급했다.[59] 말하자면 공보 활동을 위한 영화의 생산을 담당하는 국립영화제작소와 이를 활용해서 전국적으로 공보 활동을 실행하는 중앙공보관-지방분관의 체계가 구축된 것이다. 전국 극장이 500개를 넘어서고[60] 연간 극장 입장객 수가 1억 5천만 명을 상회[61]했던 1960년대

58 이순진, 「유병희」, 앞의 책, 38쪽.

59 이순진, 「유병희」, 앞의 책, 43~44쪽.

60 전국 극장 수는 1961년에 302개소이던 것이 1965년에는 529개소로 증가하고 1971년에는 717개소로 정점을 찍었다가 점차 감소, 1980년이 되면 447개소가 된다. 1971년 이후 극장 수의 감소는 텔레비전의 보급이 확대되는 상황과 관계가 있다. 극장 수 통계는 『1980년도판 한국

후반까지도 이동영사는 여전히 "농어촌과 산간벽지의 계몽"을 위해서는 중요한 수단으로 남아 있었다.[62]

행정 조직을 통한 이동영사의 실행과 더불어 1962년 제정영화법에서부터 규정된 문화영화의 동시상영제는 공보 활동을 위해 영화 매체를 효과적으로 활용할 수 있도록 하는 또 다른 정책 수단이었다. 1963년 1차 개정영화법에서는 문화영화와 더불어 뉴스영화의 동시상영까지 의무화 함으로써 국립영화제작소가 생산하는 문화영화와 〈대한뉴스〉가 안정적으로 상영될 수 있는 기반을 구축했다. 전국 극장의 수가 늘어나고, 극장에서 영화를 관람하는 인원이 비약적으로 증가함에 따라 동시상영제의 영향력은 점점 커지게 된다. 이동영사의 확대와 동시상영제의 실시라는 두 가지 정책 수단은 모두 공보 수단으로서 영화 매체의 영향력을 활용하기 위한 것이었지만, 영화 상영의 상설적인 전국적 네트워크가 확장되면 될수록 이동영사의 위상은 극장이 없는 "농어촌과 산간벽지"를 위한 보충적 수단으로 축소되어갔다. 요컨대 공보의 수단으로서 영화 매체의 활용 가능성과 방식은 영화의 전국적 상영망 구축 여하에 따라 달라졌다는 것이다.

마찬가지로 공보 수단으로서 영화 매체의 중요성은 신문, 잡지와 같은 인쇄물이나 라디오, 텔레비전 방송 등의 여타 미디어들의 전국적 파

영화연감』, 영화진흥공사, 129쪽, 이길성, 「1960, 70년대 상영관의 변화와 관객 문화」, 한국영상자료원 편, 『한국영화사 공부 1960~1979』, 이채, 2004, 193쪽 재인용.

61 극장 입장 인원수는 1961년에 5천 8백만 명 수준이던 것이 1966년에는 1억 5천 6백만 명으로 가파르게 증가했다. 이길성, 위의 글, 216쪽 참고.

62 정부는 농어촌과 산간벽지의 계몽을 목적으로 16mm 이동영사용 영화의 배포 편수를 1967년 45벌에서 1968년 52벌로 확대했다. 이홍재, 앞의 글, 39쪽. 참고로 1967년의 〈대한뉴스〉 배포 벌수는 35mm 80벌, 16mm 20벌이었다. 국립영화제작소, 앞의 책.

급력에 따라 상대적으로 평가될 수 있다. 영화 매체는 문맹률이 높았던 1950년대까지 "전단, 포스터, 간행물" 등과 같은 인쇄 매체와 더불어 활용도가 매우 높았고,[63] 전국적으로 파급될 수 있는 유일한 시청각 매체였던 1960년대 말까지도 상당히 중요한 비중을 차지하고 있었다. 텔레비전 방송의 영향력이 확대되고 1980년대 후반 이후 비디오 매체가 확산되면서 영화의 중요성은 현저히 감소했다. 이에 따라 정부 영화 제작 기구의 위상도 현격히 변화했다. 따라서 1995년에 국립영화제작소가 필름을 기반으로 한 영화의 생산을 중단하고 케이블 방송 체제로 전환한 것은 정권의 성격이 변화한 탓이기보다는 시청각 매체 환경의 변화가 야기한 최종적인 결과로 보아야 할 것이다. 요컨대 공보 활동의 수단으로서 영화 매체의 영향력은 보통 교육의 확산에 따른 문맹률의 감소, 영화의 전국적 배급망이나 텔레비전 방송망과 같은 미디어 네트워크의 구축 등과 연관된 문제라는 것이다. 미디어 환경의 변화는 정부 영화 제작 기구의 역할과 위상을 결정하는 핵심적인 요인 가운데 하나였던 셈이다.

6. 민간 문화영화 제작의 활성화와 새로운 형태의 협업

박정희 정권은 1962년의 영화법 제정과 이듬해의 1차 영화법 개정을 통해 민간의 영화사들도 국립영화제작소처럼 영화를 양산할 수 있는 스튜디오 체제를 갖추도록 유도하고자 했다. 이와 같은 정부의 기획이 실

63 문화공보부, 앞의 책, 22쪽.

패로 끝났음은 이후 영화계의 상황이 말해주고 있다. 문화영화와 관련해서 오히려 영화법에서 주목할 부분은 문화영화와 뉴스영화의 동시상영을 의무화하는 조항이다.[64]

문화영화의 동시상영제는 1959년에 영화제작소가 스튜디오를 준공하면서 대량생산 체제를 구축했기 때문에 시행될 수 있었던 것이기는 하지만, 동시상영의 의무화로 갑자기 폭증한 수요를 국립영화제작소만으로는 감당하기 어려웠다. 동시상영제가 시행되기 시작한 1962년 3월부터 한동안 민간의 문화영화를 육성해야 한다는 주장이 힘을 얻었으며, 이에 1962년에는 문화영화의 기획, 제작을 후원, 육성한다는 목표를 내걸고 대한문화영화진흥위원회(위원장 이재명)가 발족했다.[65] 동시상영제 초기에 시중에서 구할 수 있는 문화영화는 국립영화제작소 작품 이외에 미 공보원 제작 작품 약간이 전부여서 문화영화 상영료가 6~7만 원을 오간다는 보도가 나오기도 했다.[66] 이 시기부터 동시상영제 실시로 인해 갑자기 열린 단편 문화영화 시장을 겨냥해 민간의 문화영화 제작사들이 상당수 등장하기 시작했다. 1963년 8월에는 문화영화 제작업자의 등록을 의무화한 1차 개정영화법에 따라서 한국문화영화주식회사, 단편영화제작소, 삼영문화영화제작소 등 3개사가 등록을 완료하고 신필름, 한국예술영화사 등 6개사가 등록을 신청했다.[67] 11월에는 한국교육영화, 문화영화, 서

64 박정희 정권 영화법과 문화영화의 관계에 대한 자세한 논의는 이 책에 수록된 조준형, 「문화영화의 제도화 과정: 1960~70년대 영화법과 관련 정책 변화를 중심으로」를 참고.

65 "대한문화영화진흥위 발족", 《경향신문》 1962년 9월 5일자, 8면.

66 "양식보다 피로 주는 문화영화, 정부의 동시상영 방침 재검토 시급", 《경향신문》 1963년 4월 2일자, 8면.

67 "새 궤도에 오르는 문화영화계, 활발해진 민간 기구", 《경향신문》 1963년 8월 15일자, 8면.

강산업문화영화 등 3개 문화영화 제작사가 신규 등록했다.[68] 요컨대 정부 영화 제작 기구와 민간의 협업이 새로운 국면에 접어들게 되었던 것이다. 민간 문화영화사들은 극장 동시상영을 위한 단편 문화영화를 제작하거나 민간의 시청각 교육을 위한 교재영화를 생산하면서, 문화영화의 사회적 영향력을 확대하는 데 기여했다. 다음의 표를 보면 1960년대 동안 민간의 단편 문화영화들이 극장 동시상영에서 차지하는 비중이 만만치 않았음을 알 수 있다.

[표3] 35mm 단편 문화영화

연도	정부 문화영화	민간 문화영화
1962	70편	4편
1963	46편	69편
1964	32편	82편
1965	58편	64편
1966	27편	79편
1967	61편	95편

(출처: 이홍재, 「공보 활동을 위한 정부 영화 제작 기획의 실태」, 동국대학교 석사학위 논문, 1968, 40쪽.)

민간 문화영화 제작의 활성화는 박정희 정권 시기의 특징이라고 할 수 있다. 박정희 정권은 민간의 문화영화 제작 산업을 활성화함으로써 문화영화를 통한 계몽과 교육, 때로는 정치 선전 작업을 민간과 분담하는 상시적인 구조를 만들어내고자 했다. 이승만 정권이 영화제작소를 통해

68 "3개사 신규 등록, 한국교육영화 등",《경향신문》1963년 11월 7일자, 5면.

정치 선전영화를 직접 제작하는 이외에 정권과 밀착한 영화인들을 동원해 대규모 정권 홍보 극영화를 제작하는 일회적인 방법을 썼던 것에 비하면 훨씬 체계적인 방식이라고 할 수 있다. 외화 쿼터를 통해 국내 영화 제작 산업을 활성화하는 극영화 제작 산업의 진흥 정책이 문화영화 부문에도 적용되었고, 이로써 우수 문화영화에 대한 보상 쿼터는 민간 문화영화 업자들을 정부가 원하는 방향으로 견인하는 수단으로 활용되었다.

1960년대 중반 무렵까지 문화영화 제작은 기존의 극영화 업자들의 사업 외연 확대의 차원이나 1950년대 말 이래로 존속하던 민간의 시청각 교재 생산의 맥락에서 주로 이루어졌지만, 1970년을 전후한 시기에 양종해, 배석인 등 국립영화제작소의 핵심 인력들이 민간 문화영화 제작 사업에 뛰어들면서 민간에서의 문화영화 제작은 좀 더 본격화되었다. 유신체제의 출범과 산업 발전에 따라 문화영화의 수요가 폭증한 것이 민간 문화영화 제작 시장을 급성장시킨 근본 요인이었고, 국립영화제작소 인력들은 바로 이와 같은 시장에 의존해 민간 문화영화 제작사를 설립하게 된 것이었다. 1970년대 중동 건설 붐과 더불어 호황을 맞이한 건설 회사의 공사 수주와 관련된 기업 홍보영화들, 또 지방관청 수준에서 이루어진 관광 홍보나 새마을운동과 관련한 지역 개발을 다룬 문화영화들의 상당 부분이 민간의 문화영화 제작사로 넘어가게 되었다. 이러한 영화들은 극장 동시상영용 단편 문화영화들이 아니라 대개는 독자적인 판로를 확보한 장편 문화영화들이었다. 이에 따라 국립영화제작소는 이른바 '보안필름'과 관계된 안보 관련 영화들을 비롯한 중앙 정부 차원의 문화영화들, 해외 공관을 통해 소비될 해외 홍보 문화영화들, 그리고 국가 차원의 공식 기록물들의 제작에 더욱 집중하게 되었다.[69]

장편 문화영화 제작과 관련해서 보자면, 1960년대 중반 이후 장편 문화영화가 독자적인 극장 흥행물로서 나름대로 선전했던 상황이 '상업적인' 장편 문화영화의 제작을 부채질했다고 볼 수 있다. 국립영화제작소를 퇴사하고 당시의 국토 개발 담론과 관광 문화에 '쇼 비즈니스'를 결합함으로써 오락성을 극대화한 일련의 문화영화를 제작했던 박희준의 사례는 당시의 상황을 보여준다.[70] 하지만 정작 그와 같은 장편 문화영화의 상업적 가능성을 먼저 보여준 것은 국립영화제작소가 제작한 문화영화 〈팔도강산〉(배석인, 1967)이었다.

국립영화제작소가 제작하고 연방영화사가 극장 흥행을 대행했던 〈팔도강산〉이 무려 32만 명이 넘는 관객을 동원하며 대성공을 거두자, 국립영화제작소는 〈속 팔도강산: 세계를 간다〉(양종해, 1968) 〈내일의 팔도강산〉(강대철, 1971) 등 연이어 3편의 연작을 내놓았다. 국립영화제작소가 제작하고 민간의 장편 극영화 제작사를 통해 극장 흥행을 하는 이 같은 방식은 새로운 것이었으나, 민간의 영화계와 결합함으로써 문화영화의 대중 동원 능력을 극대화하는 것 자체는 새로운 방식이라고 할 수 없다. 이미 〈독립협회와 청년 리승만〉이 그러한 선례를 보여주었고, 국립영화제작소에서도 1966년에 1시간 30분짜리 장편 문화영화 〈월남전선〉을 제작 상영한 바 있었기 때문이다. 이홍재는 1968년도에 정부에서 조사

69 이 부분은 한국영상자료원이 발간한 2012년 구술채록 자료집에 수록된 국립영화제작소에 대한 해제 가운데 일부를 옮겨와 맥락에 맞게 수정한 것이다.

70 이에 대해서는 이 책에 실린 박혜영, 「'쇼 문화영화'의 계몽성과 오락성: 국민적 오락과 근대화 프로젝트의 파편들」을 참고. 그밖에 독자적 흥행물로 소비되었던 장편 문화영화의 사례 가운데, 스포츠 문화영화와 관련해서는 심혜경, 「한국 스포츠-민족주의의 한 기원: 해방 후 〈올림피아〉 1부 〈민족의 제전〉, 올림픽과 마라톤 문화/기록영화 상영을 중심으로」를, 신체 담론과 관련된 성(性) 문화영화에 대해서는 조준형, 「박정희 정권 후반기 영화와 섹스 그리고 국가: 독일 성교육 영화 〈헬가〉의 수입과 검열 과정을 중심으로」를 각각 참고하라.

한 국립영화제작소 제작 영화에 대한 관객 반응을 분석하면서 "교육 수준이 낮을수록 극영화를 좋아하고" "학력이 높을수록 정부 업적 소개 영화를 싫어하는 경향"이 있다고 하면서 "정부 제작 P.R. 영화의 방향은 극화성劇化性을 띤 장편 계몽영화의 필요성이 자연적으로 요청"된다고 주장한다. 〈월남전선〉〈팔도강산〉 연작의 성공은 바로 이와 같은 방향의 제작이 바람직하다는 것을 보여주었다는 것이다.[71] 장편 극영화 형식의 문화영화들은 이홍재의 지적처럼 "국가적인 입장에서 볼 때 국민에게 오해 없이 정부 P.R.을 할 수 있었"[72]기 때문에 영화를 정권 홍보의 수단으로 활용하고자 하는 입장에서는 언제나 유혹적일 수밖에 없었다. 정부가 막강한 설비와 우수한 전문 인력을 갖춘 정부 영화 제작 기구를 보유하고 있으면서도 공보 활동을 위해 민간의 극영화 산업과의 협업을 꾸준히 모색해왔던 것은 바로 그 때문일 것이다.

하지만 이와 같은 제작 방향은 정작 국립영화제작소가 아니라 1973년에 발족한 영화진흥공사에 의해서 더 적극적으로 채용되었다. 아무래도 국립 기관보다는 공사가 민간의 영화계와 협업하는 데 더 자유로울 수 있었기 때문일 것이다. 〈독립협회와 청년 리승만〉의 선례에서 실행되었던, 민간의 자원을 활용한 대규모 국책영화의 생산을 공식적으로 수행하는 것은 설립 직후 영화진흥공사의 가장 중요한 사업이 되었다. 한국전쟁을 다루는 두 편의 반공영화, 즉 임권택의 〈증언〉(1973)과 이만희의 〈들국화는 피었는데〉(1974), 그리고 새마을운동 영화인 임권택의 〈아내들의 행진〉(1974)이 영화진흥공사가 창립하면서 바로 착수했던 영화들이다.

---

71 이홍재, 앞의 글, 44~45쪽.

72 이홍재, 앞의 글, 47쪽.

이 영화들은 민간 제작 극영화들과 마찬가지로 극장에서 독자적인 흥행물로 상영되었고 갖가지 형태의 단체 관람을 통해 상당수의 관객을 끌어모았다. 이 영화들의 16mm 판본이 대량으로 복제되어 군부대를 통해 상영되었던 것도 과거 〈독립협회와 청년 리승만〉의 사례와 같았다. 영화진흥공사는 〈아내들의 행진〉을 끝으로 더 이상 직접 제작에 뛰어들지는 않았지만, 정부는 다른 방식으로, 주로 외화 쿼터라는 보상책을 내걸고 적극적인 단체 관람을 유치하도록 도와줌으로써 민간의 국책영화 생산을 유도했다. 국립영화제작소는 1960년대 초부터 꾸준히 몇몇 국책영화들의 후반 작업을 지원하기는 했지만, 대한영화사가 존재하던 시절과는 달리 그것이 정부 영화 제작 기구로서 국립영화제작소 업무의 본령으로 자리 잡지는 않았다.

7. 결론을 대신하여

이 글은 한국에서 국가에 의한 영화 제작의 역사를 민간 영화산업과 정부 영화 제작 기구의 관계를 통해 살펴보고자 한 것이다. 식민치하 법인 조영으로부터 시작된 국가에 의한 영화 매체 관리의 역사는 공보실 영화제작소/대한영화사의 이원 체계를 거쳐 국립영화제작소로, 다시 국립영화제작소와 영화진흥공사의 이원 체계로 이어졌다. 이 가운데 본격적인 정부 영화 제작 기구는 공보실 영화제작소와 국립영화제작소라고 할 수 있지만, 정부 영화 제작의 성격은 전반적인 국가의 영화 매체 관리 체계라는 맥락 안에서 이해될 필요가 있다. 식민 지배와 한국전쟁 그리고 긴 개발 독재 시대를 거치면서 민간의 영화 관련 역량이 매우 취약할 수밖에 없었기 때문에, 정부 영화 제작 기구와 민간의 영화산업, 그리고 그 양자를 전반적인 영화 매체에 대한 관리 계획 내에서 배치하고 활용했던 정치권력이 지속적으로 존재해왔다. 이는 비단 박정희 시대의 정부 영화 제작 기구인 국립영화제작소에 국한된 문제가 아니며, 시기적으로는 식민지 시대로부터 1990년대 중반까지 이어지는, 그리고 정부 제작의 문화영화와 상업적인 극영화를 모두 포괄하는 한국영화사 전체의 문제라고 할 수 있을 것이다. 요컨대 이 글의 목표는 문화영화와 그것의 주도적인 생산자였던 국립영화제작소의 역사를 독자적으로 구성하는 데 있지 않고, 그것을 전체 한국영화사의 유기적인 일부로 위치 짓는 것에 있었다.

참고문헌

신문 및 잡지

《경향신문》,《서울신문》,《한국일보》 등 각 기사

구술채록 자료집

공영민,「이성철」,『2009년 한국영화사 구술채록연구 시리즈 〈생애사〉』, 한국영상자료원, 2009.

이순진,「김수용」,『2003 영화의 고향을 찾아서: 인터뷰 자료집』, 한국영상자료원, 2003.

_____,「김인태·이지완·이정섭」, 〈문화영화〉 구술채록연구팀,『2012년 한국영화사 구술채록연구 시리즈 〈주제사〉』, 2012.

_____,「유병희·박익순」, 〈문화영화〉 구술채록연구팀,『2012년 한국영화사 구술채록연구 시리즈 〈주제사〉』, 한국영상자료원, 2012.

_____,「이민」, 〈대구·경북지역 영화사〉 구술채록연구팀,『2011년 한국영화사 구술채록연구 시리즈 〈주제사〉』, 한국영상자료원, 2011.

_____, 한국문화예술위원회 편,『2005년도 한국 근현대예술사 구술채록연구 시리즈 69: 이형표』, 한국문화예술위원회, 2005.

이순진 면담, 이성철 증언, 2014년 7월 11일.

논문 및 단행본

국립영화제작소,『대한뉴스 목록 제1집: 1953-1979』, 1994.

국방부 편,『군 영화 40년사』, 국군홍보관리소, 1992.

공영민,「공보처 영화과와 영화 인력」,『한국영상자료원 2011 수집복원전 자료집: 냉전시대 한국의 문화영화 - 테드 코넌트, 험프리 렌지 콜렉션을 중심으로』, 한국영상자료원, 2011.

김한상, 「냉전체제와 내셔널 시네마의 혼종적 원천: 〈죽엄의 상자〉 등 김기영의 미 공보원(USIS) 문화영화를 중심으로」, 『영화연구』 47호, 한국영화학회, 2011.

문화공보부, 『문화공보 30년』, 1979.

민주주의민족전선 편, 「영화」, 『조선해방 연보』, 문우인서관, 1946.

심혜경, 「주한미공보원 영화과의 제작 환경과 한국영화인들」, 『한국영상자료원 2011 수집복원전 자료집: 냉전시대 한국의 문화영화 - 테드 코넌트, 험프리 렌지 콜렉션을 중심으로』, 한국영상자료원, 2011.

이경순, 『소리의 창조: 나의 영화 녹음 50년』, 도서출판 고려, 1996.

이길성, 「1960, 70년대 상영관의 변화와 관객 문화」, 한국영상자료원 편, 『한국영화사 공부 1960~1979』, 이채, 2004.

이순진, 「냉전의 논리와 식민지 기억의 재구성」, 이순진·이승희 편, 『한국영화와 민주주의』, 도서출판 선인, 2011.

이하나, 「1950-60년대 '대한민국'의 문화 재건과 영화 서사」, 연세대학교 박사학위 논문, 2009.

_____, 「1960년대 문화영화의 선전 전략」, 『한국근현대사연구』 52집, 한국근현대사학회, 2010.

이홍재, 「공보 활동을 위한 정부 영화 제작 기획의 실태」, 동국대학교 석사학위 논문, 1968.

허은, 『미국의 헤게모니와 한국 민족주의』, 고려대학교 민족문화연구원, 2008.

『한국연예대감』, 성영문화사, 1961

기타

『각종 홍보 선전 간행물 배포, 각종 영사반 순회 상영 실태 조사 보고서(자료 제4집)』, 공보부 조사국, 1961.

「국립신생활교육원설치령(안) 제정의 건」, 1960, 국가기록원 나라기록(관리번호 BA0230863).

민간 문화영화 제작자를 통해 본 민간 문화영화 소사*

이정아

1. 서론

2012년 한국영상자료원 한국영화사연구소의 구술채록 주제사 연구를 위해 김청기 감독을 시작으로 문화영화계에 종사했던 5명의 구술자와 10회에 걸쳐 인터뷰를 진행했다. 2012년 구술채록 주제사 연구의 주제는 문화영화로, 필자는 민간 문화영화 제작 분야에서 활동한 박희준[1]과 권순

* 이 글은 한국영상자료원 한국영화사연구소의 학술 심포지엄 『지워진 한국영화사: 문화영화의 안과 밖』(2013년 7월 27일)에서 발표한 것을 수정, 보완한 것이다.

1 박희준 감독은 2012년 한국영화사 구술채록 연구 '주제사'에서 민간 문화영화인으로서 구술했다. 1954년 서라벌예술대학 연극영화과에 입학, 2년을 수학하고 군에 입대해 5·16 쿠데타가 일어난 1961년에 제대했다. 1961년 공보부에서 실시한 공보요원 모집에 응시해 국립영화제작소에 입사했다. 1964년에 잠시 국립영화제작소를 퇴사해 동양방송(TBC) CM 제작부에서 근무하다, 1965년 극장 상영용 장편 문화영화 〈역도산의 후계자 김일〉과 두 편의 후속편을 제작·감독했다. 1966년, 국립영화제작소에 복직해 1971년까지 근무했다. 국립영화제작소를 그만둔 뒤인 1972년에는 극장 상영용 장편 문화영화 〈강산에 노래 신고 웃음 신고〉를 제작·감독해 흥행에 크게

재[2], 박행철[3] 그리고 김청기[4]를 만날 수 있었다. 구술자들은 민간 문화영화계에서 활동한 이들로, 대부분이 30여 년 넘는 시간을 문화영화의 제작 현장에서 활동한 이력을 가지고 있다. 본고에서는 이들 문화영화 제작자들의 구술을 바탕으로, 지금 우리에게는 용어조차 생소한 민간 문화영화의 궤적을 추적하고자 한다.

문화영화는 1960년대까지 공보처내의 영화과, 대한영화사 등 주로 정부 산하의 기관에서 제작되었다.[5] 따라서 1960년대의 민간 문화영화계

성공, 이후 2편의 후속편을 제작했다. 1975년 이후에는 민간 문화영화사에서 의뢰한 문화영화를 연출하는 프리랜서 감독으로 약 12년간 활동했으며, 영화업이 허가제에서 등록제로 바뀐 이후인 1987년, 본인 명의의 문화영화 제작사인 희보영상을 설립해 2008년까지 운영했다.

2 권순재 감독은 1959년에 중앙대학교 연극영화과에 1기로 입학, 재학 시절 유두연 감독의 〈카츄사〉(1960) 조감독으로 극영화계에 입문해 6년가량 조감독 생활을 했다. 1968년 국립영화제작소에 감독으로 입사해 1974년까지 근무했다. 이후 1976년에 민간 문화영화 제작사인 중앙영화사를 설립해 2010년까지 운영했다. 35년 동안 문화영화 감독과 제작자로 활동하면서 〈행복의 증서〉(1977) 〈전통다도〉(1983) 〈철새의 낙원〉(1984) 등 다수의 영화제 수상 작품을 연출했으며, 한국광고문화영화제작자협회의 이사(1978)와 부회장(1980) 그리고 회장(1989) 등을 역임했다.

3 박행철 PD는 1934년 황해도 장연 출생으로, 김기영 감독의 〈양산도〉(1955)의 배우 모집 오디션에 응시한 것을 것을 계기로 영화계에 입문했다. 1951년 〈춘희〉(신상옥)를 시작으로 신필름에 입사해 제작부장으로 일했다. 1975년, 〈춘희75〉(신상옥)를 마지막 작품으로 극영화계를 떠나 문화영화 제작사인 서울문화사(대표 양종해)에 입사, 22년간 근무하다 1997년에 은퇴했다.

4 김청기 감독은 1941년생으로, 1960년대 어린이 출판만화 작가로 활동하다 1967년부터 극장용 애니메이션 제작과 광고 애니메이션 제작에 참여했다. 1976년 〈로보트 태권 V〉로 애니메이션 감독으로 데뷔했다. 1981년에 서울동화프로덕션을 설립하기 이전까지 유프로덕션, 남양기획, 동아광고 등의 문화영화사에서 만화영화를 제작했다. 이때 감독한 영화로는 〈날아라 원더공주〉(1978) 〈삼국지〉(1979) 〈똘이 장군〉 시리즈(1978~1979) 등이 있다. 1981년도에는 서울동화프로덕션을, 1992년에는 김청기 프로덕션을 설립해 실사 어린이 영화인 〈우뢰매〉 시리즈(1986~1993)와 성인 애니메이션 〈바이오맨〉(1988)을 제작·감독했다.

5 이하나, 「정부 수립기~1950년대 문화영화와 국가 정체성」, 『역사와 현실』 74호, 한국역사연구회, 2009, 524~537쪽.

는 영화산업에서 두드러진 영역을 차지하지 못했다. 그러나 1970년대에 들어서면서부터 국립영화제작소에서 다수의 제작 인력이 양산되는 한편, 박정희 정권기의 근대화 프로젝트에 따른 경제 개발 정책과 새마을운동이 활성화되면서 영화가 정책 홍보의 주요한 매체로 인식되었고, 이러한 배경에서 민간 문화영화계가 형성될 수 있었다. 그러나 문화영화라는 불완전한 영역은 텔레비전과 라디오와 같은 매체가 본격적으로 확산됨에 따라 그 범주가 급속히 협소지면서 정체성을 점차 잃어가게 된다. 민간의 문화영화계가 포괄했던 광고와 만화영화는 각기 독자적인 영역을 확보하게 되었으며, 국가 정책과 기업 홍보의 역할은 보다 파급력 있는 매체로 이동하게 되었다.

해방 이후 근대 국가의 성립 과정에서 권력 주체가 요구하는 정치적 목적을 알리기 위한 역할을 담당했던 문화영화는 당대의 정치, 사회적 배경을 들여다 볼 수 있는 주요한 텍스트일 것이다. 당대에 민간 문화영화계에서 활동한 문화영화계 종사자들의 구술에서는 민간 문화영화계가 국가 정책에 밀접할 수밖에 없는 태생적인 한계 속에서도 자립적인 시장을 확보하기 위해 다각도의 노력을 살펴볼 수 있었으며, 이는 한국영화사에서 극영화 이외의 영역을 발견하게 한다. 민간 문화영화계에 종사했던 문화영화인들은 지루하고 딱딱한 정책 홍보성 영화라는 문화영화에 대한 인식을 넘어서서 관객들이 좀 더 즐겁게 즐길 수 있는 흥미로운 영화를 제작하고자 했으며, 한편으로는 문화영화 감독으로서의 정체성을 갖기 위한 노력을 지속적으로 했다. 이러한 부분들은 문화영화가 지배 권력의 선전영화였다는 단순한 도식을 벗어나는 해석의 여지를 발견할 수 있게 한다.

2012년도 한국영화사 구술채록 연구 〈주제사〉의 구술자였던 권순재, 박행철 그리고 박희준 등이 주로 활동했던 시기는 1970년대 전후부터 1990년대 초중반까지이다. 이들의 작품은 주로 정부 기관 및 기업에서 발주한 것으로, 내용들을 살펴보면 대체로 국가 및 기업의 정책 홍보물 혹은 기록물이다. 그러나 한편으로 이들 문화영화인들은 순수 문화영화 혹은 다큐멘터리 장르로 분류될 수 있는 문화영화의 제작에도 심혈을 기울이며 창작자의 정체성을 만들어나갔다.

문화영화인들은 문화영화라는 범주를 설명하는 과정에서 '작품성' 있는 문화영화의 제작, 즉 순수 문화영화 혹은 다큐멘터리를 언급했다. 이들이 정의하는 '작품성' 있는 문화영화를 제작한 목적과 그 동기에 대한 설명에서 흥미로운 점을 발견할 수 있다.[6] 권순재, 박희준은 국립영화제작소를 거쳐 민간 문화영화계로 진출해 오랜 기간을 민간 문화영화계에서 감독과 제작자로 활동한 이들이다. 이 두 감독은 민간 문화영화계가 기업과 정부 기관에서 수주를 받아 정책 홍보와 정책 기록물, 기업 홍보와 기업 기록물 등을 제작해 수익 구조를 유지했지만, 한편으로는 다큐멘터리 감독으로서의 정체성을 가지고 작품성 있는 영화를 찍고자 헌신과 노력을 했다는 자부심을 가지고 있었다. 그리고 이들은 이러한 작품을 순수 문화영화 또는 다큐멘터리로 정의했다. 특히 문화영화 감독들은 순수 문화영화의 소재를 문화, 특히 우리 고유의 전통문화에서 찾았다고 말한다. 구술자들의 주요 활동 시기가 1970년대 박정희 정권기였다는 점을 상기할 때, 이들이 순수 문화영화를 규정하는 방식 안에서 당시 정권의

6 "'문화영화'란 일반적으로 극장에서 흥행을 목적으로 공개하는 극영화의 상대적인 개념으로서 논픽션 필름(nonfiction film), 다큐멘터리 필름(documentary film), 기록영화와 유사한 개념으로 사용된다." 이하나, 앞의 글, 521쪽.

문화에 대한 정의와 그 인식을 살펴볼 수 있을 것이다.[7]

순수 문화영화의 작품성을 인정받는 척도에는 청룡영화상, 대종상영화제, 금관상영화제와 같은 영화제가 있었다. 1960년대를 전후로 해 조직된 이들 영화제는 시상 부문에 문화영화 부문을 두어 문화영화를 장려했다.[8] 권순재는 금관상영화제의 최다 수상자이며 박희준 역시 다수의 작품을 금관상영화제에 출품해 수상한 바 있다. 그러나 박희준의 구술에 의하면, 영화제에서의 수상은 작품성에 대한 공식적인 인정을 의미하기도 하지만 회사가 기업과 정부 기관으로부터 작품을 수주 받을 때 매우 중요하게 작용하는 공증된 경력이기도 했다. 박희준은 본인이 경영했던 문화영화 제작사인 희보영상의 회사 소개서에 적힌 영화제 수상 실적에 대해 "회사 홍보를 위해 자비로 제작했다"고 구술했다.[9] 이러한 구술을 통해서 민간 문화영화 제작자들이 생각하는 문화영화의 개념과 범주, 그리고 문화영화 감독의 정체성에 대해 살펴볼 수 있으며, 무엇보다 박정희 정권기 근대화 프로젝트의 일환이었던 새마을운동의 계몽, 교육, 정책, 홍보를 위한 영상물 제작, 그리고 개발 드라이브가 가속화되면서 전폭적인 국가

---

7 1972년 8월에 제정된 문화예술진흥법은 박정희 정권의 문화에 대한 인식을 살펴볼 수 있게 한다. 문화예술진흥법의 제정과 함께 정부는 1973년 10월 19일에 1974년부터 1978년까지 제1차 문예중흥 5개년 계획을 발표하는데, 이 계획은 민족문화와 현대문화, 대중문화와 예술을 통해 전통에 입각한 총체적 국가 발전의 목표와 일치하는 새로운 민족문화를 창조, 재발견함으로써 새로운 문화적 주체성을 확립하는 것에 집중하고 있다. 하효숙, 『1970년대 문화 정책을 통해 본 근대성의 의미: 문예중흥 5개년 계획과 새마을운동을 중심으로』, 서강대학교 석사학위 논문, 2000, 7~8쪽.

8 청룡영화상, 대종상영화제, 금관상영화제는 수상 부문에 문화영화 부문을 두었으며, 권순재는 〈전통다도〉(1983)로 대종상 최우수 문화영화상을 수상하기도 했다.

9 이정아, 「박희준」, 〈문화영화〉 구술채록연구팀, 『2012년 한국영화사 구술채록연구 시리즈 〈주제사〉』, 한국영상자료원, 2012, 35쪽.

지원을 발판으로 급성장했던 대기업의 홍보, 기록물 제작이 민간 문화영화 산업 구조의 기반이었음을 알 수 있다.

그러나 한편으로 박정희 정권기에 산업화의 대상이기도 하면서 억압의 대상으로 양가적인 조명을 받았던 극영화에 비해, 상대적으로 큰 조명을 받지 못했던 문화영화는 순수 문화영화의 작품성 그리고 다큐멘터리의 기록성을 통해 극영화와 다른 영역을 구축하고자 했다. 1980년대 개정된 영화법에 따라 영화업이 허가제에서 등록제로 바뀌고 난 뒤에야 본인의 자회사를 설립할 수 있었던 박희준을 제외하고, 민간 문화영화계에서 활동한 구술자들은 박정희 정권기인 1970년대를 문화영화의 전성기로 구술했다. 이는 박정희 정권기의 근대화 프로젝트에 따른 국가 정책과 경제 개발 정책에서 파급된 효과로 문화영화 시장의 수익 구조가 당대의 국가 정책과 밀접하게 연결되어 있음을 알 수 있게 한다. 다른 한편으로 이러한 구조적 한계는 민간 문화영화계가 대중과 접촉할 수 있는 통로를 마련해 자생적으로 성장할 수 있는 동력을 만드는 데 제약이 되기도 했다. 따라서 민간 문화영화계는 문화영화로 포괄되어 있는 광고영화의 제작과 만화영화의 제작을 통해 민간 문화영화계의 한계를 극복하고 다양한 판로를 구축하고자 했던 것으로 보인다.[10]

---

10 영화법(시행 1973.2.16, 법률 제2536호, 1973.2.16, 전부개정) 제1장 총칙 제2조 (정의)에는 다음과 같이 용어를 정리하고 있다. 1. "국산영화"라 함은 국내에 주된 사업소를 둔 자(법인을 포함한다. 이하 같다)가 제작한 영화를 말한다. 2. "외국영화"라 함은 외국에 주된 사업소를 둔 자가 제작한 영화를 말한다. 3. "합작영화"라 함은 국내에 주된 사업소를 둔 자와 외국에 주된 사업소를 둔 자가 공동으로 제작한 영화를 말한다. 4. "극영화"라 함은 배우를 출연시켜 연극화한 영화를 말한다. 5. "문화영화"라 함은 사회·경제·문화 등 제 분야에 있어서 교육적, 문화적인 효과 또는 사회 풍습을 묘사, 설명하기 위하여 제작한 영화를 말한다. 6. "뉴스영화"라 함은 정치·경제·사회·문화 등 제 분야에 있어서 시사를 신속·정확하게 보도하기 위하여 제작한

1970년대는 민간 문화영화계의 전성기이면서 내재된 한계가 뚜렷해지는 시기이기도 하다. 이는 앞서 설명했듯이 민간 문화영화계의 수익 구조가 국가와 기업이 투자자이자 소비자로 구축되어 있기 때문이다. 이러한 이유로 1970년대에 만화영화를 제외한 민간에서 제작한 문화영화

영화를 말한다. 7. "텔레비전 영화"라 함은 텔레비전 수상기를 통하여 시청자에게 방영할 목적으로 제작 또는 사용하는 영화를 말한다. 8. "광고영화"라 함은 단순한 상업 광고를 하거나 개인 단체 또는 물건을 선전할 목적으로 제작한 영화를 말한다. 9. "영화인"이라 함은 영화 제작에 참여하는 감독·연기인·기술자·영화각본작가·음악인 및 기획인을 말한다. 1962년도에 제정 시행된 영화법 제2조에서는 문화영화와 극영화를 다음과 같이 정의하고 있다. ④ 본법에서 극영화라 함은 배우를 출연시켜 연극화한 영화로서 문화영화 및 뉴우스 영화 이외의 영화를 말한다. ⑤ 본법에서 문화영화라 함은 사회, 경제, 문화의 제 현상 중에서 교육적, 문화적 효과 또는 사회 풍습 등을 묘사 설명하기 위하여 사실 기록을 위주로 제작된 영화를 말한다. 이와 같은 법령상의 정의는 문화영화를 설명하는 또 다른 용어인 비극영화(非劇映畫, Non-theatrical film)의 정의와 같이 살펴볼 필요가 있다. 문화영화계에서 종사했던 이들은 문화영화의 정의에 있어서 '비극영화'라는 용어를 사용하고 있기 때문이다(이정아, 「박희준·김청기·한호기」, 〈문화영화〉 구술채록연구팀, 『2012년 한국영화사 구술채록연구 시리즈 〈주제사〉』, 한국영상자료원, 2012, 212쪽). 국어사전에는 비극영화를 "극영화가 아닌 영화를 통틀어 이르는 말. 학술영화, 교육영화, 기록영화 따위가 있다"고 정의하고 있다. 한편 한국민족문화대백과사전에는 이영일의 글을 인용해 문화영화에 대해 다음과 같이 설명하고 있다. "단편영화로 픽션을 곁들인 극영화와 대립되는 의미를 지닌다. 독일어 Kulturfilm을 직역한 말에서 왔으며 대체로 다큐멘터리 영화의 총칭으로 사용되어 왔으며 극영화·뉴스영화를 제외한 모든 비극영화(非劇映畫)의 총칭으로 쓰여 왔다. 그러나 교육영화·계몽영화 등 그 제작 목적에 따라 명칭이 세분화되기 시작한 뒤부터는 점차 문화영화라는 말이 소멸된 감이 있고, 기록영화라는 명칭으로 불리는 것이 일반적인 경향이다. 역사적으로 문화영화의 효시는 제1차 세계대전 직후 독일이 만든 위생영화(衛生映畫)이며, 독일은 그 뒤 UFA 사가 Kultur Film이라는 이름으로 단편의 과학영화를 잇따라 제작해 문화영화의 전통을 세웠다. 우리나라에서 최초의 기록영화는 1919년 당시의 서울 시가지 풍경을 수록한 〈경성 전시(全市)의 경(景)〉이다. 문화영화와 기록영화라는 용어는 서로 혼동되어 사용되어왔는데, 문화영화가 우리나라에서 공용어로 정착하게 된 것은 1973년 전면 개정된 영화법에 보면 '문화영화라 함은 사회·경제·문화 등 제 분야에 있어서 교육적·문화적인 효과 또는 사회 풍습을 묘사, 설명하기 위하여 제작한 영화를 말한다'고 규정하고 있다."(한국민족문화대백과, http://encykorea.aks.ac.kr) 따라서 문화영화의 범주에 광고와 만화영화가 포함된 배경에는 이러한 극영화와 비극영화의 구분과 정의가 있다고 보여진다.

가 극장에서 상영되는 일은 극히 드문 일이었다. 그러나 1960년대의 문화영화는 1970년대의 문화영화에 비해 그 제작 여건이 열악했음에도 불구하고 사뭇 다른 면모를 지니고 있다. 1960년대에는 국가와 기업이 아닌 대중에게 오락을 제공하는, 따라서 관객과 극장에서 조우할 수 있는 극장 상영용 문화영화가 제작되기도 했다. 1960년대의 민간 문화영화사는 극장 동시상영용 문화영화의 제작과 교육용 시청각 교재 제작을 주로 했다. 본격적인 자본주의 산업 구조로의 변화가 모색되고 이를 명분으로 국가 건설에 필요한 국민 계몽을 위해 시청각 교육의 중요성이 부각되면서, 계몽과 교육을 위한 시청각 교재를 제작하는 문화영화 제작사들이 생겨나게 된다. 또한 1962년 제정영화법에 따라 문화영화 동시상영이 법제화되면서 극장 상영용 문화영화의 제작 역시 당시의 민간 문화영화 제작자들에게 주요했다.[11] 그러나 1960년대의 민간 문화영화계는 구술자들의 구술에서도 설명되듯이 시장의 구조가 미약했다. 그럼에도 1960년대는 1970년대의 민간 문화영화계와는 달리 문화영화의 다양성을 발견할 수 있는 시기이다. 스포츠 기록영화들이 수입되어 극장 상영이 되기도 했고 국내의 민간 문화영화 제작자에 의해 만들어지기도 했다. 이는 이후의 문화영화들이 관객과 만날 수 없었던 것을 고려할 때 매우 흥미로운 지점이며, 문화영화에도 국가와 기업이 아닌 관객에게 즐거움을 제공하고 흥행할 수 있는 오락적 요소가 있었다는 사실을 알게 한다.

---

11 1962년 제정 시행된 영화법 제11조(문화영화 동시상영)에는 "공연자가 영화를 상영하고자 할 때에는 문화영화를 동시에 상영하여야 한다"고 고지되어 있다.

2. 민간 문화영화의 다양성과 발달 : 1960년대에서 1970년대 초반까지

1960년대의 민간 문화영화는 주로 시청각 교재를 제작하거나 극장 동시상영용 문화영화를 제작했다. 민간에서 문화영화가 제작된 것은 문화영화 상영이 의무화되는 1962년 이후부터이다.[12] 그러나 극장 동시상영용 문화영화의 제작과 시청각 교재의 제작이 주를 이루던 1960년대의

---

12 《경향신문》 1963년 8월 15일자 8면에는 "제 궤도에 오른 문화영화계"라는 기사가 실려 있는데, 그 내용은 다음과 같다. "우리나라의 경우 미개척 분야에 속하던 문화영화에 대한 인식이 점고(漸高)하고 있다. 이러한 현상은 문화영화를 기획·제작해온 국립영화제작소 외에 민간 기구의 형성이 차차 많아지고 뚜렷해지는 데서 볼 수 있다. 8·15 이후 얼마 전까지만 해도 '도큐멘터리 필름'을 개척해온 곳은 공보부와 USIS 프로덕션 정도였고, 민간의 문화영화 제작은 극소한 상태였다. 영화법이 극영화를 상영할 때 문화영화를 동시상영토록 규정하고 있는 정책 면에서도 힘입은 바 있겠지만, 연간 1백본 이상의 극영화를 만들어내면서도 단 1편의 문화영화를 만들어내지 않던 극영화 제작소도 문화영화 제작에 대한 기획을 서두르게 되었다. 문화영화의 장르는 이러한 민간 기구가 활발한 움직임을 보임으로써 개척되어 나갈 것으로 기대되고 있다. 공보부는 영화법 제3조에 의해 문화영화 제작업자를 등록시키고 있는데 지난해까지 등록이 완료된 제작사는 한국문화영화주식회사(백남홍), 단편영화제작소(윤세중), 삼영문화영화제작소(이용숙) 등 3개사다. 문화영화 제작사의 시설 기준은 35밀리 촬영기 1대와 50킬로 조명 시설로 되어있다. 등록이 완료된 전기 3개사 외에도 6개사가 등록 신청을 했는데, 그중 주식회사 신필름(신상옥), 한국예술영화사(박원석), 공영스포츠문화영화사(장점동) 등 3개사에 대한 시설 심사를 공보부가 끝냄으로써 곧 등록이 될 것 같고, 나머지 3개사는 아직 시설 심사가 끝나지 않은 것으로 고려문화영화사(서명석), 코리어문화영화사(최관영), 흑백문화영화연구소(오병갑) 등이다. 이밖에도 계속 수 개의 문화영화사가 등록 신청을 할 것으로 보이고 있어 바야흐로 문화영화계는 풍성한 느낌이다. 이러한 현상에 박차를 가하는 듯 민간 기구인 한국문화영화주식회사는 이미 10여 편의 문화영화 제작을 기획, 제작을 완료한 것만으로도 〈남대문〉(칼러, 15분, 6백 년 동안 수도의 정문으로서 도시와 희비를 같이해온 국보 제1호인 남대문의 역사와 구조를 소개) 〈털실과 털옷감〉(흑백, 10분, 모직물의 성질과 생산 과정) 〈누에의 일생〉 〈광한루와 춘향제〉 〈미의 향연〉 〈한국의 악기〉 〈사방과 조림〉 〈비료 이야기〉 〈돈의 여행〉 〈자동차 공업〉 〈한국의 수산〉 〈조선공업〉 등이 있다. (…후략…)"

문화영화계는 극영화에 비해 많은 조명을 받기 어려웠고, 따라서 그 영세함을 면하기 어려웠다.[13,14] 1970년에 이르면 영세한 민간 문화영화 제작사들은 시설 미비를 이유로 영화 제작사 등록이 취소되기도 했다.[15] 그러나 당시의 영세한 민간 문화영화 제작 환경에도 불구하고, 영화법에 따라 극영화에 붙여 상영되는 극장 상영용 문화영화는 제작되고 상영되었다. 또한 드물게는 극장 상영용 장편 문화영화가 제작, 상영되기도 했다.

문화영화 제작자이자 감독인 박희준은 5·16 직후 공보부에서 시행한 공채를 통해 국립영화제작소에 입사했다. 박희준에 따르면, 5·16 이후 대규모의 공채가 시행된 것은 당시 병역 미필자들이 공보부를 그만두면서 이들을 대체하기 위한 인력을 수급하기 위한 것으로, 박희준은 3회에 걸쳐 실시된 공채의 마지막 기수였다고 한다. 박희준은 국립영화제작소

---

13 《매일경제신문》 1967년 7월 4일자 6면에 실린 "37개사서 등록, 개정영화법에 따라" 제목의 기사를 보면, 당시 문화 및 뉴스 광고업자가 한국교육영화사 등 12개사라고 적고 있다. 제작사의 목록은 다음과 같다. 한국문화영화자협회(이재명), 청운영화사(양주남), 대한교육영화사(이정화), 대영동함촬영소(박성근), 신영문화영화사(이원일), 현대문화영화공사(석정선), 부산문화영화제작소(김정공), 재건뉴스영화제작소(박학빈), 서라벌문화영화(임동권), 한국교육영화사(박용석), 삼양문화영화사(양영석), 수도문화(강석관), 아영기업사(허명복).

14 1960년대의 문화영화 제작사들에 대해서는 박행철의 구술에서도 확인할 수 있다. 이정아, 「박행철」 〈문화영화〉 구술채록연구팀, 『2012년 한국영화사 구술채록연구 시리즈 〈주제사〉』, 한국영상자료원, 2012, 238쪽.

15 "지난 7일 문화공보부가 실시한 영화 제작사 시설 일제 조사 결과 법정 등록 시설을 유지하지 못한 신필름(신상옥), 대동영화주식회사(법정대리인 황계룡) 등 2개 극영화 제작사와 동서문화영화 등 5개 문화영화 제작사 그리고 2개 광고영화 회사 등 모두 9개 영화 제작사가 등록이 취소되었다. 이 밖에도 취소된 제작자 외에 기재가 일부 불량했거나 신고 의무를 이행하지 않은 16개 영화사에 대하여 경고 조처를 했다. 다음은 등록이 취소된 영화사들이다. 극영화사=대동영화, 신필름. 문화영화사=동서문화영화(유성준), 대한흥행(이영일), 국민문화(안경호), 혜원문화(이인표), 신창흥업(진석진)", 《매일경제신문》 1970년 7월 21일자, 6면.

에서 근무를 하다 1965년 우리나라 최초의 민간 방송사인 동양방송 CM 제작부로 자리를 옮겼는데, 당시에 방송국들이 본격적으로 만들어지면서 박희준을 포함해 많은 국립영화제작소의 인력이 방송국으로 이직을 했다. 이러한 사실은 권순재의 구술에서도 공통된 것으로, 국립영화제작소가 초기 방송국이 설립될 당시 많은 인적 인프라를 제공하는 역할을 했다는 것을 알 수 있게 하는 부분이다. 박희준은 민간 문화영화 제작을 위해 동양방송 CM 제작부를 그만두게 되는데, 당시에 광고영화를 낮게 보는 풍토가 어느 정도 동기가 되었다고 한다.

박희준은 필자가 만난 구술자들 중에서는 유일하게 1960년대에 민간 문화영화계에서 활동한 경험이 있는 인물이었다. 무엇보다 구술자는 극장 상영용 문화영화를 제작해 흥행을 한 보기 드문 이력을 가지고 있었다. 박희준은 동양방송을 그만두고 1965년과 66년에 레슬링 선수 김일의 영화를 4편 제작, 감독했다. 텔레비전의 보급이 시작되던 시기에 스포츠 중계는 텔레비전 콘텐츠의 중요한 부분이었고, 특히 레슬링의 인기는 매우 높은 편이었다. 김일 선수의 활약상을 극장 상영용으로 만들면 일본에서 성공한 역도산에 대한 추억을 가지고 있던 당시의 대중들에게 인기가 있을 것이라는 생각에서 구술자는 영화를 제작하게 되었다고 기획 의도를 설명했다.[16,17] 한편 구술자는 1972년 〈강산에 노래 신고 웃음 신고〉를 감독, 제작하고 극장 상영을 해 흥행에 성공했다. 흥행에 힘입어 박희

---

16 《경향신문》 1965년 3월 9일자 4면의 "연예메모"에는 단성사에서 개봉하는 일본 수입 영화인 〈역도산〉에 대한 안내 기사가 실려 있다.

17 박희준이 제작, 감독한 김일 관련 영화는 다음과 같다. 〈역도산의 후계자 김일〉(신영문화영화제작사, 1966) 〈극동의 왕자, 김일〉(민양프로덕션, 1966) 〈허리케인의 대혈투〉(민양프로덕션, 1967) 〈황금의 이마〉(신영문화영화제작사, 1967).

준은 2편의 후속편까지 만들 수 있었다. 구술자는 스포츠와 쇼와 같은 오락, 흥행적 요소를 가진 문화영화를 제작한 문화영화의 흥행 감독이다. 박희준은 이 영화들의 흥행 이유에 대해, 김일 영화는 텔레비전에서 볼 수 없었던 화면의 극적 구성이 주요했고 〈강산에 노래 싣고 웃음 싣고〉 시리즈는 워커힐 쇼, 당대의 인기 가수, 전국 팔도 경관 등의 볼거리가 재미의 요소였다고 설명을 했다.[18] 극영화와 텔레비전에서 줄 수 없는 시각적인 스펙터클, 가요와 스포츠라는 대중문화, 경부고속도로의 개통으로 새로운 레저로 떠오른 관광 등의 시대적 요소들이 박희준의 작품들이 흥행할 수 있는 배경이 되었을 것이라 생각된다.

3. 민간 문화영화의 성장: 1970년대 중반에서 1980년대까지

1970년대에 들어서면서부터 민간 문화영화계에 변화가 일어난다. 그 변화의 시작은 양종해, 배석인 등 국립영화제작소 출신의 감독들이 민간 문화영화 제작사를 설립하면서부터라 볼 수 있다.[19] 이후 김학수, 황왕수, 권순재 등 국립영화제작소 출신의 일부 감독들이 민간 문화영화계로 진출하게 되면서, 국립영화제작소 출신의 민간 문화영화 제작자들이 문화영화계의 중심을 구성했다. 이러한 인적 구성의 변화에는 무엇보다 당

---

18 이정아, 「박희준」, 앞의 책, 114~152쪽.

19 1968년 국립영화제작소가 기획, 제작한 〈속 팔도강산: 세계를 간다〉의 감독인 양종해는 1971년도에 서울문화사(서울문화프로모션)를 설립했다. 배석인 역시 국립영화제작소 출신으로, 1967년 〈팔도강산〉을 감독했으며 1972년에 문화영화 제작사인 배프로덕션을 설립, 운영했다. KMDb 참고.

시의 정치, 경제적 상황이 문화영화 시장에 대한 가능성을 열어준 것이 주요했다. 1970년대에는 박정희 정권의 조국 근대화 이념의 실천적 운동인 새마을운동이 본격적으로 시작된 시기이며,[20] 1960년대 경공업 중심의 경제 성장 정책에서 중공업 중심의 산업 육성 정책으로 경제개발계획이 전환되면서 본격적인 대기업의 성장이 이뤄진 시기이다.[21] 따라서 당시의 정권과 개발 드라이브의 최대 수혜자인 대기업들은 정책 홍보에 대중매체를 적극 활용했다. 이러한 까닭에 1970년대의 정책 홍보 및 기업 홍보와 관련된 영상물 제작에 대한 수요가 늘었지만, 국립영화제작소는 이러한 요구를 수용하기에 역부족인 측면이 있었다. 따라서 이러한 수요를 가능성 있는 시장으로 인식한 일부의 감독들이 국립영화제작소를 나와 민간 문화영화 제작소를 설립하게 된 것이 1970년대 민간 문화영화계의 배경임을 구술자들의 구술을 통해 알 수 있다.

문화영화 감독이자 제작자인 권순재 역시 국립영화제작소 출신이다. 권순재는 1968년에 국립영화제작소에 입사, 1974년에 퇴사하고 1976년에 중앙영화사를 설립해 2000년대까지 활동했다. 권순재는 중앙대학교 연극영화과 1기 졸업생으로, 제도화된 영화 교육을 받은 1세대라고 말할 수 있다. 국립영화제작소 근무 시절 구술자는 65편의 문화영화를 감독했는데, 당시 수요에 비해 문화영화 제작사가 적었던 탓에 과외로 감

---

20 "문예중흥 5개년 계획을 통해 정부에서 의도한 전통을 선택해내는 과정을 진행해 나갔다면, 그것에 의미 부여한 바를 국민들의 생활 세계로 끌어내리는 역할을 한 것은 새마을운동이라고 볼 수 있다. 새마을운동은 문예중흥 5개년 계획을 통해 선택된 전통이 국민들의 가슴 속에 새겨지게 하고 그 민족성을 원동력으로 하여 정부가 추진하고자 하는 경제 성장 이데올로기를 뒷받침하는 역할을 충실히 수행해 나갔다는 것이다." 하효숙, 앞의 글, 32~33쪽.

21 조희연, 『동원된 근대화』, 후마니타스, 2010, 119쪽.

독한 작품들도 포함된 편수라고 구술자는 설명했다. 구술자는 이러한 수요를 가능성으로 보고 국립영화제작소를 퇴사해 민간 문화영화 제작사를 설립하고자 했는데, 허가를 받기까지 2년여의 시간이 걸리는 우여곡절을 겪어야 했다.[22] 이와 유사한 사례는 박희준의 구술에서도 들을 수 있는데, 박희준 역시 제작사 설립 허가가 반려되어 프리랜서 감독으로 오랫동안 일을 했고, 문화영화 제작업이 허가제에서 등록제로 바뀐 이후에야 본인의 제작사를 차릴 수 있었다고 구술했다. 1973년도에 전면 개정 시행된 영화법에 따라 영화업이 등록제에서 허가제로 변경되면서 일정 기간 동안 신규 영화사의 설립이 제한되었음을 알 수 있는 부분이다.[23]

권순재는 중앙영화사를 설립한 이후 기업 홍보, 기록물 그리고 정부기관 발주의 많은 작품을 수주, 제작했으며, 다른 한편으로는 다수의 영화제 수상작을 직접 투자, 제작했다. 1970년대 중반 이후 대규모의 국토개발 사업이 진행되면서 장기간 공사가 진행되는 과정을 기록하는 영화를 구술자는 건설기록영화로 규정하며 이를 기업 홍보영화와 분리해 설명했다.[24] 이러한 대규모 건설기록영화의 수주 과정에서 주요하게 작용하는 것은 국립영화제작소 출신의 이력과 영화제 수상 경력 등이었다. 따라서 박희준과 권순재는 자비를 들여 순수 문화영화를 제작했다. 이 영화

22 이정아, 「권순재」, 〈문화영화〉 구술채록연구팀, 『2012년 한국영화사 구술채록연구 시리즈 〈주제사〉』, 한국영상자료원, 2012, 31~35쪽.

23 1973년 2월 16일에 시행된 영화법에는 영화 제작을 위해서는 문화공보부 장관의 허가를 받아야 할 것을 규정하고 있다. 영화법(시행 1973.2.16, 법률 제2536호, 1973.2.16, 전부개정) 제2장 영화의 제작 및 수출입 제4조(영화업의 허가) ① 영화 제작을 업으로 하고자 하는 자(이하 "영화업자"라 한다)는 문화공보부 장관의 허가를 받아야 한다.

24 이정아, 「권순재」, 위의 책, 153~157쪽.

들이 극장에서 상영되기는 힘들었으나 영화제에서 출품해 작품상을 수상할 수 있었다. 이러한 수상 경력 등이 일종의 회사의 포토폴리오가 된 것이다. 물론 이러한 작품성을 갖춘 순수 문화영화의 제작을 통해 문화영화 감독으로서의 정체성을 확인하고 이를 영화제라는 공식적인 인준 제도를 통해 인정받는 것은 이들에게 매우 중요한 것이었다.

3-1. 문화영화와 광고

권순재는 1976년에 구성된 한국광고문화영화제작자협회의 이사, 부회장, 회장 등을 역임했다. 한국광고문화영화제작자협회[25]는 국립영화제작소 출신의 감독들이 구심점이 되어 구성되었는데, 특기할 점은 광고를 포함하고 있다는 점이다. 1970년대 광고는 문화영화의 분류에 포함되어 있었다. 텔레비전의 보급이 본격화되면서 텔레비전 광고의 제작은 문화영화 제작사의 수익구조에 많은 부분을 차지했다. 박행철의 구술에 따르면, 양종해가 설립한 서울문화사는 광고 제작 부서를 따로 두어 운영을 했다고 한다. 그리고 박희준과 권순재의 구술에 따르면, 서울문화사는 규모가 가장 큰 문화영화 제작사로서 광고 제작까지 할 수 있었지만 대부분의 민간 문화영화 제작사들은 광고 제작을 많이 하지 않았던 것으로 보인다. 이는 광고 제작에 필요한 특수효과와 같은 기술들은 일본과 경쟁해

---

25 1976년 발족 당시에는 회장 유현목, 부회장 배석인·양종해, 이사 홍경범(남양영화사)·박상호(세종문화)·김학수(삼진영화)·김태우(신영필름)·이만우(제일기획), 감사 권순재(중앙영화)였으나, 1977년 사단법인 등록시에는 회장 송재홍(유프로덕션), 부회장 양종해·김태우로 되어있다. 영화진흥공사, 『1977년도판 한국영화연감』, 1978.

야 했지만 우리나라에 비해 수준이 높았던 일본과의 기술 경쟁에서 이기기는 어려운 부분도 있었을 것이라 추측되며, 또한 광고의 발주 업체인 대기업들이 광고 대행사를 직접 운영했기 때문에 대부분이 영세한 문화영화 제작사가 참여할 부분은 협소했던 것으로 생각된다. 그럼에도 불구하고 광고영화 제작을 주요하게 취급했던 몇몇의 문화영화 제작사들은 1980년대를 지나 부침을 겪어야 했던 다른 문화영화사와는 다르게 성장할 수 있는 기반을 가지고 있었다. 또한 광고를 문화영화의 영역에 포괄함으로써 문화영화의 영역을 좀 더 폭넓게 하고자 했다.

한편 한국광고문화영화제작자협회의 설립 배경에는 그간 기업과 정부 기관의 의뢰를 받아 작품을 제작하는 방식으로 인해 발생하는 문제들을 조정할 수 있는 기구의 필요성이 있었다. 기업 및 정부 기관의 발주를 수주하는 과정에서 발생하는 과도한 경쟁을 조정하고 발주처와 수주 업체에서 발생할 수 있는 문제들을 중재하는 주요한 소통의 창구 역할을 협회가 담당했는데, 이러한 이유로 인해 정부와 관계망을 가지고 있는 국립영화제작소 출신들이 중심적인 역할을 하게 된 것으로 보인다. 또한 협회의 가장 중요한 역할은 시장 조절에 있었다고 보인다. 발주 업체가 제한된 상황에서 문화영화 제작사 수가 증가해 과도한 경쟁이 발생하는 것을 방지하기 위해, 협회가 정부와의 밀접한 교류를 통해 이를 조정했던 것으로 추측된다. 그 한 예가 검열을 경유하게 한 것이다. 박행철의 구술에 의하면, 극장 상영용이 아닐 때에는 검열을 받을 필요가 없는 경우가 많아 극영화에 비해 상대적으로 검열의 제약을 덜 받음에도 불구하고 검열이 필요한 경우 협회를 경유하도록 절차를 두어 협회의 권한을 유지한 것으로 보인다. 이러한 제약들로 인해 대명 제작이 빈번하게 이루어졌다.

3-2. 문화영화와 만화영화

2012년도 문화영화에 대한 주제사 구술을 진행할 당시 만난 문화영화인들 중 가장 의외의 구술자는 김청기일 것이라 생각된다. 우리에게는 어린이영화 감독으로 알려진 김청기가 문화영화인의 범주에 포함되는 것은, 만화영화를 문화영화의 범주에 넣는 법제로 인해 그가 〈로보트 태권 V〉를 문화영화 제작사인 유프로덕션[26]에서 제작했다는 사실 때문일 것이다. 그러나 1970년대 김청기 감독이 문화영화계와 인연을 맺게 된 연유는 비단 만화영화의 제작에만 있지 않다. 김청기 감독은 만화영화 제작을 하는 한편, 민간 문화영화 제작사의 주요한 수익원이었던 광고영화 제작에 삽입되는 애니메이션과 각종 정보, 기업 홍보물에 들어가는 그래픽을 제작했다.

『한국영화연감』을 보면 만화영화의 수출과 극장 개봉 실적이 문화영화의 실적으로 포함되어 있는 것을 볼 수 있다.[27] 이렇듯 외관상으로 만화영화는 문화영화의 중요한 부분을 차지하고 있는 듯 보인다. 그러나 실제 김청기의 구술에 의하면 실질적인 애니메이션 제작 기술을 보유한 문화

26 유프로덕션은 유현목(1925~2009) 감독이 설립한 문화영화 제작사이다. 유현목은 이용민 등 충무로를 대표하는 감독들과 〈팔도강산〉 시리즈를 연출한 양종해, 강대철 감독 등이 참여한 산업화 선전 문화영화인 〈산업시찰-오늘의 한국〉(유현목·나한태·이용민·양종해·강대철, 1969) 제작에도 참여했다. 〈산업시찰-오늘의 한국〉은 서울에서 시작해 여수, 진주, 진해, 마산, 부산, 울산, 포항, 장성, 삼척 등 전국의 발전상을 담은 영화이다. KMDb 참고.

27 권순재는 문화영화를 제작할 수 있는 영역을 만화영화, CF, 교육영화, 기록영화, 홍보영화 등이라고 구술한다. 이정아, 「권순재」, 앞의 책, 37쪽. 또한 『1983년도판 한국영화연감』의 「문화영화 수출과 개봉 실적」에는 다수의 만화영화들이 포함되어 있다. 영화진흥공사, 『1983년도판 한국영화연감』, 1983.

영화 제작사는 거의 없었다고 한다. 김청기는 우리나라 만화의 선구자라고 할 수 있는 국립영화제작소 출신의 만화영화 감독인 박영일[28]과 함께 만화영화 제작사를 차리고자 했으나, 갑작스럽게 박영일이 타계하면서 그 꿈이 무산되었고, 이를 실현하는 데 오랜 시간을 기다려야 했다고 회고한다. 그러한 시점에서 유현목을 만나 〈로보트 태권 V〉를 유프로덕션에서 제작할 수 있었다고 한다.

1960년대에 극영화 제작사인 신필름이 문화영화 제작업자 등록을 했지만[29] 그 활동 내용이 구체적이지 않은 것에 비해, 유현목이 대표로 있었던 유프로덕션에 대한 이야기는 김청기를 비롯해 비슷한 시기에 활동한 권순재를 통해서도 들을 수 있었다. 유현목은 본인의 명성과 권위를 배경으로 정부 기관 발주의 작품을 제작하기도 했으며 이 과정에서 직접 시연을 하기도 했는데, 그 스토리보드를 김청기가 그렸다. 김청기의 구술에 의하면 1970년대의 어린이 문화에 대한 이해는 매우 척박했다고 한다. 계몽과 교육이 강조되는 문화영화의 범주에 만화영화를 두면서도 이에 대한 전반적인 인식은 매우 낮았다고 하니 아이러니한 상황이다. 이러한 미묘한 이율배반적인 상황에서도 만화영화는 극장 상영을 통해 수익을 창출할 수 있는 문화영화의 한 부분으로 문화영화 제작자들의 관심을

28 박영일은 1962년, CF를 제외하고는 한국 최초의 애니메이션인 〈개미와 베짱이〉(국립영화제작소, 35mm, 칼라, 5분)를 한성학, 정도빈과 공동 제작했다. 국립영화제작소를 나온 뒤에는 장편 극장용 애니메이션 〈손오공〉(1969) 〈황금철인〉(1968) 〈보물섬〉(1969)을 감독했다. 한국민족문화대백과사전(http://encykorea.aks.ac.kr).

29 《경향신문》 1963년 8월 15일자 8면의 기사 "제 궤도에 오른 문화영화계"에는 주식회사 신필름(신상옥)이 한국예술영화사(박원석), 공영스포츠문화영화사(장점동) 등과 함께 문화영화사 설립 신청을 했고 공보부가 시설 심사를 끝내고 곧 등록이 될 것이라는 내용이 실려 있다.

받았다. 그러나 영화의 제작에 필요한 인프라의 부족, 무엇보다도 흥행 자본을 동원해야 하는 제작비 마련의 과정이 녹록지 않은 탓에 문화영화 제작자들이 만화영화 제작에 적극적일 수 없었던 것은 아니었을까 추측된다. 〈로보트 태권 V〉를 유프로덕션에서 제작할 수 있었던 것은 유현목이 극영화 감독으로 극장 상영용 영화의 제작 과정에 대한 이해가 있었기 때문에 가능했던 것으로 볼 수도 있을 것이다. 김청기는 1970년대에는 본인의 제작사를 설립하지 못하고 대명 제작을 통해 만화영화를 제작해야 했다. 문화영화인이기보다는 애니메이션 감독인 김청기의 이러한 문화영화계의 경험을 통해 당대의 문화영화 제작사들이 수익 구조를 다양화하기 위해 광고영화, 만화영화 제작에 많은 관심을 두었다는 사실을 반추해볼 수 있다.

4. 민간 문화영화의 쇠퇴: 1990년대

권순재는 2000년대까지 문화영화 제작사를 운영하며 현업에 종사했다. 이러한 이유로 그에게서 문화영화가 시기별로 겪어야 했던 굴곡을 들을 수 있었는데, 특히 1980년대의 가장 큰 변화라 할 수 있는 영화업의 등록제는 문화영화계에 과도한 경쟁을 부추겨 시장이 혼탁해지는 결과를 낳았으며, 구술자는 이를 문화영화계가 사양길에 놓이게 된 이유 중의 하나였다고 보고 있다.[30] 한편 권순재는 문화영화의 사양에 영향을 미친 다른 하나는 비디오라고 설명하고 있다. 1990년대 이후 문화영화 제작 환경이 필름에서 비디오로 본격 전환됨에 따라, 기존 필름 기반의 문화영화 제작사들은 문을 닫게 되었다. 그러나 이러한 상황의 변화에도 권순재는 2000년대까지 정부 발주의 작품을 제작하면서 영화사를 유지했는데, 이는 구술자가 오랜 기간 작업을 하면서 쌓아놓은 사업상의 인적 교류 자원이 그 지지대가 된 것이라 생각된다.

한편 극영화 제작사인 신필름에서 오랜 세월 제작부와 프로듀서로 일한 경력을 가지고 있는 박행철은 1975년, 양종해가 설립한 서울문화사에 입사하면서 본격적으로 문화영화계에 몸담게 된다. 극영화계에 상당 기간 종사 했음에도 문화영화계로 자리를 이동하게 된 데에는 극영화 업계 종사자들의 불안한 수입 구조가 여러 이유 가운데 하나였을 것으로 추측된다. 극영화에서 오랜 시간 일을 한 구술자는 극영화계와 문화영화계의 인적 교류의 교두보 역할을 했다고 볼 수 있다. 그가 문화영화계로 옮기게 된 계기는 새마을영화 제작이었다. 당시 새마을영화의 제작에 난항을 겪고 있던 양종해의 작품에 참여하면서 구술자의 극영화 제작 경험과 인적 네트워크가 활용되었다. 이후에도 서울문화사의 작품에 극영화계에 종사했던 기술 인력들이 종종 참여하는 경우가 있었는데 구술자의 역할이 주요했던 것으로 보여진다. 구술자가 20여 년간 근무한 서울문화사는 문화영화 제작사 가운데 가장 큰 규모를 가지고 있었다. 상근 인력을 보유한 것은 물론이고 광고 부서를 따로 운영하기도 했는데, 이는 박행철이 구술에서 밝혔듯이 양종해와 특정 기업의 돈독한 관계가 일정한 수익 구조를 유지할 수 있는 운영 기반을 만들어주었기 때문일 것이다.

박정희 정권은 1970년대 조국 근대화라는 구호 아래 정권의 홍보

30 이정아, 「권순재」, 앞의 책, 57~58쪽.

정책에 많은 심혈을 기울였다. 따라서 이 시기는 많은 민간 문화영화 제작사들이 만들어지고 운영을 할 수 있는 시기였다. 권순재와 박행철 모두 이 시기를 문화영화에 있어서 가장 좋았던 시절로 회고했다. 그러나 1980년대가 되면서 문화영화의 사양세가 뚜렷해지는데, 법제의 변화[31]와 함께 컬러TV 방송 시행, 비디오 제작 시스템의 도입과 같은 기술 변화가 사양세의 주요한 원인이었다. 필름을 기반으로 해 제작사를 운영했던 민간 문화영화 제작사들은 비디오 제작 시스템으로의 기술 전환에 어려움을 겪어야 했으며, 다른 한편으로는 비디오 시설을 갖춘 신진의 영상물 제작업자들이 등록을 하면서 이전의 민간 문화영화 제작사들은 어려움을 겪게 된다. 이러한 시기와 맞물려 등장한 것이 서클비전Circle Vision[32]과 아이맥스 영화일 것이다.[33] 1980년대와 90년대 초반은 대규모의 국제 행사가 개최되던 시기였고, 국립영화제작소를 주축으로 많은 문화영화인들이 1984년의 아시안 게임과 1988년의 서울 올림픽의 기록 영상물 제작에 참여했다. 한편 대전 엑스포의 개최와 독립기념관의 설립은 서클비전과 아이맥스 등의 신기술들이 도입, 시연되는 무대였다. 서울문화사

31 1985년 7월 1일 시행된 개정영화법 제4조(영화의 등록)에 따라 영화 제작업은 허가제에서 등록제로 바뀌었다.

32 와이드 스크린이라고 하는 대형영화의 한 종류이다. 전 방향 원형 스크린에 투사하는 최첨단 영화 기술인 서클비전은 구체(球體)의 하반부를 활용, 여기에 비친 화상(畵像)을 촬영해 이를 영사하는 방식이다. 서클비전 360도는 앞서 월트 디즈니가 개발한 9대의 촬영기와 9대의 영사기를 사용해서 전원주(全圓周)에 화면을 영사하는 방식으로, 1964년 뉴욕 세계박람회와 1967년 몬트리올 만국박람회에서 공개되어 화제가 된 바 있다. 두산백과(http://terms.naver.com/doopedia).

33 박행철의 구술에 의하면 서울문화사는 독립기념관에 설치된 서클비전 제작에 참여했다. 이정아, 「박행철」, 앞의 책, 13쪽.

는 다른 소규모의 민간 문화영화 제작사와는 달리 기술 변화에 민감하게 반응해 이를 도입한 회사로, 민간 문화영화 제작사 중에서는 드물게 서클비전과 아이맥스 영화 제작에 참여했다. 비디오 제작 시스템이 방송 기술을 재편하고 있는 상황에서 필름을 통해 보여줄 수 있는 스펙터클의 가장 큰 규모라 할 수 있는 서클비전과 아이맥스 영화 제작은 흥미로운 지점이라 보여진다. 올림픽과 아시안 게임과 같은 국제 행사를 통해 국가 이미지를 구축하고자 했던 당시 정권의 요구에 부응하는 한편 안방을 점령한 TV 수상기, 라디오와 경쟁하기 위해, 문화영화는 이들 매체에서는 불가능한 스펙터클과 규모를 추구하며 1980년대 이후 급변하는 시대적 상황에 따른 변화를 모색하였다.

5. 결론

우리나라에서 민간 문화영화가 본격화된 것은 1970년대라고 볼 수 있을 것이다. 대학교 연극영화과와 같이 제도화된 전문 교육기관에서 교육을 받은 이들과 국립영화제작소 출신의 감독들이 대거 이동하면서 민간 문화영화계의 인적 인프라가 마련될 수 있었고, 조국 근대화의 미명 아래 강력하게 구축된 개발 동원 체제에서 정책 홍보를 중요하게 인식했던 박정희 정권이 물적 기반을 제공하면서 민간 문화영화계가 형성될 수 있었다고 보여진다. 민간 문화영화가 법제의 규정에 의해 만화영화와 광고영화 등을 포괄했지만, 민간의 문화영화인들은 창작자의 정체성을 순수 문화영화 혹은 다큐멘터리 제작을 통해 구축하는 동시에 다른 한편으로는 기업과 정부 기관의 홍보, 기록물을 제작하면서, 문화영화의 시장을 유지했다. 이러한 구분이 분리된 듯 분리되지 않게 보이는 것은 순수 문화영화도 결국 문화영화로 포괄됨은 물론이고 순수 문화영화의 가치 평가가 영화제를 통해서 이루어졌기 때문일 것이다. 따라서 문화영화에서 규정하는 문화에는 당대의 정권이 지닌 문화에 대한 인식과 정의가 투사됨을 피할 수 없을 것이다.

그럼에도 1970년대의 민간에서 활동한 문화영화인들은 시대가 요구한 정신과 현장을 기록했다는 것에 자부심을 가지고 있었다. 영화 장르가 시대적인 콘텍스트에 따라 생로병사한다는 속성을 염두에 두고 문화영화를 바라본다면, 박희준이 제작한 일련의 극장 상영용 문화영화의 흥행은 문화영화도 관객에게 오락을 줄 수 있는 대중문화의 한 부분이었음을 발견하게 한다. 그러나 이후 시대적인 변화에 따라 문화영화가 국가 권력과 밀접하게 되면서 박희준의 시도는 아쉽게도 단말마로 끝나버리고 대중문화로 안착할 수 없게 되었다. 또한 방송국의 개국과 대기업의 성장과 함께, 텔레비전 수상기의 보급이 확산되고 필름이 비디오에 자리를 내주게 되는 급변하는 매체 환경에서 기존의 민간 문화영화계는 설 자리를 잃어가게 된다. 그러나 무엇보다 문화영화가 점차 자리를 잃어가게 된 것은 문화영화인들의 지속적인 노력에도 불구하고 그것이 관객과 만날 수 있는 통로가 만들어지지 못했기 때문이다. 문화영화는 기록영화 혹은 다큐멘터리로 편입되지 못하고 정권의 선전영화라는 인식에 갇히게 되었다. 이는 순수 문화영화의 제작을 통해 문화영화의 인식을 보다 넓게 확장하고자 했던 문화영화인들도 매우 안타깝게 여기는 부분이기도 하다. 그러나 분명 이러한 이들의 노력은 현재 우리가 보고 있는 다양한 텔레비전 교양 프로그램과 다큐멘터리에 많은 영향을 주었다. 이는 방송국과의 인적 교류[34]와 외주 제작과 같은 실질적인 교류가 이뤄졌을 뿐 아니라,

무엇보다도 다양한 루트를 통해 이들이 만든 많은 작품들을 우리가 보아 왔기 때문일 것이다.

34 권순재는 1980년대에 방송국 작품을 외주 제작하기도 했으며, 문화영화계에서 일했던 기술 인력들이 방송국으로 많이 이직했다고 구술한다. 이정아, 「권순재」, 앞의 책, 75쪽.

참고문헌

신문 및 잡지

《경향신문》, 《매일경제신문》 등 각 기사

구술채록 자료집

이정아, 「박희준·김청기·한호기」, 〈문화영화〉 구술채록연구팀, 『2012년 한국영화사 구술채록연구 시리즈 〈주제사〉』, 한국영상자료원, 2012.

_____, 「권순재·박행철」, 〈문화영화〉 구술채록연구팀, 『2012년 한국영화사 구술채록연구 시리즈 〈주제사〉』, 한국영상자료원, 2012.

논문 및 단행본

이하나, 「정부 수립기~1950년대 문화영화와 국가 정체성」, 『역사와 현실』 74호, 한국역사연구회, 2009.

조희연, 『동원된 근대화』, 후마니타스, 2010.

하효숙, 『1970년대 문화 정책을 통해 본 근대성의 의미: 문예중흥 5개년 계획과 새마을운동을 중심으로』, 서강대학교 석사학위 논문, 2000.

기타

영화진흥공사, 『1977년도판 한국영화연감』, 1978.

영화진흥공사, 『1983년도판 한국영화연감』, 1983.

한국민족문화대백과 http://encykorea.aks.ac.kr

한국영화데이터베이스(KMDb) http://www.kmdb.or.kr

2부

문화영화의 생산과 수용

한국 스포츠-민족주의의 한 기원

: 해방 전후 〈올림피아〉 1부 〈민족의 제전〉, 올림픽과 마라톤 문화/기록영화의 상영을 중심으로*

심혜경

1. 들어가며

2012년 7월 27일에 개막한 제30회 런던 올림픽은 대한민국에서 특별한 의미가 있는 것이었다. 1948년의 런던 올림픽은 제2차 세계대전으로 인해 1936년의 베를린 올림픽 이후 12년 만에 열린 것이었는데, 이 올림픽은 최초로 태극기를 앞세우고 참가한 대회로, 'KOREA'의 해방을 알리는, 공식적으로 세계무대에 첫 선을 보이는 행사였다. 그래서 64년 만에 2012년 런던에서 다시 치르는 '민족의 제전'에 참석하는 대한민국은 독립, 해방 그리고 1948년의 건국을 동시에 환기하며 남다른 의미를 되짚었다. 그렇게 2012년 여름, 대한민국은 민족과 국가의 의미를 새삼 일깨우

---

* 이 글은 『영상예술연구』 25호, 영상예술학회, 2014에 수록된 동명의 논문 및 한국영상자료원 한국영화사연구소의 학술 심포지엄 『지워진 한국영화사: 문화영화의 안과 밖』(2013년 7월 27일)에서 발표한 것을 수정, 보완한 것이다.

는 런던 올림픽 열기로 후끈했다. 올림픽의 정신을 구현하는 각국 선수들을 향한, 특히 우리 태극전사들을 향한 응원의 열기로 인해 광장과 거리는 들썩였다.

올림픽 국가대표팀은 물론이거니와, 더불어 태극전사 중의 전사는 바로 대한민국 축구대표팀 선수들이다. 특히 일본과 공동으로 2002년에 FIFA 월드컵을 개최하면서 시각적으로도 특수한 현상이 된 대한민국 스포츠 응원의 대표적인 이미지는 시청 앞 광장에 모여 함께 붉은 옷을 입고 '대~한민국!'을 연호하는 붉은 악마이다. 축구가 대한민국의 국기國技[1]는 아니지만, 축구 국제대회는 대한민국 국민을 텔레비전 앞에서 대동단결하게 해준다. 특히 '축구 한일전'은 축구 대결을 넘어서 아직 해결되지 않은 양국 간의 식민지/제국의 역사적 관계와 연관지어지곤 한다. 그래서 대한민국 국민에게 상대팀 일본을 이기는 문제는 식민지를 겪은 세대든 그렇지 않은 세대든, 평소 반일 감정을 가지고 있든 그렇지 않든, 독도 문제에 관심을 가지고 있든 그렇지 않든 간에 이 모든 역사적/정치적/경제적 문제들을 잠시 상상적으로 해소하려는, 감정적으로 중대한 것으로 간주된다. 대표팀 선수들은 한일전에서 승리했을 때에 특별한 민족주의자가 되며, 그들은 그야말로 '태극전사'가 된다. 그래서 우리는 한일전 관람에서 매번 어떤 초월적인 감정의 국면을 맞이하면서 대한민국

1 대한민국의 국기는 태권도이다. 1971년 3월 20일, 박정희 대통령은 '국기태권도(國技跆拳道)'라는 친필 휘호를 대한태권도협회의 김운용 회장에게 하사했다. 이는 당시 축구와 씨름이 서로 국기라고 강조하는 가운데 대한태권도협회가 이뤄낸 성과라 할 수 있다. 이후 태권도는 국내외적으로 대한민국의 국기로 알려졌고, 1986년 아시안 게임에서 정식 종목으로 채택되었으며, 1988년 서울 올림픽에서는 시범 종목으로 선을 보였다. 2000년 시드니 올림픽에서 태권도는 정식 종목으로 채택되었다. 이경명, 『태권도 용어 정보 사전』, 태권도문화연구소, 2011.

국민으로 하나 된 뜨거운 감정에 휩싸인다. 이렇듯 언제부터인가 대한민국에서 올림픽을 비롯한 국제 스포츠 대회는 민족-국가주의nationalism와 결합했다.

이러한 현상을 스포츠-민족주의sports-nationalism라 한다. 이는 경기 우승 등의 결과를 통해 민족/국민의 자부심을 높이고 민족/국가의 명예를 높이는 행위라 할 수 있다. 개인이나 팀은 하나의 주체로 간주되며, 마치 그들이 민족/국가의 운명과 영광을 빛내줄 수 있는 것처럼 그들에게는 어떤 상징성이 부여된다. 스포츠는 민족의 힘을 결집하고 동원해 민족적 동질감 혹은 연대감을 갖게 하는 데 기여하고 있다. 종종 민족-국가주의적 성향이 강한 사회일수록 스포츠 스타는 국가적 상징의 지위를 떠맡게 되곤 한다.[2]

이 글은 문화/기록영화 상영의 기록을 통해 대한민국에서 스포츠와 민족주의가 만나 스포츠-민족주의를 구성하게 된 한 기원을 추적하려는 기획이다.[3] 특히 이 글 전반부에서 중심으로 두고자 하는 것은 베를린 올

2 김창남, 『대중문화의 이해』, 한울아카데미, 2003, 127쪽.

3 스포츠 사회학에서는 이와 관련하여 스포츠-민족주의에 대한 이론적 논의가 활발해졌는데, 정준영(「근대 민족국가의 형성과 스포츠」, 『사회와 역사』 84호, 한국사회사학회, 2009; 『열광하는 스포츠 은폐된 이데올로기』, 책세상, 2003)과 정희준(「민족주의와 스포츠: 남한 근대사와 이들의 관계에 대한 성찰」, 『한국스포츠사회학회지』 17호, 한국스포츠사회학회, 2004; 『스포츠 코리아 판타지: 스포츠로 읽는 한국 사회문화사』, 개마고원, 2009)의 논의가 주목할 만하다. 이들은 민족국가 형성과 스포츠의 사회적 관계를 중심으로 민족-국가-스포츠의 항을 정밀하게 분석한다. 또 최근의 연구들은 스포츠 스타를 중심으로 매체와 자본주의가 스포츠-민족주의를 활용하는 방식에도 관심을 갖고 기술하고 있다. 문화사의 입장에서 스포츠-민족주의를 본격적으로 다룬 것으로는 천정환의 책(『조선의 사나이거든 풋뽈을 차라: 스포츠-민족주의와 식민지 근대』, 푸른역사, 2010)이 있다. 여기에서 그는 식민지기를 중심으로 권투와 마라톤 등의 서구 근대 스포츠가 식민지 민족주의의 성장과 긴밀하게 연관되면서 문화 정치로서 기능하는 과정을

림픽 문화/기록영화[4]인 레니 리펜슈탈Leni Riefenstahl의 〈올림피아: 1부 민족의 제전, 2부 미의 제전Olympia: 1. Teil-Fest Der Volker, 2. Teil-Fest Der Schönheit〉(1938)이 조선에서 상영된 일이다. 오늘날까지도 전무후무한 최고의 올림픽 문화/기록영화로 꼽히는 이 영화는 식민지 조선의 비운의

주의 깊게 고찰한다. 또 체육학계에서는 올림픽과 민족주의의 관계, 마라토너 손기정에 대한 연구들(하정희, 「스포츠 영웅 손기정의 체육 활동에 관한 역사적 재조명」, 중앙대학교 박사학위 논문, 2012; 화용득, 「한국 스포츠 발달의 이데올로기: 유교주의, 제국주의, 민족주의 1976~1945」, 경상대학교 석사학위 논문, 2000; 정찬모, 「손기정 선수의 베를린 올림픽 마라톤 제패가 우리 민족에게 주는 역사적 의미」, 『체육사학회지』 2호, 한국체육사학회, 1997)도 있어, 스포츠-민족주의에 대한 연구는 현재 진행형이라 할 수 있다. 2002년의 한일 월드컵 개최 이후로는 붉은 악마 현상, 박찬호, 김연아와 같은 스포츠 스타를 둘러싸고 스포츠와 자본, 미디어의 밀착 관계에 대해 다양한 인문-사회학적 연구들이 쏟아져 나왔다.

4 이 글에서는 국제 스포츠 대회를 담아 당시 상영된 영화들을 문화/기록영화라 칭한다. 독일에서 제작된 올림픽 영화 〈민족의 제전〉은 식민지기와 해방 직후 문화영화로 명명되었으나, 〈민족의 광영〉 〈한국의 승리〉와 같이 미국에서 제작된 올림픽과 마라톤 대회를 담은 영화들은 기록영화로 빈번히 명명되었기 때문이다. 이는 조선/한국의 해방기 영화계가 제국 일본의 영화 자장(磁場)에 속해 있다가 미국의 영화 자장으로 이행하는 과정 속 특수 상황적 명명이다. 식민지 조선에는 독일의 문화영화가 다수 수입되었다. 1920년대 독일에서 정착된 'Kulturfilm'은 식민지기 일본에 의해 문화영화(文化映畵)로 번역되어 조선에서도 널리 통용되었다. 이것이 일본에서 법적인 개념으로 규정된 것은 1939년 일본영화법에 의해서였으며, 조선에서는 조선영화령에 의해서였다. 문화영화는 극적인 요소도 포함하고 있었지만 비상업적 비극영화(非劇映畵)로서 분류되었다. 당시까지 문화영화를 상위 개념으로 한 이들 용어들의 공통점으로는 상업적 목적의 극영화를 제외한 비극영화라는 것, '주로' 홍보, 공보, 교육, 계몽, 선전을 담당하던 정부 기관에서 제작하거나 후원했다는 것, '주로' 일반 대중들에게 교육과 계몽 혹은 선전을 목적으로 제작되었다는 것, '주로' 상업적 목적을 가진 상영관보다는 관공서, 학교나 교회 강당, 순회 상영 등을 통해 대중과 만났다는 것을 들 수 있다. 현재까지 이 용어를 쓰는 나라는 한국과 일본밖에 없고, 2차 세계대전 이후 이러한 종류의 영화를 지칭하는 보다 광범위하게 쓰이는 용어이자 이것에 해당하는 영어권 개념은 기록영화 혹은 다큐멘터리(Documentary film)이다. 한국에서 문화영화란 상업용 극영화를 제외한 비극영화를 총칭하던 것으로, 식민지기부터 1980년대까지 영화계에서 통상 사용되던 용어이다. 이는 기행/관광영화, 뉴스영화, 애니메이션 영화, 아동영화, 과학영화, 교육영화, 기록영화 등을 포괄하는 상위 개념으로 정의되어왔다.

마라토너 손기정이 1위하는 모습을 고스란히 담고 있다. 그런 이유로 이 영화는 식민지 조선에서 상영되었을 뿐 아니라 해방 조선에서도 상영되며 대한민국 스포츠-민족주의 기원의 한 축을 담당했다. 더불어 이 글에서는 〈민족의 제전〉의 해방 후 재상영을 탈식민과 민족-국가 수립이라는 시대적 과제와의 연관성 속에서 살펴봄으로써 단독 정부의 수립과 스포츠-민족주의의 관계를 규명할 것이다. 더 나아가 후반부에서는 미 군정, 대한민국 정부, 대한체육회가 한국 대표 선수들이 참가한 국제 마라톤 대회와 올림픽을 담은 문화/기록영화를 주도적으로 상영하면서 〈민족의 제전〉의 상영이 불러온 미디어 중심의 스포츠-민족주의 구축 메커니즘을 우익의 민족주의로 방향 조정하는 과정을 면밀하게 살펴, 민족-국가주의와 스포츠의 유착 관계의 한 기원을 탐색하려 한다.

2. 식민지기 스포츠-민족주의의 전초전 : 손기정의 베를린 올림픽 우승과 일장기 말소 사건, 그리고 〈민족의 제전〉 상영

> 베를린 경기장을 떠나 달리는 마라톤 선수들. 각각 레이스를 펼치는 선수들. 나란히 반환점을 도는 영국 선수와 일본 선수. 힘들어하며 쓰러지는 선수들의 모습. 결국 선두로 나선 한 일본 선수. 한 일본 선수에게 물을 건네는 독일 자원봉사자. 땀을 닦아내는 그 일본 선수. 선수들 옆으로 지나가는 풍경들. 땀 흘리는 선수들의 프로필 클로즈-업. 달리는 선수의 흔들리는 손 클로즈-업. 힘차게 달리는 그 다리. 달리는 선수의 그림자. 이제 점점 가까워지는 베를린 경기

장. 나팔소리. 마침내 경기장에 들어온 일본 선수. 결승선 도착. 환호하는 관중들. 운동장에 주저앉은 1위. 그 뒤를 이은 2위. 그를 뒤따라 들어오는 3위의 일본 선수. 모든 순위를 알려주는 전광판. 1위 일본의 손, 3위 일본의 남. 마라톤 시상대에서 월계관과 월계수를 받은 손기정과 남승룡. 게양되는 일본 국기와 연주되는 일본 국가.

위 장면은 독일에서 열린 제11회 베를린 올림픽을 기록한, 역사상 가장 위대한 올림픽 문화/기록영화인 〈올림피아〉 1부 〈민족의 제전〉의 마지막 10여 분을 묘사한 것이다. 1시간 55분 중 마라톤에 할애된 바로 이 10여 분으로 인해 이 영화는 조선/한국에 매우 특별한 영화가 되었다. 조선인 손기정과 남승룡이 올림픽 무대에서 마라톤으로 당당히 겨루어 (일본은 물론) 세계를 '제패'한 것이다. 마침내 손기정은 우리의 '마라손 왕'이 되었다.

1930년대 초부터 각종 경기 대회에서 좋은 성적을 거두며 세간의 주목을 받은 손기정은 1936년에 제11회 베를린 올림픽 마라톤에 출전한다. 이미 여러 번 세계 기록을 경신한 바 있어, 일본에서 한 번, 베를린 현지에 도착해 또 한 번의 선발전을 치러 출전하게 된 두 선수에 대한 조선의 기대는 퍽 큰 것이었다. 또 그의 출전은 하루 2번 방송되는 경성방송국 JODK의 전파를 타고 실황 중계되기도 했다.[5] 손기정은 8월 9일, 28개국에서 51명이 출전한 가운데, 마의 기록이었던 2시간 30분대의 벽을 무너트리면서 2시간 29분 19초 2로 세계 신기록을 세우며 1위로 들어왔다. 2위는 영국의

5 천정환, 앞의 책, 29~31쪽.

레니 리펜슈탈의 〈올림피아〉 1부 〈민족의 제전〉 중 손기정의 마라톤 장면

하퍼, 3위 역시 조선의 마라토너 남승룡이었다. 이 소식은 곧 전 세계로 타전되어 갔고, 일본과 조선의 신문들도 앞 다투어 호외를 발행했다.[6] 손기정의 승리는 일본에도 조선에도 값진 일이었다.[7] 당시 신문과 잡지는 이 스포츠 영웅을 최대한 선전해 민족(조선)/제국(일본)의 자긍심을 높이는 사건으로 활용했다.《조선중앙일보》《동아일보》《조선일보》등은 승리를 축하하며, 손기정의 마라톤 사史를 다루는 기획 기사를 비롯해 두 선수의 화보로 8월의 지면을 장식했다.《동아일보》는 애독자들에게 "이 성전에서 뛰고 싸우던 우리 용사들의 그 씩씩한 광경"을 직접 보여주고자 '백림伯林 올림픽 대회 영화'를 3일간 9회로 부민관에서 무료 상영했고, 이들을 기리고자 '스포츠 조선 세계 제압가'를 공모하기도 했다.[8] '조선의 마라손 왕'을 찬양하는 시가 연일 신문지상을 장식했고, 당시 조선 최고의 현대 무용가 최승희는 오사카 공연 중 '이렇게 기쁜 날은 예전에 없었다'고

---

6 당시《요미우리신문》호외의 첫머리는 "패업(霸業) 이루다, 마라톤 양웅(兩雄) 개가"였고, 여타 일본 지면도 "숙원 24년, 피눈물의 4반세기", "마라톤 일본은 처음 세계를 제패", "올림픽 최고의 영예인 마라톤에서 우승, 4반세기의 한을 풀었다"는 기사를 실으며 환호했다. 손기정, 『나의 조국 나의 마라톤: 마라톤 영웅 손기정 자서전』, 학마을 B&M, 2012, 157쪽. 이 책은 1983년 한국일보사에서 발간한 것을 손기정 탄생 100주년과 서거 10주년을 맞아 개정증보판으로 재발간한 것이다.

7 "나의 우승은 일본인에겐 일본인대로, 조선 사람은 조선 사람대로 큰 뜻이 있었다. 일본은 나로 하여금 자랑스러운 일본 대표로서 세계 스포츠 무대에 일본의 위세를 떨친 선전물로 만들고 싶어 했다. 조선 사람들은 조선 민족의 생존을 알리는 기념비로, 또 조선 민중의 잠자던 민족 자존의 의식을 고취시키기 위한 각성제로 나의 우승을 받아들였다." 손기정, 위의 책, 186쪽.

8 "백림 올림픽 대회 영화 명일 오전부터 봉절",《동아일보》1936년 8월 25일자, 3면. 이 올림픽 기록영화는 당연히 당시는 아직 제작 완료되지 않은 레니 리펜슈탈의 〈올림피아〉가 아닌, 뉴스의 형태일 것으로 추론되는데, 천정환이 지적한 대로 아사히신문사가 직접 촬영한 것이거나 당시 독일이 촬영한 뉴스를 들여왔을 가능성이 높다. 천정환, 앞의 책, 73쪽, 403쪽 주 37.

기뻐했으며, 심지어 유행가 "마라손 왕", "제패가"도 나왔다.[9] 8월 말에는 동양극장에서 청춘좌 문예부가 3막 5장의 연극 〈마라손 왕 손기정 군 만세〉[10]를 무대에 올렸다. 단성사와 제일관에서는 오사카 아사히사가 제공한 올림픽 실황 뉴스영화를 상영하고 있었다.[11] 《동아일보》가 입수한 〈백림 올림픽 대회 영화〉는 8월 26일과 27일, 28일에 하루 3회(1회 09:30 / 2회 12:30 / 3회 15:30) 공개되었고 "16일간의 모든 경기의 경과 실경과 더욱 손기정, 남승룡 양군의 뛰는 장면"을 담고 있는 것으로 보아, 짧은 뉴스영화보다는 상영 시간이 긴 기록영화였을 것으로 추정된다. 이 영화가 상영된 첫날에는 폭우가 내리는 데에도 "수천관중의 우레 같은 박수갈채로" "공전의 대성황"을 이루었다.[12]

이렇게 온 조선(과 일본)이 마라톤 신드롬을 일으키며 손기정과 남승룡을 찬양하고 있는 가운데 《조선중앙일보》의 유해붕 기자는 8월 13일에, 《동아일보》의 이길용 기자는 8월 25일에 각각 손기정이 시상대에 서 있는 모습에서 가슴의 일장기를 지워서 내보냈다. 즉 일장기 말소 사건이 터진 것이다. 이 사건으로 여운형이 사장으로 있던 《조선중앙일보》는 폐

---

9 작가 심훈, 연출가이자 언론인인 서항석도 즉각 이 두 영웅을 찬미하는 시를 내놓았다. 1936년 10월에는 이라(李羅)가 노래한 "마라손 왕"이 발매되었다(태평레코드, 이고범 작시, 이기영 작곡). 또 콜롬비아 레코드에서는 1936년 11월에 손기정과 남승룡의 올림픽 제패를 기념한 SP 음반을 발매했다. A면에는 일본육상경기연맹이 감수한 손기정의 육성이 담긴 '우승의 감격'이, B면에는 채규엽이 부른 "마라손 제패가"(문예부 작시, 古關裕而 작곡, 奧山貞吉 편곡)가 수록되어 있다. 이준희의 한국가요사(http://www.ponki.kr/pop/pop_musicstory_view.asp?fa1=51&sa3=0&sa4=0&sa10=story).

10 《동아일보》 1936년 8월 25일자, 8면; 鎌田忠良, 《日章旗とマラソン》, 潮出版社, 昭和59年, 2~3쪽, 손환, 앞의 글, 10쪽 재인용.

11 《조선일보》 1936년 8월 26일자, 6면, 천정환, 앞의 책, 75쪽 재인용.

12 "올림픽 영화회(제2일)", 《동아일보》 1936년 8월 27일자, 3면.

간을,《동아일보》는 정간을 겪었다.[13] 중일전쟁과 태평양 전쟁의 발발로 군국주의 색이 짙어져가는 가운데에서 이 일장기 말소 사건으로 인해 일본의 식민지 체육 정책은 보다 통제적이 되었다. 해방 전 일본은 구기 운동과 단체 종목을 금지시켜, 조선의 스포츠-민족주의를 단속했다. 이 시기 스포츠 활동은 제국 일본의 군국주의 파시즘의 훈련 도구일 때 외에는 거의 불가능했다. 특히 스포츠가 '민족'에 대한 관념과 정서를 환기하는 매개가 되지 못하게 하는 여러 조치가 강구되었다. 일장기 말소 사건이 확산되면서 마라톤은 식민지에서 하기 힘든 종목이 되었다. 이 종목은 다른 종목과 달리, 민족 감정이라는 한민족 국가주의가 내재되어 있는 특별한 종목으로 취급받게 되었다. 1920년대부터 활동해오던 (조선인들로만 구성되었던) 조선체육회도 1938년에 일본인들이 구성한 총독부의 관변단체 조선체육협회에 강제로 통합되며 해산되었다.[14] 손기정은 일본과 조선의 '마라손 영웅'이었지만, 가는 곳마다 형사가 따라다녔고 마라톤을 할 수 없는 처지가 되자 저축은행을 다녔다. 세계적으로 전운이 팽배한 시기라 국제적인 대회에 나갈 길도 없었으며, 게다가 1938년 7월에 일본은

---

13 손기정의 생애와 베를린 올림픽 출전 과정, 특히 일장기 말소 사건 등은 다음의 저작들에서 매우 상세하게 다뤄지고 있다. 손기정, 앞의 책; 정찬모, 「손기정 선수의 베를린 올림픽 마라톤 제패가 우리 민족에게 주는 역사적 의미」, 『체육사학회지』 2호, 한국체육사학회, 1997; 손환, 「손기정의 생애와 스포츠 활동에 관한 연구」, 『한국체육과학학회지』 13권 2호, 한국체육과학회, 2004; 최인진, 『손기정 남승룡 가슴의 일장기를 지우다』, 신구문화사, 2006; 천정환, 앞의 책; 하정희, 「스포츠 영웅 손기정의 체육 활동에 관한 역사적 재조명」, 중앙대학교 박사학위 논문, 2012.

14 3·1운동 이후 문화 정책에 변화가 오자 각종 사회단체의 설립이 자유로워지면서, 1920년 7월 13일 대한체육회의 전신인 조선체육회가 창립되었다. 일인들의 조선체육협회에 대응할 단체로 설립된 것이었다. 첫 사업으로 제1회 전 조선 야구대회를 개최했고, 이것이 오늘날 전국체전 통산 횟수의 기점이 되었다.

1940년에 예정되었던 동경 올림픽도 포기한 상황이었다. 그는 저축은행에서 나와 마라톤 보급 운동에 더 정진하기로 하지만, 이도 여의치 않아 학도병 모집에 강제 동원되었다.

손기정이 마라톤에 대한 꿈을 잃어가고 있을 무렵, 베를린 올림픽 문화/기록영화 〈올림피아〉는 1939년에 일본에서, 1940년에 조선에서 공개되었다. 하지만 이 영화가 수입되는 과정이 쉽지는 않았다. 외화 수입사 동화상사에서 수입해 요코하마 세관에 있던 이 영화는 위체爲替 관리에 저촉되어 수입이 지연되어 조선으로 들어오지 못하고 있다가, 대련으로 회송되어 만주영화주식회사를 통해 입하되었다.[15] 이 영화가 일본에 공개되었을 때도 극장 앞에 장사진을 이루었다고 하지만, 조선에서의 흥행은 훨씬 더 놀라웠다. 조선이 이 영화를 오매불망 기다린 이유는 "베니스 국제 영화 콩쿨에서도 일등상을 획득한 세계 최고의 문화영화"[16]에서 "손기정 군의 올림픽 대회에 잇서서의 활약"을 눈앞에 보기 위해서였다.[17] 심지

15 위체 문제로 인해 외화 수입은 허가제가 되었다. 1939년 8월 당시 요코하마 세관에는 수입 허가를 대기하는 〈올림피아〉와 미국영화 〈로빈 후드〉를 비롯해 30여 편이 묶여 있었다. 세관에 도착한 후 6개월 이내 허가를 받지 못하면 경매에 붙이거나 다시 반송되었다. 그러다 〈올림피아〉는 요코하마에서 만영의 출장소 대련으로 옮겨진 것이다. 동경, 대련, 봉천, 하얼빈에 출장소를 두었던 만영의 주 수입원은 배급료였다. 1937년 중일전쟁이 발발하자 일본은 미국영화 수입을 금지했고, 미국 8대 영화사 역시 만주국 불매 결의를 발표했다. 이에 만영은 외화 수요를 채우기 위해 독일영화를 수입했고 만독통상협정에 따라 만영이 독점 수입권을 갖게 되었기 때문에 일본도 만영을 통해 독일영화를 수입했다. 1939년 10월에 수입된 〈올림피아〉 역시 이러한 경로를 거쳐 대련에서 조선으로 수입된 것이다. "미국영화에는 경매 연기 응낙", 《동아일보》 1939년 8월 24일자, 8면; 김려실, 『만주영화협회와 조선영화』, 한국영상자료원, 2011, 33쪽, 143쪽 주 6.

16 〈올림피아〉는 1938년, 독일에서 제국영화상을 받았고, 베니스 영화제에서는 이 영화가 극영화가 아니기 때문에 수상이 문제시되기도 하였으나 결국 황금사자상을 차지했다. 오드리 설킬드, 허진 옮김, 『레니 리펜슈탈: 금지된 열정』, 마티, 2006, 433쪽.

17 "명춘 조선서도 상영될 백림 올림픽 영화", 《동아일보》 1938년 12월 28일자, 5면; "문제의

어 이 영화는 일본 영화법 규정에 의해서 1940년 제6회 문부성 추천 문화영화로 〈병원선〉과 함께 선정되었다.[18] 이는 학생들이 단체로 관람 가능한 영화, 즉 관객 동원이 공적으로 가능한 영화라는 의미였다. 문부성이 이 영화를 추천 영화로 선정한 데에는 이미 조선의 민족적 감정이 어느 정도 차분히 정리되었고 이 영화를 통해 다시금 독일을 비롯한 일본 제국주의의 위용을 강조할 수 있다고 판단했기 때문일 것이다.

《조선일보》와 《동아일보》를 비롯한 대부분의 신문이 폐간을 당했기 때문에, 이 영화의 개봉 상황은 총독부 기관지 《매일신보》를 통해서 잘 알 수 있다. 〈올림피아〉 1부인 〈민족의 제전〉은 총무부 학무국 주최로 경성의 뉴스영화관인 경일영화관에서 1940년 7월 2일과 3일 양일간 시사회를 열었다.[19] 손기정은 이 자리에 남승룡 부부와 초대되어 자신이 달리는 모습을 처음 보았다.[20] 〈민족의 제전〉은 함흥 진사관에서 개봉을 시작해 9월 중순부터 11월 중순까지 2개월간 27개관에서 상영되었다. 경성에서는 10월 6일부터 보총극장(황금좌)에서 장기 흥행하고 있었다.[21] 영화는 인기가 대단해 "반도 흥행계에서 기록적 성황"을 이루고 있으며, 동화상사와 계약된 35개관을 포함하면 12월 말까지 3개월간 총 62개관에서 상영될 것이라 총 누적 관객 수는 50만이 될 것이라 예측되었다.[22] 이처

〈올림피아〉 만영 경유로 수입 결정", 《동아일보》 1939년 8월 28일자, 3면.

18 "추천 영화 결정", 《동아일보》 1940년 5월 26일자, 5면. 〈병원선〉은 종군 간호부대 옥강자 씨의 병원선 생활을 재현해 종군 간호부의 노고와 적십자 정신을 강조한 내용을 담고 있다.

19 김동환, "민족의 제전", 《삼천리》 12권 8호(1940년 9월), 48쪽.

20 손기정, 앞의 책, 170쪽.

21 "청년의 열과 힘의 찬미: 예술의 극치 영화 〈올림피아〉", 《매일신보》 1940년 10월 4일자, 4면.

22 "올림피아 계약, 각 관 전선(全鮮)서 62관", 《매일신보》 1940년 11월 22일자, 4면.

럼 이 영화는 조선에서 놀라운 관객몰이를 했다. 또 〈민족의 제전〉의 흥행 돌풍은 이후 상영될 2부 〈미의 제전〉에도 영향을 미쳤는데, 이듬해 수입되어 개봉된 〈미의 제전〉은 〈민족의 제전〉과 동일한 요금, 2주간 연속 상영을 조건으로 명치좌에서 상영하기로 낙착되었다.[23] 이러한 흥행에는 관변 단체가 된 조선체육협회가 나서기도 했다. 조선체육협회는 일반의 체육 장려에 이바지하고자 〈민족의 제전〉을 각 도에서 상영하기로 했다. 1940년 7월 22일 6시 부민관에서 체육 단체 각 학교 대표자 2천여 명을 초대해 공개한 후 지방 순회 상영을 했다.[24] 그뿐 아니라 애국학생회에서도 〈민족의 제전〉을 소학생, 여학생, 중학생을 상대로 부민관에서 1941년 1월 23일부터 3일간 상영했다.[25] 〈올림피아〉 1부 〈민족의 제전〉은 문부성이 추천 문화영화로 선정하고 조선체육협회도 나서서 관람을 장려했던, 제국 일본이 인증했고 식민지 조선도 환영했던, 과연 해방 이전 최고 흥행을 기록한 문화/기록영화였다.

〈민족의 제전〉이 미학적으로 훌륭하여 문화/기록영화 그 이상임은 물론이거니와, "특히 村＊, 田島, 西田, 孫 등 선수의 활약이 여실한 것은 우리들로서 흥미잇는 일이요, 최종 장면을 장식한 '마라손' 실황은 실로 1권 말에 긍亘하야 새로운 마라손 일본으로서의 감격이 오히려 부족을 느끼게

---

23 "올림피아 〈미의 제전〉 상영 요금도 기록적", 《매일신보》 1940년 12월 18일자, 4면. 〈올림피아〉 2부 〈미의 제전〉은 이듬해 봄 따로 개봉되었다. "올림피아 제2부 미의 제전: 신춘 봉절을 기하고 공작", 《매일신보》 1940년 11월 15일자, 4면.

24 "손 마라손 왕 영화면에: 명화 〈올림피아〉 체협(體協)에서 제공", 《매일신보》 1940년 6월 28일자, 3면.

25 "학우영화회에서 〈올림피아〉 대회", 《매일신보》 1941년 1월 23일자, 4면.

한다"[26]고 지적할 만큼 총독부 기관지는 '일본' 선수들이 '민족의 제전'인 올림픽에서 대단한 활약을 펼쳤다는 점을 강조하고 있다. 이렇게 〈민족의 제전〉을 제국 일본의 민족적 우수함을 강조하는 선전영화로 정의했다고 해도, 여전히 이 영화에 등장하는 손기정과 그가 마라톤에서 우승했다는 사실이 조선 관객에게 갖는 의미는 그와 다른 것이었다. '일본의 영예이며 동시에 조선의 위대함'이라는 손기정의 마라톤 제패 사건은 '내선융화' 혹은 '내선일체'에는 그다지 도움이 되지 않는 것으로 귀결되고 말았다.[27] 문부성이 제국주의 파시즘의 미학으로, 조선체육협회가 군국주의 체육의 도구로 이용하려 했던 〈민족의 제전〉은 조선인들에게 다른 의미로 확장되어 전유되었다. 실례로, 《마산일보》 사장 김형윤의 회고에도 이 영화는 국내 수개의 도시에서 상영되어 기록영화로서는 대단한 인기를 누렸던 것으로 기록된다. 그런데 사건은 부산 행관幸館 상영에서 발생했다.[28] 영화 상영을 기념하면서 부산 시내에서는 조일朝日중학교 육상 대회가 개최되었다. 이때 일본인 심판관이 민족적 차별감을 가지고 부정 채점을 하고 모욕적인 언사를 일삼아, 항의 시위가 벌어지고 집단 행동이 이어져 결국 동래고등보통학교를 비롯한 많은 학생들이 투옥되었다. 그런데 이들 학생들의 "가택 수색을 행하였던 결과 학생들의 일기장에는 손기정 선수에 대한 감격과 가슴에 달은 일장기 '마아크'에 대한 분노가 공

---

26 "청년의 열과 힘의 찬미: 예술의 극치 영화 〈올림피아〉", 《매일신보》 1940년 10월 4일자, 4면.

27 천정환, 앞의 책, 88쪽.

28 부산 행관에서 〈민족의 제전〉 상영이 언제 있었는지는 확인하지 못했다. 마산 상영에 영향을 미친 것으로 보아 1940년이 아닌가 한다. 다만 《부산일보》 광고에 의하면 〈민족의 제전〉은 부산 태평관에서 1941년 4월 8일에 상영된 바 있다. 홍영철, 『부산 근대 영화사: 영화 상영자료(1915~1944)』, 산지니, 2009, 671쪽.

통적으로 기록"되어 있었다. 이 사건을 계기로 춘천에서도 학생들의 항의가 잇달았고 이들 역시 모두 투옥되었다. 이런 와중에도 전국적으로 〈민족의 제전〉은 여전히 많은 인기를 끌고 상영되었다. 하지만 경무국 간부들은 1940년 12월에 마산에서도 개봉 예정되어 있던 것을 민족적 감정을 자극해 봉기할 수 있다는 판단을 하여 이를 상영 금지시켰다.[29]

제국주의 논리에서 체육/스포츠란 식민지인들에 대한 직접적 정치권력의 수단은 아니더라도 문화를 경유한 간접적 권력의 수단이 된다.[30] 이는 제국 일본이 그들의 힘을 조선에 과시하기 위한 것으로 식민지 조선에서도 사용한 방식이었는데, 이러한 논리는 식민지 조선에게도 그대로 투사되었다. 식민지 조선인들은 스포츠 혹은 체육을 둘러싼 제국주의적 우생학과 서구 오리엔탈리즘을 내재화하면서 육체적인 힘force을 근대적

---

29 김형윤, 『마산야화: 김형윤 유고집』, 태화출판사, 1973, 51~52쪽.

30 마크 나이슨과 브라이언 스토타트는 제국을 지탱하는 데 있어 안토니오 그람시의 개념인 헤게모니가 수행하는 역할에 기초해 스포츠에 대한 연구를 수행했다. 나이슨의 논문 「스포츠와 미 제국(Sports and the American Empire)」(1972)과 스토다트의 분석 「영 제국에서 스포츠와 문화제국주의 그리고 식민지의 반응(Sports, Cultural Imperialism, and Colonial Response in the British Empire)」(1988)은 파괴적이 될 수도 있었을 식민지적 상황을 안정시키는 데 있어 스포츠가 지니고 있었던 경제적, 정치적 유용성에 대한 이해를 높이게 해준다. 특히 나이슨은 "체육 행사가 점점 더 발흥하는 미 제국주의의 역할을 반영하였다"는 점을 지적하고 "전후 미국의 정치경제가 국제화되면서 소비주의로부터 군사적 전시대비에 이르기까지 미국의 가장 현저한 문화적 가치와 유형들 중 다수가 조직 스포츠의 통합적 부분이 되었다"고 주장한다. 스포츠에 참여해 미국과 영국의 영향 밑으로 들어온 사람들은 팀워크와 권위에 대한 복종, 역경에 직면했을 때의 용기, 팀 동료에 대한 충성, 그리고 규칙에 대한 존중 등의 가치를 배운다는 것이다. 특히 스포츠는 영국의 통치를 용이하게 할 가치와 이념을 사람들에게 주입할 방법을 제공했으며, 미 제국주의에 대한 적응 수단을 제공했다는 것이다. 스포츠의 인기는 미국이 자국의 문화와 가치에 대한 추종을 성공적으로 전이시켰다는 것을 드러내준다. 마크 나이슨, pp.96~100, 앨리스 캐시모어, 정준영 옮김, 『스포츠, 그 열광의 사회학』, 한울, 2001, 132~134쪽 재인용.

인 힘power과 등치시켰다. 점점 이 힘force-power을 식민지의 현실을 타개하기 위한 실질적이고 상징적인 것으로 전치시켜나갔다. 특히 식민지 조선인이 스포츠를 통해 세계 진출을 꾀하는 것은 민족주의적인 희망이 된다. 그러한 스포츠-민족주의의 정점에는 바로 베를린 올림픽에 일본 국가대표로 마라톤에 참가해 금메달을 획득한 손기정의 위업이 위치한다. 올림픽이라는 세계무대에서의 승리로 조선 민족의 육체적 우수성을 증명했으므로, 세계 제일의 이 민족적 우수성은 암암리에 일본 제국주의에 저항할 힘을 기르는 주요 방법론이 될 수 있다는 논리이다. 여기에 더해 조선 민족의 문화적-혈통적 우수성에 대한 긍지가 울분의 스포츠-민족주의로 전환되는 데에 일장기 말소 사건이 있다. '마라손 왕' 손기정은 (일본이 아닌) 조선의 대표로, 빼앗긴 조국의 존재 그리고 조국 광복이라는 뜻이 내재된 존재였다.

우생학적으로 열등해야만 하는 식민지인이 우월한 제국인의 신체를 초과하는 경우가 발생하는 것은 제국의 지배 논리에서 참으로 난감한 것이다. 동일한 논리가 제국-식민의 헤게모니를 역전시킬 수 있기 때문이다. 일련의 사건을 통해 일본을 초과해 세계를 제패하는 조선 민족의 우수성에 대한 각인은 점차 확대되었다. 식민지 내내 조선 내에서 일제와 정치적 혹은 군사적으로 대결하는 것이 불가능했기 때문에 민족주의자들은 교육과 문화를 강조하는 문화 민족주의를 통해 힘을, 실력을 배양하자고 주장했다. 그래서 문화 민족주의가 발견한 최적의 민족자강의 수단은 바로 스포츠였다. 그리고 손기정은 오래 준비된, 바로 그 스포츠를 매개로 한 문화 민족주의의 정화였다.[31] 결국 손기정의 베를린 올림픽 제패라는 사건은 제국 식민지하 조선인들에게 민족의 자긍심과 스포츠, 올림픽이라는 국제대회에 대한 공통 기억을 제공해 새로운 가치와 상징을 창조했다.[32] 이러한 공통 기억은 그 뒤를 이은 신문지상의 일장기 말소 사건과 〈민족의 제전〉으로 이어지는 미디어의 스펙터클로서의 시각화 과정을 거치면서 본격적인 한국적 스포츠-민족주의가 견고해지는 계기를 마련했다. 제국의 압제가 심해지는 가운데 손기정을 둘러싸고 벌어지는 1936년부터 1940년에 이르는 일장기 말소 사건과 〈민족의 제전〉 흥행 돌풍 및 시위로 인한 상영 금지 현상은 스포츠-민족주의가 잉태하고 있는 문화 민족주의의 측면을 넘어 구국救國의 민족주의까지도 구현하고 있었다.

3. 해방 직후 대한민국 스포츠-민족주의의 결전 : 〈민족의 제전〉의 재상영, 그리고 런던 올림픽과 보스턴 국제 마라톤 대회 문화/기록영화의 상영

해방 직후 조선육상연맹과 조선체육회가 재결성되어, 다른 분과들과 마찬가지로 체육계 역시 해방 조선에서 민족 체육의 꿈을 펼치기 위해 희망찬 출발을 시작했다.[33] 그리고 1946년 2월부터 〈올림피아〉 1부인 '명

---

31 천정환, 앞의 책, 77쪽.

32 천정환, 앞의 책, 81쪽.

33 해방 직후 체육인들은 곧 조선체육회를 재건하려는 노력을 모았고, 이와 함께 각종 경기단체들을 재건 또는 창립하기 시작했다. 당시 체육인들은 이상백을 중심으로 조선체육동지회를 만들어 식민지 시기 민족 체육의 보루를 지켜왔던 조선체육회 재건을 위한 본격적인 사업에 착수했다. 1945년 11월 26일, YMCA에서 조선체육동지회 제1차 평의원회의가 개최되었고, 이날 조선체육회의 재건과 함께 회장으로 추대된 여운형은 조선체육회 제11대 회장으로 취임했다. 그의 회장 취임은 3·1 운동 민족정기의 표출을 민족 체육의 그릇 속에 담아 보존하고자 노력했던 조선체육회의 민족 체육 부활을 의미하는 것이었다. 단정 수립과 동시에 조선체육회는 대

화' 〈민족의 제전〉은 '돌연 재등장'한다.[34] 이제 손기정과 남승룡은 일본 선수가 아닌, '우리 3천만 민족을 대표'해 올림픽에 출전한 것으로 공식 조정된다. 이는 서울에서만이 아니라 지방에서도 유효한 일이었는데, 영화 제작자인 안화영은 해방 직후에 손기정과 강릉극장을 찾았던 이야기를 들려준 바 있다. 당시 경제적으로 곤궁했던 손기정은 친분이 있던 안화영에게 강릉으로 본인이 가지고 있던 영화 〈민족의 제전〉을 상영하러 가자는 제안을 했다. 고향이 강릉인 안화영이 강릉극장과 묵호에 있는 극장을 섭외했고, 손기정은 영화를 상영하기 전에 히틀러를 만났던 일화 등 베를린 올림픽 참관기를 풀어놓았으며, 변사 김덕보가 화면 해설을 하는 식으로 역할을 분담했다.[35] 1938년 당시뿐 아니라 1990년대까지 한국에

한체육회로 이름을 바꾸었다. 해방 후부터 한국전쟁 시기까지 대한체육회는 임의 단체로 볼 수 있는데, 형식적으로는 순수 민간 체육 단체였지만 정부의 지원이 없이는 그 활동의 의미를 찾기 어려운 정부 산하 단체의 성격을 띠고 있었다. 이종원, 「대한체육회의 법적 규정의 변천 과정 연구」, 『한국체육학회지』 41권 4호, 한국체육학회, 2002, 17쪽; 이학래, 『한국 현대체육사』, 단국대학교출판부, 2008, 9~10쪽; 하남길, 『체육사 신론: 체육의 발달과 스포츠의 문화적 진화』, 경상대학교출판부, 2010, 674쪽.

34 〈민족의 제전〉 상영 광고는 《조선일보》에 1946년 2월 6일자 2면, 2월 7일자 1면, 2월 10일자 2면에 게재되었다. 영화는 대륙극장(단성사)에서 7일부터 11일까지 11시부터 매일 4회 상영되었다. 본 논문에 참조된 신문 광고는 한국영상자료원 한국영화사연구소 엮음, 『한국영화 자료 조사 사업으로 진행된 영화 관련 신문 광고 조사 결과』, 한국영상자료원, 2010과 한국영상자료원 한국영화사연구소 엮음, 『한국영화 자료 조사 사업으로 진행된 영화 관련 신문 광고 조사 결과』, 한국영상자료원, 2011에서 재인용되었다. 이하 이 출처의 기입은 생략한다.

35 "이 양반 그 마라톤 우승하는 거. 손기정 씨, {아, 그때} 마라톤 우승하는 그거 백림 오림픽, 백림 오림픽이요. {예, 예} 그때 그 사진을, 저기 필름을 가지고 있었어. {아} 그래 필름 그거를 들고 {예} 츄럭 뒤에 타고. (…중략…) 응, 애기. 힛도라[히틀러]가 자길 면회를 하는데 {예} 이 양발을 뱃겨 보라 그러니, 보더니 (발을 쳐다보며 감탄하듯) 그 발꼬락 하… 발을 이렇게 보, 만져보면서 {예, 예} 그게 이 마라톤 일등핸 발이거든. {아} 그런 애기, 일화, 일화를 한 삼십분 이상 애기했지, 우리 앞에서." 김승경, 「안화영」, 『2011년 한국영화사 구술채록연구 시리즈 〈생애사〉』, 한

서 〈민족의 제전〉을 가장 상세히 소개할 수 있는 유일한 사람은 오직 손기정뿐이었다. 그는 곧 영화의 출연자이자 히틀러와 레니 리펜슈탈 여사와도 면식이 있는 세계적이며 민족적인 영웅이었기 때문에 이 영화에 대한 최고의 전문가가 되었다.[36] 조선에서 개봉한 지 수년이 지났지만 여전히 이 영화는 입장료를 자루에 쓸어 넣을 수 있을 정도로 인기가 있었다. 〈민족의 제전〉은 '우리 3천만 민족을 대표로 출장한 손·남 양 선수의 비분역주'의 드라마였기 때문에 해방의 기쁨을 민족의 이름으로 환기시키기 위해 충분히 재상영될 필요가 있었던 것이다.

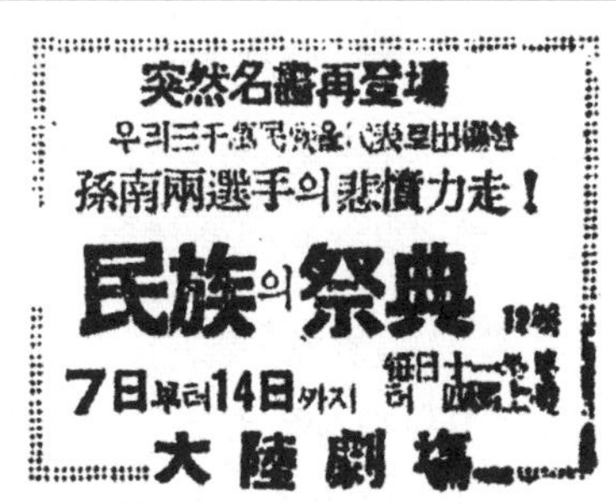

우리 3천만 민족을 대표로 출장한
손(孫) 남(南) 양 선수의 비분역주!

민족의 제전 12권

7일부터 14일까지 매일 11시부터
4회 상영 대륙극장

〈민족의 제전〉 광고 (《조선일보》 1946년 2월 6일자, 2면)

국영상자료원, 2011, 41~42쪽.

36 그는 영화의 제작 과정을 소개하고 영화의 첫 장면의 미학적 훌륭함을 지적하면서 이 영화가 나치의 지원을 받아 최고의 스태프와 최고의 기술을 동원해 제작된 것임을 동시에 소개한다. "이 영화는 '원제 그대로 각 민족의 모양을 그려낸 〈민족의 제전〉'이며 '기록만을 취록한 단순한 기록영화가 아니라 한 개의 민족문화사적 의의를 갖춘 것'"이라 소회한 바 있다. 손기정, "시사평: 올림피아 제1부 민족의 제전 1", 《매일신보》 1940년 7월 5일자, 4면; 김동환, "민족의 제전", 《삼천리》 12권 8호(1940년 9월), 48~64쪽.

게다가 이 1946년은 손기정이 베를린 올림픽을 제패한 지 10주년이 되는 해였다. 〈민족의 제전〉이 '돌연 재상영'되는 또 다른 국면, 즉 해방 후 마라톤을 비롯한 스포츠가 민족/국가와 어떻게 조우하는지를 단적으로 보여주는 것은 바로 손기정이 마라톤에서 1위를 한 8월에 열린 '마라톤 세계 제패 10주년 기념행사'이다. 이 행사는 식민지기부터 마라톤에 대한 기사를 적극적으로 내보낸 바 있고, 일장기 말소 사건으로 정간과 복간을 겪으며 '민족의 표현 기관으로 자임'하면서 손기정과 특별한 관계를 맺게 된《동아일보》가 주최하고, 미 군정청 문교부와 조선육상경기연맹이 후원했다.[37]《동아일보》는 1946년 8월 20일 지면을 '마라손 재패 10주년 기념'을 위해 꾸미고, 마라톤 제패 10주년 기념행사 이후인 8월과 10월에는 손기정과 마라톤에 관련한 기사를 연이어 내놓았다. 8월에는 손기정의 "마라손 개선 수기"를 4회에 걸쳐 연재하고,[38] 해방 후 첫 한글날인 1946년 10월 9일,《동아일보》가 주최한 한글 반포 500주년 기념행사에도 마라톤을 접목시켰다.[39] 이처럼 해방 직후 다시금 스포츠 스타 손기정과 마라톤이 스포츠-민족주의의 구심점에 된 데에는《동아일보》의 역할이 크다.

마라손 세계 제패 10주년 기념행사는 베를린 올림픽에서 우승한 날

---

37 "세계 마라손 제패 10주년 기념식전",《동아일보》1946년 8월 8일자, 2면.

38 손기정, "마라손 개선 수기",《동아일보》1946년 8월 20일자, 2면; 8월 21일자, 2면; 8월 23일자, 2면; 8월 27일자, 2면.

39 행사는 '세종영능봉심역전회(世宗英陵奉審驛傳會)'였는데 세종대왕 능인 영릉(英陵)을 보살핀다는 봉심(奉審) 역전경주(공무를 띤 사람을 역에서 역으로 말을 갈아 보내던 일)를 열어 손기정이 훈민정음을 가지고 영릉에서 기념식장까지 달리도록 하였다. "영릉으로부터 훈민정음 갖고 손기정 선수 감격의 입장, 한글 창제의 경축식 덕수궁에서 거족적으로 거행",《동아일보》1946년 10월 10일자, 2면.

인 8월 9일에 열릴 예정이었으나 우천으로 연기되면서, 《동아일보》는 손기정, 남승룡, 김은배를 초청해 '10주년 회상의 저녁'을 가졌다.[40] 10주년을 기념하는 이 자리에서 런던 올림픽 마라톤을 준비하기 위한 마라톤 보급 위원회가 만들어졌다.[41] 8월 20일의 기념행사는 단축 마라톤과 기념식전으로 구성되었다. 60여 명이 참가한 단축 마라톤에서는 이제 새롭게 스타가 될 서윤복이 우승을 차지했다. 마라톤 후 덕수궁에서 열린 식전 행사는 20일 5시부터 내외 정계 요인과 5천여 군중이 모여 거행되었다. 손기정과 남승룡이 소련군의 호위를 받아 입장한 뒤, 이승만, 김구, 하지 중장, 아놀드 소장, 러치 군정 장관 등이 참석해 기념품을 선사하면서 이들의 지난 승리를 찬미하는 연설을 하고, 문교부장 유억겸이 만세 삼창을 함으로써 행사를 마쳤다.[42,43] 흥미로운 것은 행사가 끝난 오후 8시부터 〈민

---

40 "본사 주최 세계 마라손 제패 10주년 기념식전을 우천으로 연기", 《동아일보》 1946년 8월 9일자, 2면; "세계 제패 10주년을 회상, 본사서 3 마라손 선수를 초청 만찬", 《동아일보》 1946년 8월 11일자, 2면; 손기정, 앞의 책, 229쪽.

41 마라손 보급 위원장으로는 권태하, 총무로는 김은배, 지도원으로는 손기정과 남승룡이 각각 직책을 맡았다. "세계 제패 목표로 마라손 보급회 조직", 《동아일보》 1946년 8월 17일자, 2면.

42 "위대한 승리! 민족혼을 약동시켰다, 명일의 승리 민족에로, 만당이 감격 속에 성대히 폐막, 마라손 세계 제패를 영원히 기념하자", 《동아일보》 1946년 8월 22일자, 2면. 또 손기정은 이날을 이렇게 회상했다. "일제의 탄압으로 귀국 환영회조차 받아보지 못했던 내게는 더 없이 영광스러운 의식이었다. 10년 만에 되찾은 감격이요, 기쁨이었다." 손기정, 앞의 책, 233~235쪽.

43 이 체육 행사가 민족주의적으로 기능하는 바는 운동회의 성격과 기능에서 그 의미에서 엿볼 수 있을 것이다. 이미 개화기부터 운동회는 학교와 지역 사회가 어우러진 축제의 성격을 띠고 있었으며, 민족운동의 요람이자 사회 체육 발달의 촉진제 역할도 했다. 특히 운동회에서는 애국가를 부르며, 귀빈들의 연설을 들었다. 지도적 위치에 있던 인사들은 축사나 기타 연설을 통해 민족의식을 불어넣었고, 운동장은 자주 독립의 의지를 강화시키는 장이었다. 대부분의 운동회에서는 만세 삼창이 있었고, 태극기가 게양되었으며, 운동회의 모든 경비는 지역 주민들의 기부금으로 충당되었다. 하남길, 앞의 책, 626쪽, 638쪽.

족의 제전〉을 덕수궁 뜰에서 일반을 대상으로 상영해 시각적 스펙터클을 통한 민족주의적 감동을 배가시켰다는 점이다. 이는 손기정이 보관하고 있던 필름을 상영한 것으로, 무료 상영이었지만 장내 정리비를 받아 조선육상경기연맹에 기증했다.[44]

이 행사는 10년 전 손기정과 남승룡의 마라톤 세계 제패가 조선의 것이었음을, 즉 승리를 조선 민족에게 귀속시킨다는 것을 공식적으로 천명하는 의의를 지닌다. 손기정이 베를린 올림픽 마라톤 제패를 경축하는 행사에, 소련군이 호위병으로 들러리를 서 주고 군정 요인들이 참석한다는 것은 제국주의 파시즘을 부정한다는 의미를 더하는 것이다. 제2차 세계대전 직후 한동안 세계 어디에서도 공식 상영이 금지된 〈민족의 제전〉 상영을 허가했다는 것은 미 군정이 조선인에게 손기정과 마라톤이 가진 스포츠-민족주의적인 의미를 잘 헤아리고 있다는 증거이기도 하다. 그렇기 때문에 세계를 제패한 체육 기념행사에서 파시즘 미학의 정수인 이 영화를 상영하는 것은 전혀 문제가 되지 않았다. 이제 해방 조선에서 이 영화는 마라톤으로 민족의 구심점을 만들어 낼 수 있는 유일한 의미를 지닌 시각적 증좌였기 때문이다. 하나 더해, 민족의 지도자인 이승만과 김구가 참석했다는 점은 스포츠-민족주의의 성격이 민족주의 우파의 성격을 띠기 시작했다는 것을 시사한다. 이제 〈민족의 제전〉 상영과 재상영을 시작으로 한국전쟁기까지 마라톤 국제대회와 올림픽에 대한 문화/기록영화는 점점 조선 민족/국민을 뜨거운 감정으로 달아오르게 해 하나로 단결시키는 데에 효과적인 미디어 도구가 되기 시작한다.

---

44 "'민족의 제전' 영화, 밤에 위안회장으로 오라", 《동아일보》 1946년 8월 17일자, 2면.

세계대전 동안 국제 스포츠 대회가 대부분 중단되고 있었지만, 전쟁의 소용돌이 밖에 있던 미국에서는 스포츠가 활기를 띠고 있었다. 미 군정의 물심양면의 도움으로 손기정, 남승룡, 서윤복은 미국에서 열린 1947년 제51회 보스턴 국제 마라톤 대회에 참가한다. 미 군정은 자유 민주주의적인 미국의 문화와 정신을 이식하기 위해 미식축구 영화를 제공하는 등[45] 스포츠를 적극 권장했다.[46] 이길용의 회고록을 보면 그가 기록한 일장기 말소 사건의 전모가 해방 후 미 주둔군을 통해서 처음 보도될 정도로, 미 군정은 스포츠를 통해, 특히 마라톤을 통해 조선인의 마음을 얻는 것이 용이하다고 판단하고 있었다.[47] 해방 후 〈민족의 제전〉의 재상영을 허가하고, 한편으로 보스턴 국제 마라톤 대회의 참가를 도우며, 다른 한편으로는 미국의 자유 민주주의적 스포츠를 소개하는 방식으로 미 군정은 점령지 지배를 위한 도구로 스포츠-민족주의의 의미를 잘 이해해

---

45 미군 24군단과 조선미식축구협회가 후원하고 경향신문사가 후원하는 미식축구 영화가 국제극장에서 1946년 11월 8일과 9일, 양일간 공개되기도 했다. "[광고] 미식축구 영화",《동아일보》1946년 11월 7일자, 2면.

46 "조선 마라톤 보급회를 시작한 후 손기정은 보스턴 마라톤에 참석하려 고민하다, 미 군정청 공보과장 이용선과 상의했다. 그는 미국인 고문인 스매들리 여사를 소개해주었고, 마침 단거리 선수 출신이던 공보관 프랭크 브리스톤이 나서서 보스턴 대회 조직위원회로부터 정식 초청장을 받아주었다. 손기정, 남승룡, 서윤복 3인이 대회 출전 선수로 초청받게 되었다. 경비는 스매들리 여사가 3백 달러를 기부, 그리고 자신이 묵고 있던 언더우드 씨 댁 구좌로 미국 내에서 돈을 빌려 쓸 수 있도록 5천 달러 수표를 떼 주었다. 미 군정청의 장교들은 주머니를 털어 1천 5백 달러를, 러치 군정 장관도 1천 5백 달러의 큰돈을 내놓아 자금 문제는 해결되었다. 우리는 미군들의 호의에 놀랐다. 러치 장관은 우리들의 미국 원정이 조선 사람과 그 땅에 군정을 펴고 있는 미국 사람들의 상호 이해를 증진하고 친선을 더하는 데 유익하다고 생각하고 있었던 것 같다. 미 군정청 앞뜰에서 조선이 해방된 이래 처음 국제 스포츠 대회에 나가는 우리 세 사람에 대한 조촐한 장행회가 베풀어졌다." 손기정, 앞의 책, 237~238쪽.

47 박종진, 앞의 글, 88쪽.

활용하고 있었다.

손기정이 이끈 보스턴 마라톤 대회에서 서윤복이 우승, 남승룡이 12위의 성적을 거두고 돌아오자, 이 대회를 기록한 영화도 거의 동시에 올림픽 후원회의 후원으로 개봉했다.[48] 국제 마라톤 대회에서의 민족 구성원의 우승은 곧 '민족의 승리'가 되고, 이것은 민족 전체가 함께 보고 느껴 가슴이 뜨거워질 필요가 있는 것이었다.[49] 손기정을 비롯해 서윤복, 남승룡은 민족의 마라톤 영웅으로, 영화 상영 광고에 얼굴이 직접 등장할 정도였다. 이 기록영화들은 1947년 6월 25일부터 서울극장, 장안극장, 수도극장, 명동극장, 단성사 등을 돌면서 〈뽀스톤 마라손 대회 실황 뉴-쓰〉 〈서윤복 선수 기록영화〉 〈서윤복 선수 제패 뉴스〉 〈제51회 보스턴 국제 마라톤 대회 기록영화〉 〈승리의 월계수〉 등의 제목으로 이듬해 8월까지 상영되었다. 서윤복의 성과는 'KOREA'라는 국호를 사용한 한민족 사상 최초의 국제 스포츠 대회 진출이었으며, 일제강점에서 갓 벗어난 한국을 세계에 알리고 해방되었음을 전파하는 데 선두 역할을 한 것이었다. 이렇게 해방 공간에서 조선을 대표하는 스포츠는 명실공히 마라톤이었다. 심지어 장미악단도 마라톤을 소재로 한 창작 희가극 〈마라손 조선〉을 제작, 상연할 정도였다.[50]

---

48 보스턴에서 돌아온 손기정, 서윤복, 남승룡의 인터뷰 기사에서 "손기정 선수가 말한 바에 의하면 서 선수가 우승한 보스톤 마라손 대회의 전 기록을 수집한 영화를 구했는데 머지 않어 조선에 송달될 것"이라는 언급이 있다. 손기정이 직접 구한 것이라기보다는 미 군정의 도움으로 얻게 된 것이라 추측된다. "금후도 더욱 정진할 결심", 《경향신문》 1947년 6월 24일자, 2면.

49 "서윤복 1등. 아! 코리아의 승리. 당당한 독립 민족의 승리가 눈앞에 다가왔다. 나는 서 군이 부러웠다. 태극기를 달고 뛸 수 있는 그는 얼마나 자랑스러운 존재인가." 손기정, 앞의 책, 241쪽.

50 20경으로 구성된 장미악단은 황문평이 이끌었다. 〈마라손 조선〉은 백은선이 작 연출, 황문평이 음악과 음시악극을 담당하고, 김형래가 구성과 작 편곡을 맡았다. 동양극장에서 1947년

뽀스톤 세계 마라손 대회의 전설적인 명예에 월계관을 쓴

서윤복 선수의 기록영화

돌연 공개

동시상영 입세기포쓰사 작(作) 비는 온다 26일부터 장안극장

〈서윤복 선수 기록영화〉 광고 (《동아일보》 1947년 6월 25일자, 2면)

제51회 뽀스톤마라손대회

승리의 기록영화

총천연색 보고 늣기여라!

민족 승리의 감격을!

동시상영 조선 최초의 스포츠영화

패자의 수도

제작감수 조선스포츠문화사

촬영구성 유장산

주최 올림픽후원회

1일 우리시공관

〈제51회 보스턴 국제 마라톤 대회 기록영화〉 광고 (《자유신문》 1948년 1월 29일자, 2면)

5월 7일부터 상연하였다. "[광고] 가극 마라손 조선", 《조선일보》 1947년 5월 7일자, 2면.

제51회 보스턴 국제 마라톤 대회의 성과로 국제 스포츠계가 조선을 보는 눈은 크게 달라졌다. 이를 계기로 조선체육계는 곧 있을 1948년 런던 올림픽 참가를 목표로 삼게 된다. 해방 조선에 있어서 올림픽 참가는 독립한 민족으로서 국제무대에 나설 수 있는 중요한 계기이자 국가 설립의 과제를 앞두고 조선 민족의 이목을 집중시켜 하나로 단결하게 하는 중요한 사건이었다. 1946년 5월, 조선체육회 내에 조선올림픽위원회KOC가 만들어져 런던 올림픽 대회 참가를 추진하기 시작했는데, 대책위 위원장은 미군정 문교부장이며 체육회 부회장인 유억겸이 맡았고 부위원장은 전경무와 이상백이 맡았다. 조선올림픽위원회는 스톡홀름 국제 올림픽위원회의 총회에 위원을 파견해 6월 20일에 조선올림픽위원회 승인을 의결했다.[51] 이로써 1948년 7월의 런던 올림픽 대회 참가가 확정되었다. 마라톤은 손기정을 지도로 하고 서윤복, 최윤칠, 홍종오가 대표 선수로 출전했다. 권투와 역도에서 한수안과 김성집이 각각 3위를 하여 성과가 없는 것은 아니었지만, 기대하던 마라톤의 성적은 좋지 않았다. 홍종오는 25위, 서윤복은 27위, 최윤칠은 기권하였다. 해방 조선의 신문에서는 연일 마라톤을 비롯한 참가 선수들의 패인을 분석하고 속보를 게재했다. 과도정부하 조선을 떠났던 대표단은 반도의 반쪽으로 잘린 독립국가 대한민국으로 돌아왔다.[52] 올림픽에서의 성과는 기대에 못 미쳤지만 런던 올림픽 기록영

---

51 국제 올림픽위원회의 공식 승인을 확인하기 위해 대책 위원회 전경무 부위원장이 스톡홀름 총회로 떠나던 중 미 군정 비행기 사고로 숨지자, 곧바로 미국에 있던 이원순이 대신 날아가 최종 승인을 받았다. 미 군정 말기, 당시 안재홍 민정장관이 올림픽후원회를 구성해 회장을 맡아 건국 이전 한국 선수단 경비를 위해서 1백 원짜리 1백 40만 장의 '올림픽후원권'이 발행되었다. 이 후원권 발행으로 미화 9만 달러의 기금이 만들어졌다. 이 후원권은 태극 마크와 올림픽 마크를 그려 넣고 체육협회 부회장인 전경무의 유영(遺影)을 곁들여 넣었다.

화 〈민족의 광영〉의 인기는 대단했다.[53] 어쨌든 이 영화는 "3천만 민족 대망"이던 대한민국의 이름으로 세계무대에 나선 우리 민족 대표들이 등장하기 때문이었다. 이 기록영화의 광고에서는 특히 "마라톤에 석패는 하였으나 서윤복, 최윤칠 양 선수의 신명을 다하여 최후의 일각까지 싸우는 용자를 꼭 관람"하기를 당부한다.[54] 상영 시간 2시간 30분의 거작으로, 정부 설립과 함께 조선체육회가 이름을 바꾼 대한체육회, 대한올림픽위원회, 올림픽후원회가 제공을, 대한민국 문교부가 후원해 개봉했다.[55] 이로써 해방 전후 〈민족의 제전〉 상영과 재상영에 이은 흥행 성공과 해방 후 〈제51회 보스턴 마라톤 대회 기록영화〉의 열광에 힘입어, 이후 한국전쟁기까지 마라톤과 올림픽을 다룬 기록영화는 대한체육회가 여타의 경로로 들여와 문교부의 후원을 얻는 방식으로 상영하게 되는 관행을 갖게 되었다. 이렇게 대한민국의 국민이 국제무대에서 민족의 힘을 보여주는 이 문화/기록영화들의 스펙터클은 스포츠-민족주의의 핵심적인 시각문화로 자리 잡게 된다.

---

52 손기정, 앞의 책, 256~257쪽.

53 〈민족의 광영〉을 들여온 지는 꽤 되었으나 주최 측인 대한체육회 사정으로 2월부터 예정되었던 시사회가 매번 연기되었다. 결국 3월 말에 시공관에서 시사회를 하고 4월 8일에 개봉했다. 이 시사회에는 체육 관계자를 비롯해 3천여 명에게 시사권이 제공되었다. "올림픽 영화 시사회 18일 시공관에서", 《동아일보》 1949년 2월 16일자, 2면; "올림픽 영화 시사회 금일 상오 9시 시공관에서", 《동아일보》 1949년 3월 26일자, 2면.

54 "[광고] 〈민족의 광영〉", 《자유신문》 1949년 4월 7일자, 2면; "[광고] 〈민족의 광영〉", 《자유신문》 1949년 4월 10일자, 2면.

55 런던 올림픽 개최가 1948년 8월이었지만 올림픽 기록영화의 상영이 1949년 4월인 데에는 영화의 완성과 국내 수입 과정에서 발생한 시차가 있기 때문이다. 이 영화는 국도극장에서 독점으로 공개한다고 1949년 4월 7일부터 신문에 대대적인 광고를 냈다. 4월 내내 국도극장에서 상영한 뒤, 6월에는 동양극장에서 상영했다.

그러면 해방 후 미 군정과 과도정부, 남한 단독 정부가 설립되는 과정을 거치는 이 시기 동안 스포츠 문화/기록영화의 상영을 통해 형성되는 스포츠-민족주의의 성격이 어떤 것이었는지를 추론할 수 있는 사건을 짚고 넘어갈 필요가 있다. 이는 근대 한국의 민족주의가 해방 직후 마라톤이라는 스포츠를 중심에 두고 이와 교직되어 우파적 스포츠-민족주의로 분하는 과정을 볼 수 있기 때문이다.

런던 올림픽 참가를 앞두고 있던 1947년 7월에 등장한, 눈길을 끄는 뉴스영화 광고가 있다.[56] 상영 프로그램은 '스포츠-민족주의 뉴스 특집'이라 해도 과언이 아닌데, 신문 광고 속에 드러난 1947년 7월 말의 뉴스는 첫 번째 소식으로 '고故 몽양 여운형 열사 선생의 눈물겨운 감격의 기록'을, 두 번째로 전경무 씨의 눈물의 환국을, 세 번째로 보스턴 국제 마라톤 대회에서 승리한 서윤복 선수를 그 내용으로 담고 있다. 조선 스포츠계의 큰 별, 민족주의 좌파 세력의 지도자, 일장기 말소 사건으로 폐간되었던 《조선중앙일보》의 사장이던 여운형이 7월 19일 암살당했고, 국제올림픽위원회의 승인을 받기 위해 떠났다가 후지산 근처에서 비운의 비행기 사고로 죽음을 맞이한 조선올림픽위원회 대책위 부위원장 전경무의 시신이 조선으로 환국했다는 내용을 담고 있는 뉴스이다. 그리고 마지막 뉴스는 작고한 이 거두 스포츠 관계자들의 노고를 치하하며 런던 올림픽에서 마라톤의 선전을 기원하듯 서윤복 선수의 보스턴 국제 마라톤 대회 우승 소식으로 구성했다. 이러한 내용과 구성은 스포츠-민족주의의 성격 전환을 암시하고 있다. 즉 여운형의 암살로 인해 좌우를 가리지 않

---

56 "[광고] 특집 뉴스 공개", 《자유신문》 1947년 7월 25일자, 2면.

고 모여 있던 민족주의자들의 구성이 우파 민족주의적 지향을 보일 것이라는 점과 더불어, 미국 재유 동포 사회에서 이승만의 동지회가 아닌 국민회와 밀접했던 전경무의 불의의 죽음으로 국내의 스포츠-민족주의의 성향이 보다 우익의, 이승만 계열로 치중될 것이었다.[57]

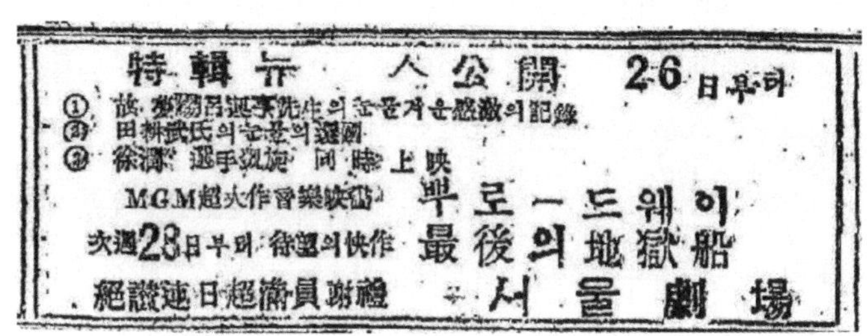

특집뉴스 공개 26일부터

① 고 몽양 여운형 선생의 눈물겨운 감격의 기록

② 전경무 씨의 눈물의 환국

③ 서윤* 선수 환영

동시상영

MGM 초대작 음악영화 뿌로-드웨이

차주 28일부터 대망의 쾌작

최후의 호화선

절찬 연일 초만원사례 서울극장

〈특집뉴스 공개〉 광고 (《자유신문》 1947년 7월 25일자, 2면)

---

57 해방 직후 부활한 조선체육회는 단정이 수립된 후 1948년 9월, 대한체육회로 이름을 바꾼다. 해방 직후 여운형이 11대 회장으로 취임했고 그가 암살당한 이후로 한국전쟁기까지 대한체육회의 회장은 (신익희를 제외하고) 우익 인사들이 주를 이루었다. 12대 유억겸 (1947.9.18~1947.11.8), 13대 정환범 (1948.2.6~1948.9.3), 14대 신익희 (1948.9.4~1949.10.29), 15대 신흥우 (1949.10.29~1951.6.16), 16대 조병옥(1951.6.17~1952.9.27), 17대 이기붕(1952.9.27~1960.4.28). 대한체육회(http://www.sports.or.kr).

대한민국의 정부 수립과 함께 그 이름을 세계 만방에 떨치리라 기대했던 런던 올림픽에서 좋은 성과를 내지 못해 위축되어 있던 마라톤 선수들은 심기일전해 1950년 4월 19일, 제54회 보스턴 국제 마라톤 대회에 두 번째로 출전했다. 손기정은 최윤칠, 함기용, 송길윤 세 명의 선수를 인솔했다. 성과는 놀라운 것이어서, 함기용 1위, 송길윤 2위, 최윤칠 3위를 차지해 한국 마라톤의 위용을 과시했다. 런던 올림픽 때와 달리 6월 20일 이들이 김포공항에 내리자 대통령 이승만도 나와 환영의 인사를 건넸다. 대회 실황 〈한국의 승리 뽀스톤 마라돈 실황 기록영화〉(이하 〈한국의 승리〉)는 미 공보원 영화 배급소가 직접 입수, 제공해 곧 스크린에 공개되었다. 1950년 5월 1일부터 수도극장, 서울극장, 명동극장 등지에서 2주간 공개된 이 영화는 '역사적인 꼴인'을 보기 위한 관객들로 만원사례를 이루어 연일 조조부터 상영되었다.[58] 특히 《조선일보》 1950년 5월 3일자 2면 광고를 보면 〈한국의 승리〉를 상영하면서 전 미국 실내 육상 경기 대회, 호남 지방 공비 소탕 작전, 미국 남서부에 있는 후버 댐에 대한 문화영화, 그리고 실내에서 벌어지는 400m 달리기를 함께 상영하고 있다. 미 공보원이 입수해 제공한 〈한국의 승리〉는 미국의 근대적 산업 시설과 발전된 스포츠 설비 및 경기 모습과 더불어 국내에서 벌어지는 공비 소탕 작전까지 프로그램 되었다. 이렇게 마라톤 민족 영웅들의 승리의 모습은 미 공보원

58 "[광고] 세계 뉴쓰 대회", 《자유신문》 1950년 4월 30일자, 2면; "[광고] 〈한국의 승리〉", 《조선일보》 1950년 5월 3일자, 2면; "[광고] 〈한국의 승리〉", 《동아일보》 1950년 5월 3일자, 2면; "[광고] 〈한국의 승리〉", 《자유신문》 1950년 5월 3일자, 2면; "[광고] 〈한국의 승리〉", 《자유신문》 1950년 5월 4일자, 1면; "[광고] 〈한국의 승리〉", 《자유신문》 1950년 5월 4일자, 2면; "[광고] 〈한국의 승리〉", 《조선일보》 1950년 5월 5일자, 2면; "[광고] 〈한국의 승리〉", 《조선일보》 1950년 5월 15일자, 1면.

이 제공하는 상영 프로그램에 포섭되어 친미와 반공의 메시지와 직조되며 스포츠-민족주의의 열기를 덥히고 있었다.

〈한국의 승리〉가 상영되는 동안 손기정 일행은 보스턴에서 돌아와 전국을 순회하다 한국전쟁을 맞았다. 피란지 부산에서 마라톤 보급회의 선수들은 1951년 4월에 열릴 제55회 보스턴 국제 마라톤 대회 참가 준비를 하고 있었다. 하지만 보스턴에서 한국의 참가를 반대한다는 뜻밖의 외신을 접한다. 한국 젊은이들은 전쟁 중인 한국을 수호할 때라는 것이었다. 하지만 '보스턴 마라톤 대회에 참가해 우승을 한다는 것은 정치적, 사회적 시련에 시달리는 우리 국민들에게 빛이요, 희망과도 같은 것'이었기에 대한육상연맹도, 손기정도, 하와이 교민들도 이러한 조치에 항의했다. 이승만 대통령 역시 이철원 공보부장을 통해 "보스턴에 한국 참가의 길을 막은 브라운은 한국을 싫어하는 사람이든지 공산당"이라는 담화를 발표하기도 했다. 하지만 끝내 참가의 길은 열리지 않았다.[59] 1947년과 1950년 보스턴 국제 마라톤 대회의 한국 참가를 적극적으로 지원하고 〈한국의 승리〉도 선뜻 들여와 상영을 주선하던 것과 달리, 한국전쟁에 참전하면서 대한민국 정부와 견해를 달리했던 미국 측은 1951년 보스턴 국제 마라톤 대회에서 한국 선수가 승리해 위기의 순간에 국민을 하나로 단결시킬 수 있는 계기를 제공하기를 거절했다. 같은 이유로 마라톤 승리가 민족 단결의 구심점이 될 수 있다는 것을 경험한 이승만 정부 역시 이 대회에 참여하고자 하는 강력한 의지를 보인 것이었다.

보스턴 국제 마라톤 대회 참가가 좌절된 대한체육회는 임시 수도

59 손기정, 앞의 책, 271~273쪽.

부산에서 1952년 헬싱키 올림픽 참가를 추진했다. 대한체육회는 헬싱키 올림픽 출전을 맞아 "성원하자 올림픽 선수단을!"이라는 표어를 걸고 〈1952년도 6회 동계 올림픽 대회 기록영화〉를 공개한다. 7월 21일부터 동아극장에서 상영한 이 영화 역시 올림픽후원회가 주최하고 대한체육회가 후원했다.[60] 곧이어 대한체육회와 올림픽후원회는 헬싱키 올림픽에 파견할 선수단 후원을 위해 "한국 선수들이 올림픽에 출전하기까지 거러온 씩씩한 모습을 그린 예술영화사 제작의 기록영화 〈민족의 자랑〉과 지난 동기冬期 올림픽의 실사영화 및 독일 문화영화 〈써-커스 3형제〉"를 상영하기도 한다.[61] 전쟁 중에 참가한 헬싱키 올림픽에서 복싱의 강준호가 동메달, 역도의 김성집은 런던 올림픽에 이어 동메달을 획득해 2회 연속 메달리스트가 되었다. '조국을 위하여 건투하였다. 한국 남아! 헬싱키 상공에 태극기날'을 보여주는 헬싱키 올림픽에 대한 속보와 특보 영화는 서울뿐 아니라 부산에서도 공개되었다.[62] 전쟁 후 서울로 돌아온 대한체육회는 제15회 헬싱키 올림픽 대회 기록영화인 〈세기의 제전〉을 들여와 11월과 12월에 시공관과 평화극장, 그리고 뉴스영화를 주로 틀었던 문화관에서 상영했다.[63]

---

60 "[광고] 〈1952년도 6회 동계 올림픽 대회 기록영화〉", 《동아일보》 1952년 7월 19일자, 2면.

61 〈민족의 자랑〉, 〈동계 올림픽 대회 실황〉 및 〈써-커스 3형제〉를 1952년 7월 21일부터 25일까지 부민관과 동아극장에서 시사해 기금을 마련했다. "올림픽 출전 기록, 〈민족의 자랑〉 상영", 《동아일보》 1952년 7월 20일자, 2면.

62 "[광고] 〈헬싱키 올림픽 속보〉", 《동아일보》 1952년 8월 13일자, 2면; "[광고] 〈새 뉴쓰 문화영화 감상회〉", 《동아일보》 1952년 9월 2일자, 1면.

63 "[광고] 올림픽 기록영화 〈세기의 제전〉", 《조선일보》 1953년 11월 2일자, 2면; "[광고] 올림픽 기록영화 〈세기의 제전〉", 《동아일보》 1953년 11월 6일자, 2면; "[광고] 올림픽 기록영화 〈세기의 제전〉", 《동아일보》 1953년 12월 1일자, 1면.

해방 직후 체육계에서는 식민지 지배 체제의 연장선에 있었던 구체육을 탈피해, 보다 민주적이고 체육 본래의 가치에 주목하는 신체육New Physical Education이 모색되는 듯했다. 미 군정의 영향하 체육 지도자들의 이러한 체육 이념은 국가 건설을 위한 새교육 운동과 맥을 같이해 미국 실용주의의 영향을 받은 것이었다. 하지만 곧 좌우의 이념 대결이 심화되고 분단 체제가 고착되면서 일민주의一民主義(한백성주의)의 통치 이념하에서 군국주의 체육을 되풀이하는 경향이 지속되어, 체육계는 반공에 기반을 둔 국가주의적 이념에 더 크게 영향을 받았다.[64] 임의 단체로 존재했던 대한체육회는 민족의 울분을 드러내는 구심점 역할을 하면서, 점점 정부의 체육 정책을 구현하는 데 앞장서기도 했다. 신생국가에서 스포츠만큼 국가와 민족의 결단과 자부심을 일깨우는 대상을 찾기는 힘들었다. 변변한 국제 교류도 없었던 시기에 대한민국의 이름을 알릴 거의 유일한 통로였던 것이다. 올림픽과 국제 경기에서의 마라톤의 승리는 국가의 승리, 민족의 쾌거로 쉽게 전환되었다. 국민들에게 스포츠는 대한민국, 애국가와 뒤섞여 상상의 공동체를 만들어내는 판타지였던 것이다.[65] 이처럼 당시 스포츠는, 또 〈민족의 제전〉 이후 올림픽과 국제 마라톤 대회를 다룬 문화/기록영화들은 스포츠-민족주의라는 이데올로기적 국가 장치로서의 역할을 착실히 수행했던 것이다.

이렇게 해방 직후 손기정과 〈민족의 제전〉 상영으로 시작된 대한민국의 스포츠-민족주의는 미 군정과 대한민국 정부의 지원하에 대한체육회와 밀접하게 관계를 맺으며 국가 만들기 과제에 복무하는 우파 민족주

64 이학래, 앞의 책, 13쪽.

65 정희준, 앞의 책, 76~77쪽.

의의 성향을 보이기 시작했다. 대한체육회는 올림픽후원회와 함께 마라톤 국제대회와 올림픽 실황을 담은 문화/기록영화들의 상영을 주도하면서, 세계무대에 대한민국의 이름으로 우뚝 서서 놀라운 성과를 보여주는 스포츠 스타들을 구심점으로 삼아 민족 통합에 기여하고 있었다. 해방 후 한국전쟁기에 이르기까지 대한민국의 스포츠-민족주의는 미디어와 밀착하며 보다 효과적으로 국민에게 영향력을 행사해갔다.

4. 나오면서

레니 리펜슈탈의 〈올림피아〉는 영화 역사상 가장 잘 만든 올림픽 영화로 평가받는 동시에, 파시즘 미학의 정수로 간주되었다. 이 영화가 강조하는 대중의 모습이나 근육질 선수들의 건강한 육체는 나치의 이상적 인간상에 대한 숭배적 요소로, 선전영화의 일면을 제시한 것이었다. 또 히틀러에 대한 숭배를 보여주는 화면들 역시 문제시되었다. 1947년, 지그프리트 크라카우어Seigfried Kracauer는 독일의 산악영화 전통에서의 이미지들이 국가주의 영화, 나치 영화의 클리셰가 되었다고 하면서, 산악영화의 전통을 계승한 이 영화의 미학이 그 재정적 지원의 본체인 나치의 강령들을 실천한 것이었다고 지적한 바 있다. 레니 리펜슈탈은 전범 재판에서 살아남아 영화에서의 나치즘 미학 구현과 현실에서의 나치 동조에 대해 부정하였지만, 전후 레니 리펜슈탈은 '나치 핀업 걸'이라 불리며 파시즘 미학과 관련된 논쟁의 중심에 서 있었다. 1960년에 이르러 케빈 브라운Kevin Brownlow, 폴 로사Paul Rotha, 앤드류 새리스Andrew Sarris 같은 영화학자들은 이 영화의 미학을 객관성의 잣대로 평가하려는 시도를 했다.

그러면서 이 영화는 다시 미학과 정치 간의 친연성을 두고 논의의 중심에 선다. 1990년대에는 수전 손택Susan Sontag과 토마스 앨세서Tomas Elsaesser가 다시 레니 리펜슈탈의 파시즘 미학에 대해 각각 찬반 의견을 내기도 했다.[66] 이 영화는 독일에서 개봉한 뒤 몇몇 국가에서도 크게 흥행에 성공했으나, 제2차 세계대전 이후에는 적대 관계의 국가에서 상영이 금지되거나 냉대를 받았고, 1952년 이후 다시 상영이 가능해졌지만 1960년대 후반까지 세계 어느 나라에서도 공식적으로는 상영되기 힘든 영화였다. 하지만 전술했듯이, 조선/한국에서 〈민족의 제전〉의 상영과 재상영은 세계 어디에서도 보기 힘든 독특한 상영 사례라 할 수 있다. 조선/대한민국에서 이 영화는 제국 일본(이자 식민지 조선)의 대표인 손기정이 당당 1위

---

66 〈올림피아〉의 파시즘 미학과 레니 리펜슈탈의 나치 동조에 대한 영화학 진영의 논의로는 다음의 글들을 참고하라. Siegfried Kracauer, *From Caligari to Hitler: A Psychological History of the German Film*, Leonardo Quaresima trans., Princeton University Press, 2004; Kevin Brownlow, "Leni Riefenstahl", *Film*, Winter 1966; Leni Riefenstahl, "Reply to Paul Rotha", *Film*, Spring 1967; Leni Riefenstahl, "Riefenstahl Statement on Sarris/Gressner Quarrel About Olympia", *Film Comment*, Fall 1967; Kevin Brownlow, "Reply to Paul Rotha", *Film*, Spring 1967; Leni Riefenstahl, *Olympia. Dokumentation zum Olympia-Film, Koln, London, Madrid, New York, Paris, Tokyo*, Taschen, 1983 in Thomas Elaesser, "The Body beautiful, Art Cinema and Fascist Aesthetics", *Sight and Sound*, February 1993; Leni Riefenstahl, *Leni Riefenstahl: A Memoir, Auflage*, Germany, 1987/New York: Picador, 1993; 수전 손택, 홍한별 옮김, 「매혹의 파시즘」, 『우울한 열정』, 이후, 2006; 오드리 설킬드, 허진 옮김, 『레니 리펜슈탈: 금지된 열정』, 마티, 2006. 한가지, 레니 리펜슈탈 '여사'(한국의 지면들은 그녀를 이렇게 명명한다)를 한국에 소개한 데에 일조한 이 역시 손기정이었다. 〈민족의 제전〉을 관람한 후 나눈 대담에서 손기정은 여성 감독임에도 레니 리펜슈탈이 훌륭한 작품을 만들었다는 점, 경기가 끝난 후 그녀의 집에 초대되어 다정하게 대화를 나누었던 경험을 회고한다. 이후에 1972년 뮌헨 올림픽에서 우연히 만났던 일도 지면에 기고한 바 있으며, 지속적으로 그녀와의 연을 이어간 일들을 자서전에서도 소개하고 있다. 손기정의 소개 글에서 그녀는 민족의 영웅 손기정을 영화에 담은, 오랜 친구 같은 존재였다. 김동환, "민족의 제전", 《삼천리》 12권 8호(1940년 9월), 48~64쪽; 손기정, "36년만의 독일 땅에서〈6〉 레니와의 해후", 《동아일보》 1972년 9월 21일자, 4면.

로 세계를 제패한 장면을 담은 (식민지의) 민족주의적인 텍스트로서의 당당한 지위를 가지고 있었다.

식민지 조선이 해방되고, 1948년 8월 15일에 대한민국이 설립되었지만 그것이 곧바로 국가가 될 수는 없었다. 그때부터 대한민국은 스스로를 국가로 만들어야만 했다. 이를 위해서는 국제 정치체나 타국의 승인을 받고 세계에 국가의 존재를 알려야 했을 뿐 아니라, 비록 반쪽이지만 그 영토의 거주민들에게 주권을 행사해야 했고, 또 행사된 권력이 거주민들에 의해서 주권적 행위로 인정받아야 했다. 게다가 반쪽짜리 대한민국은 그 민족적 대표성도 의심받는 상황에 처해 있었다.[67] 이 과정에서 과거는 새롭게 기억/망각되어야 했다. 식민지기의 기억은 미국을 중심으로 한 냉전의 자유진영 속에서 해방기 국가 만들기와 국민 소환하기라는 새로운 이데올로기에 수렴되도록 조정될 필요가 있었고, 이에 반민족적 경험은 망각되고 강렬한 기억들은 신화화되었다. 각 개인들의 다양한 기억은 민족이라는 집합적 체험과 기억으로 수렴되었다. 〈민족의 제전〉이 재상영되는 데에는 해방을 맞아 새롭게 부활한 민족의 운동 마라톤, 민족의 아이콘 손기정이 대한민국의 국가 만들기 프로젝트에 훌륭한 동반자가 될 수 있었기 때문이다. 밖으로 세계의 인정을 받고 스스로의 존재를 만방에 알리는 데에, 안으로 이제는 국민이 될 민족을 하나로 모아 민족적 자긍심을 갖게 하는 데에는 마라톤만한 도구가 없었다. 특히 〈민족의 제전〉을 둘러싸고 벌어진 파시즘 미학의 정수라는 전 세계적 평가에 조선/한국이 참여하지 않은 가장 중요한 이유는 이것이 식민지하의 '슬픈 승

67 임종명, 「여순 '반란' 재현을 통한 대한민국의 형상화」, 『역사비평』 64호, 한국역사연구회, 2003, 306쪽.

리자'인 손기정의 세계 제패 장면을 보여주어 조선/한국인들에게 민족의 우수성에 대한 자긍심을 불러일으켰기 때문이었다. 또 평안북도 신의주 출신인 그가 (북한이 아닌) 남한에 남아, 해방 직후부터 1988년 제24회 서울 올림픽 대회에 이르기까지 반제국주의적 민족주의의 스포츠 영웅으로 맹활약했다는 사실 역시 대한민국 스포츠-민족주의의 기원의 지점에서 소급해 상기해야 할 중요한 점이다.[68]

1956년, 국제 올림픽위원회 회장 에이버리 브런디지Avery Brundage는 "스포츠는 정치와 전적으로 무관하다"고 단언했지만, 이를 믿는 사람은 없다. 한국에서 스포츠-민족주의가 제국주의에 대한 저항과 반공의 의미를 가지고 국가 건설과 민족 통합의 수단으로 구축되는 데에는 손기정의 마라톤 승리, 해방 후 마라톤 국제대회와 올림픽 출전을 둘러싸고 벌어진 미 군정과 대한민국 정부의 행보, 이들의 후원을 입은 대한체육회의 국제무대 진출 활동, 또 이를 실황으로 상영, 보도한 문화/기록영화와 인쇄 미디어의 역할이 지대하다. 이 글에서 본격적으로 다루지는 않았지만, 해방 후 정부와 체육 단체가 관여해 직접 제작한 스포츠 문화/기록영화들이 있다. 미 군정청 영화과는 1946년 〈조선올림픽〉을 내놓았다. 영화는

---

68 특히 1980년대에는 손기정이 국가 주도적 스포츠-민족주의의 상징으로 다시금 각인되는 일련의 미디어 사건이 진행되었다. 손기정은 제84차 국제 올림픽위원회(IOC)에 참석해 남승룡과 함께 올림픽 유치를 위해 힘썼다. 지난한 과정을 거쳐 1981년 9월 30일, 서독의 바덴바덴에서 제24회 서울 올림픽 대회의 개최가 확정되었다. 이듬해 손기정과 남승룡을 소재로 한 국내 첫 스포츠 드라마 〈맨발의 영광〉이 5부작 미니 시리즈로 방영되었다. 1983년에는 손기정의 자서전 『나의 조국 나의 마라톤』도 출간되었다. 국가 주도적 스포츠-민족주의의 절정은 서울 올림픽 대회 개막식에서 손기정이 성화 봉송의 마지막 주자로 잠실주경기장에 들어선 순간이라 할 수 있다. 백발의 마지막 주자는 광복한 조국과 발전된 대한민국의 모습을 세계만방에 드러냈다. "국내 첫 스포츠 극 〈맨발의 영광〉도", 《동아일보》 1982년 1월 6일자, 12면.

1945년 12월 27일에 재건된 조선체육회에 의해 자유해방을 기념하는 조선올림픽대회(현 전국체육대회)를 기록, "체육 조선의 의기意氣를 놉핀" 내용을 담았다. 이듬해인 1947년 12월, 조선소년체육회의 자매기관인 소년체육사에서는 올림픽 대회 실황영화 시사회를 열었는데, 그 내용을 알 수는 없으나 "해방 이후 처음으로 조선 사람의 손으로 제작된 것"이었다. 또 앞의 〈제51회 보스톤 국제 마라톤 대회 기록영화〉 광고에서 확인한 바와 같이, 1948년에는 올림픽후원회가 주최하고, 조선스포츠문화사가 제작을 감수한 〈패자의 수도〉가 제작, 상영되었다.[69]

요컨대, 식민지 시기 〈민족의 제전〉 상영 및 마라톤을 둘러싼 스포츠-민족주의가 제국주의에 저항하는 '문화 민족주의'적 측면과 국내의 소극적 저항의 움직임을 만들어낸 '구국의 민족주의'적 측면을 보였다고 한다면, 해방 이후 〈민족의 제전〉 재상영, 〈올림픽 기록영화〉 〈보스턴 국제 마라톤 기록영화〉 등의 상영과 마라톤이라는 종목을 둘러싼 스포츠-민족주의는 국가 기관과 단체(미 군정, 과도정부, 대한민국 정부의 문교부와 공보부, 이와 협조한 대한체육회와 올림픽위원회, 올림픽후원회)의 '문화 민족주의', '구국의 민족주의'에 이어 점차 '파시즘적 국가주의'가 추가되어가는 형태로 이어지고 있었다. 때문에 오늘날 대한민국 스포츠-민족주의의 기원의 한 지점으로 주목해야 할 곳은 해방 전후부터 한국전쟁에 이르기까지의 시공간, 바로 거기일 것이다.

---

69 "군정 영화과 1년간 작품 예술", 《예술신문》 1946년 12월 3일자, 1면; "올림픽 대회 실황영화 시사", 《경향신문》 1947년 12월 1일자, 2면; "[광고] 〈제51회 보스톤 국제 마라톤 대회 기록영화〉", 《자유신문》 1948년 1월 29일자, 2면.

참고문헌

신문 및 잡지

《경향신문》, 《동아일보》, 《매일신보》, 《삼천리》, 《자유신문》, 《조선일보》 등 각 기사 및 광고

구술채록 및 기타 자료집

김승경, 「안화영」, 『2011년 한국영화사 구술채록연구 시리즈 〈생애사〉』, 한국영상자료원, 2011.

한국영상자료원 한국영화사연구소 엮음, 『한국영화 자료 조사 사업으로 진행된 영화 관련 신문 광고 조사 결과』, 한국영상자료원, 2010.

_____, 『한국영화 자료 조사 사업으로 진행된 영화 관련 신문 광고 조사 결과』, 한국영상자료원, 2011.

논문 및 단행본

김려실, 『만주영화협회와 조선영화』, 한국영상자료원, 2011.

김형윤, 『마산야화: 김형윤 유고집』, 태화출판사, 1973.

손기정, 『나의 조국 나의 마라톤: 마라톤 영웅 손기정 자서전』(개정증보판), 학마을 B&M, 2012.

손환, 「손기정의 생애와 스포츠 활동에 관한 연구」, 『한국체육과학학회지』 13권 2호, 한국체육과학회, 2004.

수전 손택, 홍한별 옮김, 『우울한 열정』, 이후, 2006.

앨리스 캐시모어, 정준영 옮김, 『스포츠, 그 열광의 사회학』, 한울, 2001.

오드리 셜킬드, 허진 옮김, 『레니 리펜슈탈: 금지된 열정』, 마티, 2006.

이경명, 『태권도 용어 정보 사전』, 태권도문화연구소, 2011.

이종원, 「대한체육회의 법적 규정의 변천 과정 연구」, 『한국체육학회지』 41권 4호, 한국체육학회, 2002.

이학래, 『한국 현대체육사』, 단국대학교출판부, 2008.

임종명, 「여순 '반란' 재현을 통한 대한민국의 형상화」, 『역사비평』 64호, 한국역사연구회, 2003.

정준영, 「근대 민족국가의 형성과 스포츠」, 『사회와 역사』 84호, 한국사회사학회, 2009.

_____, 『열광하는 스포츠 은폐된 이데올로기』, 책세상, 2003.

정희준, 「민족주의와 스포츠: 남한 근대사와 이들의 관계에 대한 성찰」, 『한국스포츠사회학회지』 17호, 한국스포츠사회학회, 2004.

_____, 『스포츠 코리아 판타지: 스포츠로 읽는 한국 사회문화사』, 개마고원, 2009.

정찬모, 「손기정 선수의 베를린 올림픽 마라톤 제패가 우리 민족에게 주는 역사적 의미」, 『체육사학회지』 2호, 한국체육사학회, 1997.

천청환, 『조선의 사나이거든 풋뽈을 차라: 스포츠-민족주의와 식민지 근대』, 푸른역사, 2010.

최인진, 『손기정 남승룡 가슴의 일장기를 지우다』, 신구문화사, 2006.

하남길, 『체육사 신론: 체육의 발달과 스포츠의 문화적 진화』, 경상대학교출판부, 2010.

하정희, 「스포츠 영웅 손기정의 체육 활동에 관한 역사적 재조명」, 중앙대학교 박사학위 논문, 2012.

화용득, 「한국 스포츠 발달의 이데올로기: 유교주의, 제국주의, 민족주의 1976~1945」, 경상대학교 석사학위 논문, 2000.

홍영철, 『부산 근대 영화사: 영화 상영자료(1915~1944)』, 산지니, 2009.

Kevin Brownlow, "Leni Riefenstahl", *Film*, Winter 1966.

_____, "Reply to Paul Rotha", *Film*, Spring 1967.

Leni Riefenstahl, *Leni Riefenstahl: A Memoir, Auflage*, Germany, 1987/New York: Picador, 1993.

______, *Olympia. Dokumentation zum Olympia-Film, Koln, London, Madrid, New York, Paris, Tokyo*, Taschen, 1983 in Thomas Elaesser, "The Body beautiful, Art Cinema and Fascist Aesthetics", *Sight and Sound*, February 1993.

______, "Reply to Paul Rotha", *Film*, Spring 1967.

______, "Riefenstahl Statement on Sarris/Gressner Quarrel About Olympia", *Film Comment*, Fall 1967.

기타

이준희의 한국가요사

http://www.ponki.kr/pop/pop_musicstory_view.asp?fa1=51&sa3=0&sa4=0&sa10=story

제2차 세계대전 전후 선전 애니메이션과 1950~60년대 국립영화제작소 애니메이션의 관계*

공영민

1. 들어가며

그동안 한국 애니메이션의 역사는 주로 1967년에 등장한 최초의 장편 애니메이션 〈홍길동〉(신동헌)을 기원으로 해, 산업과 정책의 모순, 기술과 재원의 미비 등 여러 가지 문제들로 인해 지속성을 갖지 못하고 사회적 요구에 따라 일시적으로 등장했다 사라지는 순환을 반복한 산업적 장르 또는 몇몇의 '뛰어난 인재에 의해 창조된 작품' 위주로 서술되었다. 이는 한국에서 '만화영화'[1]라는 명칭을 부여받은 애니메이션이 산업적으로는 영화의 한 분야로 다루어지기 때문에 발생하는 문제이기도 하며, 원

---

* 이 글은 『영상예술연구』 25호, 영상예술학회, 2014에 수록된 동명의 논문 및 한국영상자료원 한국영화사연구소의 학술 심포지엄 『지워진 한국영화사: 문화영화의 안과 밖』(2013년 7월 27일)에서 발표한 것을 수정, 보완한 것이다.

1 이 용어에 영향을 끼친 일본은 현재 아니메라는 단어를 일반적으로 사용한다. 한국의 경우도 1990년대 이후로는 애니메이션이라고 지칭하는 편이다.

안을 제공하는 출판만화와 긴밀한 연관성을 갖는 애니메이션의 고유하고도 복잡한 특징 때문이기도 하다. 이러한 문제가 존재하는 것은 '만화영화'라는 이름에서 알 수 있듯이 '만화'와 '영화' 양쪽에 걸쳐 있는 한국 애니메이션의 특수한 위치 때문이라 볼 수 있는데, 이는 바꾸어 말하면 영화와 만화와 애니메이션을 아우르기 힘들었기 때문이라고도 볼 수 있다. 여기에 또 하나의 이유를 덧붙이자면, 만화영화에 대해 코흘리개 어린이용 오락물이라는 뿌리 깊은 멸시도 한몫했다고 볼 수 있다. 주지하다시피 애니메이션을 제작하기 위해서는 원안을 제공할 수 있는 인재와 막대한 인력(또는 시간) 그리고 재원이 필요하다. 그런데 한국에는 안정된 재원을 공급하는 민간 대형 영화사가 부재한 것이나 마찬가지였기 때문에, 결론적으로 상업용 애니메이션이 지속적으로 생산되지 못했다고 볼 수 있다.

그동안 애니메이션 연구가 좀 더 다층적으로 이루어지지 못했다는 것은 비단 애니메이션만의 문제는 아니라고 할 수 있다. 극영화 중심으로 연구되었던 한국영화사 연구와 마찬가지로 한국 애니메이션 역사 연구 또한 상업용 애니메이션을 중심으로 전개되었던 까닭에, 앞서 언급한 것처럼 단속적 장르 내지는 작가론에 기대어 특수한 개인 성과물로 다루어졌던 것이 사실이다. 물론 애니메이션 연구의 어려움이 한국만의 문제는 아니라는 것 또한 분명한 사실이다. 애니메이션 연구자인 모린 퍼니스Maureen Furniss의 주장처럼, "여러 나라에서 애니메이션을 '진정한' 예술 형태로 격상시키기 위한 노력을 하지만 애니메이션 작품 자체가 너무나 대중적이고 상업화되었거나 혹은 한정적인 팬들과 어린이 관객으로 국한되는 사실로 인해 학자들은 심각한 고민에 빠지게 된다." 그러나 "이와 같은 상황은 상업적이거나 어린이 취향 이외의 폭넓은 영역이 존재한다는 것을 간과하는 것"[2]이다. 한국의 상황 또한 예외는 아니어서, 애니메이션 역사 서술에서 '최초'라는 의미를 유난히 부각하거나 외국 애니메이션의 표절 시비와 연관해 유난히 방어적인 방식으로 흐름이 전개되는 것을 발견할 수 있다. 역사에서 '최초'로 기록된다는 것은 분명 중요한 일이긴 하지만, 그 '최초'의 주변에 존재하는 넓은 영역을 살펴보는 것 또한 중요한 일이라고 본다.

그렇다면 지속적이지 않고 빈 공백이 많은 한국 애니메이션 역사를 어떻게 구성해야 하는가. 어린이 취향 이외의 폭넓은 영역을 어디에서 찾을 수 있을 것인가. 단속했다고 볼 수 있는 1960년대 후반 한국 애니메이션의 근원을 어디에서 찾아야만 하는가. 만화와 영화 사이에 걸쳐 있는, 영화산업 정책에서 문화영화로 구분된 한국 애니메이션의 특수한 정체성을 어떻게 설명할 것인가라는 질문의 답을 찾아가기 위한 하나의 방법으로서, 1950~60년대 한국에서 공보 선전의 중심에 자리했던 국립영화제작소의 애니메이션을 살펴볼 수 있다.

사실상 한국 애니메이션의 큰 줄기 중 하나는 국가의 지원이 이루어지는 국립영화제작소에서 이루어졌다고 볼 수 있다. 한국 애니메이션 역사에서 최초의 애니메이션은 HLKZ 미술 담당이었던 문달부가 연출한 1956년 'OB시날코' 광고로 알려져 있다. 이외에 1956년 '럭키치약'(문달부), 1960년 '진로소주'(신동헌)와 '활명수'(엄도식) 등의 TV나 극장용 광고들이 초기 애니메이션사에 기록되어 있다. 그리고 광고를 제외한 소위 '최초의 순수 애니메이션'으로 기록되고 있는 작품이 바로 국립영화제작

2 모린 퍼니스, 한창완·조대현·김영돈·곽선영 옮김, 『문화산업지원센터 애니메이션총서 4: 움직임의 미학』, 한울아카데미, 2001, 15~16쪽.

소가 1962년에 제작한 흑백 단편 애니메이션 〈개미와 베짱이〉(박영일 연출, 정도빈 작화)[3]이다. 〈개미와 베짱이〉 이후에도 국립영화제작소는 미술부의 박영일과 정도빈 그리고 한성학을 중심으로 여러 편의 단편 애니메이션을 제작했다. 그러나 한국 애니메이션의 시초로 자리한 〈개미와 베짱이〉를 제외한 국립영화제작소의 애니메이션들은 좀처럼 다루어지지 않았다고 볼 수 있다.

국립영화제작소의 애니메이션에 대한 연구가 적극적으로 이루어지지 못한 이유는 국가의 공보 선전에 활용된 애니메이션을 어떻게 볼 것인가라는 문제 때문일 수도 있고, 한국 애니메이션의 역사를 상업용 오락 혹은 예술로서의 애니메이션으로 한정한 문제 때문일 수도 있다. 그러나 애니메이션과 긴밀한 연관성을 갖는 만화가 단순화와 과장됨이라는 특성을 활용해 "교육자와 편집자, 판매자와 설득자"[4]의 역할을 한다는 것을 떠올려보자. 더불어 제2차 세계대전 시기와 냉전 시기 한국뿐 아니라 세계 각국에서 애니메이션이 공보 선전 매체로서 활용된 사례들을 참고해보자. 이렇게 확장해 본다면 국립영화제작소의 애니메이션들은 한국 애니메이션사의 한 부분으로 다루어질 수 있을 것이다. 따라서 이 글에서는 1950~60년대 국립영화제작소의 애니메이션이 제2차 세계대전 전후 각국의 애니메이션을 활용한 선전 정책에서 어떠한 영향을 받았고, 그러한 영향이 공보 선전에 어떤 방식으로 활용되었는지를 밝혀보려 한

3 KTV e-영상역사관의 목록에는 〈개미와 배짱이〉로 기록되어 있다. 또한 이 애니메이션의 제작연도는 자료에 따라 다른데 KTV e-영상역사관에는 1962년으로, 신문 기사에는 1963년으로 기록되어 있다. 여기에서는 KTV e-영상역사관의 기록을 따랐다. 《동아일보》 1963년 4월 16일자, 6면.

4 랜달 P. 해리슨, 하종원 옮김, 『만화와 커뮤니케이션』, 이론과 실천, 1989.

다. 그럼으로써 한국에서 애니메이션이 문화영화로 분류될 수밖에 없었던 근본적인 이유와, 이러한 이유로 단속할 수밖에 없었던 이유를 추적해 보려 한다.

2. 제2차 세계대전 전후의 선전 애니메이션

2-1. 냉전 시기 공보 선전 정책의 강화

제2차 세계대전 종식 후 오랜 기간 이어진 냉전 구도 안에서 공보와 선전이 얼마나 큰 비중을 차지했는가는 그동안 많은 분야에서 연구되었다. 미국과 소련 양측의 기밀문서가 해제됨에 따라 정치·역사학 분야의 연구가 많이 이루어졌고, 최근에는 그 범위가 영화를 비롯한 대중문화와 예술 분야로까지 확장되면서 이 시기 공보와 선전의 역할에 대한 연구들이 계속해서 등장하고 있다. 이러한 흐름 속에서 냉전은 '문화냉전'[5]으로서 세밀히 연구되기도 한다. 이러한 문화냉전의 자장 안에서 학문 분과를 가로질러 중요하게 언급되는 것이 영화·라디오로 대변되는 시청각 매체이다. 이는 주지하다시피 20세기 새로운 미디어의 총아가 된 이러한 시청각 매체가 양차 대전을 거치며 적극적으로 활용되었기 때문이다. 미국과 나치하 독일, 소련 그리고 일본 등은 전쟁을 치루며 대외 정보 활동과 선

5 Frances Stoner Saunders, *The Cultural Cold War: The CIA and the World of Arts and Letters*, The New Press, 2000; Charles K. Armstrong, "The Cultural Cold War in Korea, 1945-1950," *The Journal of Asian Studies* (62: 1), 2003 등에서 '문화냉전'에 대한 논의를 살펴볼 수 있다.

전을 그 어느 부분보다도 중요하게 다루었고, 제2차 세계대전의 종결 후 미국과 소련 양측의 미디어를 통한 문화냉전 또한 심화되었다.

한반도의 상황 또한 이 문화냉전에서 예외는 아니어서, 해방 후 남북한 모두 공보 선전을 매우 중요시했고 이에 따른 정책이 재빠르게 입안, 실행되었다. 단적으로 남한의 경우, 해방과 동시에 미 군정은 공보부를 설치해 영화를 비롯한 시청각 매체를 제어하고 활용했다. 북한 또한 1947년 북조선국립영화제작소를 설립하고 뉴스영화와 선전 극영화 등을 제작해 선전 매체로 활용하기 시작했다. 남한의 군정청 공보부는 정부 수립 후에 과도정부 공보부와 서무처 통계국, 조선방송협회와 소속 기관을 인수해 공보처로 확대 개편되었다. 그러나 군정이 종료되고 한국 정부의 공보 기구가 확대 개편되었다고 해서 미국의 대한 공보 정책 또한 종료된 것은 아니었다. 오히려 "미 군정기 공보부와 공보원Office of Civil Information, OCI의 역할이 남한 정부 수립 이후 대한민국 정부 공보처와 주한 미 대사관 산하 미국 공보원United States Information Service, Korea, USIS-KOREA으로 각각 계승되었으며, 특히 미국 공보원의 체제 선전 및 역선전 활동은 국제 냉전의 심화에 따라 더욱 강화되었다"[6]고 볼 수 있다. 이에 따라 영화, 라디오 등의 시청각 매체를 통한 공보 선전 또한 한층 강화되었다. 또한 대한민국 정부 공보처와 미국 공보원의 이원적 설치 운영에 따라 미국의 대한 공보 정책은 한국전쟁과 대한 경제 원조가 집중적으로 이루어지는 1950년대 내내 수정 또는 재조정되었다. "남한은 1950년대 미국 국무부의 28개국의 최우선 선전 대상인 국가 중 일본, 터

---

6 미 군정 공보부의 역할과 기능에 대해서는 박수현, 「美 軍政 公報機構 조직의 변천(1945.8-1948.5)」, 서울대학교 석사학위 논문, 2009 참고.

키, 서독 등과 함께 '위기의 주변부'에 속해"[7] 있었기 때문에, 미국의 선전 정책이 그 어느 나라에서보다도 더욱 강화되었다고 볼 수 있다.

이처럼 선전 정책 강화의 영향으로 영화를 비롯한 대중문화 인력들은 주한 미국 공보원을 비롯한 각계 공보 선전 기관에서 활동했다. 이 시기 많은 영화 인력들이 공보처 산하의 대한영화사와 주한 미국 공보원 상남 영화제작소에서 활동했다는 것은 이미 널리 알려진 사실이다.[8] 그리고 기재 시설과 숙련된 인력의 미비로 해방기와 한국전쟁 시기에 선전 애니메이션은 제작되지 않았지만 여러 만화가들 또한 선전 기관에서 활동했다. 대표적으로 김규택, 김성환, 김용환 등의 활동을 들 수 있는데, 〈고

---

7 장영민, 「정부 수립 이후(1948-1950) 미국의 선전 정책」, 『한국근현대사연구』 31집, 한국근현대사학회, 2004, 282쪽.

8 공보처/실 영화과(국립영화제작소)와 주한 미국 공보원 상남 영화제작소의 인력에 대해서는 한국예술연구소, 『이영일의 한국영화사를 위한 증언록』 시리즈, 소도, 2003; 이순진, 한국문화예술위원회 편, 『2005년도 한국 근현대예술사 구술채록연구 시리즈 69: 이형표』, 한국문화예술위원회, 2005; 공영민, 「양종해」, 한국영상자료원 엮음, 『한국영화사 구술총서 03: 한국영화를 말한다 - 한국영화의 르네상스 2』, 이채, 2006; 김승경, 「배석인」, 『2009년 한국영화사 구술채록연구 시리즈 〈생애사〉』, 한국영상자료원, 2009; 공영민, 「이성철」, 『2009년 한국영화사 구술채록연구 시리즈 〈생애사〉』, 한국영상자료원, 2009; 심혜경, 「김영희」, 한국영상자료원 엮음, 『한국영화사 구술총서 04: 한국영화를 말한다 - 한국영화의 르네상스 3』, 한국영상자료원, 2007; 이순진, 「백명제」, 〈대구·경북지역 영화사〉 구술채록연구팀, 『2011년 한국영화사 구술채록연구 시리즈 〈주제사〉』, 한국영상자료원, 2011; 이순진, 「김인태·이지완·이정섭」·「유병희·박익순」, 〈문화영화〉 구술채록연구팀, 『2012년 한국영화사 구출채록연구 시리즈 〈주제사〉』, 한국영상자료원, 2012; 이정아, 「한호기」, 〈문화영화〉 구술채록연구팀, 『2012년 한국영화사 구술채록연구 시리즈 〈주제사〉』, 한국영상자료원, 2012; 심혜경, 「주한 미 공보원 영화과의 제작 환경과 활약한 한국영화인들: 해방에서부터 1960년대까지」·공영민, 「1950년대 공보처 영화과와 영화 인력: 대한원조와 테드 코넌트를 중심으로」, 『한국영상자료원 2011 수집복원전 자료집: 냉전 시대 한국의 문화영화 - 테드 코넌트, 험프리 렌지 콜렉션을 중심으로』, 한국영상자료원, 2011등에서 확인할 수 있다.

바우〉의 김성환은 한국전쟁기 국방부 종군화가단 소속으로《승리일보》《만화승리》《사병만화》《육군화보》 등에 만화와 선전 포스터를 그렸다.[9] 김규택은 1951년 유엔군 총사령부 심리작전과에 채용되어 전쟁 기간 북한 및 중공군을 대상으로 전단용 만화를 그렸고, 이후 1959년까지 도쿄의 극동사령부 심리작전과에서 근무했다. 〈코주부〉로 유명하고 해방기와 전쟁기《만화뉴스》와《만화신문》을 창간해 뉴스 만화를 그리기도 했던 김용환은 1959년에 김규택이 맡고 있던 심리작전과의 일을 이어받아 전속 화가로 근무하며 1972년까지 기관 선전 잡지《자유의 벗》에 선전 만화와 일러스트 등을 그렸다.[10] 특히 김용환의 경우는 애니메이션과 관련해 흥미로운 이력을 갖고 있는데, 식민지 시기 일본에서 기타 고지北宏二라는 이름의 유명 만화가로 활동했던 그는 1945년, 후술할 일본 선전 애니메이션 〈모모타로 바다의 신병桃太郎海の神兵〉(세오 미쓰요 瀬尾光世)에 참여했다고 전해진다.[11]

2-2. 제2차 세계대전과 선전 애니메이션

그렇다면 이러한 냉전체제의 선전 정책에서 애니메이션은 어떤 목

---

9 정준영, 「시사만화의 역사, 고바우의 역사, 김성환」, 박재동 외, 『한국 만화의 선구자들: 우리 만화밭을 일궈낸 열세 명의 이야기』, 열화당, 1995, 69쪽.

10 최석태, 「타고난 그림꾼의 성공과 실패 - 만화가, 삽화가, 역사화가 김용화론」, 부천만화정보센터 엮음, 『코주부 김용환의 재발견: 三八線 불루스에서 성웅 이순신까지』, 현실문화연구, 2005, 21쪽; 최석태, 「궁핍과 격동의 시대를 살아간 만화가, 김규택」, 박재동 외, 위의 책, 29쪽.

11 곽대원, 「코주부 김용환, 그 삶의 궤적」, 박재동 외, 위의 책, 38쪽; 「김용환 시대 연표」, 부천만화정보센터 엮음, 위의 책, 163쪽.

적을 갖고 어떤 방식으로 활용되었을까? 이를 살펴보기 위해서는 먼저 제2차 세계대전에서 애니메이션이 어떤 역할을 했는지부터 살펴볼 필요가 있다. 전쟁이 발발하던 시기, 세계 각국의 애니메이션은 특색에 따라 발전해나가고 있었다. 1937년 월트 디즈니 프로덕션이 제작해 세계적으로 큰 성공을 거둔 장편 애니메이션 〈백설공주Snow White and the Seven Dwarfs〉(83분)[12]가 등장하기 전까지 각국의 애니메이션은 주로 실사영화와 함께 묶여 상영된 단편 애니메이션들이었다. 이러한 단편 애니메이션들은 나라별로 차이는 있지만 주로 원작 만화에 기반을 둔 캐릭터 애니메이션이나 상품 광고를 위한 홍보 애니메이션 또는 교육용 애니메이션들이었다. 그리고 애니메이션은 정부 각 부서나 기관의 홍보에 활용되기도

12 〈백설공주〉가 '첫 번째로 극장에서 상영된 유성 장편 애니메이션'이라는 데 이의를 제기하는 흥미로운 이견이 있다. 〈백설공주〉보다 7년 앞서 제작된 라디슬라스 스타레비치(Ladislas Starevich, a.k.a Wladyslaw Starewicz & Ladislas Starewich)의 인형 애니메이션 〈여우 이야기(Le roman de Renard; The Tale of the Fox)〉(1930, 흑백 유성, 65분)의 존재 때문이다. 이 작품은 완성 7년 후인 1937년 4월에 베를린에서 세계 최초로 상영되었다. 애니메이션 연구자 윌리엄 모리츠(William Moritz)는 〈백설공주〉(1937년 12월 최초 개봉)보다 8개월 전에 상영되었음에도 이 작품이 "첫 번째 장편 애니메이션으로 논의되는 데 있어 철저히 무시당한" 이유를 "최종 마무리에 독일이 제공하는 자금을 받았고, 나치하 독일에서 상영되었기 때문"이라고 본다. 그의 주장은 이 작품이 나치의 선전 정책에 이용되었다는 이유로 의도적으로 배제되었다는 것이다. 참고로 윌리엄 모리츠는 〈백설공주〉와 〈여우 이야기〉를 유성 장편도 컬러 장편도 아닌 '최초의 장편 애니메이션(the first feature-length animation film)' 기록 문제로 이야기하고 있는데, 현재 세계 최초의 장편 애니메이션으로 기록되고 있는 작품은 아르헨티나의 퀴리노 크리스티아니(Quirino Cristiani)가 연출한 〈사도(El apóstol)〉(1917, 흑백 무성, 70분, 소실)이다. 따라서 여기에서는 '극장 상영된 첫 번째 유성 장편 애니메이션'이 더 적합한 것 같아 설명을 덧붙인다. William Moritz, "Resistance and Subversion in Animated Films of the Nazi Era: the Case of Hans Fischerkoesen", *Animation Journal* (1: 1), Fall 1992, pp. 4~33, Revised and republished as William Moritz, "Resistance and Subversion in Animated Films of the Nazi Era: the Case of Hans Fischerkoesen", Jayne Pilling ed., *A Reader in Animation Studies*, John Libbey, 1997.

했다.[13,14]

여러 나라들이 셀 애니메이션, 종이 애니메이션, 인형 애니메이션 등 다양한 기법으로 작품들을 제작하고 있었지만, 1930년대에 접어들면서 세계 각국의 애니메이션 흥행 수입의 수위는 디즈니를 주축으로 하는 미국의 셀 애니메이션이 차지하게 되었다. 디즈니는 비용과 기간이 실사영화보다 훨씬 더 많이 투입되는 애니메이션에서, 미국 내의 판매 시장을 바탕으로 채산성을 확보한 다음 넓은 해외 시장에 진출했다. 흥행 수익에 비해 프린트 비용 또한 크게 비싸지 않은 디즈니 애니메이션은 독일, 영국 등의 유럽 지역뿐만 아니라 전 세계적으로 큰 성공을 거두었다.[15,16] 이러한 미국 애니메이션의 세계적인 공략 속에서 〈백설공주〉는 그 정점을 찍게 되는 '사건'이었다고 볼 수 있다. 이 영화는 할리우드 메이저 영화사들이 그랬듯이 디즈니사가 미국 내에서 메이저 제작사로 입지를 다지는 계기가 됐을 뿐 아니라, 전 세계적으로 디즈니 식의 애니메이션을 역할

---

13 일본의 경우 1921년 문부성이 실사영화나 애니메이션 등의 추천 제도를 실시해 교육적인 영화를 후원했다. 야마구치 야스오, 김기민·황소연 옮김, 『강원대학교 영상문화총서 001: 일본 애니메이션 역사』, 미술문화, 2005, 65쪽.

14 영국의 경우 1930~40년대 중앙우체국(General Post Office)이 영화부를 두고 렌 라이(Len Lye)와 노먼 맥라렌(Norman McLaren)과 같은 애니메이터들이 실험적인 방식으로 우체국의 홍보 애니메이션을 만드는 것을 지원했다. 모린 퍼니스, 앞의 책, 35쪽.

15 〈백설공주〉는 개봉한 해 북미에서 가장 큰 수익을 올린 영화로 기록되고 있으며, 화폐 가치 대비 가장 큰 수익을 올린 어린이 영화로도 꼽힌다. CNBC는 "The Highest Grossing Children's Movies of All-Time"이라는 기사에서 흥행 수위 아동영화 15편을 선정했는데, 1위부터 15위까지를 디즈니 제작 영화들이 모두 차지하고 있다. www.cnbc.com

16 나치 정권하 독일에서와 마찬가지로, 일본이나 식민지 조선에서는 외화 통제 정책으로 〈백설공주〉가 상영되지 않은 것으로 보인다. 해방 후 남한에서는 1956년이 되어서야 공개되었다. 〈백설공주〉는 세기영화사가 수입해 1956년 11월 16일, 시네마코리아 개관 기념작으로 개봉해 큰 인기를 끌었다.

모델로 삼거나 이에 대항하는 방식으로 방향을 설정하게 하는 중요한 기준점으로 작용하게 되었기 때문이다.

〈백설공주〉의 엄청난 성공은 상업적인 면뿐 아니라 제2차 세계대전을 전후한 선전 정책 면에서도 중요하게 작용했다. 일례로 나치 시기 독일에서는 디즈니의 애니메이션에 맞서기 위한 계획이 세워졌다. 윌리엄 모리츠William Moritz에 의하면 미국 단편 애니메이션은 1937년까지 독일에서 큰 인기를 끌었다. 선전 장관 요제프 괴벨스Joseph Goebbels는 디즈니의 '미키 마우스'와 '도널드 덕', '아기돼지 삼형제' 등이 등장하는 단편 시리즈 〈실리 심포니Silly Symphony〉의 상영은 허가했지만 〈백설공주〉는 비싼 판권 때문에 수입을 허락하지 않았다. 괴벨스는 〈백설공주〉의 전 세계적인 흥행 성공에 자극을 받아 "순수한 독일 이야기가 할리우드 키치의 첨가로 오염되었다"며 비판하고, 독일 애니메이터들에게 어린이를 위한 컬러 애니메이션을 제작하는 데 박차를 가하라는 장관 명령을 발표했다. 심지어는 그림 형제 버전에 충실한 실사 〈백설공주Schneeweisschen und Rosenrot〉(알프레드 스퇴거Alfred Stöger, 1939)를 제작하게 했다. 이 영화는 대중의 호응을 얻지 못했고, 이후에도 디즈니를 비롯한 미국 애니메이션에 대적할 만한 작품은 나오지 않았다. 그러자 1941년에 컬러 단편 애니메이션의 지속적인 생산뿐 아니라 장편 애니메이션을 제작해 강력한 독일 애니메이션 산업을 건설하라는 관리 당국의 계획이 발표되었고, 애니메이션은 선전 정책에서 보다 더 적극적으로 활용되기 시작했다.[17] 이처럼 괴벨스가 처음에는 디즈니와 다른 방식으로 대중의 호응을 얻으려고 했

17 William Moritz, *Ibid*.

지만 실패하고 결국 디즈니식의 애니메이션을 제작하려고 했던 것은 아마도 그가 "선전이란, 그것이 잠행성을 띨 때, 그리고 그 메시지가 대중적인 오락물의 틀 속에 숨겨져 있을 때 가장 효과적이라고 믿었기 때문"[18]이었을 것이다. 이는 달리 말하면, 마치 할리우드 극영화가 그랬던 것처럼 이 시기 디즈니 애니메이션이 대중적으로 얼마나 큰 인기를 끌고 영향을 미쳤는가를 알 수 있는 부분이다.

이탈리아 또한 제2차 세계대전 시기 〈백설공주〉를 의식해 시작한 장편 애니메이션 프로젝트의 결과로, 종전 후인 1949년에 첫 번째 장편 〈바그다드의 장미La rosa di Bagdad; The Singing Princess〉(안톤 지노 도메네기니Anton Gino Domenighini, 76분)를 내놓았다. 이 애니메이션은 "명백히 백설공주의 일곱 난쟁이를 모델로 해서 제작된 것이었다."[19] 이처럼 각국에서 〈백설공주〉의 여파로 정부 기관의 주도하에 장편 애니메이션을 제작해야 한다는 목표가 설정된 것은 흥미로운 일이다.

이러한 목표를 설정하는 데 있어 추축국 중 하나인 일본 또한 예외는 아니었다. 일본은 전쟁 중에 동물을 의인화하고 풀full 애니메이션 기법을 활용하는 디즈니의 방식을 모델로 해서 장편 애니메이션을 제작했다. "1941년 12월 진주만 공격을 어린이들에게 홍보할 목적"으로 일본 해군성이 제작한 〈모모타로의 바다독수리桃太郎の海鷲〉(세오 미쓰요, 1943, 37분)가 그것으로, 이 영화는 일본 최초의 장편 애니메이션으로 기록되고 있다. 이 애니메이션은 큰 흥행 성공을 거두었고, 이는 인도네시아 점령을 홍보하는 〈모모타로 바다의 신병〉(세오 미쓰요, 1945, 74분) 제작으로 이어졌다.

---

18 데이비드 웰시, 최용찬 옮김, 『독일 제3제국의 선전 정책』, 혜안, 2000, 81쪽.

19 모린 퍼니스, 앞의 책, 178쪽.

일본에서 전시 선전에 애니메이션이 적극적으로 이용된 것처럼 애니메이션의 효용성을 확신한 연합군 총사령부GHQ는 종전 후 점령 정책 선전에 애니메이션을 활용하고자 했다. 점령 당국은 애니메이터들을 소집해 신닛폰동화사新會社·日本動畵社를 설립하고 애니메이션을 제작했다. 야마구치 야스오山口康男는 이를 설명하며 "GHQ가 바라는 내용과는 거리가 멀었고, 일본 특유의 지방 봉건적인 성격 때문에 일이 진척되지 않자 GHQ도 포기해버린, 결국 디즈니 같은 조직으로는 발전할 수 없는 실태"[20]였다고 결론 내리고 있다. 하지만 이 조직에 참여했던 애니메이터들 중 일부가 닛폰동화日本動畵를 설립하고, 이 회사는 후일 디즈니의 분업 시스템을 도입해 일본 애니메이션의 첫 번째 전성기를 여는 데 주도적 역할을 한 도에이동화東映動畵로 발전한다.

제2차 세계대전의 선전 정책에서 추축국인 독일, 이탈리아, 일본뿐 아니라 연합군 측의 국가들 또한 애니메이션을 적극적으로 활용했다. 소련은 1936년 설립한 국립 애니메이션 스튜디오 소유즈물트필름Soyuzmultfilm에서 나치와 파시즘을 비난하는 선전 애니메이션을 제작했다. 그리고 냉전 시기에 들어서면서 이 스튜디오는 공산주의 체제를 옹호하고 자본주의 체제를 비판하는 선전 애니메이션으로 방향을 바꾸었다. 영국의 경우도 공보부the ministry of information가 전쟁 협력을 촉구하는 애니메이션을, 중앙우체국 영화부GPO film unit가 기관 홍보를 주제로 하는 실험 애니메이션을 지속적으로 제작하는 등 전시 선전에 애니메이션을 활용했다.

---

20 야마구치 야스오, 앞의 책, 67쪽.

2-3. 디즈니의 선전 애니메이션

그러나 그중에서도 가장 적극적으로 애니메이션을 선전에 이용한 나라는 미국이었다. 1941년 일본의 진주만 공격 후 미국이 전쟁 선포를 하자 선전 애니메이션의 편수가 급증하기 시작했다. 애니메이션 산업에서 절대적인 권력을 갖고 있던 미국은 이러한 선전 애니메이션에서 디즈니의 도널드 덕과 미키 마우스, 워너 브러더스의 〈루니 툰Looney Tune〉 주인공인 벅스 버니와 대피 덕, 그리고 페이머스 스튜디오Famous Studio의 뽀빠이에 이르기까지 유명 캐릭터들을 십분 활용했다. 미국의 선전 애니메이션들은 대체로 10분 이내의 단편이었지만, 전시 선전에 가장 적극적으로 협조한 디즈니 같은 경우는 〈공군력을 통한 승리Victory Through Air Power〉(1943, 70분)와 같은 장편 애니메이션을 제작하기도 했다. 이처럼 다수의 메이저 애니메이션 제작사들이 선전 애니메이션을 내놓았지만, 여기에서는 디즈니의 선전 애니메이션을 중심으로 이야기를 전개해보고자 한다.

디즈니의 선전 애니메이션은 대략 네 종류로 나누어 볼 수 있는데, 첫 번째는 납세와 전쟁채권war bonds 구매를 독려하거나 무기 제작에 필요한 원료 비축을 위해 가정에서 검소한 식생활을 할 것을 권유하는 등 후방의 국민들에게 전쟁에 협력할 것을 촉구하는 애니메이션들이다. 이 분류에서는 대표적으로 〈새로운 정신The New Spirit〉(미 재무부[21]·월트 디즈니 제작, 영화산업전시활동위원회[22]·국립 스크린 서비스[23] 배급, 1942년 1월 23일

21 U.S. Department of the Treasury.

22 War Activities Committee of the Motion Picture Industry.

개봉, 7분)과 〈다 함께 All Together〉(월트 디즈니 · 캐나다 국립영화제작소[24] 제작, 1942년 1월 13일 개봉, 3분) 〈프라이팬에서 전쟁터로 Out of the Frying pan into the Firing Line〉(월트 디즈니 · 전시생산위원회[25] 제작, 영화산업전시활동위원회 배급, 1942년 7월 30일 개봉, 3분) 등을 꼽을 수 있다. 이 애니메이션들은 디즈니의 대표 캐릭터들을 활용해 대중을 설득한다. "Your country is at war. Taxes for gun, taxes for ship, taxes for democracy, taxes for beating axis. That's the spirit."(《새로운 정신》), "Help Win the War, All Together War for Savings, Keep Your Money Fighting."(《다 함께》) 등의 선전 구호들은 도널드 덕이나 미키 마우스, 피노키오, 그리고 일곱 난쟁이 등의 유명 캐릭터들과 함께하며 효과가 극대화됨을 확인할 수 있다.

덧붙이자면, 이 애니메이션들에서 배급사로 이름을 올리고 있는 영화산업전시활동위원회 War Activities Committee of the Motion Picture Industry는 1941년부터 1945년까지 118편의 전시 선전 극영화와 다큐멘터리 그리고 애니메이션을 제작하거나 배급했다.[26] 공동 제작사로 이름을 올리고 있는 캐나다 국립영화제작소 NFB 또한 디즈니, 워너브라더스 같은 메이저 제작자와 선생채권 구매를 독려하는 여러 편의 애니메이션을 공동 제작했다. 후술할 국립영화제작소에도 영향을 준 NFB는 "캐나다인들에게 캐나다를 이해시킨다"는 목적으로 1939년에 설립되었는데, 그해 제2차 세계대전이 발발하자 "전쟁에 협력할 수 있게 대중의 인식을 고양

23 National Screen Services.

24 National Film Board of Canada, NFB.

25 War Production Board.

26 인터넷무비데이터베이스 www.IMDb.com 참고.

시키는 것으로 급작스럽게 목표를 수정했다."[27] 그리고 영국 다큐멘터리의 대부인 존 그리어슨John Grierson과 노먼 맥라렌Norman McLaren의 합류로 NFB에 애니메이션 분과가 설치되었다. 따라서 1941년에 NFB에 자리를 잡은 맥라렌이 초반에 작업한 애니메이션들은 '승리전쟁채권Victory War Bonds'을 선전하고 구매를 독려하는 〈승리를 위한 V V for Victory〉(1941) 〈4를 위한 5 5 for 4〉(1942) 〈헨 합Hen Hop〉(1942) 〈달러 댄스Dollar Dance〉(1942)였다.[28]

두 번째는 도널드 덕을 주인공으로 참전을 독려하는 일련의 시리즈물을 들 수 있다. 〈도날드 덕 군대에 가다Donald Gets Drafted〉(1942년 5월 1일 개봉) 〈사라진 병사The Vanishing Private〉(1942년 9월 25일 개봉) 〈공수병Sky Trooper〉(1942년 11월 6일 개봉) 〈해산! 집합! Fall out Fall in〉(1943년 4월 23일 개봉) 등이 이러한 종류의 애니메이션들로, 7분 내외의 이 단편 애니메이션들은 도널드 덕이 공군으로 자원입대하고 병영 생활을 해나가는 과정을 코믹하게 그리는데, 특히 만화의 특성을 가미해 전쟁터의 상황을 단순화하거나 과장하고 있음을 알 수 있다.

세 번째는 나치를 비판하는 애니메이션들이다. 〈총통의 얼굴Der Fuehrer's Face〉(1943년 1월 1일 개봉) 〈죽음을 위한 교육Education for Death〉(1943년 1월 15일 개봉) 등이 이러한 종류로, 이 애니메이션들은 히틀러와 괴벨스 등을 희화화하고 과장하는 방식으로 나치를 조롱하고 비판한 후에 미국을 찬미한다.

---

27 Marc St-Pierre, "70 Years of Animation, Part 1-When Animation Marches Off to War", NFB.ca Blog(http://blog.nfb.ca), November 30, 2011.

28 Marc St-Pierre, "70 Years of Animation, Part 2-Norman McLaren," NFB.ca Blog(http://blog.nfb.ca), December 1, 2011.

네 번째는 해외 선전 정책의 일환으로 이루어진 교육 애니메이션들을 들 수 있다. 전시 기간 미주담당진행국The Office of the Coordinator of Inter-American Affairs[29]이 '좋은 이웃 정책Good Neighbor Policy'의 일환으로 라틴 아메리카에 배포하기 위해 제작한 〈아메리카의 건강Health for the Americas〉 시리즈들이 그것인데, 이 애니메이션들은 의식주 생활환경에 대한 교육 내용을 담고 있다. 따라서 이 애니메이션들은 영어판과 스페인어판이 함께 제작되었다. 예를 들면 〈날개 달린 재앙The Winged Scourge〉(1943)은 〈백설공주〉의 일곱 난쟁이에게 말라리아 등의 전염병을 초래하는 모기의 해악에 대해 교육하는 애니메이션인데, 이와 비슷한 소재로 〈질병의 매개체인 벌레들Insects as Carriers of Disease〉(1944) 〈질병이란 무엇인가What is Disease〉(1944) 등이 제작되었다. 그리고 〈유아 양육법Infant Care and Feeding〉(1944) 〈인체Human Body〉(1944) 등의 애니메이션은 건강한 신체를 유지하기 위한 방법을 교육하고 있다. 10분 분량의 이 애니메이션들은 종전 후에는 미국 공보원USIS을 통해 배포되었다.[30]

제2차 세계대전 종전 후 디즈니와 워너 브러더스 같은 메이저 제작사가 이전과 같은 방식으로 선전 애니메이션을 제작하지는 않았지만, 이 시기의 경험을 통해 미국은 애니메이션의 효용성을 확인했다고 여겨진

---

29 이 기구는 종전 후 전시정보국(the Office of War Information, OWI)과 함께 국무부 산하로 흡수되어 국제영화부(International Motion Picture Division, IMPD)로 개편되었다. Hiroshi Kitamura, *Screening Enlightment: Hollywood and the Cultural Reconstruction of Defeated Japan*, Cornell University Press, 2010, p. 65.

30 소개하고 있는 이 애니메이션들의 크레디트에 "USIS 제공"이라고 기록된 것으로 미루어 이와 같이 추측하고 있는 것인데, 라틴 아메리카 이외의 해외 지부에 공통으로 배포되었는지는 확인하지 못했다. 이 부분은 차후에 보충하려 한다.

다. 여기에 애니메이션이 갖는 이점으로 인해 보다 자유롭고 편안하게 선전에 활용될 수 있었다고 생각된다. 앞서도 이야기한 것처럼, 전 세계적으로 애니메이션에 대해 갖는 고정관념은 어린이 혹은 온 가족 대상의 영화라는 것이다. 따라서 '교육적'이라는 기준을 크게 벗어나지 않는 한 애니메이션은 실사영화에 비해 상대적으로 검열 등의 법적 조치에서 자유로운 것[31]은 물론이고 어떤 매체보다도 대중적이다. 따라서 냉전의 시작과 함께 애니메이션은 할리우드 극영화, 뉴스·문화영화와 함께 상업적·비상업적 경로를 불문하고 세계 각지에서 유통·활용되었다.

20세기 미국의 가장 유명한 선전가 중 한 명인 에드워드 버네이스 Edward Bernays는 "미국의 영화산업은 전 세계를 통틀어 가장 규모가 큰 선전 배급책으로, 의식하지 못하는 사이에 생각과 견해를 확산하는 데 영화만큼 효과가 높은 도구는 없다"[32]고 주장했다. 이런 그의 주장처럼 미국의 애니메이션과 영화는 선전 효과가 높은 도구로서 더욱 광범위하게 활용된 것이다. 따라서 냉전체제에 들어서고 미국의 대내외 공보 선전 정책이 강화되면서 각 정부 기관별 공보 선전 애니메이션은 지속적으로 (열거할 수 없을 만큼 다수가) 제작되었다. 디즈니의 애니메이션을 USIS의 교육·계몽용 시청각 교재로 활용했던 것처럼, 미국의 공보 기관들은 자체적으로 애니메이션을 제작해 적극적으로 활용하기 시작했고, 이러한 정책은 한국

---

31 모린 퍼니스는 1930년대 미국의 영화 검열에서 악명 높았던 PCA(Production Code Administration) 문서에 "애니메이션이기 때문에 상대적으로 무해하다"고 기록된 것과 디즈니 영화가 상대적으로 PCA 검열을 적게 받은 것을 지적한다. 이러한 점은 한국에서 애니메이션이 문화영화로 분류되는 것과도 연관성을 갖는다고 생각하는데, 이에 대해서는 후술하기로 한다. 모린 퍼니스, 앞의 책, 185~189쪽.

32 에드워드 버네이스, 강미경 옮김, 『프로파간다』, 공존, 2009, 257쪽.

의 공보 선전 기구인 한국 USIS나 공보부 국립영화제작소에서도 똑같이 적용되었다.

3. 1950~60년대 국립영화제작소 애니메이션의 목표와 특징

그렇다면 제2차 세계대전을 거치며 높아진 선전 애니메이션의 효용성이 한국의 공보 선전에서 구체적으로 어떻게 드러나고 있는가. 공보 선전 애니메이션을 다수 제작한 국립영화제작소는 어떤 목표를 설정하고 어떤 방식으로 애니메이션을 활용했는가. 이러한 점을 추적하기 위해서는 당시 국내의 공보 선전에 큰 영향을 끼치고 있던 대한 경제 원조 정책과 한국 정부 기관의 상호관계를 먼저 살펴보아야 한다. 이를 위해 국립영화제작소 소장 출신인 이성철의 구술과 「공보실 주요 시책」 등의 국가 기록 자료 등을 재구성한 후 현재 국립영화제작소의 후신인 한국정책방송원 e-영상역사관에서 서비스하고 있는 1950~60년대 애니메이션을 살펴봄으로써 이러한 질문에 대한 답을 찾아보고자 한다.

3-1. 대한對韓 경제 원조와 영화제작소의 설립

1960년대 후반에 본격적으로 민간 문화영화 제작사들이 등장하기 전까지,[33] 국립영화제작소는 뉴스뿐 아니라 교육·계몽부터 예술 분야의

---

33 민간 문화영화 제작사에 대해서는 이 책에 수록된 이정아, 「민간 문화영화 제작사를 통해 본 민간 문화영화 소사」를 참고할 것.

소개에 이르기까지 거의 모든 분야를 소재로 문화영화를 제작했다. 참고로 1960년대 후반은 국립영화제작소 기존 인력들이 다수 이직하고, 한국 최초의 장편 애니메이션 〈홍길동〉과 여러 편의 극장용 장편 애니메이션이 제작되는 시기이기도 한데, 이런 점이 민간 문화영화 제작사의 등장과도 연관을 맺는다.

국립영화제작소는 1961년 법령에 의해 독립되기 전까지 통칭 '영화제작소'라 불렀는데, 이는 기존 시설에 더해 1958년 12월에 신축 건물과 설비를 완비한 것을 이르는 것이었다.[34] 1950~60년대 한국의 공보 선전은 미국의 대한 원조 정책과 긴밀한 연계를 맺으며 진행되었다. 이 영화제작소 역시 "한미 양국 경제 조정관 보도 기술 개량 사업의 일부"로 진행된 것이었고, 카메라, 인화기, 애니메이션 촬영기인 옥스베리Oxberry 등의 기계 설비를 구축하는 데 국제협조처ICA의 원조를 받았다.[35]

1951년 12월 공보국 영화과 계장을 시작으로 1963년 5월 국립영화제작소 소장까지, 12년여에 걸쳐 영화과에서 근무했던 행정관 이성철[36] 또한 이 제작소와 관련해 반복적으로 강조하는 부분이 바로 미국의 대한 원조와 관련된 것인데, 그중 가장 강조하는 기관은 주한 경제협조처United States Operations Mission to Republic of Korea, USOM이다.

34 공영민, 「1950년대 공보처 영화과와 영화 인력: 대한 원조와 테드 코넌트를 중심으로」, 앞의 책, 33쪽.

35 〈Welcome to Motion Picture〉(1958), 한국영상자료원 〈테드 코넌트 컬렉션〉.

36 이성철과 관련해서는 공영민, 「이성철」, 앞의 책을 참고할 것.

그러고 외국의 그때는 인저 미국을 위시해서 영국 뭐 저 독일 이런 데가 이제 전후에 이제 자기들의 국위 선양을 위해서 서로 경쟁하는 거예요. 한국사람 지도자들 자꾸 데려다가 자기 공부 시키고 또 관광 시키고 뭐 해가지구서 자기 나라를 저 뭐 하는 거지요. 선전하는 거지. 그 굉장히 한창 계속 됐습니다. 미국도 막대한 돈을 써요. 지도자들 데려다가 자기 편 맹글기 위해서. 그래 한국의 그런 뭐가 1958년에 그 저 유썸USOM에서 맨든 영화제작소, 시라큐스 컨트랙트. 또 우리가 미국 가서 공부하는 거 같은 거 전부 미국 국무성에서 핸 거거든.[37]

이 구술은 미국의 해외 공보 선전 정책의 특징을 살펴볼 수 있는 중요한 구술이다. 이성철이 USOM(또는 OEC)[38]을 강조하는 것은 한국에서 공보 선전과 관련한 세 가지의 주요 정책을 집행한 주관 부처가 바로 OEC(USOM)이기 때문이다. 그 세 가지를 설명하면, 첫 번째는 영상물 제작을 위해 제작소 건물을 짓고 기재를 마련하여 기반 시설을 구축한 것이고, 두 번째는 기반 시설 운영의 실무를 담당하는 행정 공무원이 미국

---

37 이 구술과 관련해 설명을 덧붙이자면. 1958년에 영화제작소가 완성되고, 시라큐스 계약이 체결될 당시 국제협조처(ICA)의 자금을 집행하던 대한 경제 원조 기관은 주한 유엔군 경제 조정관실(Office of the Economic Coordinator, OEC)이었다. 이 OEC가 관장하던 대한 경제 원조 업무가 1959년 USOM으로 이관되었다. 또한 여기에서 구술자가 언급하는 "우리가 미국 가서 공부하는 거"는 당시 공보처의 행정관들이 ICA의 지원을 받아 1957년 9월부터 1958년 8월까지 약 1년간 인디애나 대학교(블루밍턴)에서 'ICA Audio-Visual Leadership Program'을 이수한 것을 말하는 것이다. 참고로 이성철은 2009년 〈생애사〉 구술시에도 비슷한 방식으로 USOM의 중요성을 강조했다. 공영민 면담, 이성철 증언, 2013년 6월 20일.

38 위의 주석 참고.

의 해외 선전 정책을 교육받고 '우방' 미국의 민주주의를 체험하도록 미국 현지에서 연수시킨 것이며, 마지막은 대한 경제 원조 정책과 미국식 민주주의를 적합하게 적용해 영상물로 제작할 수 있도록 한국 인력을 육성한 것이다. 이를 위해 OEC(USOM)는 기획부터 후반 작업까지 체계적으로 교육할 각 분야의 미국인 전문가들을 파견했다. '시라큐스 계약 Syracuse Contract'으로 지칭되는 이 기술 원조의 인력 구성은 기획, 연출, 각본, 촬영, 녹음, 현상, 설비 그리고 애니메이션 전문가로 이루어졌으며 영화제작소 시설이 완비된 1958년경부터 분야별로 3년에서 5년간 교육을 담당했다.[39] OEC(USOM)가 이와 같이 영화제작소 시설 구축과 인력 지원에 적극적이었던 것은 미국 원조 기관이 1950년대 후반 대한 원조 정책의 효과적인 집행을 위해 공보 선전이 필요했고, TV와 라디오 보급이 활성화되지 않은 한국 상황에서 시청각 매체 중 영화가 가장 효과적이라고 판단했다는 것을 보여준다. 실제로 영화제작소의 신축 시설이 완성된 1958년은 한국영화 편수와 관객 수가 급증하며 한국영화의 중흥이 일어나는 시기이기도 했다. 하지만 영화의 인기에 비해 당시의 한국 영화산업에는 미국이나 일본처럼 자금 운영이 안정적인 메이저 제작사가 존재하지 않았고, 배급·상영의 구조 또한 불안정했으며, 극장 수가 충분한 것도

---

39 이성철과 당시 영화제작소 문화영화 감독이었던 양종해에 따르면, 이들은 2년 기한으로 파견되었지만 기간을 연장해 3년 넘게 근무했다고 한다. 또한 국가기록원의 사진 자료를 보면 이들이 1958년 10월 29일 내한했다가 같은 해 11월 10일 이한하고, 1959년 4월 30일에 다시 내한한 것을 확인할 수 있다. 또한 영화과 현상실 고문 송별 기념 사진(1961년 5월 19일)과 영화과 발전실 송별회 사진(1961), 제임스 매카론(James W. McCaron) 이한 사진이 1963년에 촬영된 것으로 보아 분야별로 차이는 있겠지만 이들은 대략 1958년부터 1963년까지 제작소에서 근무한 것을 알 수 있다. 공영민, 「이성철」, 앞의 책; 공영민, 「양종해」, 앞의 책, 256~258쪽; 국가기록원 나라기록 누리집(http://contents.archives.go.kr).

아니었다. 말하자면 미국의 경우처럼 부처별 기관이 영화 제작 부서를 운영하거나 의뢰 가능한 안정적인 제작사가 존재하지 않았고, 인력 또한 한정되어 있었기 때문에 중앙 집중적일 수 있는 위험이 따름에도 불구하고 공보실 영화과가 선택된 것이 아닐까 추측해볼 수 있다. 아마도 미비한 시설이지만 한국적 상황에 맞춰 공보 선전을 진행할 수 있는 이동영사가 가능하고 제작 시스템을 갖추고 있는, 그리고 각 부처의 시책을 취합할 수 있는 공보실 영화과가 지원을 받은 것은 필연적이었을 것이다. 위에서 언급한 미국 연수의 부서별 비율 또한 이러한 배경을 뒷받침하고 있는데, 다른 부처들의 도미 연수 비율이 평균적으로 20% 정도밖에 되지 않는 것에 비해 공보실 행정관의 도미 연수 비율은 40%나 되었다.[40]

3-2. 국립영화제작소의 목표 설정과 애니메이션의 활용

이처럼 시설과 인력이 보강된 영화제작소를 통해 정부의 공보 선전 정책은 한층 강화되었다. 「1959년 공보실 주요 시책」은 "공보, 선전 및 방송의 모든 기능을 체계화"하고 "국내 선전 기구의 재편 강화" 및 "각 선전 기관 상호간의 유기적 연락을 긴밀히 하여 국가 선전을 일원화"해 "국민에의 강력 침투를 꾀한다"는 목표를 보여준다.[41] 이 시책의 '기록 보도영

---

40 1960년 1월 현재 각 부처의 3급 이상 전체 인원은 1,097명이고 연수를 포함한 미국 경험자 전체 수는 약 290여 명이다. 공보실의 경우 전체 행정관 15명 중 7명이 미국 경험을, 6명이 미국 연수를 다녀옴으로써 전체 인원의 90%가 미국을 다녀왔다. 허은, 『미국의 헤게모니와 한국 민족주의』, 고려대학교 민족문화연구원, 2008, 231~232쪽.

41 이 해의 목표는 다음과 같다. "언론 행정에 있어서는 자율적이고도 보다 높은 윤리로써 사실을 사실대로 보도하는 자유스럽고 책임 있는 언론 질서를 확립한다. 국내적으로는 공보, 선전

화의 제작 배부' 항목에는 "이번에 준공을 본 실적으로 동양 제일을 자랑할 수 있는 당실 영화 제작 시설을 최고도로 활용해 정부의 시책과 업적을 가장 구체적으로 알릴 수 있는 보도, 문화, 교육영화를 다음과 같이 제작하여 배부한다"라고 기록되어 있다.[42] 이처럼 「1959년 공보실 주요 시책」이 강조하는 "국가 선전의 체계화와 일원화"라는 목표가 업무를 담당한 이성철의 구술과 일치하는 것을 확인할 수 있는데, 이를 통해 경제 원조에 따른 각 부처의 사업을 진행하기 위해 국민을 설득하고 계몽하고 교육하는 임무, 즉 공보실의 공보 선전 임무가 강화되었음을 알 수 있다. 정부의 대표적인 시청각 매체 기관인 영화제작소 또한 정책 기조에 맞춰 뉴스와 문화영화 제작에 전문성을 강화했다.

영화제작소는 1958년, 앞서 언급한 최신식 기재 설치와 시라큐스 계약 인력이 파견되는 것에 맞춰 연출, 촬영, 편집, 미술 등 각 분야의 공채 직원을 모집하기 시작했다. 그중 미술부의 인력들은 실사영화에 필요한

및 방송의 모든 기능을 체계화하여 모든 국민에게 신속 정확하게 정부의 시책과 업적을 주지시켜 정부에 대한 신뢰성과 보다 나은 민주 생활에의 희망을 북도두어 국가 부흥과 멸공 통일에의 의욕을 높힌다. 대외 선전에 있어서는 널리 우리나라를 소개하고 우리의 입장을 이해시켜 공산 집단의 그릇된 선전을 봉쇄하면서 우리의 국제적 지위를 향상시킨다." 「1959년도 공보실 주요 시책(제11회)」, 『국무회의록(제1회-24회)』, 소장기관: 국가기록원, 생산기관: 총무처, 생산년도: 1959년.

42 1959년 시책에서 뉴스를 제외한 기록·문화영화의 제작 기획 편수는 기록일(紀錄日)영화 5편, 강조주간영화 10편, 행정업적영화 10편, 국민가요 보급영화 4편, 훈련교육영화 20편, 문화기록영화 30편으로 총 79편이다. 하지만 제작이 계획대로 이루어진 것 같지는 않다. e-영상역사관에서 확인 가능한 1959년도 제작 문화영화는 30여 편 내외인데, e-영상역사관의 분류가 정확하지 않은 것을 고려하더라도 편수 차이가 크기 때문이다. 참고로 e-영상역사관의 문화영화 카테고리에는 〈대한뉴스〉 특보와 〈세계뉴스〉가 포함되어 있고, 한 편으로 제작된 영화가 나뉘어 있기 때문에 정확한 제작 편수를 가늠할 수 없다. 그럼에도 불구하고 제작소의 문화영화 편수가 해마다 증가한 것은 확인할 수 있다.

제목, 자막 등의 기본적인 미술 작업뿐 아니라 애니메이션 제작법을 교육받았고, 이에 따라 1958년부터 문화영화에 부분적으로 애니메이션이 활용되기 시작했다. 이 해 제작된 애니메이션은 뉴스영화나 교육영화에서 일반적으로 활용되는 도표나 그래프, 인체나 동물의 해부도 등이 주를 이뤘다. 1959년이 되어서야 1분 5초 분량의 독자적인 애니메이션 〈쥐를 잡자〉가 제작되었다. 〈쥐를 잡자〉 이후에도 국립영화제작소의 애니메이션은 실사의 보조 역할을 넘어서지는 못했다고 할 수 있다. 하지만 시라큐스 계약 인력의 교육 직후인 1960년대 초부터 박영일, 한성학 등의 애니메이션 인력이 1960년대 후반 국립영화제작소를 퇴사해 상업 장편 애니메이션 분야로 진출하기 전까지 애니메이션이 꾸준히 제작된 것을 확인할 수 있다. 1960년대 국립영화제작소가 제작한 문화영화 중 애니메이션으로 분류할 수 있는 문화영화는 〈개미와 베짱이〉를 포함해 11편 정도로 파악할 수 있는데, 그 목록은 [표1]과 같다.

[표1]의 11편의 애니메이션들을 주제별로 분류하면 보건·사회 관련 7편(〈쥐를 잡자〉 〈개미와 베짱이〉 〈나는 물이다〉 〈잘 살 수 있는길〉 〈어둠이 지나면〉 〈루프피임법 권장 민화〉 〈우리도 잘 살 수 있다〉), 정치·행정 관련 3편(〈살기 좋고 밝은나라, 내가가진 이 한표로〉 〈112〉 〈다시는 속지말자〉) 그리고 경제 관련 1편(〈한국의 70년대〉)으로, 보건·사회 분야에 주제가 치중된 것을 발견할 수 있다. 1960년대 문화영화들의 주제에서 수위를 차지하는 것은 산업·기술, 경제, 보건·사회 분야 순이었다. 국립영화제작소 문화영화의 특성상 모든 분야가 교육과 계몽을 중심에 놓고 있지만, 그중에서도 산업·기술이나 경제에 비해 좀 더 광범위한 대중을 대상으로 하는 보건·사회 분야에서 애니메이션이 활용된 것은 주목할 만하다고 볼 수 있다. 이 시기 국립영화제작소의 문화영화들은 농사 기술, 통신 기술, 모자보건처럼 부처별

[표1] 1950~60년대 국립영화제작소 제작 애니메이션

제명[43]	제작년도	상영 시간	내용
쥐를 잡자	1959	1분 5초	각종 질병을 일으키는 원인인 쥐를 잡자는 내용
살기좋고 밝은나라, 내가가진 이 한표로	1961	3분 8초	1961년 7월 29일 민·참의원 선거 투표를 독려하는 내용
개미와 베짱이	1962	4분 46초	성실히 일해야 한다는 이솝 우화를 원작으로 한 애니메이션
나는 물이다	1963	5분 53초	물의 소중함을 알리며 홍수 등의 재해를 방지하기 위해 숲을 가꾸어야 한다는 내용
112	1963	8분 25초	범죄 신고 전화 112를 홍보하고, 범죄 예방에 만전을 기해야한다고 교육하는 애니메이션
잘 살 수 있는길	1963	9분 18초	구습과 악습을 버리고 열심히 일하자는 내용
다시는 속지말자	1964	6분 39초	북한의 만행을 늑대와 토끼 등의 캐릭터들을 활용해 선전하는 애니메이션
어둠이 지나면	1964	7분 55초	한센병에 대한 편견을 바로잡는 애니메이션
루프피임법 권장 만화	1965	1분 28초	루프 피임법을 선전·교육하는 애니메이션
우리도 잘 살 수 있다	1965	5분 31초	경제 성장을 위해 절약하는 습관을 가져야 한다고 교육하는 내용
한국의 70년대	1967	7분 48초	제1차 경제개발 5개년 계획의 성과를 정리하고 제2차 경제개발 5개년 계획을 선전하는 애니메이션

43 제명의 띄어쓰기는 원제를 따랐다.

주요 정책에 맞춰 특정 소재를 전문적으로 설명하고 교육하는 방식으로 제작되었다. 때문에 국립영화제작소 문화영화의 특징 중 하나는 내용을 설명하기 위한 내레이션의 비중이 매우 높다는 것인데, 위의 애니메이션들은 내레이션보다는 시각적 전개를 통한 내용 전달에 중점을 둔다는 특징을 갖고 있다. 이는 앞서도 언급한 것처럼 애니메이션이 갖는 단순화와 과장됨이라는 특성 때문에 가능한 것이다.

이러한 특성으로 인해 애니메이션은 두 가지 분야에서 활용되었다. 첫 번째는 〈개미와 베짱이〉 〈나는 물이다〉 〈잘 살 수 있는길〉 〈우리도 잘 살 수 있다〉의 내용에서 알 수 있는 것처럼, 특정한 기술 교육이나 정책 설명이 아닌 개인의 습관이나 가치관의 개선과 계몽과 관련한 정부 시책 선전에 애니메이션이 활용된 것이다. 이 경우 동화나 우화의 형식을 차용해 교훈을 설명하고 주입하는 방식을 활용한다고 볼 수 있다. 예를 들어 대중에게 익숙한 이솝 우화를 애니메이션화한 〈개미와 베짱이〉가 1962년 제1차 경제개발 5개년 계획을 시작하며 전국적인 계몽 운동과 근로정신을 강조한 정부 시책[44]을 보다 쉽게 전달하고 선전하는 식이다. 두 번째는 〈쥐를 잡자〉 〈살기좋고 밝은나라, 내가가진 이 한표로〉 〈112〉 〈루프피임법 권장 만화〉의 경우와 같이, 국립영화제작소의 여타 문화영화처럼 특정한 정책 선전을 위해 활용하는 것이다. 이 경우도 실사영화의 설명적 내레이션보다는 캐릭터를 활용한 코믹한 상황 전개를 통해 내용을 단순화해 전달한다고 볼 수 있다. 예를 들면 〈쥐를 잡자〉가 각종 전염병

---

44 "국민의 지식수준 향상과 민주 사상의 고취를 위해 전국적인 문맹 해소와 계몽 운동을 촉진할 것이고 이에 따라 근로정신을 위시한 도의 진작에 치중할 것입니다."("박의장 시정 연설 전문", 《동아일보》 1962년 1월 6일자, 1면).

예방뿐 아니라 양곡 피해를 줄여 경제 부흥에 적극적으로 협조하기 위해 쥐를 잡아야 한다는 것을 김용환의 유명 캐릭터 코주부를 활용하여 알기 쉽게 설명하고,[45] 표어 자체가 제목이 된 〈살기좋고 밝은나라, 내가가진 이 한표로〉가 1961년 7월 29일 민·참의원 선거 투표 방법을 코믹하게 설명함으로써 투표 독려를 하고, 〈루프피임법 권장 만화〉[46]가 대중에게 낯설고 실사로 설명하기 어려운 루프 피임법에 대해 상징적인 묘사와 그림을 통해 설명하는 식이다. 이처럼 애니메이션은 대중의 지식수준이나 문맹률과 밀접한 관련을 맺고 있었다. 따라서 국립영화제작소의 애니메이션은 정부의 목표와 시책을 실사영화보다 단순하고 간략한 방식으로 대중이 알기 쉽게 전달하는 한 방편이었다고 결론지을 수 있다.

3-3. 국립영화제작소 애니메이션의 한계

지금까지 국립영화제작소가 정부의 공보 선전 정책을 효과적으로 수행하기 위한 한 방편으로 애니메이션을 활용한 것을 확인해보았다. 그렇다면 국립영화제작소의 애니메이션 제작은 제작소 설치 시 상정했던

---

45 "쥐를 다 잡고 쥐에 의해서 생기는 양곡 피해를 없애고 이를 수출한다고 하면 원면과 석유류의 원조 대신에 다른 필요한 물건의 원조로 바꿀 수도 있으니 쥐를 잡는다는 것은 경제 부흥책으로서도 아니해서는 안 될 '정책'이라고 하지 않을 수 없다."("[사설] 쥐를 잡자", 《동아일보》 1954년 9월 15일자, 1면); "백해무익의 이 쥐가 우리나라에만도 무려 삼천 마리 추산가 있으며 이것들이 일 년간에 먹고 해치는 양곡만도 칠백오십만 석에 달한다." ("쥐 천 마리 연구하는 황종현 씨", 《경향신문》 1958년 7월 28일자, 3면.)

46 1964년부터 이루어진 보건사회부의 루프 피임법 권장에 따라 1965~66년 가족계획과 루프 피임법을 주제로 〈부부수첩〉 〈딸 3형제〉 〈가족계획(행복의 계단)〉 등 일련의 가족계획 영화가 제작되었다.

목표대로 진행되었던 것일까? 제작소의 목표와 실제 제작된 애니메이션 사이에는 어떤 간극이 있었을까? 이를 살펴보기 위해 다시 한 번 영화과장 이성철의 구술을 참조해볼 수 있다. 이성철은 1958년 8월, 인디애나 대학에서 시청각 지도자 프로그램 연수를 마친 후 미국 교육진의 권유로 캐나다 국립영화제작소NFB를 시찰하고 귀국했다. 그는 방문·시찰을 통해 NFB를 영화제작소의 역할 모델로 상정했다고 술회한다.[47] 2장에서 전술한 것처럼, 1939년에 설립된 NFB는 1941년에 애니메이션 분과가 설치된 후 노먼 맥라렌을 중심으로 다수의 실험적이고 예술적인 애니메이션을 제작했다. 노먼 맥라렌은 1952년, 픽실레이션pixilation 기법을 사용해 반전 메시지를 전하는 애니메이션 〈이웃Neighbours〉으로 아카데미 단편상을 받으며 세계적인 애니메이션 감독으로 알려지기 시작했다. 그의 활동으로 인해 NFB 또한 국가 공보 선전 기관이라기보다는 예술 작품을 제작하고 지원하는 기관, 캐나다 자국민들에게 유용한 교육·계몽영화를 제작하는 기관으로 인식되기 시작했다.

이성철과 이 시기 국립영화제작소에서 활동한 감독들의 증언에 따르면, 제작소는 NFB의 애니메이션뿐 아니라 분야별 소재에 따른 분업화

---

47 "공 : 그까 미국에 계시다가 캐나다에 들렀다가 오셨어요?
이 : 그렇지. 들어올 적에 거기 가서 보고 노먼 매칸도 만났지, 내가 그때.
공 : 선생님 혼자 가신 거에요?
이 : 나 혼자. 그때는.
공 : 그게 어떤, 그 선생님이 하셔야 되는, 반드시 하셔야 되는 일이었어요, 아니면은 선생님이 엔에프비씨를 아셔서 가신 거예요?
이 : 아, 아, 그때에 희미했어요. 카나다영화제작소에 대해서 정보는 이 저, 뭐 디테일하게 몰랐을 적이었어. 게 내가 가서 확실히 알았지. '요게 우리 목표다' 하는 걸. 어. 그때 그 미국 사람들이 권고했어요. (…후략…)" 공영민, 「이성철」, 앞의 책, 282~283쪽.

와 1인 제작 시스템을 역할 모델로 상정하고 이를 따르려 한 것을 알 수 있다. 그렇다면 국립영화제작소는 왜 전 세계에 영향력을 떨치고 있었던 디즈니가 아니라 NFB를 역할 모델로 상정한 것일까? 그것은 아마도 대규모의 재원과 인력이 필요한 디즈니식 애니메이션과 상대적으로 소규모의 재원으로도 제작 가능한 NFB의 애니메이션 사이에서 선택 가능한 방향으로 노선을 정한 것으로 추측해볼 수 있다. 재원과 인력의 부족과 더불어 디즈니의 특징인 상품성을 앞세운 캐릭터가 한국에는 상대적으로 부족하다는 이유 또한 작용했다고 추측해볼 수 있다. 예를 들어 앞서 설명한 〈쥐를 잡자〉에서 대중에게 친밀한 '고바우' 캐릭터를 활용한 것을 보면 디즈니식의 애니메이션을 시도했다고도 볼 수 있다. 하지만 이러한 캐릭터를 활용한 애니메이션이 지속적으로 제작되지는 못했다. 제2차 세계대전 당시 독일과 일본의 선전 애니메이션처럼 상업적 기반이 없는 상태에서는 공보 선전을 위한 캐릭터의 활용이 한정적일 수밖에 없는 이유가 작용했을 것이라고 추측해볼 수 있다. 디즈니의 선전 애니메이션이 지속적이고 광범위한 영향력을 가질 수 있었던 것은 미국의 선전 정책이 지속적이고 대규모로 이루어진 이유도 있겠지만, 공보 선전에 앞서 디즈니의 상업성이 담보되었기 때문이다. 이러한 근본적 여건의 차이로 인해 국립영화제작소의 역할 모델은 디즈니가 아닌 NFB가 되었을 것이다.

이처럼 국립영화제작소는 NFB를 역할 모델로 삼았지만, 직접적인 교류는 1962년 캐나다와 한국 간에 정식 외교 관계가 성립되면서부터 시작되었다. 1962년부터 NFB의 문화영화들이 국내에 소개되었고, 국립영화제작소의 최봉암, 김인태 등의 감독들이 캐나다 외무성의 지원을 받아 NFB에서 연수를 했다. 또한 이성철과 김인태는 노먼 맥라렌의 작품을 비롯한 애니메이션 여러 편을 제작소에서 시사했다고 증언한다.[48] 김인태가 NFB에서 연출한 〈한글Korean Alphabet〉(1967)이나 박영일이 감독하고 정도빈과 한성학이 작화를 담당한 국립영화제작소의 〈나는 물이다〉(1963)에서는 사운드와 움직임의 조화를 특징으로 하는 노먼 맥라렌의 영향을 살펴볼 수 있다. 〈한글〉은 한글 자모를 그림화해 단어가 생성되는 이치를 보여주는 애니메이션인데, 화려한 색감과 노먼 맥라렌이 작업한 사운드가 잘 어우러지는 작품이다. 애니메이션과 실사로 이루어진 〈나는 물이다〉는 물방울 모양이 여러 형상으로 변형되는 모습을 통해 물의 소중함과 무서움을 가르치는 교육영화다. 이 영화에서는 노먼 맥라렌 특유의 애니메이션 기법의 영향을 살펴볼 수 있다.

또한 박영일이 감독한 〈잘 살 수 있는길〉은 인형 애니메이션과 셀 애니메이션을 혼합한 애니메이션으로, 한국 애니메이션 역사에서 최초의 인형 애니메이션으로 기록된 〈흥부와 놀부〉(강태웅, 1967)보다 앞서 제작된 인형 애니메이션으로 볼 수 있다. 내용은 농촌의 한 부자夫子가 이른 아침 소를 끌고 나가 열심히 일한 후, 구습을 이겨내고 밝은 미래를 맞이하기 위해 근면성실해야 한다는 대화를 하는 것으로 이루어진다. 이 애니메이션의 내용은 정부 시책에 맞춰 진행되고 있지만 스타일의 측면에서 볼 때는 〈나는 물이다〉처럼 당시로서는 실험적인 방식을 채택했다고 볼 수 있다.

그런데 〈나는 물이다〉나 〈잘 살 수 있는길〉에서 특히 흥미로운 지점은 크레디트 타이틀에 있다. 예를 들어 〈나는 물이다〉의 크레디트 타이틀은 제목이 나온 후 바로 등장하는데, 이 장면은 물방울이 떨어지면 이름

---

48 공영민 면담, 이성철 증언, 2013년 6월 20일; 이순진, 「김인태」, 〈문화영화〉 구술채록연구팀, 『2012년 한국영화사 구출채록연구 시리즈 〈주제사〉』, 한국영상자료원, 2012, 58~59쪽.

으로 바뀌는 모습을 애니메이션으로 처리한 것이다. 맥라렌의 〈블링키티 블랭크Blinkity Blank〉(1955)에서 영향 받은 것으로 보이는 이러한 연출은 이 애니메이션이 주제로 다루고 있는 물의 소중함을 잘 표현하고 있다. 그런데 이 크레디트 타이틀에 주목하는 것은 비단 이러한 연출 방식 때문만이 아니다. 사실상 대부분의 제작소 영화들은 구성이나 연출 방식에 큰 차이가 없기 때문에 감독을 비롯한 스태프의 이름을 생략하곤 한다. 이것은 아마도 각 영화에 해당하는 공보 선전의 목적과 내용을 개인의 특성보다 중시한 국립영화제작소의 제작 목표 혹은 제작 방향이었을 것이다. 그런데 〈나는 물이다〉는 전면적으로 작업자 개인을 드러내고 있는 것이다. 이처럼 맥라렌과 비슷한 기법과 크레디트 타이틀을 사용한 것은 부분적이나마 국립영화제작소의 애니메이션 작업이 NFB의 독립적인 애니메이션 작업을 모델로 한 것이라고 추측할 수 있게 한다. 이러한 크레디트 타이틀은 〈나는 물이다〉 외에도 〈개미와 베짱이〉 〈112〉[49] 〈잘 살 수 있는길〉[50] 〈어둠이 지나면〉[51] 등의 애니메이션과 해외 영화제 출품을 위해 제작된 영화 또는 양종해, 배석인 등 이름이 알려진 국립영화제작소 대표 감독의 영화일 경우에도 사용되고 있다.

그렇다면 이 애니메이션들을 통해 국립영화제작소가 공보 선전영화와 실험적인 예술영화를 동시에 제작할 수 있는 NFB의 방식을 따라가고 있었다고 볼 수 있을까? 국립영화제작소에서 공보 선전에서 자유로운,

---

49 감독: 박영일, 촬영: 최동명, 작화: 한성학, 채색: 황순덕, 녹음: 정기창, 음악: 백명제.

50 감독: 박영일, 촬영: 이신복, 만화 작화: 한성학, 회화 작화: 정도빈, 미니츄어: 최희원, 편집: 한호기, 녹음: 박익순.

51 작화: 한성학, 선화: 김양배 · 문영일, 채색: 황순덕 · 이영해, 촬영: 최동명, 녹음: 강신규, 편집: 한호기, 음악: 백명제.

애니메이터의 개성을 살리는 작품이 나왔을까? 분명한 것은 시라큐스 계약 인력이 머무르며 교육용 영화를 다수 만들던 1963년경까지 애니메이션을 중심으로 실험적인 시도가 부분적이나마 이루어졌다는 것이다. 하지만 성급히 결론짓자면, 국립영화제작소는 결코 한국의 NFB가 되려고 했던 것 같지 않다. 혹은 될 수 없었던 것으로 보인다. 그 이유로는 무엇보다도 국립영화제작소가 한국의 NFB가 되기에는 공보 선전의 역할이 해가 갈수록 강력해져, 정책 선전 이외의 주제로 실험적인 시도가 이루어지지 않은 것을 들 수 있다. 1960년대 후반 공보 선전과 교육·계몽 위주였던 애니메이션이 상업 장편 애니메이션과 TV 애니메이션의 등장으로 인해 내용과 주제가 보다 확장된 것 또한 국립영화제작소 애니메이션에 직접적으로 영향을 끼쳤다. 디즈니식 애니메이션 기법을 활용한 최초의 상업 장편 애니메이션 〈홍길동〉이 흥행에서 큰 성공을 거두며 한국영화는 어린이 관객에 좀 더 주목하기 시작했고, 어린이들의 방학철을 겨냥한 다수의 작품이 연이어 제작되며 애니메이션은 어린이용 장르라는 인식이 커지기 시작했다. 애니메이션이 상업적 영역의 한 부분을 차지함에 따라 국립영화제작소 출신의 훈련받은 애니메이터들은 상업 애니메이션으로 진출했고, 정부 기관이 제작한 문화영화로서의 애니메이션은 상업적 영역에서 문화영화로 변이되었다.

정리하자면 국립영화제작소의 문화영화가 대중을 교육하고 계몽하는 역할보다는 공보 선전 그 이상의 역할을 하지 못하게 된 것과 애니메이션의 제작 주체가 정부 중심에서 민간 제작사로까지 확장된 것이 국립영화제작소 애니메이션의 쇠락과 맞물려 있다는 것을 알 수 있다. 이와 같은 요인들로 인해 1960년대 후반, 국립영화제작소는 역할 모델로 상정했던 한국의 NFB에서 점차 멀어지고 다수 인력이 민간 문화영화와 광고

영화 등으로 이탈하는 현상이 벌어졌다. 박영일, 한성학 등도 이러한 요인과 더불어 〈홍길동〉의 흥행 성공으로 애니메이션에 대한 수요가 일자, 상업 애니메이션으로 진출하게 되었다.

4. 나가며

국립영화제작소의 애니메이션은 제작에 큰 비중을 차지하고 있던 박영일, 한성학 등의 미술부 인력들의 이탈로 인해 이후로는 거의 제작되지 않았다. 앞서도 언급했던 것처럼 이후 국립영화제작소 애니메이션은 실사영화의 보조 역할에 지나지 않았다.

한편 〈홍길동〉의 흥행 성공 후 일어난 1960년대 후반 애니메이션의 부흥 또한 오래 지속되지는 않았다. 신동헌 감독은 〈홍길동〉 이후 제작사인 세기상사와의 갈등으로 자신의 작품인 〈홍길동〉을 제명으로 사용하지 못하고 〈호피와 차돌바위〉(1967)라는 제명으로 직접 제작을 했지만 전작만큼 성공하지 못하며, 1995년에 〈돌아온 영웅 홍길동〉을 감독하기 전까지 무려 30여 년 동안 장편 애니메이션을 제작하지 못했다. 국립영화제작소 애니메이션의 핵심 인력이었던 박영일과 한성학은 세기상사의 〈황금철인〉(박영일, 1968)과 〈보물섬〉(박영일, 1969) 〈손오공〉(박영일 감독, 한성학 원화 구성, 1969) 제작에 참여했지만, 이후 지속적으로 애니메이션을 제작할 만큼의 큰 성공을 거두지는 못했다. 이 애니메이션들은 앞서도 언급했던 것처럼 〈홍길동〉 이후 부상한 어린이 관객을 겨냥한 방학용 프로그램으로 제작되었지만 지속적인 장르로 독자 생존하지 못했고, 일시적인 유행에 편승한 단속 장르에 그치고 말았다. 이렇게 된 이유로는 인력과 재원, 그리고 실사영화보다 더 많은 시간을 필요로 하는 애니메이션을 지속적으로 제작하려고 한 영화사의 부재와 어린이라는 특정 관객과 특정 시기 흥행에 따른 채산성과 관련된 문제, 그리고 한국영화 제작 쿼터 시스템에서 애니메이션이 문화영화로 분류된 탓도 있었다.

이는 당시 애니메이션이 편의상 만화영화로 분류되는 장르적 한계도 있었겠지만, 국립영화제작소의 공보 선전 역할을 했던 애니메이션의 특성 또한 영향을 끼쳤을 것이라고 추측해볼 수 있다. 3장에서 지적한 것처럼 지식수준과 관계없이 광범위한 대중을 가장 손쉽고 효율적인 방법으로 교육·계몽할 수 있었던 애니메이션은 어린이 관객, 더 나아가서는 가족 관객을 대상으로 하는 상업 애니메이션에서도 상업성보다는 주제의식과 교훈을 강요받을 수밖에 없었다. 한국 애니메이션의 이러한 특성은 산업적으로도 제작사 측에 제작 쿼터와 수출에 용이한 문화영화로 분류되는 데 역할을 했다. 때문에 이 시기 한국의 애니메이션은 언제나 상업적인 특성보다는 어린이의 교육과 계몽에 집중해 저질 시비에 휩싸이곤 했다.

물론 한국의 상업 애니메이션이 지속되지 못한 데에는 이뿐 아니라 극영화의 쇠락, TV 만화영화의 인기 등도 관련이 있지만, 여기에서 지적하고 싶은 것은 한국 애니메이션의 출발점에 국가의 공보 선전 정책이 함께 자리하고 있었다는 것이다. 한국 애니메이션이 단속된 데에는 디즈니의 경우처럼 상업적 기반이 부재한 이유도 있지만 NFB의 경우처럼 공보 선전을 활용하는 동시에 애니메이션을 육성하는 국가의 시스템 부재도 이유가 되었고, 애니메이션에서 교육·계몽만을 강조하는 차별적 인식 또한 이유가 되었다.

이 글에서는 1960년대 후반에 한국 최초의 상업 장편 애니메이션이 등장하기 전까지인 1950~60년대 한국의 애니메이션이 어떻게 등장했고, 어떤 역할을 했는지를 살펴보았다. 이를 위해 제2차 세계대전 이후 강력해진 애니메이션의 선전성과 국립영화제작소의 애니메이션이 어떤 관계를 갖는지, 이 애니메이션들이 공보 선전에서 구체적으로 어떤 방식으로 제작되었는지를 분석해보았다. 디즈니와 NFB 그리고 국립영화제작소의 애니메이션의 관계와 차별점을 통해 1960년대 후반 한국 상업 애니메이션이 단속된 이유를 부분적으로나마 추론해볼 수 있었으며, 더 나아가 문화영화로 규정될 수밖에 없었던 한국 애니메이션의 정체성을 들여다볼 수 있었다. 국립영화제작소 이외에, 미국 공보원에서 제작한 선전 애니메이션을 다루지 못한 것과 제2차 세계대전 이후로부터 1960년대 후반 한국의 장편 애니메이션이 등장하는 시기까지를 치밀하게 연계시키지 못한 것, 그리고 대한 원조 정책과 국립영화제작소의 문화영화와 애니메이션의 관계를 깊이 있게 분석하지 못한 것은 이 글의 한계이다. 따라서 이 글의 한계는 지속적인 연구를 통해 보완해야 할 것이며, 다만 국립영화제작소의 애니메이션을 통해 1950~60년대 한국 애니메이션 역사를 좀 더 다양한 영역에서 접근해볼 수 있었다는 데 작은 의의를 둘 수 있을 것이다.

참고문헌

신문 및 잡지

《경향신문》, 《동아일보》 등 각 기사

구술채록 자료집

공영민, 「양종해」, 한국영상자료원 엮음, 『한국영화사 구술총서 03: 한국영화를 말한다–한국영화의 르네상스 2』, 이채, 2006.

_____, 「이성철」, 『2009년 한국영화사 구술채록연구 시리즈 〈생애사〉』, 한국영상자료원, 2009.

공영민 면담, 이성철 증언, 2013년 6월 20일.

김승경, 「배석인」, 『2009년 한국영화사 구술채록연구 시리즈 〈생애사〉』, 한국영상자료원, 2009.

심혜경, 「김영희」, 한국영상자료원 엮음, 『한국영화사 구술총서 04: 한국영화를 말한다 – 한국영화의 르네상스 3』, 한국영상자료원, 2007.

이순진, 「김인태 · 이시완 · 이정섭」, 〈문화영화〉 구술채록연구팀, 『2012년 한국영화사 구출채록연구 시리즈 〈주제사〉』, 한국영상자료원, 2012.

_____, 「백명제」, 〈대구 · 경북지역 영화사〉 구술채록연구팀, 『2011년 한국영화사 구술채록연구 시리즈 〈주제사〉』, 한국영상자료원, 2011.

_____, 「유병희 · 박익순」, 〈문화영화〉 구술채록연구팀, 『2012년 한국영화사 구출채록연구 시리즈 〈주제사〉』, 한국영상자료원, 2012.

_____, 한국문화예술위원회 편, 『2005년도 한국 근현대예술사 구술채록연구 시리즈 69: 이형표』, 한국문화예술위원회, 2005

이정아, 「한호기」, 〈문화영화〉 구술채록연구팀, 『2012년 한국영화사 구술채록연구 시리즈

〈주제사〉』, 한국영상자료원, 2012.

논문 및 단행본

공영민, 「1950년대 공보처 영화과와 영화 인력: 대한 원조와 테드 코넌트를 중심으로」, 『한국영상자료원 2011년 수집복원전 자료집: 냉전 시대 한국의 문화영화 – 테드 코넌트, 험프리 렌지 콜렉션을 중심으로』, 한국영상자료원, 2011.

데이비드 웰시, 최용찬 옮김, 『독일 제3제국의 선전 정책』, 혜안, 2000

랜달 P. 해리슨, 하종원 옮김, 『만화와 커뮤니케이션』, 이론과 실천, 1989.

모린 퍼니스, 한창완 · 조대현 · 김영돈 · 곽선영 옮김, 『문화산업지원센터 애니메이션총서 4: 움직임의 미학』, 한울아카데미, 2001.

박수현, 「美軍政公報機構 조직의 변천(1945.8-1948.5)」, 서울대학교 석사학위 논문, 2009.

박재동 외, 『한국 만화의 선구자들: 우리 만화밭을 일궈낸 열세 명의 이야기』, 열화당, 1995.

부천만화정보센터 엮음, 『코주부 김용환의 재발견: 三八線 블루스에서 성웅 이순신까지』, 현실문화연구, 2005.

심혜경, 「주한 미 공보원 영화과의 제작 환경과 활약한 한국 영화인들: 해방에서부터 1960년대까지」, 『한국영상자료원 2011년 수집복원전 자료집: 냉전 시대 한국의 문화영화– 테드 코넌트, 험프리 렌지 콜렉션을 중심으로』, 한국영상자료원, 2011.

야마구치 야스오, 김기민 · 황소연 옮김, 『강원대학교영상문화총서 001: 일본 애니메이션 역사』, 미술문화, 2005.

에드워드 버네이스, 강미경 옮김, 『프로파간다』, 공존, 2009.

장영민, 「정부 수립 이후(1948-1950) 미국의 선전 정책」, 『한국근현대사연구』 31집, 한국근현대사학회, 2004.

한국예술연구소, 『이영일의 한국영화사를 위한 증언록』 시리즈, 소도, 2003.

허은, 『미국의 헤게모니와 한국 민족주의』, 고려대학교 민족문화연구원, 2008.

Charles K. Armstrong, "The Cultural Cold War in Korea, 1945-1950," *The Journal of Asian Studies* (62: 1), 2003.

Frances Stoner Saunders, *The Cultural Cold War: The CIA and the World of Arts and Letters*, The New Press, 2000.

Hiroshi Kitamura, *Screening Enlightment: Hollywood and the Cultural Reconstruction of Defeated Japan*, Cornell University Press, 2010.

William Moritz, "Resistance and Subversion in Animated Films of the Nazi Era: the Case of Hans Fischerkoesen." *Animation Journal* (1: 1), Fall 1992, pp. 4~33, Revised and republished as William Moritz, "Resistance and Subversion in Animated Films of the Nazi Era: the Case of Hans Fischerkoesen." Jayne Pilling ed., *A Reader in Animation Studies*, London: John Libbey, 1997.

기타

「1959년도 공보실 주요 시책(제11회)」, 『국무회의록(제1회-24회)』, 소장기관: 국가기록원, 생산기관: 총무처, 생산년도: 1959년.

국가기록원 나라기록 누리집 http://contents.archives.go.kr

미 CNBC 웹사이트 www.cnbc.com

인터넷무비데이터베이스 www.IMDb.com

한국정책방송(KTV) e-영상역사관 http://ehistory.korea.kr

Marc St-Pierre, "70 Years of Animation, Part 1 – When Animation Marches Off to War", NFB.ca Blog(http://blog.nfb.ca), November 30, 2011.

_______, "70 Years of Animation, Part 2 – Norman McLaren", NFB.ca Blog(http://blog.nfb.ca), December 1, 2011.

〈Welcome to Motion Picture〉(1958), 한국영상자료원 〈테드 코넌트 컬렉션〉.

'쇼 문화영화'의 계몽성과 오락성

: 국민적 오락과 근대화 프로젝트의 파편들*

박혜영

1. 들어가며

이 글에서는 문화영화의 '오락적 요소'에 주목한다. 1960년대 국립영화제작소에서 제작된 일부 문화영화의 경우 노래와 춤, 만담, 애니메이션 등과 같은 오락적 요소를 활용해 계몽 효과를 높였다. 특히, 노래와 춤, 만담 등을 곁들인 쇼 무대는 TV 매체가 전국적으로 상용화되기 이전, 지방 관객들의 호기심을 자극하는 구경거리였다. 문화영화 제작이 민간 영역으로 확대됨에 따라 문화영화의 오락적 요소는 보다 더 강화되었다.[1]

---

* 이 글은 한국영상자료원 한국영화사연구소의 학술 심포지엄 『지워진 한국영화사: 문화영화의 안과 밖』(2013년 7월 27일)에서 발표한 것을 수정, 보완한 것이다.

1 민간의 문화영화 제작업자들은 극영화 시장의 틈새에서 일부 문화영화를 극장에 개봉해 소규모 수익 창출을 기도하거나, 기업 및 각 지역 관공서에서 정책 홍보물로 활용되는 영상물 제작 도급업에 참가해 수익 기반을 마련했다. 특히 홍보 영상물 제작업체는 자신들의 업적 및 신뢰도를 높이기 위해 '한국적인 것'을 소재로 한 문화영화를 제작해 국내외 영화제에서 수상 실적

민간의 문화영화는 국립영화제작소에서 제작한 문화영화의 국책 홍보와 국민 개량이라는 목적을 견지한 가운데 영세 규모의 제작사들 사이에서 극영화 시장의 틈새시장이자 돈 되는 사업으로 각광을 받았다. 특히 기업 및 각 지역 관공서 수주로 제작되거나 영화제 수상을 목적으로 제작되는 문화영화와 달리, 일반 극장 및 비상설 극장에서 상업적 목적으로 상영되는 문화영화는 주류 매체로부터 소외된 연령층과 계층을 주요 소비 대상으로 견인했다.

한국의 문화영화는 국책 선전물과 등가의 의미로 사용되었다. 제도적으로 극영화 이외의 모든 영화, 즉 다큐멘터리, 실험영화, 애니메이션 등을 포괄하는 것으로 정의되고 있음에도, 지금까지 문화영화는 다수의 연구자들에게도 재고의 여지 없는 노골적인 계몽의 언설을 담은 국책 홍보용 영상물이자 한국 근현대사를 이해하는 보조 텍스트로 인식되었다. 나치의 프로파간다 영화들이 대중의 감정과 본능을 자극하기 위해 재즈, 춤, 멜로드라마를 적극적으로 활용한 것에 비추어 보면, 한국의 프로파간다 영화로 인식되는 문화영화는 뉴스영화와 별다를 바 없는 경직성을 보여준다. 문화영화에 삽입된 노래와 춤마저 국책을 직접적으로 발화하고 수행하는 복화술에 머무르는 경우가 많다. 근대화를 향한 계몽의 목적과 위력은 상상력이 머무를 수 없을 만큼 억압적이고 강력한 것이었다. 하지만 이 글에서는 문화영화를 둘러싼 정치제도적인 측면보다 문화영화 논

을 올리기도 했다. 이에 비추어 민간 문화영화는 제작 목적에 따라 크게 정책 홍보용 문화영화, 영화제 및 해외 홍보용 문화영화, 극장 개봉용 문화영화로 나눠볼 수 있을 것이다. 이 글에서는 이 중에서 오락성을 결합한 극장 개봉용 문화영화에 초점을 맞추고자 한다. 비상설 극장에서의 민간 문화영화 상영 관행과 관객성에 대한 논의가 추가적으로 이뤄져야 하겠지만, 본 글에서는 극장 개봉용 민간 문화영화에 한정지어 논의하고자 한다.

의에서 다소 배제되었던 문화영화의 대중성과 오락성, 나아가 대중문화 내 위상 및 시장 환경에 주목해보고자 한다.

이 글에서는 서술의 편이를 위해 영화산업 내에서 상업적인 목적으로 소비, 생산되는 문화영화에 한해 '오락용 문화영화'로 명명했다. 또한 이 글에서 자주 언급되는 '쇼 문화영화'는 오락용 문화영화의 한 갈래로, 쇼 무대를 전면화하거나 쇼의 주된 요소를 삽입한 영화로 한정하고자 한다. 이를 위해 〈강산에 노래 싣고 웃음 싣고〉(박희준, 1972 *이하 〈강산에 노래 싣고〉)를 주요 분석 대상으로 삼고자 한다.

〈강산에 노래 싣고〉는 1960년대 관 주도로 제작된 국책용 문화영화의 경향을 이어받은 민간 문화영화로, 1972년 11월 17일 을지극장에서 개봉했다. 개봉 후에는 지방 관객들의 호응을 얻어 지방 흥행사들의 제작비 지원으로 유사 포맷의 2, 3편이 연이어 제작됐다.[2] 이 영화의 주 소비층이 변두리 및 지방 관객이며 지방 흥행사들의 입도선매로 3편까지 제작되었다는 사실은 주목할 만하다. 〈강산에 노래 싣고〉를 포함해 1960년대 후반과 1970년대 초반에 민간에서 제작한 쇼 문화영화는 근대적인 제도(배급 시스템 등) 및 문화 환경의 변화로부터 배제된 것들을 적극 활용하고 포섭한 가운데 생존 환경을 마련했다. 국가에서 생산한 문화영화가 성장을 우선하는 근대화의 동력을 선전, 계몽하는 데 주력한다면, 이 시기 쇼 문화영화는 당대 산업사회 바깥에 놓인 잔여물이자 산업사회의 음지를 드러내는 경계의 표지라 할 수 있다. 근대화 프로젝트를 선전하는 데

---

2 〈강산에 노래 싣고 웃음 싣고〉(박희준, 1972, 삼진영화제작소) 개봉 이후 2편 〈노래 실은 금수강산〉(박희준, 1973, 삼화문화영화사), 3편 〈노래 실은 관광 여행〉(박희준, 1973, 푸로덕숀 창조사) 등이 연이어 제작되었다.

앞장서온 문화영화의 계몽적 성격은 지방의 전근대적인 것들과 낡은 생산 양식이 동거하는 과정에서 모순을 빚었다. 이 시기 대중예술과 오락은 때로는 '국민적 오락'으로 소비되었으나, 국가적으로나 산업적으로 인준되거나 보호받지 못하고 제도적 보호 바깥에 놓여 있었다. 특히 TV 매체의 확산, 청년문화의 출현 등으로부터 배제된 각종 극장 관계자들, 영화 인력들은 1970년대 초 대중문화 정책과 매체 위기를 타개하기 위해 협회 활동을 강화하며 각종 이권 활동을 추진하는 동시에, 개별적으로는 극장 무대뿐 아니라 관광클럽, 나이트, 지방 행사 등 다각도의 활동 무대를 찾아다니며 생존을 모색하고자 했다. 이들은 산업사회에서 배제된 주변인들 및 각 지역의 소외된 중장년층을 자신들의 주요 소비 대상으로 삼았다.

한국사회가 빠른 속도로 근대화되었음을 자축하는 가운데 '근대의 아스팔트' 아래 여러 시간의 겹과 차이들이 화석화되었다. 그 결과 가시적인 성장을 동력으로 한 근대의 속도를 따라잡지 못한 다수의 문화가 자신의 목소리와 표현을 찾지 못한 채 '음지화'되고 '저질 양산'되었다. 이러한 측면에서 이 글은 국책영화의 제도적 환경에 기생하여 생존을 모색해갈 수밖에 없었던 1970년대 대중문화 산업의 한 단면을 엿보는 계기가 되고자 한다.

2. 오락용 문화영화의 흐름

이 장에서는 〈강산에 노래 싣고〉에 대한 분석에 앞서 오락용 문화영화 및 쇼 문화영화의 흐름을 개괄하고자 한다. 한국에서 문화영화를 둘러싼 개념 정의는 시대별, 제작 주체별로 다양한 양상을 보인다.[3] 극영화를 제외한 대다수 비극영화非劇映畵들을 문화영화라는 한국적 특수성에 연원한 용어로 사용했다는 것 자체가 여러 함의들을 담고 있으나, 이 글에서는 문화영화에 대한 복잡한 개념 논의는 뒤로 하고, 문화영화를 비극영화를 아우르는 전 방위 용어로 사용하고자 한다. 초기 국가 주도로 이루어진 문화영화 제작 시스템은 한국영화 인력들이 영화 제작 기술을 익히는 토대가 되었으며, 전후 '재건'과 '계몽'의 이름으로 당대 한국인들을 교육하는 한 축이 되었다. 1961년 박정희 정권은 사회 전반에 걸쳐 문화 조직을 재정비하고 영화 관련 담당 부서를 공보부 영화과에서 공보부 산하 국립영화제작소로 신설, 확대 개편하며 문화영화 제작 활동을 더욱 강화했다. 이 과정에서 문화영화 제작 인력들은 문화영화의 경직된 내용에서 탈피하고자 과거 버라이어티 쇼에서 볼 수 있던 노래와 만담 등을 문화영화의 흥행 요소로 활용한다. 1950~60년대에 몇몇 민간 영화사에서 '흥행'을 목적으로 문화영화를 제작, 수입하기 시작했으며, 1970년대에 이르면 기업 홍보물, 행정부처 및 각 시도 정책 홍보물, CF, 만화영화 등의 수요가 높아짐에 따라 문화영화가 극영화계의 침체를 대신할 '돈 되는 사업'으로 주목받기 시작한다. 물론 1970년대의 민간 문화영화의 다수가 기업 및 기관의 수주에 따른 것이었기 때문에 민간에서 제작한 문화영화의 극장 개봉은 드문 편이었다. 하지만 비교적 적은 제작비와 수입 비용

---

3 한국에서의 문화영화에 관한 개념 규정은 명확하지 않은 편이다. 문화영화가 법적인 개념으로 그 지위를 획득한 것은 1941년 발효된 조선영화령에 의해서이며, 해방 후에는 박정희 정권의 영화법(1962년 제정영화법 제11조)에서 극영화 상영 시 문화영화의 의무 상영을 규정함으로써 명시화된다. 독일의 쿨투르 필름(Kulturfilm)에 연원하는 문화영화는 다큐멘터리, 기록영화, 교육영화, 만화영화 등 비극영화를 아우르는 용어로 사용되어왔으며, 한국에서는 극영화의 상대적 개념으로 교육, 계몽, 선전 등 정책적 의도를 가지고 제작된 영화로 받아들여졌다.

으로 인해 몇몇 문화영화는 극장 개봉되어 극영화 시장이 주도하는 극장가에서 일종의 틈새시장을 형성하게 된다.

공익성을 담보한 문화영화와 시장성의 관계는 얼핏 상반된 성좌를 이룬 듯 보인다. 하지만 문화영화 업자들은 문화영화의 모호한 개념 정의를 활용해 극영화를 문화영화로 탈바꿈시켜 극장 개봉하거나, 교육영화 및 과학영화라는 이름으로 선정적이고 폭력적인 기록영화를 대중들에게 소개했다. 그 결과, 외국에서 수입된 문화영화는 섹스영화에 준하는 교육영화와 재즈영화, 수입 만화영화까지 포괄하는 영역을 구축했다. 또한 TV가 전국적으로 확대되기 전, 문화영화는 TV 오락 프로그램 및 중계방송과 같은 오락거리를 제공해주는 통로이기도 했다.

2-1. 오락용 문화영화의 유형

한국에서 극장 개봉한 오락용 문화영화의 유형은 크게 세 가지로 나눠볼 수 있다. 첫째, 교육영화를 표방한 선정적인 성애물과 엽기물을 들 수 있다. 〈아무도 가르쳐 주지 않는다〉(1958)[4]와 〈여성의 신비〉(1967)[5]와 같이 임신과 자연 분만 등을 소재로 한 성교육 영화들이 극장 개봉했다. 〈아무도 가르쳐 주지 않는다〉는 독일 바바리아 필름 스튜디오에서 촬

---

4 〈아무도 가르쳐 주지 않는다(Worüber man nicht spricht-Frauenarzt Dr. Brand greift ein)〉(볼프강 그뤽 Wolfgang Glück, 1958). 국립영화제작소장을 지낸 바 있는 이성철이 직접 수입한 작품으로, 이에 대한 구술은 공영민, 「이성철」, 『2009년 한국영화사 구술채록연구 시리즈 〈생애사〉』, 한국영상자료원, 2009를 참고.

5 〈여성의 신비〉(1967)에 대한 자세한 내용은 이 책에 수록된 조준형, 「박정희 정권 후반기 영화와 섹스 그리고 국가: 독일 성교육 영화 〈헬가〉의 수입과 검열 과정을 중심으로」를 참고.

영한 영화로, 을지극장 개봉 당시 '본격 성애 영화'로 소개되었으며 임신한 여성의 분만 장면이 나와 화제가 되었다.[6] 이는 '미개한 지역의 엽기적 풍습'을 다룬 〈몬도가네〉 시리즈[7]와 같이 선정적이고 자극적인 이미지로 그려낸 민속지학적 교육영화들이 지속적으로 인기를 끌었던 것과 맥을 같이 한다. 둘째, 스포츠와 음악과 같이 취미 오락과 결합된 문화영화 유형을 들 수 있다. 이는 TV 중계방송이 일반화되기 전, 문화영화가 오락 및 취미를 일반에게 소개하던 방식이었다. 〈슛, 꼴인 - 런던 월드컵〉 〈멕시코 월드컵〉 같은 축구 기록영화, 체코 세계 여자농구 선수권 대회 2회 입상을 기록한 박신자의 〈세계를 누르고〉, 당대 인파이터 K.O 복서의 대명사 '허버트 강'의 권투영화 〈허버트 강 일반필도 - 사나이 주먹〉, 김일의 레슬링 기록영화 〈월드리그의 호랑이〉 〈최후의 역도산〉 등의 스포츠 중계방송을 들 수 있다.[8] 한편 쇼 문화영화는 가요사를 전면적으로 다룬

---

6 이성철의 구술에 따르면 〈아무도 가르쳐 주지 않는다〉는 개봉 첫날부터 여성의 임신, 분만 장면이 영화에 나온다는 광고를 보고 극장을 찾은 관객들로 인산인해를 이루었다고 한다. "거기 걸었는데 첫 날부터 막 늘어서는 거예요. 그 광고가 그 괴상한 게 많아. 여자 임신해가지고 분만하는 장면이 나오고 어쩌고 허니까. (같이 웃음) 이게 '뭐 이런 게 있나?' 하고 말이야. 막 늘어서는 거예요. (…중략…) 그때 그래두 사람 많이 들어왔어요. 그래 가지구 지방까지 내 헐 수 없어서 팔구 어쩌구 해가지구 돈을 그때 몇 백만 원 쥐었어요, 내가." 공영민, 「이성철」, 앞의 책, 204~205쪽.

7 세계 각국의 기괴하고 엽기적인 풍습을 촬영한 영화로, 1960년대 초 한국에 수입돼 엄청난 센세이션을 일으켰다. 쇼킹한 세계 각국의 미개 풍속을 보여주는 몬도가네류의 영화는 실제 영화와 달리 식인종이 사람을 먹는 장면이 있다는 등의 선정적인 홍보로 큰 성공을 거두었다. 1960년대와 1970년대 〈몬도가네〉(갈리에로 자코페티, 1962, 대영흥업(주) 수입) 〈속 몬도가네〉(갈리에로 자코페티, 1963, 제경흥업(주) 수입) 〈몬도가네의 밤〉(지아니 프로이아, 1963, 한국교육영화사 수입) 〈아프리카 몬도가네〉(카스티글리오니, 1973, 국제영화사 수입) 등 총 4편의 〈몬도가네〉 영화가 수입되었으며, 1970년대 후반에는 재개봉되어 지속적인 인기를 끌었다. 이러한 몬도가네식 영화는 〈쇼킹 아시아〉(1997)로까지 이어진다.

〈가요반세기〉(김광수, 1968)와 문화영화의 딱딱함을 탈피하고자 인기 가수들의 노래 장면을 담은 〈강산에 노래 싣고〉 시리즈(1972~1973) 등이 있다. 〈강산에 노래 싣고〉에 대해서는 좀 더 자세히 후술하고자 한다. 셋째, 한국 최초의 장편 만화영화 〈홍길동〉(신동헌, 1967), 1977년 국산영화 흥행 3위에 오른 〈태권동자 마루치 아라치〉(임정규, 1977), 최초의 반공 애니메이션 〈똘이장군〉(김청기, 1978) 등 어린이 대상의 일반 만화영화를 들 수 있다. 만화영화의 경우 극영화와 문화영화의 경계상에 위치한 것으로 문화영화 범주에 포함시키기 애매한 경우가 많지만, 이 시기 검열 및 제도 내에서 문화영화로 분류돼 일반에 통용되었다.

위의 세 가지 오락용 문화영화 유형 중 본 글에서는 쇼 문화영화를 중심으로 논의를 펼쳐보려 한다. 쇼 문화영화는 쇼 무대에 그 연원을 두고 있으며, 쇼 무대를 직접 볼 수 없는 관객들을 주요 대상으로 한 흥행물이다.

2-2. 쇼 문화영화의 흐름

연예인들을 위한 쇼 공연은 자주 국책과 결합해 대중들을 위로하고 계몽하는 장이 되었다. 식민지 시대 전시 체제기에는 '야담만담부대'와 '악극단'의 활동이 대표적이다. '야담만담부대'와 '악극단'은 알기 쉽고 평이한 내용으로 기존 레퍼토리에 시국담을 가미한 공연을 선보이며 노래하고 말하는 교화 미디어로서, 대중들에게 군사 사상을 보급하고 대중

---

8 이성욱, 『쇼쇼쇼 - 김추자, 선데이서울 게다가 긴급조치』, 생각의나무, 2004, 39쪽.

들을 다독이고 위로하는 역할을 했다.[9] 해방 이후 한국전쟁기에는 육군 군예대KAS가 발족돼 군인 위문 부대로 활동했으며, 이들은 6·25 전쟁 중 공연을 통해 전투에 투입된 장병들을 위문함으로써 국군의 사기를 진작하고, 공비 출몰이 잦은 지역의 선무 공작을 위해 공비 피해 지역 주민들을 위안하는 공연을 펼치기도 했다. 우리나라에서의 흥행업(연예업)은 해방 이후 한국의 독특한 역사적 상황 아래 국책에 복무하며 그 자생력과 경제적 기반을 마련했음을 알 수 있다. 이 시기 군예대 및 정훈공작대에서 활동한 배삼룡, 구봉서, 송해 등과 같은 코미디언들은 이후 쇼 문화영화에 출연하며 국책 홍보의 사명을 이어갔다.

국립영화제작소에서 제작한 쇼 문화영화는 과거 악극단과 버라이어티 쇼 공연 양식을 바탕으로 쇼 문화영화의 형식적 표준을 마련한다. 짧은 콩트, 노래, 춤, 만담이 주를 이룬 가운데 각 지역의 발전상 및 명물 소개가 곁들여지는 형태다. 쇼에 등장하는 노래와 만담은 당대 국책의 내용을 노골적으로 선전한다. 한국전쟁 이후 피폐한 지역의 복구상과 반공 이데올로기 형성에 집중하던 1950년대 초중반의 문화영화[10]는 1957년 이형표 감독의 〈내 강산 좋을시고〉를 필두로 문화영화 속에 쇼 형식을 결합한 오락물을 선보이기 시작한다. 만담가 고춘자와 장소팔이 진행하는 〈내

9 공임순, 「전시 체제기 징병취지 '야담만담부대'의 활동상과 프로파간다의 역학」, 『한국근대문학연구』 26호, 한국근대문학회, 2012, 439~443쪽 참고.

10 한국전쟁 이후 남한 정부는 전쟁 복구에 총력을 기울이는 가운데 영화산업을 활성화하고 각종 영화 관련 정책들을 입안, 실행하기 시작한다. 또한 미국 공보원에서 제작한 문화영화 〈나는 트럭이다〉(김기영, 1953), 국방부 영화과 장편 교육영화 〈우리는 누구를 위하여 싸워야 하는가〉(1957), 미국 공보원 제작 〈한국의 교육 제도〉(양승룡, 1968) 등 재건영화와 교육영화가 제작되어 일반에 공개되었다.

[표1] 국립영화제작소 쇼 문화영화 목록[11]

제작연도	제명	상영 시간	감독	내용 (*문화영화 편람 내용에 따름)
1957	내 강산 좋을시고	30분	이형표	국가 부흥에 분투한 국민들을 위로하기 위한 오락영화로서 우리나라 민속 음악과 고전무용, 만담 등을 다채롭게 엮음 것임
1960	농부가	10분	김학수	건전한 국민가요를 보급하기 위한 것으로 노래의 가사에 맞추어 수록한 것임
1960	행복의 문	30분	이형표	국민들의 건전한 생활에 이바지하고자 명랑하고 경쾌한 경음악과 노래, 무용 등을 다채롭게 구성해서 동시녹음으로 촬영한 것임
1960	흘러간 옛 노래	30분	양종해	지나간 날 우리 마음에 흐뭇한 즐거움을 주던 수많은 노래 가운데 몇 곡을 선전하고 또 우리 민요를 배경으로 추는 춤을 다채롭게 구성하여 음악영화로 제작한 것임
1961	민요잔치	30분	임학송	우리의 고유한 민요와 독무 및 무용을 만담과 함께 엮어서 만든 오락영화
1962	즐거운 쇼	20분	한호기	오락영화로서 노래와 춤을 촬영 수록한 것임
1963	쇼는 즐거워	20분	김학수	서울에서 공연된 각종 쇼의 일부와 기타 공연을 수록한 것임
1964	민요와 만담	20분	황왕수	인기 가수의 민요와 춤을 그린 민담으로 엮은 건전 오락영화
1967	파월장병 위문단	20분	한호기	파월 비둘기 부대를 찾은 위문단의 활약상을 수록한 것임
1967	살짜기 옵서예	30분	배석인	예그린 악단이 공연한 우수 뮤지컬 코미디 〈살짜기 옵서예〉의 영화화

11 국립영화제작소에서 발간한 문화영화 편람과 한국정책방송(KTV)의 e-영상역사관(http://ehistory.korea.kr)을 참고해 '쇼'와 관계된 문화영화를 일부 추려 재구성한 것이므로 일부 누락된 영화들이 있을 수 있다. 문화영화 편람과 제작연도가 다른 영화는 KTV의 제작연도를 따랐다.

1967	오락시리즈(쇼)	60분	윤남	건전한 국민 오락을 진작시키기 위한 노래와 춤, 코미디에 정부 업적을 간단히 찬양한 오락영화
1967	파월장병 위문	40분	박희준	67년도 연말연시를 기하여 이역만리 월남 땅에서 분투한 국군 장병들의 노고를 위문키 위하여 국내 연예인들이 동원 구성한 쇼 오락영화
1967	팔도강산	100분	배석인	제1차 5개년 계획의 성과와 정부 시책을 종합적으로 집약시켜 팔도에 출가시킨 노부부가 팔도를 유람하면서 정부 시책을 찬양하는 극영화
1968	용사들 수고하십니다	5분	박배식	파월장병을 위로하기 위하여 국내 연예인들이 베푼 쇼 공연을 촬영한 영화
1968	속 팔도강산 (세계를 가다)	110분	양종해	김희갑 노인이 서독에 가 있는 딸의 결혼식에 참석차 가는 길에 윤소라라는 아가씨를 만나 각국을 순방하며 우리의 수출품과 인력 수출 등으로 국력이 신장됨을 깨달으며 세계를 일주한 뒤 윤소라를 며느리로 삼고 돌아오는 내용
1971	노래잔치	20분	박희준	코미디언 대담 속에 안보와 건설의 필요성을 수록
1971	노래는 세월 따라	20분	강대철	가요를 따라 우리의 어제와 오늘을 대조하면서 민족중흥의 시대적 무드 조성
1971	노래는 즐거워	20분	이광수	노래와 코미디로 국민들의 자조자립 정신, 명랑한 사회질서 확립에 대한 자세 홍보
1971	노래동산 (즐거운 하루)	20분		송해, 이순주 콩트 및 가수들 노래
1972	우리도 한 번 잘 살아보세	50분	강대철	박노식, 김희갑, 황정순 등을 배역으로 새마을운동을 홍보하기 위해 제작한 홍보영화
1972	새마을 위문단(연예단)	25분		최정자, 강정아, 김장복, 양미란 등 노래 공연 촬영
1972	새벽종이 울렸네	26분		이기동, 이대성 사회 및 만담 콩트와 김세레나, 박재란, 이미자, 나훈아 등 노래. 자유민주 통일 기원 및 새마을운동 선전영화
1974	리틀엔젤스 유엔 공연	20분	김기풍	리틀엔젤스 공연단의 유엔 본부 공연 모습을 담은 홍보영화
1975	희망의 나라로	20분	이광수	국민생활의 명랑화와 생활의 의욕을 고취하기 위한 가곡을 곁들인 영화

강산 좋을시고〉는 국가 부흥에 분투하는 국민들을 위로하는 내용의 오락 영화로, 우리나라 민속 음악과 고전무용, 만담 등을 다채롭게 엮은 작품이다.[12] 〈내 강산 좋을시고〉와 함께 이승만 정권기에 제작된 쇼 문화영화로는 〈흘러간 옛 노래〉(양종해, 1960) 〈민요잔치〉(임학송, 1961) 등이 있다. 〈흘러간 옛 노래〉는 무대 공연을 그대로 찍은 것으로, 고복수와 황금심이 부르는 "풍년가"로 시작해 고복수의 "타향살이", 이난영의 "목포의 눈물", 손목인의 "신라의 달밤" 등의 노래 공연, "닐리리야" 음악에 맞춘 무용단 공연 등이 이어진 후 "즐거운 노래 속에 새 나라 건설하고 너도 다 같이 합심해서 남북통일 이룩하자"는 내레이션으로 끝난다. 1961년의 〈민요잔치〉는 고춘자, 장소팔의 진행으로 각종 민요를 소개하며 "삼천리 이 강산에 웃음꽃과 풍년을 기약"한다. 이와 같이 이승만 정권기의 쇼 문화영화는 전후 사회질서 재건에 분투한 국민들을 위로하고 과거의 전통을 복구하기 위해 민요와 한복, 전통춤 등을 시각화하는 데 주력한다.

박정희 정권의 집권 이후 국립영화제작소의 쇼 문화영화는 유사한 형식을 차용한 가운데 정치적 국면에 따라 전달하고자 하는 메시지가 조금씩 변화했다. 시기별로 크게 1961년 5·16 이후 1년 7개월간의 군정이 끝나고 제3공화국이 출범하는 1963년, 1962년부터 1966년까지의 제1차 경제개발 5개년 계획이 끝난 1967년, 제7대 대통령 선거가 실시된 1971년으로 나눠볼 수 있다. 첫 번째 국면인 1963년에 제작된 쇼 문화영화로는 〈쇼는 즐거워〉(김학수)를 들 수 있다. 1961년 5·16 이후 1년 7개월간

---

12 위경혜, 「한국전쟁 이후~1960년대 문화영화의 지역 재현과 지역의 지방화」, 『대중서사연구』 24호, 대중서사학회, 2010, 346쪽; 국립영화제작소 편, 『문화영화 목록(1950-1993)』, 국립영화제작소, 1994 참고.

의 군정이 끝나고 1962년 12월 17일에 국민투표로 확정된 개정헌법에 의해 1963년 10월의 대통령 선거와 11월의 제6대 국회의원 선거를 거쳐 12월 17일에 박정희 대통령이 취임하면서 제3공화국이 출범한다. 국립영화제작소는 제3공화국 출범을 기념하며 서울에서 공연된 각종 기념쇼와 공연을 수록한 〈쇼는 즐거워〉를 제작한다. 〈쇼는 즐거워〉에서 사회를 맡은 김희갑은 "국가적으로 벅찬 혁명 과업의 수고를 표하고 이를 보답하기 위해 춤과 노래잔치를 마련하였다"는 말로 쇼를 시작한다. 혁명 과업에 힘쓴 국민들을 위한 잔치로 기획된 이 쇼에는 무용단의 화려한 춤(트위스트 춤, 남미 춤, 훌라 춤 등)과 양훈과 양석천, 곽규석과 구봉서의 만담, 재즈와 어우러진 탭댄스 등이 구성되어 있다.

두 번째 국면인 1967년에 제작된 〈오락시리즈(쇼)〉(윤남)는 제1차 경제개발 5개년 계획의 성과를 소개하는 데 집중한다. 이는 한일회담을 둘러싼 반대 여론을 잠재우고, 파월장병을 위로하기 위해 기획된 것이다. 제1차 경제개발 5개년 계획이 실시된 1962년부터 1966년까지 기간산업과 사회간접자본 확충이 집중적으로 이루어졌다. 또한 한일회담 타결과 경제 개방화 조치로 일본 자본을 비롯한 외국 자본을 끌어와 고도성장의 궤도에 오르고자 했다. 하지만 한일회담 타결은 기존 보수층의 비판을 받으며 박정희 정권의 재임을 가로막는 가장 큰 장애가 되었다. 이 작품은 사회자 곽규석이 등장해 제1차 경제개발 5개년 동안 수고한 국민들의 노고를 치하하며 돌아선 민심을 달래고자 했다. 쇼에 등장하는 가수와 코미디언들은 쇼 중간에 공장 건립과 간척 개발 등으로 변화한 팔도강산을 선전, 홍보하고 더욱더 잘사는 나라를 위해 분발해줄 것을 당부하며 쇼를 끝낸다. 특히 월남 파병은 제1차 경제개발 시기와 다음의 5개년 계획을 앞둔 시점에 국내의 경제 개발과 직결되는 문제였으므로 중요한 정책 홍보 사안이 되었다. 이런 분위기에 따라 〈파월장병 위문〉(박희준, 1967) 〈용사들 수고하십니다〉(박배식, 1968) 등 월남 파병 장병을 위한 위문 공연 실황이 다수 제작, 배포되었다.

마지막으로 1971년에 제작된 문화영화 〈노래는 세월 따라〉(강대철)와 〈노래는 즐거워〉(이광수)는 5·16 이후 10년의 변화에 대해 이야기한다. 〈노래는 세월 따라〉에서는 김희갑이 등장해 "일제시대와 6·25 등 가난과 설움 속에 살았던 지난날을 지나 제3공화국이 세워지고 지난 10년 간 열심히 일한 덕에 지금은 꿈이 하나씩 이루어져가고 있다"고 희망과 꿈에 부풀어 노래를 부른다. 〈노래는 즐거워〉에서는 남보원이 등장해 지난 10년간 한강 곳곳에 댐과 강변에 공장들이 늘어서며 정부가 4대강을 개발하고 농촌을 기계화하고 있으니 농촌도 빠른 시일 내 발전하기 시작할 것이라고 희망차게 얘기한다.

새마을운동이 1970년부터 시작되자 1971년 새마을운동의 의의와 성과를 보여주는 영화들이 쏟아졌다. 1971년 제작된 〈노래잔치〉(박희준) 〈노래는 세월 따라〉 〈노래는 즐거워〉 〈노래동산(즐거운 하루)〉 등이 그러한 기조 안에 있는 영화들이며, 1972년 작 〈우리도 한 번 잘 살아보세〉(강대철)에서 그 정점을 보여준다. 이 영화는 '평택 새마을 역군 위로 잔치'가 열린 현장을 실황으로 보여준다. 구봉서, 곽규석, 배삼룡, 이순주 등 코미디언들이 대거 등장해 새마을운동을 홍보하는 동시에 그 성과를 보여주고, 나아가 그해 있을 유신 헌법에 대한 당위성을 설파하는 데 전력을 쏟는다. 다른 영화들과 달리 단체 합창 신과 함께 엄청난 인파의 관객들과 이들의 열광적인 반응을 빠른 편집으로 스펙터클하게 보여준다.

민간에서 제작한 쇼 문화영화는 현재 영상을 확인할 수 없는 영화들이 많아 시기별 특징 및 개봉 기록조차 정확히 파악되지 않고 있는 상황이다. 극장 개봉을 위해 검열을 제출한 작품을 중심으로 민간의 쇼 문화영화 목록을 살펴보면 대략적으로 다음과 같다.

[표2] 민간 제작 쇼 문화영화 목록

제작연도	제명	감독	제작사	상영 시간
1964	잃어버린 노래	유현목	유프로덕숀	30분
1964	즐거운 노래잔치	한호일	삼영문화영화제작소	
1965	노래하는 세 자매	오의영	동천기업사	70분
1966	한국의 가요	이명성	한국합동문화영화주식회사	60분
1968	가요반세기	김광수	신영문화영화사	30분
1969	노래하는 박람회	박찬	동양영화흥업주식회사	88분
1972	노래 실은 우리 강산	오의영	금용영화제작소	75분
1972	강산에 노래 싣고 웃음 싣고	박희준	삼진영화제작소	77분
1973	노래 실은 금수강산	박희준	삼화문화영화사	89분
1973	노래 실은 관광 여행	박희준	푸로덕숀 창조사	85분
1973	노래의 구름다리	권순영	한진흥업주식회사	95분
1974	춤과 노래	이범훈	대한교육영화사	40분
1975	가요대행진	박희준	한일문화	97분
1977	즐거운 가요 관광	박희준	푸로덕숀 창조사	87분

1960년대 민간에서 제작된 쇼 문화영화는 주로 가요 실황 무대나 가요사를 정리하는 작업에 초점을 두었다.[13] 하지만 1969년 박찬의 〈노래하는 박람회〉에 이르러 국립영화제작소의 〈팔도강산〉과 유사한 형식의 문

13 〈노래하는 세 자매〉(오의영, 1965)는 미국에서 활약하는 가수 김 시스터즈의 귀국 무대를 촬영한 것이다. 〈가요 반세기〉(김광수, 1968)는 당시 대중문화 전반에 걸친 대대적인 역사 쓰기 작업이 진행되는 분위기 속에서 민족주의적 시각에 입각하여 가요사를 재구성한 작품이다.

화영화들이 양산된다. 앞서 [표1]의 국립영화제작소 쇼 문화영화 목록과 비교해보면, 1972년 이후 국립영화제작소에서 제작되는 쇼 문화영화는 줄어든 반면, 상대적으로 민간에서 쇼 문화영화 제작이 많아지고 있음을 알 수 있다. 그렇다면 1970년대 민간의 쇼 문화영화는 국립영화제작소의 기존 영화들과 어떤 연속성과 변별점을 가지고 있는 것일까. 이를 자세히 살펴보기 위해 1970년대 쇼 문화영화의 다수를 차지하는 박희준 감독의 쇼 문화영화에 주목해보고자 한다.

3. 쇼 문화영화 〈강산에 노래 싣고 웃음 싣고〉

3-1. 국립영화제작소 출신 인력의 민간 문화영화 제작

박희준 감독의 구술에 따르면 〈강산에 노래 싣고〉는 국립영화제작소 재직 당시 〈노래잔치〉[14]를 연출한 경험을 바탕으로 흥행 요소를 가미해 제작된 민간 쇼 문화영화이다. 박희준 감독은 국립영화제작소 시절 〈노래잔치〉와 같이 쇼 무대가 결합된 문화영화 및 전국 각지를 돌아다니며 조국 근대화 현장을 담은 문화영화의 제작 경험을 바탕으로, '쇼'와 '관광 홍보'를 결합한 〈강산에 노래 싣고〉를 극장 개봉하게 된다. 〈노래잔

14 박희준은 구술에서 이 작품을 〈가요잔치〉라 하였으나, 국립영화제작소 문화영화 편람 및 KTV 소장 자료로 보아 1971년 작 〈노래잔치〉를 혼동한 것으로 보인다. 이정아, 「박희준」, 〈문화영화〉 구술채록연구팀, 『2012년 한국영화사 구술채록연구 시리즈 〈주제사〉』, 한국영상자료원, 2012, 35~36쪽 참고.

치〉는 〈강산에 노래 싣고〉에도 출연하는 코미디언 송해와 이순주가 출연해 새로 건설된 고속도로로 인해 1일 생활권으로 변화된 한국의 발전된 모습을 선전한다. 그리고 코미디언들의 막간 설명과 무대 위에서 펼쳐지는 노래 공연을 그대로 촬영했다. 이 작품에서 코미디언 송해와 이순주는 가수들을 소개하는 사회자이자 조국 근대화 현장을 소개하는 선전 홍보자의 위치에 서 있다. 농촌 계몽을 위해 제작된 〈노래잔치〉는 국정 홍보 및 근대화 현장을 뉴스처럼 소개하는 문화영화의 경직성을 탈피하고 좀 더 쉽게 1차 경제개발계획(1962~1966)의 성과와 그 의의를 소개하기 위해 코미디언의 만담과 가수들의 노래 등의 장치를 활용한다. 이는 1961년 5·16 이후 국립영화제작소에서 제작된 노래와 춤 등 공연물을 활용한 일련의 문화영화들의 연장선에 놓여 있다. 이 시기 민간의 문화영화들이 국립영화제작소와 유사한 포맷을 따른 것에는 민간의 문화영화 제작 인력 다수가 국립영화제작소 출신이라는 점이 주요하게 작동하고 있다.

〈강산에 노래 싣고〉를 연출, 제작한 박희준 감독은 국립영화제작소 출신으로, 1961년 공보부에서 실시한 공보요원 모집에 응시해 국립영화제작소에 입사하였다. 1964년, 잠시 국립영화제작소를 퇴사해 동양방송 TBC CM 제작부에서 근무하다 1965년 극장 상영용 장편 문화영화 〈역도산의 후계자 김일〉과 두 편의 후속편을 제작, 감독했다. 1966년, 다시 국립영화제작소에 복직해 1971년까지 근무했다. 국립영화제작소를 그만둔 뒤 1972년 극장 상영용 장편 문화영화 〈강산에 노래 싣고〉가 흥행에 크게 성공한 후 2편의 후속편을 제작했다.[15] 〈강산에 노래 싣고〉는 중

---

15 이정아, 「박희준 해제」, 앞의 책 참고.

앙 정부의 협조 및 지방 자치단체의 지역 홍보 등의 의뢰가 없었음에도 기존 국립영화제작소에서 제작한 문화영화의 정책 홍보 경향을 극의 중요한 축으로 삼고 있다. 이는 민간 문화영화의 태생 자체가 국책과 맺고 있는 기묘한 공생 관계를 보여주는 지점이다. 국립영화제작소 출신들은 초기 민간 문화영화사의 주요 인력을 구성하고 있으며,[16] 민간 문화영화의 형식과 내용에 있어서는 국립영화제작소에서 제작된 오락 요소를 가미한 문화영화와 비슷한 경향을 보인다. 〈강산에 노래 싣고〉 역시 1960년대에 국립영화제작소에서 제작된 쇼 무대를 활용한 문화영화의 자장 속에 놓여 있다고 할 수 있다.

1967년에 개봉한 국립영화제작소의 극영화 〈팔도강산〉 이후 세미 다큐멘터리 형식으로 한국의 근대화를 전시하는 영화들이 붐을 이뤘으며, 그와 같은 붐은 극영화 제작에도 영향을 끼쳐, 〈팔도사나이〉(김효천, 1969) 〈팔도가시나이〉(편거영, 1970) 〈팔도기생〉(김효천, 1968) 등 각종 '팔도' 시리즈들이 유행하는 계기를 마련했다. 〈강산에 노래 싣고〉는 이러한 영화들에 영향을 받은 아류작으로 평가될 수도 있지만 〈팔도강산〉의 유행이 이 영화를 제작한 결정적인 계기가 되었다기보다는, 앞에서도 언급했듯이 1960년대를 관통하는 오락성 짙은 문화영화, 특히 국립영화제작소에서 제작한 문화영화들의 흐름 및 국립영화제작소 인력의 민간 문화영화사로의 이입에 따른 것으로 볼 수 있을 것이다.

16 박희준 감독은 민간 문화영화사를 직접 설립하지 않고 대명 제작을 주로 하였다. 국립영화제작소 출신인 〈팔도강산〉의 배석인과 〈속 팔도강산〉의 양종해 등은 1970년대 초, 서울문화사를 설립하여 직접 문화영화를 제작한 바 있다.

3-2. 팔도를 비추는 버라이어티 쇼

〈팔도강산〉 시리즈는 팔도의 자식들을 찾아가는 노부부의 이야기라는 극적 요소가 주를 이루는 가운데 각 지역의 명소와 산업 시찰의 현장을 소개하고, 몇몇 장면에서는 가수들의 노래 실연 장면을 삽입한다. 반면 문화영화로 제작된 〈강산에 노래 싣고〉는 극적 요소보다 가수들이 노래하는 장면을 보다 전면화한다. 〈팔도강산〉의 허구적인 극 구성이 영화 전체의 연속성을 유지하는 중요한 축이라면, 〈강산에 노래 싣고〉 시리즈는 이야기의 연속성보다 각 지역별 노래와 콩트를 공간별로 단절적으로 제시한다. 이는 극영화보다 과거 악극단의 쇼와 버라이어티 쇼를 연상시키는 동시에 당시 인기를 끌기 시작하던 TV 쇼 프로그램의 형태와 비슷한 외연을 지닌다 할 수 있다.

〈강산에 노래 싣고〉는 민간에서 제작된 문화영화이기 때문에 국립영화제작소의 '쇼 문화영화'처럼 국책 선전용 내용을 직접적인 대사를 통해 전달하는 부분이 상대적으로 적은 편이다. 오히려 짧은 콩트와 시네마스코프 화면을 통한 스펙터클에 주력한다. 〈강산에 노래 싣고〉는 [표3]에서 보듯 여러 지역을 다니며 관광지를 전경화하거나 가수들이 직접 등장해 해당 지역과 연관된 가요를 부른다.

고속도로 완비 이후 각 지역의 관광 산업은 보다 활성화된다. 배석인 감독의 극영화 〈팔도강산〉이 1차 경제개발 이후 기간산업이 확충된 각 지역을 둘러보는 데 방점을 찍는다면, [표3]에서도 살펴볼 수 있듯이 〈강산에 노래 싣고〉는 1968년부터 건설되기 시작해 1972년에 개통된 경부고속도로 및 새마을운동 이후 변화하는 각 지역의 풍경을 '관광 자원화'하는 데 초점을 둔다. 근대 관광의 형성과 발전은 각 나라의 특수한 여건에 따

[표3] 〈강산에 노래 싣고〉의 장소별 내용

장소	내용	비고
묵호 어달리	– "뱃노래" (가수: 노래하는 봉봉) – 평화로운 어촌, 어망을 돌보는 어부들	
설악산 (콩트)	– 남보원, 백남봉 출연 – 항공 촬영으로 장엄하게 펼쳐지는 설악산 전경 및 비룡폭포 등 – 남보원의 각종 사투리 메들리(평안도, 전라도, 경상도, 충청도 등)	
소양강	– "소양강 처녀" (가수: 김태희) – 소양강 전경, 춘천시가, 소양 호반 등 – 잉어상 앞을 걷는 김태희	
서울	– "서울의 찬가" (가수: 패티 김) – 서울시 전경, 창경원, 남대문 등 – "어쩌다 생각이 나겠지" (가수: 패티 김)	
워커힐 쇼	– "아리랑" 노래에 맞춰 춤추는 워커힐 무용단 – 김상희 사회 – "사랑하고 싶어요" (가수: 돌 시스터즈) – "참사랑" (가수: 김상희) – 춤추는 무희들 등장	"님과 함께" (가수: 남진) 검열에서 삭제
고속버스 안 (콩트)	– 남봉원, 백남봉, 송해, 이순주, 이기동 출연 – 버스 안에서 떠드는 남봉원, 백남봉에게 핀잔을 주는 송해, 이순주, 이기동 – 사탕 주는 안내원	
수원	– 버스 안내원의 수원 소개 – "수원처녀" (가수: 이미자) – 수원시 전경, 서장대, 서호 저수지, 화홍문, 창용문 등	
고속버스 안 (콩트)	– 송해, 이순주, 이기동 출연 – 고속도로 건설에 참여한 이기동에게 호감을 보이는 송해와 그의 딸 이순주	
고속도로 위	– "춤추는 첫사랑" (가수: 이현) – 호남고속도로 인터체인지	

고속버스 안	– 버스 안내원의 금강 유원지 소개	
금강, 충청북도	– "고향의 강" (가수: 남상규) – 금강, 도담봉, 백마강 낙화암 등	
부여, 충청남도	– 백마강과 백제교, 부여 전경 등 – 버스 안내원의 충청남도, 금산 인삼밭 소개 – "금산아가씨" (가수: 김하정)	
전주	– "찾아온 고향" (가수: 오기택) – 전주 완산 칠봉 팔각정, 전주 시가지 등 – 전북 완주군 구이면: 전주농고 농악대 공연 "잘했군 잘했어" (가수: 하춘화, 남보윤)	
여수	– "그 사람 이름은 잊었지만" (가수: 박건) – 여수시 전경, 자산 공원 언덕, 오동도 전망대 등	
광주	– "목화아가씨" (가수: 남진) – 광주 전경, 목화밭	
어느 마을 어구 (콩트)	– 남보원, 백남봉 출연	
대구	– "사랑이 미움 되면" (가수: 정훈희) – 대구시 전경, 달성공원, 사과밭 등	
경상북도 사과밭 (콩트)	– 남보원, 백남봉 출연	
경주	– "고향이 좋아" (가수: 김상진) – 경주시 전경, 첨성대, 안압지, 포항 보경사, 쌍생폭포 등	
송정 (콩트)	– 남보원, 백남봉 출연: 마라톤 콩트 – 송정 해수욕장	
하동	– "하동포구 아가씨" (가수: 하춘화) – 섬진강가, 지리산 중턱 쌍계사 대웅전 등	
합천	– "물레방아 도는데" (가수: 나훈아) – 가야산 해인사 등	
부산 (콩트)	– 남보원, 백남봉 출연 – "정든 배" (가수: 윤항기와 키 보이스) – 부산 전경, 부산항, 거제대교, 남해대교 등	

라 시기와 형태를 달리하며 다양하게 이뤄진다. 한국의 근대 국민관광 사업의 시초는 일제 식민지 시대로 거슬러 올라가지만 박정희 정부에 이르러 비로소 근대 국민관광이 형성되었다고 할 수 있다. 이는 관련 법 제정 및 물적 토대 마련에 따른 것으로 당대 새마을운동 및 국토 개발과 밀접하게 연동된다.[17]

역대 대통령의 관광 정책에서 보면 이승만 대통령은 집권 후반에 관

---

17 박정희 정부 시기에는 한국 최초의 관광법이 제정되고 관광 행정 기구의 정비, 체계적인 관광 단지 개발, 국민에 대한 최초의 관광 정책이 시행된다. 박정희 정부는 수출 지향적 경제 정책의 전반적인 방향과 유사하게, 외화 획득을 목적으로 관광 진흥을 위한 기반을 조성한다. 1961년 한국 최초의 관광법인 「관광사업진흥법」이 제정되고 국제관광공사가 설립된다. 국제관광공사 설립의 주요 목적은 「국제관광공사법」 제1조에 따르면 '국내 관광의 선전, 관광객에 대한 제반 편의의 제공 및 외국 관광객의 유치, 기타 관광 사업 진흥에 필요한 사항을 경영'하기 위한 것으로 명시된다. 박정희 정부는 국제관광공사라는 국가 기구를 통해 기존의 교통부가 직영하던 호텔 영리 업체의 경영 합리화를 도모하고 민간 자본의 빈곤으로 투자가 부진하던 관광 분야에 정부가 앞서 투자하여 관광 시설을 확충 개선함으로써 관광 외화 수입을 증대하고자 했다. 국제관광공사는 워커힐 운영권(1962)을 획득하고 특정 외래품 판매소(1962), 7개 지방 관광호텔(온양, 해운대, 불국사, 대구, 서귀포, 설악산, 무등산)(1963) 등을 인수했다. 1965년과 66년 사이에는 7개 지방 호텔을 매각해 민영화하였다. 정부의 관광 행정기구라 할 수 있는 국제관광공사를 통해 정부는 주요한 관광 산업의 생산 수단을 국영화하였으며, 이후 다시 정부 주도하에서 민영화시키면서 관광 산업가들에 대한 우월한 통제력을 발휘하였다. 이러한 배경에는 1965년의 한일 국교정상화 계기로 일본인 관광객 급증이 주요한 요인으로 작동한다. 또한 관광 자원 보호 및 개발의 일환으로 한국의 역사적 유산과 문화재 보호를 위해 1962년에 「문화재보호법」을 제정하였으며, 1964년에 국토의 자연 조건을 종합적으로 이용, 개발 보존하기 위한 「국토건설종합계획법」을 제정한다. 1968년에는 자연 풍경지를 보호하기 위한 「공원법」을 제정한다. 이러한 법들에 의거하여 국 도립공원과 관광지가 지정되었으며, 지정된 주요한 관광지를 중심으로 관광객들이 접근할 수 있도록 도로 포장을 실시하였다. 한국 자체적으로 관광지 개발을 위해 박정희 정부는 1971년 2월에 청와대 관광개발계획단을 조직하여 전국 지역의 관광지를 조사 탐색한다. 동년 12월에는 『한국 관광 자원 총람』을 출판해 각 지역의 역사와 전설, 관광 코스, 교통편, 민속 행사, 공원, 숙박 시설, 사찰, 하이킹 코스, 지도, 음식점 등을 상세하게 기록한다. 인태정, 「한국 근대 국민관광의 형성 과정: 박정희 정부 시기의 국가 정책을 중심으로」, 『한국민족문화』 28권, 부산대학교 한국민족문화연구소, 2006, 11쪽.

광 시설 내지 자원의 복원과 확충에 관심을 가지고 한국에 있는 미군 등을 대상으로 관광지 홍보에 나선다. 1959년 9월 11일, 내무부 장관과 교통부 장관을 대동해 강릉의 오죽헌, 경포대 등을 순방한 그는 대관령을 목장과 스키장으로 개발하고 동해안을 관광지로 조성해야 하다고 연설한 바 있다.[18] 국립영화제작소 양종해 감독이 〈대관령의 겨울〉을 1960년에 제작한 것도 우연이라기보다 당대 정책적 요구에 따른 것이라 할 수 있다. 한편 박정희 정부는 우리나라의 전통문화를 관광 자원화하는 일에 남다른 열정을 보인 바 있다.[19] 이는 1960년대 초와 1960년대 후반에 차이를 보이는데, 1960년대 박정희 정부는 우리나라의 전통에 대해 다소 비판적인 입장에 있었다. 집권 초기, 박정희는 『우리 민족의 나아갈 길』(1962)의 제2장 「우리 민족의 과거를 반성한다」와 제3장 「한민족의 수난의 여정」에서 조선 시대와 한국의 근대사에 대해 비판적인 입장에 서 있었다. 그러다 1960년대 중반에 이르러 점차 민족문화의 우수성을 강조하기 시작했으며, 1960년대 후반부터 전통문화 부문과 관련한 다양한 정책을 추진하기에 이른다. 다분히 북한과 미국 등을 고려한 것으로 민족 주체의식 확립을 위해 전통문화 정책을 적극적으로 추진한 것이라 할 수 있다.[20]

1960년대 말에서 70년대 초는 박정희 정권에게 위기의 시기였다. 1968년 1월 21일에 대통령 및 정부 관료를 암살하기 위해 북한에서 공작조가 파견되었으며, 1월 23일에는 미국의 정보함 푸에블로호가 납북되는

---

18 김남조, 「신문 기사에 나타난 역대 대통령의 관광 정책관: 조선일보와 동아일보를 중심으로」, 『관광학연구』 35권, 한국관광학회, 2011, 166쪽.

19 김남조, 위의 글, 2011, 168쪽.

20 전재호, 「민족주의와 역사의 이용: 박정희 체제의 전통문화 정책」, 『사회과학연구』 7호, 서강대학교 사회과학연구소, 1998, 97쪽.

사건이 발생한다. 이 과정에서 내부적 결속과 외부적 적응이 요구되었으며, 1972년 7·4 남북 공동성명이 나오게 된다.[21] 이후 반공 이데올로기는 자주국방이라는 구호로 전개되고, 미국의 개입 없는 민족 주체의식 확립은 무엇보다 중요한 사안이었다. 정부가 국내 관광지를 개발하는 목적 역시 단순히 외화 획득만이 아니라 우리 국민들이 국내 관광을 통해 우리나라 산천과 자연의 위대함을 느끼고 내부 결속을 다지는 계기가 되도록 하자는 것이었다.

〈강산에 노래 싣고〉에서 '그레이하운드'를 타고 고속도로를 질주하는 과정은 전국을 일원화시킨 근대화의 동력을 과시하는 것인 동시에 외부의 위기에 맞선 민족중흥을 위한 국토의 재확인 과정이라 할 수 있다. 이 시기 '민족적인 것'의 수립은 근대화와 세계적인 것을 염두에 둔 것이자 북한과 미국 등을 견제한 민족 주체의식 강화 및 자주국방 의지의 발현이라 할 수 있다. 1970년대, 호국선열과 국방 유적의 정화가 중점적으로 추진되며 강한 국가를 위한 자주국방 의지를 외연화했다. 자주국방 의지는 간접적으로 '민족중흥'이라는 박정희 체제의 국가 목표의 당위성을 설득하는 것이며, 특히 북한의 위협을 받고 있는 현실에서는 국가의 민족중흥 정책을 잘 따라야만 생존할 수 있다는 논리를 배면에 깔고 있는 것이었다.

〈강산에 노래 싣고〉는 다음의 해설과 함께 봉봉사중창단의 "강산에 노래 싣고" 노래[22]가 흐르며 시작된다.

21 조준형, 「한국 반공영화의 진화와 그 조건」, 차순하 편, 『근대의 풍경: 소품으로 본 한국영화사』, 2001, 342쪽.

광명한 아침이 열린다. 우리의 강산에. 새로운 역사를 창조하려는 굳센 결의와 불타는 의욕의 태양이 솟아오른다. 자조 자립 협동의 힘찬 물결이 노래와 웃음을 활짝 꽃피운다.

영화에서 내레이션이 등장하는 것은 이 부분이 유일하다. 1972년 10월 유신을 앞두고 개봉된 이 영화는 1971년에 재임한 박정희의 새 정권을 "새로운 역사 창조"의 결의로 보고 이를 "자조 자립 협동의 힘찬 물결"로 맞이할 것을 요청한다. 이러한 내레이터의 논평은 각 지역의 명소를 탐방하고 콩트가 진행되는 이 영화의 분절적이고 파편화된 형식을 하나의 의미로 봉합하는 역할을 한다. 이는 곧 각 지역의 명소를 '발견'하고 국토라는 이름의 상상의 공동체를 형성하고자 하는 욕망의 발현이라 할 수 있다. 하지만 국립영화제작소 출신이라는 감독의 정체성에서 비롯해 무의식적으로 발현된 국책 메시지는 이 영화의 분절적 형식과 제작 환경 및 수용 과정에서 모순을 빚어내며 균열을 드러낸다.

이 영화는 강원도 동해, 춘천 등을 거쳐 서울, 경기도 수원, 충청북도 금강, 충청남도 부여, 전라북도 전주, 전라남도 여수, 광주, 경상북도 대구, 경주, 경상남도 하동, 합천, 부산 등에 이르는 여정을 보여준다. 각 지역을 순회하며 해당 지역의 자연 경관과 명승지를 보여주는 동시에 지역과 연관된 노래를 부르는 가수들이 등장한다. 지역의 명소들에 대한 설명은 콩트

---

22 봉봉사중창단의 "강산에 노래 싣고" 가사는 다음과 같다. "찬란한 아침 해가 솟아오르면 내 고장 내 일터가 나를 부른다. 나가자 우리 함께 손에 손잡고 내일의 푸른 꿈을 꽃피워보세. 강산에 노래 싣고 웃음도 싣고 달린다. 우리는 푸른 산맥이다. 나날이 달라지는 우리의 고장. 해 뜨는 우리 강산 웃음꽃 핀다. 오너라 너도나도 손에 손잡고 행복한 푸른 꿈을 꽃피워보세. 강산에 노래 싣고 웃음도 싣고. 달린다 우리는 푸른 산맥이다."

를 담당한 남보원, 백남봉과 함께 고속버스 안내원에 의해 전달된다. 하지만 각 지역의 명소들은 관광 안내 책자 내에 실린 여행지 사진처럼 단순한 정보 전달에 머문다. 오히려 가수들의 노래 장면을 위한 현지 배경 화면으로 비춰진다. 이러한 특징은 이 영화가 1988년 올림픽이 열릴 때 2, 3편(〈노래 싣은 금수강산〉 〈노래 싣은 관광 여행〉)과 함께 노래 영상 위주로 편집돼 뮤직비디오로 출시되고, 현재까지 이 영화에 출연한 가수들의 노래 영상이 개별적인 뮤직비디오로 웹 사이트에서 소비되고 있는 점과 무관하지 않다. 다시 말해, 이 영화는 초반 내레이션에서 제시한 국책적 목적에 의해 가시화되고 발견된 국토의 확인이라는 선전 효과보다는 야외로 나간 가수들의 노래와 '쇼'가 주는 오락적 재미에 더욱 초점을 두고 있다.

3-3. 대형화면으로 보는 가수들의 쇼

〈강산에 노래 싣고〉는 을지극장에서 2주 정도 상영해 4만 명의 관객을 동원한다. 이 영화는 서울을 벗어난 지역에서 더 큰 인기를 끌어 지방 흥행사의 요청으로 2편과 3편이 제작된다. 박희준 감독은 이 영화의 흥행 요인에 대해 다음과 같이 구술한 바 있다.

> **한꺼번에 막 가수를 한 열댓 명? 뭐 보고, 코메디안도 보고 하니까 뭐 노래 시원하게 시네마스코프로 대형화면으로** 또 그 립싱크도 잘 맞거든, 이거는요? 그리구 뭐 탁탁 뭐 텔레비전에 **쪼만한 브라운관에서 보는 거와는 천지차지**. 그래 가주고 그 굉장히 관객이 그래도 많았어요. 흥행이 잘됐어.[23] (강조는 인용자)

위의 구술에서 흥미로운 부분은 가수들의 노래를 "시네마스코프 대형화면"으로 본다는 것 자체가 관객들을 견인한 요인이었다는 점이다. 1편을 개봉한 을지극장(구 파라마운트 극장)은 1970년대 들어서며 쇼 공연과 결합해 영화를 동시상영하는 경우가 많아지다가, 1973년에 관광 극장식당을 표방한 '판 코리아'라는 카바레로 전환되었다.[24] 1972년, TV의 영향으로 한국영화의 관객이 급격히 감소하면서 명보극장, 아세아극장, 을지극장 등의 개봉관은 쇼 무대를 올리며 불황을 타개하고자 했다.[25] 이 영화의 특별 우대권을 보면 "영상과 무대를 연결한 '72 최대 쇼"라는 홍보 문구와 함께 1부에서 〈강산에 노래 싣고〉를 상영하고 2부에서 파라마운트 쇼를 공연한다고 되어 있다. 2부 공연 '파라마운트 쇼'는 영화와 직접적 관련 없이 을지극장에서 자체적으로 올린 공연이다. 특별 우대권에 표시된 쇼 출연진은 김정구, 현인, 고운봉, 박재홍, 박경원, 안다성, 명국환, 원방현, 도성아, 권혜경, 백난아, 백설희, 장세정, 황금심, 금사향, 신 카나리아 등이다. 이들 모두가 공연에 출연한 것은 아니며 교체 출연 명단인 것으로 보아, 공연마다 다른 출연진들로 채워졌음을 알 수 있다. 〈강산에 노래 싣고〉는 을지극장 쇼와 함께 대중들의 오락거리로 인기를 끌며 만원사례를 이어갔다. 다시 말해, 변두리 극장에서 과거 인기 스타들을 대거 출

---

23 이정아, 「박희준」, 앞의 책, 127쪽.

24 "[광고] 추석절 을지극장을 내습한 폭소 태풍", 《동아일보》 1972년 9월 21일자, 6면; "[광고] 전속 무용단원 모집", 《경향신문》 1973년 10월 17일자, 6면; "[광고] 지상의 낙원 판 코리아에서 실비로 맥주를 듭시다!", 《경향신문》 1974년 10월 7일자, 5면; 송영애, 「부록 편」, 〈1960~1970년대 영화관〉 구술채록연구팀, 『2010년 한국영화사 구술채록연구 시리즈 〈주제사〉』, 한국영상자료원, 2010 참고.

25 "줄어드는 방화 관객", 《매일경제신문》 1973년 1월 25일자, 6면.

〈강산에 노래 싣고 웃음 싣고〉(1972) 입장권(특별 우대권)
(기증: 박희준, 소장: 한국영상자료원)

연시켜 불황을 타개하고 생존을 모색하고자 한 시도라 할 수 있다.

특히 1편에는 워커힐 쇼 장면이 등장하는데, 워커힐 쇼는 당시 가장 유명한 쇼로 관광객들을 대상으로 다양한 노래 공연과 무용 공연을 펼쳤다. 하지만 입장료가 비싸 대다수 사람들은 TV에서 실황으로 쇼를 보거나 영화 속에 삽입된 몇몇 쇼 장면을 통해 그 명성을 확인하는 경우가 많았다. 박희준 감독은 워커힐 쇼 관계자와의 친분으로 손쉽게 워커힐 쇼의 공연 실황을 그대로 찍을 수 있었는데, 제작비 절감을 위한 선택이었으나 워커힐 쇼를 볼 수 없었던 지방민들에게는 일종의 대리 체험의 공간이자 볼거리를 더해주는 장치가 되었다. 하지만 검열 과정 중 워커힐 쇼에 등장한 가수 남진의 장발이 문제가 돼 남진의 노래 장면이 삭제되고, 쇼 공연 중 무용수들이 짧은 치마를 입고 춤추는 장면 일부가 삭제되기도 했다. 이는 1971년 박정희 재집권 이후 대중문화계 법제가 변화하기 시작하며 대중예술에 대한 사회 정화 운동이 본격화된 배경과 무관하지 않다.

3-4. 시리즈 제작 및 지방 흥행

1편과 달리, 2, 3편은 서울의 2번관에서 상영되어 흥행에 실패하지만 지방 흥행에는 성공한다. 2편 〈노래 실은 금수강산〉은 서수남, 하청일이 콩트를 맡았는데, 이들은 가수 출신이라 코미디언들과 같은 즉흥적인 만담 레퍼토리가 부족했던 탓에 관객들의 호응을 떨어뜨리는 요인이 되었다. 3편 〈노래 실은 관광 여행〉은 서영춘, 남성남 콤비가 등장해 콩트를 맡았다. 〈노래 실은 관광 여행〉은 제목에 직접적으로 '관광'을 넣어 영화의 목적 자체가 관광 쇼에 있음을 외화한다. 3편 이후 박희준 감독은 이 시리즈의 제작에서 물러났으나, 몇 편의 유사 작품들이 지방 장사를 목적으로 제작된다. 1편에서 조감독을 맡은 이명식이 〈관광 대행진〉(연도 미상)을 연출했으며, 3편의 제작부장 전대연이 극영화 제작 경험이 있는 박희준 감독에게 연출을 의뢰해 1975년 〈가요대행진〉을 제작한다.[26] 〈가요대행진〉은 콩트 요소가 빠지고 송창식, 윤항기, 김세환 등 통기타 가수들이 대거 출연하는 바람에 지방에서의 대중적 인기가 떨어져 흥행에 실패하고 만다.

〈강산에 노래 싣고〉 시리즈는 제작을 수월하게 하고자 제작에 직

26 이정아, 「박희준」, 앞의 책, 149쪽 참고.

접 참여하지 않은 스태프들의 이름을 크레디트에 대거 포함시키고 있다. 1편의 각본으로 작사가 하중희의 이름이 올라와 있는 것도 인기 가수들을 출연시키기 위해 이름만 빌려온 것이다. 또한 1편에서 3편까지 모두 박희준 감독이 직접 제작과 연출을 겸했으나, 문화영화사의 허가가 어려워 기존 문화영화사를 통해 대명 제작 방식으로 이뤄졌다. 1편은 박희준 감독과 같은 국립영화제작소 공채 출신 김학수 대표의 삼진영화제작소에서, 2편은 박찬[27]이 대표로 있는 삼화문화영화사에서, 3편은 전옥숙이 대표로 있는 창조사에서 대명 제작했다. 후원사로 한국연예협회, 한국경제일보사의 이름이 올라와 있기도 하다. 실제로는 이들의 후원이 없었음에도 지방 촬영 중 지방의 토호나 건달들이 촬영을 방해하는 것을 막기 위해 이름만 빌려 쓴 것이다. 영화에 출연할 가수의 섭외는 하춘화의 매니저인 이한복과 가수 섭외 관련 계약을 맺고 그에게 일임했다. 가수들의 출연료는 그들의 명성에 따라 다소 차이가 있었으나, 출연료 자체가 높은 편은 아니라서 제작비 부담이 크지는 않았다고 한다.[28]

이와 같이 극장 개봉용 민간 문화영화의 제작 환경이 상당히 열악한 편이었는데도 각 지역의 로케이션 촬영 및 인기 가수들이 대거 출연할 수 있었던 것은 국립영화제작소 시절의 인맥과 당시 TV가 인기를 끌기 시작한 미디어 환경 변화에 기인한 바가 크다. 가수들의 경우, 섭외료가 높지도 않은 상황에서 쇼 문화영화 출연에 흔쾌히 응했으며, 1편의 개봉 이후 큰 화면에 나온 자신의 얼굴을 극장에서 볼 수 있다는 이유로 출연 요

---

27 2편의 대명 제작사인 삼화문화영화사의 대표 박찬은 1969년에 유사한 포맷의 〈노래하는 박람회〉를 제작한 바 있다.

28 이정아, 「박희준」, 앞의 책, 118~119쪽 참고.

청을 하기도 했다.[29] 이는 당시 가요계의 변화와 TV 수상기 보급의 증가에 따른 대중연예 종사 인력의 변화 또는 자구책에 따른 것이기도 하다.

4. TV 보급의 확대와 대중문화의 변화

TV 수상기 보급이 전국적으로 이뤄지지 않은 상황에서 대중오락을 담보한 오락용 문화영화는 TV에 대한 접근성이 비교적 낮았던 지방 관객들의 호응을 얻는 계기가 되었다. TV 수상기 보급률은 1965년에 0.61%에 불과했으나 1971년에 10%를 넘어섰으며 1972년에는 14.3%, 1973년에는 19.9%, 1974년에는 24.2%로 올라서고, 1980년에 이르면 79.1%로 증가한다.[30] 특히 TV 수상기의 서울 집중 현상이 심해, 1967년 76.7%, 1968년 72.7%, 1969년 73.3%의 TV 수상기가 서울에 보급되었다.[31] 하지만 국가 주도적 텔레비전 보급 정책[32]으로 TV 수상기 보급률이 높아지면서 극장 개봉작 및 영화 제작 관행에서도 큰 변화를 보이기 시작한다. 서울과 지방의 TV 수상기 보급률을 비교해보면, 1972년에 서울은

29 "가수들은 또 돈보다도 자기네들 얼굴을 알리기 위해서 출연을 하는 걸 상당히 좋아했지. 문주란이 같은 가수는 〈강산에 노래 싣고〉 때 1편 때는 빠졌거든. 그 영화를 보고 굉장히 감명을 받은 모양이라 그 2편에는 자기 꼭 써 달라 그래 가주고 그 출연료도 얼매 안 받고 저 출연해 주고 한 걸로 알아요." 이정아, 「박희준」, 앞의 책, 148쪽.

30 김미현, 『한국 시네마스코프에 대한 역사적 연구』, 중앙대학교 박사학위 논문, 2005, 59쪽 참고. ㄴ

31 김미현, 위의 글, 2005, 59쪽.

32 보다 싼 값의 텔레비전 수상기 생산 보급을 주요 골자로 '새마을 TV'가 개발되고, 농어촌 지역의 TV 보급 확대를 위해 1972년부터 장기 할부제로 텔레비전 수상기를 보내는 '텔레비전

56.2%, 지방은 43.8% 비율로 올라섰는데, 1973년에 이르면 서울과 지방의 보급률에서 서울 49.3%에 비해 지방 51.7%로 지방의 보급률이 높아지기 시작한다.[33] TV의 지방 보급률 확대는 〈강산에 노래 싣고〉 이후에 제작된 2, 3편이 1편에 비해 흥행하지 못한 이유 중의 하나로 볼 수 있을 것이다. 〈강산에 노래 싣고〉 시리즈는 지방 장사가 주요한 수입원이었기 때문에 지방의 TV 수상기 보급률이 높아지면서 영화관에서 이들의 모습을 보고자 하는 관객은 그만큼 줄어들었다고 할 수 있다.

또한 이 시리즈의 흥행과 저조의 이유는 TV 쇼 프로그램 및 대중음악의 변화에서도 찾아볼 수 있다. 1961년 KBS-TV 개국과 함께 시작된 〈TV 그랜드 쇼〉는 노래와 만담, 무용과 촌극으로 구성되었으나, 1962년 〈KBS 그랜드 쇼〉로 이름이 바뀐 뒤 대중가요 위주의 프로그램으로 바뀌었고, 1963년 황정태가 PD를 맡으며 미8군쇼단의 노하우를 TV 음악 쇼 프로그램에 도입하기 시작한다.[34] 1964년에 TBC의 전신인 D-TV가 개국하며 〈쇼쇼쇼〉가 시작되었으며, TBC가 서울과 부산에만 방송되었으므로 〈쇼쇼쇼〉는 팝적이고 도회적인 스타일이 주를 이루었다.[35] 1960년대 대중음악은 '이지 리스닝'이라는 서양풍의 양식이 주도적으로 자리잡았다. 미8군 무대 출신 가수의 '외래가요'와 일반 무대 출신의 '재래가요'가 구별되기 시작했다. 특히 미8군 무대 출신 연주자들의 외래가요는

효자 캠페인' 운동 등이 시작된다. 임종수, 「텔레비전의 사회문화사」, 유선영·박용규·이상길 외, 『한국의 미디어 사회문화사』, 한국언론재단, 2007, 451~452쪽.

33 김종진, 『한국 TV 음악 쇼 프로그램 연구』, 한국외국어대학교 석사학위 논문, 2010, 78쪽.

34 김종진, 위의 글, 52~54쪽.

35 김종진, 위의 글, 87~88쪽.

방송계와 밀접한 관련을 맺고 성장했다. 이들은 방송국 전속 악단으로 대거 영입돼 음반과 공연(극장 쇼)과는 다른 하나의 장을 형성해갔다. 방송용으로 적합한 음악은 당시 일반 대중들의 인기를 끌었던 트로트라기보다는 미8군을 중심으로 한 미국문화의 세례를 받은 스탠더드 팝이었다.[36] 그 이유는 첫 번째, 트로트가 농촌 향수 지향적이고 서민들의 애환과 가난 등을 담고 있었기 때문에 트로트는 당시 사회가 원하는 명랑한 분위기, 흥겨운 조국 근대화의 희망에 반하는 퇴폐와 저속의 낙인이 찍혀 있었다. 두 번째, 당시 TV 방송은 수상기 보급이 대중화되지 않은 상황에서 수상기를 갖춘 도시 수요자에 맞춰 도회적인 스타일을 추구하였기 때문이다. 이러한 분위기 아래 1971년 4월, 박정희가 대통령 선거에 승리하자 대중문화계 법제도 변화하기 시작한다. 〈강산에 노래 싣고〉는 바로 그 변화의 시점에 틈새시장을 형성한 영화이다. 이 시기는 소울과 사이키 음악에 대한 퇴폐 논란과 영화, 음반, 공연 등 대중예술에 대한 사회 정화 운동이 일어난 시점이었다. 1972년 10월, 유신 선포 이후 된서리를 맞은 것은 포크 같은 청년문화가 아니라 트로트였다. 음악적인 주제와 내용에서 트로트는 비탄조, 퇴폐, 저속, 왜색이라는 불명예를 안았다. 이에 따라, 가요계에서 엄청난 음반 판매율을 기록한 이미자는 자신의 스타일을 바꿔야 했으며 남진, 나훈아, 김 세레나, 문주란, 조미미, 하춘화 등 대중적인 인기를 구가하던 인물들의 활동이 뜸해지기 시작했다.[37] 그럼에도 이들에 대한 음반 판매와 인기는 여전했는데, 〈강산에 노래 싣고〉는 바로 이들을 영화 스크린으로 불러들여 TV 매체로부터 다소 소외된 지방 관객들에게

---

36 김종진, 앞의 글, 25쪽.

37 김종진, 앞의 글, 34쪽.

큰 호응을 받았다. 이는 과거 인기 가수들이 신생 매체인 TV 프로그램에서 활로를 찾지 못한 채 과도기적 변화에 놓여 있었기 때문이다. 초반의 TV는 서울과 부산에만 방영되는 TBC 위주였지만, 1969년의 MBC 개국과 함께 1970년대는 MBC와 TBC 양대 민영 방송 사이에 치열한 시청률 전쟁이 벌어진다. MBC, KBS 등의 전국 방송이 많아지면서 다수의 연령층을 아우르는 쇼 구성이 이뤄지며, 쇼 문화영화에 대한 지방 관객들의 호응도 점점 떨어지기 시작한다. 또한 공보 활동의 중심이 대중매체로 자리 잡은 TV로 옮겨감에 따라 쇼 비즈니스는 밤무대, 나이트클럽, 카바레, 관광 유흥업소 등으로 점차 밀려나고, 민간 문화영화는 시장의 활로를 각 시·군 및 기업 수주 등에 의한 영상물 제작으로 전환하기 시작한다.

5. 나오며

명랑 운동 및 캠페인은 박정희 정권 기간 지속적으로 강조되었다. 1968년에 발표한 국민교육헌장에도 "명랑하고 따뜻한 협동 정신을 북돋아야 한다"고 명시되며 명랑풍의 사회 만들기가 경제개발계획과 함께 사회 기조를 이룬다. 소래섭에 따르면 명랑이란 정권에 저항하는 '불순분자'가 없는 상태를 말한다.[38] 이는 도덕적 정당성이나 권위를 확보하지 못한 권력이 체제에 대한 저항을 무력화하고 국가의 명령에 순응하는 윤리를 몸에 새겨 넣는 과정이기도 하다.[39] 박정희 정권 기간 동안 '건전'과

38 소래섭, 『불온한 경성은 명랑하라』, 웅진지식하우스, 2011, 26쪽.

39 소래섭, 위의 책, 26~27쪽.

'명랑'은 밝은 사회를 이룩하기 위한 시민의 자세였으며, 문화영화에서도 '웃음'과 '명랑' 그리고 '건전'은 지속적으로 강조된다. 특히 '쇼 문화영화'에서는 코미디언들의 만담과 설명에서 '소문만복래'가 반복되며, 박정희 정권의 경제개발계획과 정책으로 인해 가난과 역사적 굴종을 벗어난 밝은 세상에서 웃으며 더 나은 미래를 위해 정진할 것을 당부한다.

> 바로 우리 몸에 밴 이 낭비와 불신과 불화의 **누습을 털어버리고** 절약하고 근면하며 서로 융합하고 서로 믿고 서로 사랑하며 서로 돕는 새로운 인간관계의 '믿음의 사회', **'명랑한 사회'의 건설**에서 찾아야 할 것입니다.[40] (강조는 인용자)

과거 "누습을 털어버리고" 상호 반목과 불평불만 없이 "명랑한 사회"를 건설하자는 기조 아래 제작된 문화영화들은 이를 가장 잘 드러내주는 노래와 만담으로 대중성을 확보하는 동시에 보다 효과적인 계몽의 자리를 마련했다. 하지만 문화영화의 면면을 확인해보면, 조국 근대화 프로젝트를 위해 공모하고 있음에도 이 영화에서 가시화되는 것들은 근대화 프로젝트의 작동 방식, 즉 근대 국민국가의 지리가 아니라 상부구조에서 지체된 요소인 전근대적인 요소와 낡은 생산 양식이다. 주변화된 쇼 양식 자체를 가져오고 새로운 매체에서 밀려난 것들을 보여주며 도시 주변부와 지방 관객들, 즉 근대화 프로젝트로부터 소외된 이들을 위무하고 포섭하고자 한다. 이들 영화에서 보여주는 풍경은 '밋밋한 경관flatscape'

40 소래섭, 앞의 책, 27쪽.

이자 의미 있는 장소가 결핍된 일종의 무장소의 지리를 드러낸다. '밋밋한 경관'이란 노베르그-슐츠Norberg Schulz가 만들어낸 용어로, 의도적 깊이가 결여되고 평범하고 평균적인 경험의 가능성만을 제공하는 경관을 일컫는다.[41]

〈강산에 노래 싣고〉에 나오는 경관은 각지의 명승지 위주로 획일적으로 드러나며 실제 그곳을 살아가는 사람들의 진정한 삶의 공간을 소멸시킨다. 문화적이고 지리적인 획일화가 전면적으로 시각화되고 있음에도 '노래'와 '만담'으로 그러한 결핍을 채우고 부정적인 근대화에 대한 저항을 무화시킨다. 나아가 〈강산에 노래 싣고〉에 나오는 노래와 쇼 문화 역시 건전한 사회를 건설한다는 정책 기조 아래, 왜색에 대한 경계와 우려, 문화의 저질화에 대한 우려 등에도 불구하고 일종의 암묵적인 허용을 통해 효과적인 프로파간다로 활용되는 이중성을 보여준다. 이러한 쇼 오락이 TV 매체로 옮겨가면서 영화에서의 이러한 시도는 점점 사라지고, 문화영화에서 활약하던 연예인들은 밤무대로 옮겨가 그 돌파구를 찾고자 했다. 1974년에 이르면 TV와 오일 쇼크의 영향 등으로 밤무대마저 불황을 맞다가 1975년 일반 살롱이나 나이트클럽, 고고클럽 등 유흥업소의 무대가 잠시 활기를 띠기 시작한다.[42] 국책을 홍보하는 노래와 만담이 어우러진 쇼에서 이제 국책은 사라지고 쇼만 남은 채 밤무대와 나이트클럽 쇼, 관광 유흥업소 쇼로 이어진 셈이다.

---

41 에드워드 렐프, 김덕현 옮김, 『장소와 장소 상실』, 논형, 2005, 177쪽.

42 "가수들 유일한 젖줄 나이트 쇼도 불황", 《경향신문》 1974년 11월 2일자, 8면; "다시 흥청거리는 밤무대", 《경향신문》 1975년 3월 6일자, 8면; "밤무대 누비는 노장 가수들", 《동아일보》 1977년 7월 9일자, 5면.

참고문헌

신문 및 잡지

《경향신문》, 《동아일보》, 《매일경제신문》 등 각 기사 및 광고

구술채록 자료집

공영민, 「이성철」, 『2009년 한국영화사 구술채록연구 시리즈 〈생애사〉』, 한국영상자료원, 2009.

송영애, 「부록 편」, 〈1960~1970년대 영화관〉 구술채록연구팀, 『2010년 한국영화사 구술채록연구 시리즈 〈주제사〉』, 한국영상자료원, 2010.

이정아, 「박희준」, 〈문화영화〉 구술채록연구팀, 『2012년 한국영화사 구술채록연구 시리즈 〈주제사〉』, 한국영상자료원, 2012.

논문 및 단행본

공임순, 「전시 체제기 징병취지 '야담만담부대'의 활동상과 프로파간다의 역학」, 『한국근대문학연구』 26호, 한국근대문학회, 2012.

국립영화제작소 편, 『문화영화 목록(1950-1993)』, 국립영화제작소, 1994.

김남조, 「신문 기사에 나타난 역대 대통령의 관광 정책관: 조선일보와 동아일보를 중심으로」, 『관광학연구』 35권, 한국관광학회, 2011.

김미현, 『한국 시네마스코프에 대한 역사적 연구』, 중앙대학교 박사학위 논문, 2005.

김종진, 『한국 TV 음악 쇼 프로그램 연구』, 한국외국어대학교 석사학위 논문, 2010.

소래섭, 『불온한 경성은 명랑하라』, 웅진지식하우스, 2011.

에드워드 렐프, 김덕현 옮김, 『장소와 장소 상실』, 논형, 2005.

위경혜,「한국전쟁 이후~1960년대 문화영화의 지역 재현과 지역의 지방화」,『대중서사연구』24호, 대중서사학회, 2010.

이성욱,『쇼쇼쇼-김추자, 선데이서울 게다가 긴급조치』, 생각의나무, 2004.

인태정,「한국 근대 국민관광의 형성 과정: 박정희 정부 시기의 국가 정책을 중심으로」,『한국민족문화』28권, 부산대학교 한국민족문화연구소, 2006.

임종수,「텔레비전의 사회문화사」, 유선영 · 박용규 · 이상길 외,『한국의 미디어 사회문화사』, 한국언론재단, 2007.

전재호,「민족주의와 역사의 이용: 박정희 체제의 전통문화 정책」,『사회과학연구』7호, 서강대학교 사회과학연구소, 1998.

조준형,「한국 반공영화의 진화와 그 조건」, 차순하 편,『근대의 풍경: 소품으로 본 한국영화사』, 2001.

기타

한국정책방송(KTV) e-영상역사관 http://ehistory.korea.kr

박정희 정권 후반기 영화와 섹스 그리고 국가
: 독일 성교육 영화 〈헬가〉의 수입과 검열 과정을 중심으로*

조준형

1. 들어가며

이 글은 1968년과 1977년 두 차례에 걸쳐 국내에 수입 개봉된 독일의 성교육 영화 〈헬가: 인간 탄생의 기원Helga-Vom Werden des menschlichen Lebens〉(에리히 F. 벤더Erich F. Bender, 1967)의 수입과 검열 과정을 검토함으로써, 약 10년 동안 성적 표현과 관련한 한국영화계의 지형도를 제시하는 것을 목표로 한다.

이 글을 촉발한 중요한 동기는 1968년과 1977년에 한 영화에 대한 두 번의 검열이 있었고 후자의 검열이 전자보다 훨씬 엄격하게 이루어졌다는 사실,[1] 그리고 이 영화가 단순히 성교육 영화가 아니라 1970년대 양

---

* 이 글은 『한국극예술연구』 45집, 2014에 수록된 동명의 논문 및 한국영상자료원 한국영화사연구소의 학술 심포지엄 『지워진 한국영화사: 문화영화의 안과 밖』(2013년 7월 27일)에서 발표한 「영화, 섹슈얼리티, 국가: 독일 성교육 영화 〈헬가〉의 수입과 검열을 중심으로」를 수정, 보완한 것이다.

적으로 독일 영화계의 다수를 점했던 섹스플로이테이션 영화sexploitation films의 선구적 위치를 차지하고 있다는 사실을 발견한 데서 비롯되었다. 성교육 영화가 어떻게 '섹스영화'의 선구가 될 수 있었을까? 그 전이의 배경은 무엇이며 이를 어떻게 해석해야 하는가? 그리고 이 영화는 어떤 방식으로 한국에 수입되고 검열 제도를 통과할 수 있었으며, 두 번째 검열은 왜 엄격해졌는가? 이 기간 영화 속 성적 표현의 관계 설정에 변화를 줄 만한 어떤 과정이 전개되었던 것일까? 이 글은 이 질문들에 대한 해답을 찾아가는 시론적 과정이라 할 수 있다.

1960~70년대 한국영화사 연구에서 영화 속 성적 표현을 본격적으로 조명한 연구는 많지 않다. 이 주제에 대한 대부분의 연구는 '호스티스 영화'를 우회해 이루어졌으며, 또한 그중 상당수는 하층 여성이라는 주체성 혹은 청년문화, 대중문화, 가부장제, 민족주의 등의 키워드와 연관되어 검토되고 있기 때문이다. 그것이 아니면 유신체제 박정희 정권기의 문화적 검열과 통제 정책의 사례로서 개별 작품들이 언급되는 정도다.[2]

---

1 이 영화의 수입과 검열 과정을 담은 서류는 현재 한국영상자료원에 보존되어 있다. 한국영상자료원은 1950년대 후반에서 1990년대 초 사이, 10,000건에 가까운 한국영화와 외화, 문화영화 등에 대한 서류를 보관 중인데, 이 자료들은 디지털화를 거쳐 단계적으로 공개될 예정이다.

2 본격적으로 이 주제에 천착한 연구는 여임동과 유선영의 논문 정도로 보인다. 여임동의 논문은 그 논의의 폭과 깊이가 충분하지는 않지만, 지금껏 주목받지 못한 1960년대 말에서 70년대 초의 섹스영화에 주목한 거의 최초의 연구라는 점에서 의미가 있다. 유선영의 연구는 보다 복잡하고 풍부한 논의를 제공하고 있다. 그는 1970년대 초 이후 성적 표현을 주되게 담은 영화들의 맥락을 풍부하게 검토하며, 과민족화 프로젝트가 진행되던 동원 체제 박정희 정권 내에서 이 영화들 혹은 이미지들이 가진 선정성과 퇴폐성이 당시 관객들에게 국가체로부터의 월경을 제공했음을 설득력 있게 논증한다. 여임동, 「1960년대 말 박정희 정권기 "섹스영화"의 등장 배경에 관한 연구」, 『영화문화연구』 11집, 한국예술종합학교 영상원 영상이론과, 2009; 유선영, 「과민족화 프로젝트와 호스티스 영화」, 공제욱 엮음, 『국가와 일상: 박정희 시대』, 한울, 2008. 유선영이 이

이 글은 그간 선행 연구자들의 논의와 동떨어졌다고 할 수는 없지만, 다소 다른 강조점을 가진다. 이는 연구 대상(해외영화의 수입과 검열)과 시기의 차이에서 발생하는 것이기도 하지만, 당시 한국영화계와 국가의 관계, 혹은 권력의 작동 방식을 신문 기사와 잡지 기사를 통한 담론 분석, 검열 서류를 통한 구체적인 검열 과정의 검토 등을 통해 보다 실증적이고 미시적으로 고찰하고자 하는 방법론상의 차이에서도 비롯된다.[3]

이러한 문제의식에서 이 글은 첫째, 그동안 박정희 정권기와 영화의 성적 표현의 관계를 논함에 있어 간과되어온 1968년에서 71년 사이의 '섹스영화' 붐을 재조명하고, 이 붐이 탄생하고 유지되는 데 서구의 섹스혁명Sexual Revolution이 중요한 동력원이 되었다는 사실을 보여주고자 한다. 이는 이 주제를 국내적인 요인으로만 분석해왔던 그간의 연구 경향에 새로운 요인을 추가함으로써 당시의 한국영화계, 나아가 한국사회를 보다 입체적으로 조망할 수 있도록 할 것이다. 동시에 이는 부족하나마 박정희 정권기가 권위주의로 진행되던 1960년대 말에 어떻게 '섹스영화'가 등장할 수 있었는지에 대한 맥락적 설명을 제공해줄 수 있을 것이라 기대된다.[4] 이 시기의 변화는 이 글의 핵심 대상인 〈헬가〉의 첫 번째 수입

단행본에 원고를 수록하기 이전 학술지에 발표한 같은 글의 제목은 「동원 체제의 과민족화 프로젝트와 섹스영화: 데카당스의 정치학」(『언론과 사회』 15권 2호, 성곡언론문화재단, 2007)이다.

3 이와 관련, 성적 표현 자체에 집중하지는 않지만 1970년대 박정희 정권의 검열 정책과 호스티스 영화를 포함한 개별 영화 수 편의 검열 사례를 검열 서류를 중심으로 제시하는 박유희의 연구를 참고할 수 있다. 박유희, 「박정희 정권기 영화 검열과 감성 재현의 역학」, 『역사비평』 99호, 역사비평사, 2012.

4 박정희 정권기의 '섹스영화'는 당대 언론 등이 만들어낸 일종의 담론적 산물이다. '섹스영화'라 표현했지만 이 영화들의 표현 수위는 여성 신체의 상반신 혹은 후면 누드나 강도가 높지 않은 베드신 정도에 불과했다.

검열 당시의 상황적 배경으로 작용한다.

둘째, 영화에서의 성적 표현과 관련해 박정희 정권기 국가와 영화 생산자의 역관계를 단일하거나 일관된 것으로 상정할 수는 없다는 것을 밝히고자 한다. 1960년대 말은 물론, 유신 이후에도 몇 차례의 관계 변화가 있었으며, 이는 〈헬가〉의 두 번에 걸친 검열 과정에 중요한 영향을 미쳤다.

셋째, 국가의 정책과 목표가 검열의 대략적인 한계선을 제시하기는 하지만, 구체적인 검열의 과정이 검열자와 피검열자 간의 끊임없는 협상이 이루어지는 장임을 강조하고자 한다. 그 결과 우발적이고 상황적인 요인이 특정 영화의 검열에 중요하게 작용하기도 한다. 이는 특히 〈헬가〉의 두 번째 검열 과정을 상세히 검토하는 과정을 통해 제시될 것이다.

2. 1960년대 말, 한국영화계에 섹스가 도착하다

2-1. 한국 '섹스영화'의 탄생: 1968~1971년

한국영화계에서 '섹스'라는 단어가 직접적인 영화 텍스트와 관련해 본격적으로 등장한 것은 1960년을 전후한 시점으로 보인다. 4월혁명 이후 공식적인 검열이 폐지되고 영화윤리전국위원회가 수립되면서 민간 자율로 심의가 수행되자 〈연인들Les amants〉(루이 말, 1959), 〈폭력교실Blackboard Jungle〉(리차드 브룩스, 1955) 등 주로 수입된 외화들을 중심으로 선정성에 대한 논란이 제기되었다. 1961년 쿠데타 이후 이와 같은 경향은 잠시 주춤했으나, 일본 태양족 영화의 한국판이라 할 수 있는 청춘영화를 통해 한국영화에 섹스라는 키워드가 중요해지기 시작했다. 3S(스피드, 섹스, 스릴[5])는 청춘영화를 특징짓는 유행어였는데, 당시 기사들은 이 청춘영화를 왜곡되고 국적 없는 청춘상이라 비판하곤 했다.[6] 또한 이 시기 〈말띠 신부〉(김기덕, 1966)와 같이 섹스를 노골적인 소재로 삼은, 그러나 화면상의 노출은 자제된 영화들이 만들어지기도 했다. 이들 영화 중 일부에 이전과는 다른 수위의 베드신이나 노출 장면이 포함되기는 했으나, 장면 자체보다는 설정과 분위기로 활용된 측면이 컸다고 할 수 있다.

영화에서 섹스나 노출 장면이 보다 본격화된 것은 1960년대 중후반 이후 문예영화를 통해서였다. 〈갯마을〉(김수용, 1965) 〈물레방아〉(이만희, 1965) 〈산불〉(김수용, 1967) 등의 영화는 인간의 성 본능을 영화의 중요한 모티브로 삼았을 뿐 아니라, 당대로서는 비교적 높은 수준의 노출 신을 포함하고 있었다. 문예영화가 이러한 과감한 시도를 할 수 있었던 것은 소위 '예술성'을 통해 외설의 논란을 피해갈 수 있는 정당화 기제[7]가 강하게 작동하는 장르였기 때문이다. 물론 그중에서도 가장 논란이 되었던 영화는 유현목 감독의 1965년 작 〈춘몽〉이었다. 한국영화 사상 최초로 음화제조와 반포죄로 감독이 기소되었던 이 영화는 성적 본능과 사도-마조히즘을 다루었을 뿐 아니라, 비교적 높은 수위의 노출 장면들을 포함하고

---

5 스릴의 경우 thrill이 맞으나, 당시에는 어찌된 이유인지 S라는 키워드로 일컬어졌다. "스크린에 담긴 빌려온 청춘상", 《조선일보》 1964년 8월 28일자, 4면.

6 "메아리", 《한국일보》 1964년 8월 30일자, 5면.

7 이 글에서 정당화 기제라 함은 섹스나 폭력, 기타 사회상규에 반하는 장면이나 대사의 검열을 피할 수 있는 동기를 제공하는 기제를 의미한다. 그것은 단순히 작품 내에서 검열을 피할 수 있는 서사적 정당성을 제공하는 기제를 의미할 수도 있고, 영화의 제작 목적이나 주체, 장르, 용도 등 작품 외적 요인에 따라 작용하는 것일 수도 있다. 예컨대 문예영화가 예술성이라는 정당화 기제를 가졌다면, 반공영화에서는 국책적 목적에 의해 정당화될 수 있는 요소라 하겠다. 경우에 따라서는 수출 목적, 교육 목적과 같은 특정한 용도에 의해서도 작동할 수 있다.

있었다.[8]

이상의 역사에도 불구하고 1969년은 섹스와 한국영화의 관계에서 대단히 중요한 해였다. '섹스'가 한국영화의 주류로 부상했고, 그 표현 수위 역시 놀라울 정도로 높아졌기 때문이다. 당시 언론들은 성을 다루는 다수의 한국영화들을 묶어 '섹스영화'라는 하나의 장르 아닌 장르로 지칭할 정도였다.[9] 이러한 흐름의 시발점이 된 작품은 1968년에 제작되어 1969년 신정에 개봉한 신상옥의 〈내시〉였다. 이 영화는 서울 개봉관에서 무려 32만 명의 관객을 동원해 그해 최고의 흥행작이 되었다. 〈내시〉의 성공에 이어 20만 명에 가까운 관객을 동원해 1969년 상반기 히트작이 된 박종호의 〈벽속의 여자〉, 남성 간의 동성애를 다룬 것으로 화제가 된 김수용의 〈시발점〉, 이형표의 〈너의 이름은 여자〉 등이 뒤를 이었다. 당시의 한 신문은 이 시기 섹스의 물결을 다음과 같이 묘사하고 있다.

> 이러한 과정에서 빚어 나온 것이 현재 검찰에서 말썽이 되고 있는 이른바 섹스영화들이다. (…중략…) 한두 작품이 재미를 보자 한때 멜로드라마에 쏠렸던 총력이 마침내 섹스 면으로 물고를 잡았다.

---

8 1967년 3월 10일, 서울형사지방법원이 이 영화에 내린 유죄 판결은 한국 최초의 문화적 산물에 대한 음란 사건 판례가 되었다. 그러나 이 판결은 영화의 내용 중 일부만이라도 음란성이 있다고 인정되면 전체를 음란하다고 볼 수 있다는 소위 '부분적 고찰 방법'을 취함으로써 헌법이 보장하는 예술의 자유 영역을 위축시킬 수 있다는 비판을 받았다. 반면 1975년 12월 9일, 대법원은 문학 작품의 음란성 여부는 그 작품 중 어느 일부분만을 따로 떼어 논할 수 없다는 전제에서 소설「반노」에 대하여 무죄 판결을 내렸다. 이 판결은 한국의 음란성 여부에 대한 매우 중요한 판례로 남아있다. 임상혁,『영화와 표현의 자유』, 청림출판, 2005, 221~225쪽.

9 "판치는 섹스영화, 검열 방향 변질",《동아일보》1969년 5월 15일자, 5면; "타락한 성감 옷만 벗는다",《신아일보》1969년 6월 14일자, 5면 등.

어차피 '벗기는 영화'를 만들 바에야 '철저히 벗기자'는 돈주머니들의 발언이 그대로 먹혀들어 스트립티즈 콘테스트 같은 인상마저 주기에 이르렀다.[10]

이 기간 신문 기사들 역시 섹스에 경도되었다. 중요한 도화선이 된 것은 1969년 6월 10일, 서울대학교 기독교학생회 소속 100여 명이 불량만화, 에로잡지, 에로영화 등을 규탄하는 대회를 갖고 그 간행물을 소각하는 화형식을 가진 사건이었다.[11] 그들은 "'현대 문명을 좀먹는 방종한 섹스와 난폭한 레크리에이션은 매스컴을 통해 순진한 어린이의 마음을 타락시키고 사회 윤리 의식을 매몰시키고 있다'고 주장하고 '모든 사회 및 교육 단체들은 이러한 사회 윤리 풍토 쇄신화에 같이 협조하기 바란다'는 건의문을 마련, 사회단체에 보냈다."[12] 이러한 서울대 학생들의 캠페인은 여론에 광범위한 반향을 일으켰다.

당시 각 신문은 칼럼, 사설 등을 통해 에로물의 범람 현황에 대한 비판적인 기사를 게재했고, 문화공보부는 6월 12일, 각 신문, 잡지, 출판사 편집 책임자를 초치해 편집 방향과 저속 외설 간행물 대책을 논의했다.[13] 이와 함께 검찰은 1969년 7월, 1차적으로 월간 대중잡지 및 출판업자에 대한 수사를 진행해 잡지 편집 관계인 및 출판업자 10명을 구속기소했고,

---

10 "불황의 악순환, 방화 84편 중 '10만 동원' 이하가 93%",《동아일보》1969년 7월 29일자, 6면.

11 "도색·불량서적 소각, 서울대생 불매 서명 운동도",《대한일보》1969년 6월 10일자, 7면.

12 위의 기사,《대한일보》1969년 6월 10일자, 7면.

13 "외설물 대책 등 논의, 문공부 편집인 회의",《한국일보》1969년 6월 12일자, 8면.

2차로 〈너의 이름은 여자〉의 이형표, 〈내시〉의 신상옥, 〈벽속의 여자〉의 박종호 감독 등을 입건하는 동시에 출연 배우까지 소환해 조사했다. 또한 소설 「서울의 밤」 「영년 구멍과 뱀과의 대화」의 작자 박승훈, 「반노」의 작자 염재만 등도 외설 혐의로 입건 조사하게 된다.[14]

그러나 검찰의 영화와 문학에 대한 음란 혐의 조사가 본격화되는 7월이 되면 기사의 분위기는 반전된다. 저질영화를 질타하던 기존의 경향과 달리 이 시기 기사들은 대체로 음란과 외설을 논란이 큰 주제로 보고 주의 깊게 다루었으며, 비교적 심도 깊게 해외의 흐름을 취재하고 음란의 기준에 문제를 제기한다. 그 과정에서 영화계나 예술계 인사들은 물론, 기자, 지식인들은 대체로 표현의 자유를 옹호하고 나섰다. 흥미로운 사실은 이러한 검찰 당국의 개입에 문공부, 나아가 대통령까지 나서 표현의 자유를 옹호했다는 점이다.

> 박정희 대통령은 지난 18일 청와대에서 열린 국무회의에서 외설물 특별 단속을 하고 있는 이호 법무장관에게 "외설은 법률보다 정책으로, 정책보다는 국민의 도덕 감정으로 자제되어야 한다"고 강조, 검찰의 지나친 단속이 없도록 당부했다고. 이날 국무회의에서 이 법무가 "소위 음란성을 띤 영화, 잡지 등을 가차 없이 적발 입건하겠다"고 자신만만하게 보고하자 신범식 문공장관은 즉각 "소관부처의 검열에 걸려 잘려나간 필름도 입건 대상이 되는 법 이론이나 검찰이 세운 외설의 기준을 이해할 수 없다"고 문공부 고유의 권리를

14 "파문 던진 외설 단속 그 문제점", 《조선일보》 1969년 7월 20일자, 4면.

> 주장하면서 국민의 표현의 자유가 침해되지 않도록 요구했던 것.
>
> 박 대통령은 이·신 두 장관의 설왕설래를 지켜보다가 **"지나친 단속으로 국민의 기본권을 저해하지 않도록 하고 소관부처의 정책을 침해 않는 선에서 하라"**고 지시, 검찰의 지나친 집중 단속에 은근히 불만을 품어오던 문공부는 이에 힘입어 곧 '소위 외설 작품 규제를 위한 자율적인 방안'을 마련, 공표할 예정이라고.[15] (강조는 인용자)

이상의 기사는 단편적으로나마 1969년 당시 대통령 박정희의 외설과 표현의 자유, 기본권에 대한 인식을 살필 수 있다는 점에서 흥미롭다. 물론 이 기사에서 박정희가 특별히 진보적인 기본권에 대한 관점을 표현했다고는 볼 수 없으며, 문공부와 법무부 사이의 정책 충돌을 조율하는 과정에서 나온 우발적 발언에 불과할 수도 있다. 그럼에도 "외설은 법률보다 정책으로, 정책보다는 국민의 도덕 감정으로 자제되어야 한다"는 주장, 또한 이를 기본권과 연관 짓는 주장은 적어도 외설성이라는 주제가 이 시기까지는 정권 차원의 중요한 문제로 현상하지 않고 있었음을 짐작하게 한다.[16]

대통령의 발언이 있은 후, 영화에 대한 사법부의 단속은 소강상태에 접어들었던 것으로 보인다. 그 가운데 한국영화 주체들은 섹스를 보다 폭넓

---

15 "외설 단속, 문공부 판정승", 《서울신문》 1969년 7월 21일자, 2면.

16 다른 한편으로 이와 같은 언명은 국가가 국민의 심성을 조율해야 한다는 입장의 천명으로 해석될 수도 있다. 이렇게 해석할 경우 이 언명은 이후 강화되는 권위주의 체제의 가부장적 도덕주의, 대국민 계몽과 선전의 광범위하고 근본적인 작동 방식을 이해할 수 있는 단초가 될 것이다.

고 자유롭게 활용하기 시작한다. 특히 1970년을 전후해 한국 영화산업은 빠르게 위기 국면으로 진입하고 있었고, 그 주원인으로 지목되었던 TV와의 차별성을 어떻게 확보하느냐가 당대 영화계의 주요한 고민이었던 시점에서 '섹스'가 불황을 타개할 중요한 전략적 돌파구로 부상했던 것이다. 1969년에 시작된 이 붐은 1970년과 71년 상반기에 최고조에 이르렀다. 당대의 한 기사는 이 상황을 다음과 같이 표현하고 있다.

> '스노우 섹스', '샤워룸 섹스', '방갈로 섹스'. 수설子는 무식해서 무슨 뜻인지 알지 못한다. 아침 조간을 펴들었더니 전단 광고로 여고생이 어느 사나이와 껴안은 채 누워있는 사진이 눈에 띈다. 황홀경에 빠져있는 듯한 묘한 표정의 여학생이 사나이에게 안겨있는 사진도 눈에 띈다.[17]

2-2. 서구 '섹스 혁명'의 한국 수용

그렇다면 이러한 '섹스영화'의 붐은 무엇에서 비롯된 것일까? 물론 성이라는 가장 근원적인 리비도의 힘, 그것을 표출하고자 하는 사회적 에너지에서 근본적인 원인을 찾을 수 있을 것이다. 또한 TV의 등장과 영화산업 자체의 모순으로 불황에 진입하고 있던 한국 영화산업 주체들이 생존을 위해 '섹스'를 전략적으로 선택한 것 역시 이상한 일은 아니다. 그러나 명칭마저도 '저속한' '섹스영화'가 어떻게 박정희 정권기의 권위주의

17 "횡설수설", 《동아일보》 1971년 7월 2일자, 3면.

가 강화되는 시점에 대량으로 나타날 수 있었던가에 대해서는 보다 특수하고 역사적인 요인을 검토할 필요가 있다. 그것은 서구의 '섹스 혁명'이 한국사회(영화계)에 미친 영향이다.

1960년대 서구의 섹스 혁명은 광범위하게는 "일부일처제적 섹슈얼리티로부터의 전환"으로 규정되며, 이는 섹스에 대한 태도와 성적인 행위의 전환, 섹슈얼리티와 성 역할에 대한 사람들의 생각 방식의 전환을 의미한다.[18] 구체적으로는 1960년대 초 소비문화의 성장 및 피임약의 발명과 같은 의학-테크놀로지의 개발로부터 점화되어 섹스의 자유, 낙태 합법화, 게이와 레즈비언 권리에 대한 보장, 포르노그래피와 같은 성적 표현물의 생산 및 수용의 자유 등을 촉진했다.[19] 그러나 서구와 미국에서의 섹스 혁명은 보다 큰 맥락에서의 혁명(소위 68혁명)이나 민권 및 반전운동 등과 연계되었다. 이는 68혁명 당시 프랑스에서 나온 "더 많이 사랑할수록 더 많이 혁명하는 것이다"와 같은 슬로건, 서독에서의 "쾌락, 섹스와 정치는 하나다"라는 유행어에서도 짐작할 수 있다.[20]

그러나 1960년대 후반 한국영화계에 수용된 섹스 혁명은 정치적 급진성과 사회 개혁적 전망이 거세된, 혁명의 결과 중에서도 극히 일부에

---

18 Jeffery Escoffier, "Introduction", Jeffrey Escoffier ed., *Sexual Revolution*, Thundder's Mouth Press, 2003, p. xii.

19 Dagmar Herzog, *Sexuality in Europe: A Twentieth Century History*, Cambridge Univ. Press, 2011, p. 132.

20 Dagmar Herzog, *Ibid*, p. 132. 한편 Linda Williams는 이에 대해 다음과 같이 설명한다. "1960~70년대 격동의 기간에 약속되거나 갈구되었던 정치적, 사회적 혁명들 중 종국적으로 가장 큰 변화를 이끌어낸 것은 성적인(sexual) 것이었다. 60년대 섹스 혁명은 반전, 반인종주의, 반자본주의, 종국적으로는 반가부장적 활동이라는 만연한 대항문화의 더 큰 목표와 불가분의 관계를 가진다." Linda Williams, *Screening Sex*, Duke University Press, 2008, p. 8.

속하는 높아진 섹슈얼리티 의식의 영화적 표현에 국한되었다. 여기서는 1960년대 후반 한국의 신문 기사를 중심으로 해외 영화계의 섹스 혁명이 전달되는 과정을 간단히 살펴보고자 한다.

신문 기사에서 처음으로 확인할 수 있는 해외 '섹스 혁명'에 대한 언급은 1967년 하반기에 미국, 유럽 등을 여행하고 돌아온 김진규의 말에서 확인된다. 김진규는 "대체로 구미의 영화는 우리가 상상할 수 없는 대담한 섹스 신이 물결치는 경향이 짙었읍니다"라는 말로 당시 서구 영화의 분위기를 전한다.[21] 1967년은 이 글이 주된 서술 대상으로 삼은 독일의 성교육 영화 〈헬가〉가 제작되고, 덴마크가 세계 최초로 포르노 서적을 합법화했으며, 세계 최초로 여성과 남성의 전면 누드와 실제 성행위를 담은 스웨덴 영화 〈나는 알고 싶어I Am Curious〉(빌고트 호에만Vilgot Sjöman)가 제작된 해다.[22] 영화에서의 섹스 혁명이 이제 막 시작된, 그러나 아직 충분히 그 분위기가 무르익지는 않은 해였다.

1968년으로 넘어오면 성적 표현 수위가 높은 서구 영화를 둘러싼 기사들이 조금씩 늘어나기 시작한다. 여기에는 섹스 장면을 삭제한 검열관의 판결을 뒤집은 스웨덴 법원의 판결,[23] 1967년 포르노 서적에 대한 금지를 폐지한 덴마크의 동향,[24] 영화를 성교육의 교재로 활용하는 스웨덴

---

21 "세계일주하고 돌아온 김진규 씨, 구미 영화계에 섹스의 물결",《한국일보》1967년 12월 3일자, 5면.

22 〈나는 알고 싶어〉는 빌고트 호에만이 감독한 스웨덴 영화로, 현대의 문화적, 성적, 사회적 딜레마에 대한 답을 얻고자 스톡홀름 일대를 여행하는 레나(Lena)라는 한 젊은 여성을 주인공으로 그린다. 레나는 그녀의 친구 뵈르예(Borje)와 스톡홀름 일대를 다니며 섹스를 한다. 그리고 이 신들은 영화에 노골적으로 담겨졌다. James Stuart Olson ed., *The Historical Dictionary of the 1960s*, Greenwood Press, 1999, p. 239 참고.

23 "성행위 영화 허가, 스웨덴의 검열관 판시",《동아일보》1968년 3월 23일자, 8면.

의 동향,[25] 섹스영화를 규제하는 미국영화계의 동향[26] 등이 포함된다.

1969년은 서구 영화계에서 '섹스 혁명'이 본 궤도에 올라선 해였다. 덴마크는 1967년에 포르노 서적을 합법화한 데 이어 1969년에 포르노 영화까지 합법화했고, 10월에는 세계 최초로 포르노 박람회를 개최했다. 스웨덴과 서독이 포르노를 합법화한 것은 몇 년 뒤였지만, 1969년에 이미 이 두 국가는 세계 최대의 에로틱 영화 제작국의 지위를 차지하고 있었다.[27] 제작 규범Production Code이 1968년에야 철폐된 미국의 경우 그 속도가 다소 뒤졌지만, 〈미드나잇 카우보이Midnight Cowboy〉(존 슐레진저, 1969)가 X등급 최초로 아카데미 작품상을 수상했고, 〈나는 알고 싶어〉가 수입, 상영되어 엄청난 찬반 논란을 불러 일으켰다. 이러한 상황은 당시 한국의 많은 신문 기사를 통해 상세하게 소개되고 있었다.

> 일부 서구 영화의 전문가들은 섹스영화가 영상에 새로운 에네르기를 확립했고 현대영화의 시각언어를 한층 풍부하고 매력 있게 만들었다고 주장한다. 그 주장의 타당성 여부를 제쳐놓더라도 요즘 서구 영화계에서는 너무나도 노골적인 섹스영화가 많이 제작되고 있다.
>
> 변태적인 섹스를 임상학적으로 자세히 보여준다는 이탈리아

---

24 "출판 검열 폐지… 그 후, 덴마크 늘어났던 외설 책 오히려 잘 안 팔려", 《경향신문》 1968년 6월 19일자, 6면.

25 "스웨덴의 순결교육, 세 살 때부터 가르쳐", 《동아일보》 1968년 7월 11일자, 6면.

26 "섹스영화 등 규제, 연소자 입장을 금지", 《매일경제신문》 1968년 10월 9일자, 3면.

27 1960년대 후반에서 70년대 유럽에서의 포르노그래피의 상황에 대해서는 Dagmar Herzog, *Ibid*, pp. 139~145 참고.

영화 〈성의 미로〉가 전 세계의 화제가 되었는가 하면 역시 완전 나체의 성행위 장면을 상세히 묘사한 쉬든 영화 〈나는 알고 싶어〉가 맨해턴에서 최근에 개봉되어 영화가를 떠들썩하게 만들었다.

한편 덴마르크는 지난 18일 성인용 영화의 검열을 일체 폐지함으로써 성인용 영화는 아무런 제한 없이 만들 수 있는 세계 최초의 국가가 되었다.

런던에서는 요즘 동성애에 빠진 두 여인이 서로의 젖가슴을 애무하는 장면이 40여 초나 계속되는 〈조지 수녀의 사랑〉이라는 영화가 인기라는 소식이다.

미국 역시 두 여자가 격렬하게 키스하는 장면이 나오는 〈여고〉나 마조키즘을 암시하는 〈금발에 비친 영상〉 등이 지난해에 흥행에 성공한 이후 '솔직하고 대담한 표현'으로 섹스영화 제작 방향에 기울고 있다고 전한다.

프랑스도 영화 검열법이 가벼워짐에 따라 육체 노출도가 많아지고 있으며 최근엔 '부도덕의 극치'라고까지 평가받았던 〈페루의 새〉라는 영화가 프랑스 국내에서까지 상영금지 되었다가 말로르 문화상에 의해 풀려 다시 상영되는 소동까지 벌이기도 했다는 것.[28]

그리고 이즈음 섹스 혁명이 단순히 호기심의 대상이 아니라 한국 섹스영화의 제작에 영향을 미치고 있다는 주장을 제기하는 기사들이 나타나기 시작했다. 이 기사들은 1969년의 '섹스영화' 붐이 '섹스 혁명'이라

28 "영화 속의 에로티시즘 어디까지 왔나… 외국 경우 검열 한계 점차 모호", 《대한일보》 1969년 3월 29일자, 6면.

는 외재적인 요인에 의해 추동되었음을 보여주는 단서가 된다.

> 방화 제작계에도 목하 섹스의 물결이 출렁인다. 성의 천국 스웨덴의 성 문제 외신이 들어오고 섹스영화가 하나의 세계적인 추세로 등장하자 한국의 영화 제작자들도 불황의 타개책으로 섹스를 열심히 다루기 시작했다.[29]

> 흥행 저조로 고심해온 제작자들은 프리섹스의 세계적인 조류와 한국에서도 판을 치고 있는 황색 무드를 방패 삼아 섹스영화에 손을 대기 시작했다.[30]

무엇보다 1969년 들어 언론이 서구의 기준과 흐름을 긍정적으로든 부정적으로든 한국 '섹스영화'에 대한 판단 준거로 삼고 있다는 점은 주목을 요한다. 이러한 경향은 앞서 살펴본 바와 같이 1969년 7월, 검찰에 의한 한국영화에 대한 조사와 몇몇 감독에 대한 기소가 이루어지며 음란과 외설에 대한 판단 기준이 지속적으로 문제 되는 과정에서 본격화된다. 이러한 기사는 사실 보도보다는 칼럼, 사설, 혹은 전문가의 입을 빌린 찬반 의사 표명의 형태를 띤다. 잠깐 당대의 기사를 몇 가지 인용해보면 다음과 같다.

---

29 앞의 기사, 《신아일보》 1969년 6월 14일자, 5면.

30 앞의 기사, 《동아일보》 1969년 7월 29일자, 6면.

> 역사적으로 성을 추악시하고 은폐하여 온 우리 사회에서는 일찍부터 성이 해방된 서구 사회에서의 한계선보다는 더 엄격히 다스려져야 할 것이다. **비록 프리섹스의 방향이 옳은 방향이라 가정하더라도 급격한 개방은 성생활에 혼란과 무질서를 가져오기 때문에 서서히 개방되어야 한다는 것이다.**[31] (강조는 인용자)

> 여기에 당국의 신중한 고려가 뒤따라야 할 이유가 있는 것이며 퇴폐한 사회풍토를 정화한다는 이유로 예술 작품에 강권을 지나치게 발동하는 일이 없어야 하겠다. 물론 성도덕의 문란이나 저속한 음란 행위가 용인되어서는 안 되겠지만 **성이 거의 개방되다시피 한 외국의 사조라든지 성교육의 필요성이 대두되어 학생들에게마저 실시되고 있는 이즈음 단순한 성의 묘사가 음란으로 규정된다는 것도 이해할 수 없다.**[32] (강조는 인용자)

> 프리섹스까지 들고 나오는 외래 사조의 물결을 우리 땅에까지 끌어들여 일찌감치 홍역을 치러야 한다는 주장을 선뜻 지지할 용기는 없다. **그러나 1950년 일본의 국민 개인 소득액이 오늘의 우리와 동일하던 1백 30불일 때 그들이 이미 외설 범람의 홍역의 과정을 거쳐 세계 제2의 고소득 국민이 되었다는 점을 주시하고 싶다.** (…중략…) 이러한 싯점에 우리가 만들어내는 베드 신이…. 그 소극적이고 초라한 정

31 김기두, "스크린 위의 성의 한계, 〈벽속의 여자〉를 보고", 《중앙일보》 1969년 6월 14일자, 5면.

32 "[사설] 성 묘사의 단속 기준", 《신아일보》 1969년 7월 16일자, 2면.

사 장면들이 외설로 간주되어 그나마 스크린에서 자취를 감추게 된다면 한국영화의 장래는 어떻게 되겠는가?[33] (강조는 인용자)

검찰의 조사를 전후한 시점에서 언론과 지식인들의 반응 중에서 노골적인 비판과 적대가 없는 것은 아니었으나, 대체로 한국영화에서의 성적 표현에 대해 다소간 온정적이거나 적어도 검찰의 조사 자체에 대해서는 비판적인 시각이 주를 이루었다. 그리고 그 과정에서 서구의 사례(주로 '프리섹스'라는 단어로 표현되는)는 중요한 참조점이 된다. 상당수의 지식인들은 이 흐름이 옳건 그르건 거부할 수 없는 흐름이며 언젠가는 한국에서도 수용할 수밖에 없을 것이라는 인식을 표출하고 있었다. 이러한 인식의 전환은 당시 음란물을 단속했던 검사조차도 다음과 같이 말할 수밖에 없도록 만들었다.

이번 검찰에서 손을 댄 의도는 처벌이 아니고 사회 정화와 정신 무장에 있음을 밝혀둔다. 외국의 프리섹스 풍조가 우리 것으로 순화되지 않고 무책임하게 받아들여지고 있는 데 대해 브레이크를 걸어보자는 것이다. (…중략…) **프리섹스가 세계적 조류라고 할지라도 우리 것으로 순화해서 단계적으로 받아들여야 하지 않겠는가.**[34] (강조는 인용자)

---

33 김수용, "감독의 입장에서, 검열 기준이 깨지는 셈", 《대한일보》 1969년 7월 19일자, 6면.

34 김유후, "검사의 입장에서, 검찰의 단속은 정화에 목적이 있다", 《대한일보》 1969년 7월 19일자, 6면.

이러한 흐름 속에서 1969년 7월, 법무부와 문공부의 충돌, 이어지는 박정희의 발언이 나오며 '섹스영화'의 붐이 당분간 지속되었음은 앞서 언급한 바와 같다. 그러나 1969년의 기사에서 뚜렷하게 나타났던 서구 섹스 문화의 한국적 수용의 흐름은 1970년 이후에는 한결 그 강도가 덜해지며, 서구의 경향은 다시 가십의 대상이 되거나 부정적인 경향으로 돌아간다. 이와 함께 붐을 이루는 한국 '섹스영화'에 대한 언론의 기조 역시 부정적으로 변했다.

2-3. '미풍양속'과 서구 섹스 혁명의 충돌과 아노미

대략 3년간에 걸친 섹스영화 붐은 1971년 12월 6일, 3선에 성공한 박정희가 국가비상사태를 선포하면서 종말을 맞게 된다. 1971년 12월 20일, 문공부는 국가비상사태 선언 2주를 맞아 출판, 영화, 음반 등 대중문화 매체에 대한 정비에 들어가, 안보관계 영화 30편 이상 제작, 검열 기준 강화, 영화 광고물 정화, 부실 영화업체 정비 등의 영화에 대한 정비 방안을 발표했다.[35] 1972년 영화 시책을 통해서는 사회 불안, 섹스, 퇴폐풍조, 눈물, 한숨, 패배의식 등을 철저히 규제하겠다고 밝히기도 한다.[36] 이에 1972년과 73년 사이 노골적인 '섹스영화'의 경향은 자취를 감추게 된다.

앞서 살펴본 것처럼 1970년을 전후한 3년의 '섹스영화' 흐름을 명시

---

35 "비상선언 2주, 문공부의 대중문화 매체 정리 방안",《경향신문》1971년 12월 20일자, 5면.

36 "줄지을 안보영화, 국민총화 담긴 외화 우선 수입, 사회 불안, 섹스 등 다룬 작품 철저 규제",《동아일보》1972년 1월 12일자, 5면.

적으로 강력하게 좌우한 것이 박정희로 대표되는 국가체였다는 사실을 부인할 수는 없다. 1969년 검찰에서 음란 영화에 대한 조사를 시작할 당시 문공부와 법무부 간의 충돌을 조율하고 국민의 의식을 통해 제어할 것을 주장한 주체가 박정희였고, 1971년 비상선언을 통해 이러한 흐름을 종료한 것도 박정희였다.

그렇다면 이것으로 박정희 정권기 영화와 섹스의 관계에 대한 설명은 족한 것일까? 물론 그렇지 않다. 검열로 대표되는 국가 권력의 생산적인 효과에 대해 최근 논의가 이루어지고 있지만, 현실에서 그것은 작위가 아닌 부작위의 명령을 통해 효과를 발휘한다. 즉, 특정 소재 영화의 생산이 문제가 될 때 애초 그 생산의 동인을 만들기보다는 그것을 억제할 수 있는 힘을 갖는 것이다. 물론 이것이 결과적으로 표현 방식의 왜곡과 타협을 통한 변형된 창조라는 예기치 않은 생산을 유도하게 되는 것, 그리고 이 금지의 명령 이면에 특정 유형의 경향을 진흥하고 강제하고 유도함으로써 결과적으로 어떤 방식의 생산을 촉발하는 것이 사실일지라도 말이다.

결국 섹스영화의 생산은 광범위한 잠재적 수요 상태에 존재하고 있던 관객들의 욕망, 이 욕망을 상업적으로 활용하고자 하는 산업 주체들의 의지, 그리고 가능한 한 한계를 넓히고자 끊임없이 시도했던 창작자의 의지의 산물이었다. 요컨대 금지를 위한 것이든, 제한이나 타협을 위한 것이든, 그 명령을 발하기 위해서는 애초의 원인 행위, 즉 생산이 존재해야 한다는 것이다. 그리고 이 금지와 제한의 명령은 광범위한 일상과 국민의 감성 구조까지 지배하고자 했던 권위주의 체제하에서라도, 완벽하게 작동할 수는 없었다.

> 포르노그라피는 '미풍양속'의 한계를 시험하려던 작가와 화가, 판화가들의 의도와 이를 조정하려던 교회 당국 및 세속 경찰의 목적이 부딪혀 서로 밀고 당기는 너저분한 실랑이로부터 발전했다. (…중략…) 포르노그라피는 그냥 주어진 것이 아니다. 오랜 시간에 걸쳐 작가, 예술가, 판화가들의 진영과 첩자, 경찰, 성직자, 국가 관리 진영 사이의 충돌에 의해 규정된 것이다.[37]

1960년대 말, "'미풍양속'의 한계를 시험하"는 산업 주체와 창작자들의 의지를 추동하고 그 의지의 산물에 정당성을 부여함으로써 국가의 검열을 약화시킨 중요한 동인 중의 하나는 '섹스 혁명'이라는 외부로부터의 충격이었다. 불과 몇 년 사이에 거의 완전히 달라진 높은 성적 표현 수위의 영화들, 변화된 가치관이 가져온 충격은 소위 '미풍양속'이라는 전통과 세계적인 조류 사이의 충돌로 한국사회와 정부, 언론과 지식인들을 몰아넣었다. 이는 그 어느 누구도 예견하지 못한 전혀 새로운 상황이었다. 그리고 이 충돌의 진공상태에서 가치와 기준은, 다소 과장되게 표현하자면, 일시적으로 아노미 상태에 빠졌고, 그 기간 동안 한국식 '섹스영화'가 탄생하여 붐을 이루었다.[38] 이는 어떤 의미에서는 1960년대 초중반 이

---

37 린 헌터 편, 조한욱 옮김, 『포르노그라피의 발명』, 책세상, 1996, 12~13쪽.

38 이와 같은 서술이 국가 당국이 섹스영화를 검열 없이 묵인했다는 것을 의미하지 않으며, 이는 사실과도 부합하지 않는다. 검열은 지속되었고, 제한과 삭제는 여전히 이루어졌다. 다만 그 정도가 문제였다. 영화산업 체제를 형식적으로나마 완전히 재편할 수 있었던 당시의 국가 권력은 '섹스영화'라는 새로운 현상을 어떻게 판단할지에 대해 다소간 혼란에 빠졌고, 그 결과 검열의 완화가 일시적으로 나타났음을 말하고자 하는 것이다. 물론 그 강도 역시 하드코어는커녕 소프트코어 포르노그래피에도 미치지 못하는 극히 낮은 수준의 성적 표현의 허용에 지나지 않는 것이었다. 후술하겠지만 〈헬가〉에 대한 1968년의 완화된 검열과 1977년의 엄격한 검열 사이의

후 한국이 국가적 이데올로기로 받아들인 제3세계 근대화 정책이 노정한 더 큰 범위의 전통과 발전 사이의 딜레마가 압축된 사례이기도 했다.

이 진공상태가 메워지는 것은 서구 민주주의라는 1세계의 근대적 정치 모델을 거부하고 한국식 민주주의, 혹은 한국식 근대화를 명시적으로 채택했던 유신 정권이 수립될 무렵(이 글의 맥락에서는 1971년 12월 국가비상사태 선포가 기점)이다. 이후 일종의 동도서기론적 세계관의 유신 정권이 수립되면서 서구의 문화적 근대화 혹은 근대성은 퇴폐와 저속, 불온의 위험성을 띤 대상이 된다.[39]

그럼에도 그 표현 수위가 어떻든 '섹스영화'는 지속되었다. 그것은 섹스의 표현이 개방됨으로써 변화하기 시작한 망딸리떼를 정권이 단속으로 손쉽게 막기 어려웠기 때문이 아닐까 한다. 나아가 1970년대에 접어들며 극심한 불황을 맞기 시작한 영화업계는 이를 타파하기 위해 정권의 검열이 조금이라도 완화되는 경향을 보일 때면 끊임없이 성적 수위가 높은 영화를 제작하고자 시도했다. 이와 같이 생산자와 소비자의 욕구가 높아지는 가운데 국가와 시장, 소비자는 어떤 방식으로든 타협해야 했다. 어쩌면 그 타협의 방식은 일부 연구자들이 지적하는 대로 사회적인 진보성을 막는 대신, 성적인 표현성을 일정 정도 허용하는 방식으로 이루어졌

차이는 이러한 배경에서 이해될 수 있다.

39 김원에 따르면 1970년대, 정확히는 1960년대 후반 이후 박정희 정권은 국난 극복, 국적 있는 교육, 민족문화, 민족 주체성 등의 이름으로 한국적인 것을 강조하고 재발명했다. 특히 유신체제는 "근대화에 따라 확산된 서구/물질문명과 대중문화에 대한 검열과 통제를 확대하는 한편, 이를 대치하는 자기 긍정적 민족문화, 민족중흥을 위한 민족사의 재해석, 민족 영웅의 재탄생 작업으로 민족 주체성을 강조하는 정신 혁명을 통해 대중을 장악하고자 했다." 김원, 「'한국적인 것'의 전유를 둘러싼 경쟁: 민족중흥, 내재적 발전 그리고 대중문화의 흔적」, 『사회와 역사』 93집, 한국사회사학회, 2012 참고.

을 수도 있다.[40] 또한 한국식 근대화의 경제적 근간이 결국 수출에 있었던 한국사회가 외부로부터의 영향을 온전히 닫아놓을 수도 없었던 상황에서, 지속되고 있었던 해외의 '섹스 혁명'이 어떤 식으로든 지속적인 영향을 미쳤을 수도 있을 것이다.

3. 〈헬가〉: 성교육 영화? 섹스영화?

〈헬가〉는 1967년 서독 보건성 장관 케테 스트뢰벨Käte Ströbel의 기획과 독일 보건박물관의 후신인 연방보건교육센터의 지원에 따라 만들어진 성교육 영화였다. 이 영화는 두 개의 30분짜리 영화로 만들어질 계획이었으나, 배급자인 한스 엑켈캄프Hanns Eckelkamp와 제작자인 마르틴 헬스테른Martin Hellstern은 자료 화면들을 재구성해 장편영화를 만들기로 결정했다.[41] 애초 교육적 맥락에서 보여지는 것을 목적으로 했던 이 영화는 일반 장편영화로 개봉되었고, 그해 박스 오피스에서 가장 큰 성공을 거둔

---

40 유선영은 "권위주의적 동원 체제에서의 섹스영화라는 부적절한 결합이 어떻게 가능했는지" 혹은 "1970년대 후반의 호스티스 영화 혹은 에로영화는 주제의식이 강한 영화들의 메시지 자체가 왜곡되어버리는 것과 달리 검열 또는 가위질로 인한 피해가 심하지 않았"는지에 대한 답으로 1) 소외된 여성을 주인공으로 삼은 이 주제의 영화들이 현실의 공적이고 정치적인 영역에 개입하지 않거나 할 여지가 별로 없다는 점에서 검열 주체가 검열 객체 쌍방에게 적절한 타협의 여지를 제공했고, 2) 고조되는 검열에 대한 영화계의 사회적 불만의 여지를 줄이기 위해 비정치적이거나 탈이념적인 성적인 묘사에 대해 관용적인 태도를 보일 필요가 있었다는 점을 지적한다. 유선영, 앞의 글, 371~372쪽.

41 Harald Steinwender and Alexander Zahlten, "Sexploitation Film from West Germany", Terri Ginsberg and Andrea Mensch eds., *A Companion to German Cinema*, Blackwell Publishing ltd., 2012, p. 295.

독일영화가 되었다. 독일에서 박스 오피스 기록을 깨뜨린 이후 〈헬가〉는 이후 1~2년 사이에 몇몇 유럽 국가에 수출되어 크게 성공했다. 이탈리아에서 상영될 때, 당시 선도적인 업계지 *Film-Echo/Filmwoche*는 "독일이 이탈리아에 섹스를 가르치기 시작했다"라고 거창하게 선언했다.[42] 이 영화는 배급된 첫 해에 전 세계적으로 거의 4천만 명의 관객을 끌어들였고, 〈헬가와 마이클Helga und Michael; Helga and Michael〉(에리히 F. 벤더, 1968)과 〈헬가와 남성-섹스 혁명Helga und die Männer-Die Sexuelle Revolution; Helga and the Men-The Sexual Revolution〉(로란트 캠머레르Roland Cämmerer, 1969)이라는 후속작들을 포함할 때 1억 5천만 DM(물가 수준을 감안하여 현재 유로 가치로 환산할 때 2.5억 유로)을 2년 안에 벌어들였던 히트작이었다.[43] 영화의 주요 내용은 다음과 같다.

> 한 여성 의사는 자신의 딸이 포함된 몇 명의 10대 소녀들에게 스스로 자신의 몸을 알아야 함을 강조한다. 이때 산부인과에 진찰을 받으러 온 헬가라는 여성이 토론에 참가한다. 이후 영화는 헬가를 중심으로 진행된다. 임신 초기 헬가는 성교육과 태아를 건강하게 출산할 수 있는 갖가지 교육에 참가하며, 책을 읽고, 의사의 조언에 따른다. 이 과정에서 의사의 성에 대한 강의, 마이크로 카메라를 동원한 수정에서부터 임신, 태아의 성장 과정이 자료 화면으로 지

42 Tim Bergfelder, "Exotic Thrills and Bedroom Manuals West German B-Film Production in the 1960s", Randall Halle and Margaret McCarthy eds., *Light Motives: German Popular Film in Perspective*, Wayne State University Press, 2003, p. 205.

43 Harald Steinwender and Alexander Zahlten, *Ibid*, p. 296.

> 속적으로 제시된다. 헬가는 이러한 교육을 통한 지식을 바탕으로 건강한 아기를 출산하게 된다. 헬가의 출산 장면은 카메라를 통해 상세히 보여진다.[44]

〈헬가〉는 그 기원적 상태의 난자, 정자, 태아와 같이 이전까지는 볼 수 없었던 인간 재생산의 요소들, 출산의 실제적 과정 등에 초 마이크로 카메라와 같은 영화 테크놀로지, 애니메이션적인 사진, 빛과 컬러, 대사, 음악과 사운드를 접목시켜 새로운 현실성을 구현했다. 특히 이 영화는 아마도 세계영화사에서 거의 최초로 생생한 출산 장면을 제공하고 있다는 점에서 당대 관객들에게 충격으로 받아들여졌다.[45] 이 장면은 1966년 8월 뮌헨의 한 병원에서 촬영되었는데, 이전까지 독일에서 수술실이나 분만실로 카메라를 반입하는 것은 금지된 것이었다.[46,47]

---

44 필자가 이 글을 작성하기 위해 참고한 영상 버전은 1987년 대영에 의해 제작된 VHS이다. 이 영화에 대한 다수의 참고 글은 여주인공 헬가가 영화에서 직접 임신 및 출산한 것으로 상정하지만, 이는 분명치 않다. 헬가가 임신해서 신체가 변화하는 장면은 분명하게 보여지지 않으며, 출산 장면 역시 편집을 통해 신체 각 부분이 분리되어 제시되기 때문이다.

45 Uta Schwarz에 의하면 당시 출산 장면을 본 관객의 일부는 이 장면의 교육적 효과를 칭찬했고, 일부는 역겹다는 반응을 보였다. 후자의 관객들은 출산 후 태반을 정리하는 과정, 분만실에서의 의학적 도구들과 위협적인 카메라 위치 등에 불만을 표했다고 한다. Uta Schwarz, "Helga(1967): West German Sex Education and the Cinema in the 1960s", Lutz D. H. Sauerteig and Roger Davidson eds., *Shaping Sexual Knowledge: A Cultural History of Sex Education in Twentieth Century Europe*, Routledge, 2009, p. 207.

46 Uta Schwarz, *Ibid*, pp. 204~205.

47 〈헬가〉의 이러한 스펙터클한 미시적 이미지들은 다양한 분야의 의학 전문가들이 관여함으로써 가능했다. 자막에서 '마이크로 카메라' 사용의 자문 역으로 등장하는 Erwin Burcik 박사는 스투트가르트 인근의 농업 연구센터에서 재직하였는데, 그는 보건교육센터가 제공한 태아의 모형이 아닌 실제 태아를 구해 촬영하였다. 그 외 뮌헨 지역 병원 산부인과의 Gerhard Döring 교

한편 〈헬가〉의 대중적인 성공 직후 독일의 저명한 저널리스트 오스발트 콜레Oswalt Kolle는 일련의 섹스 관련 세미 다큐멘터리를 제작했다. 콜레는 영화를 직접 연출하지는 않았지만, 8편의 영화에 관계하며 대본을 썼고 그 자신이 직접 출연했다. 이들 영화를 통해 그는 독일에서 가장 유명한 섹스 저널리스트이자 교육자가 되었다. 그는 첫 작품인 〈사랑의 기적Das Wunder der Liebe; The Miracle of Love〉(프란츠 조세프 고트리프Franz Josef Gottlieb, 1968)을 통해 여성의 해방이 여성의 누드뿐 아니라 남성의 누드를 제시함으로써 보여진다고 주장했다. 콜레는 이후의 영화에서도 이러한 자유주의적 아젠다를 지속적으로 제기했고, 호모와 바이 섹슈얼리티, '자유로운 신체' 혹은 '누드 문화', 포르노그래피의 합법화와 파트너 교환 등의 사회적 수용을 주장했다.[48] 이 과정을 통해 〈헬가〉와 콜레의 다큐멘터리들은 당시 독일의 섹스 혁명과 접속하게 된다.

〈헬가〉와 콜레의 영화들은 비교적 엄격한 교육적 원칙을 지킨 다큐멘터리의 형식을 유지했다고 할 수 있다. 그러나 〈헬가〉의 형식은 1970년대 들어 독일에서 가장 유명했던 섹스플로이테이션 영화의 하위 장르인 '리포트' 영화들에서 활용된다.[49] 예컨대 리포터가 거리에서 일반적인 사

수, 뮌헨대학 산부인과의 발생학자 Fritz Zimmer 등의 전문가들이 참여했다. 이런 의미에서 이 영화는 공중보건이라는 정책과 상업적 다큐멘터리 영화의 제작 및 배급 사이의 상성 효과를 보여준 것으로 평가되었다. Uta Schwarz, *Ibid*, p. 206.

48 Harald Steinwender and Alexander Zahlten, *Ibid*, p. 297.

49 리포트 시리즈는 1970년에서 74년 사이 성교육 영화들의 형식을 발전시켜 당시 독일에서 큰 인기를 얻었는데, 이 장르의 영화는 1980년까지 거의 60편 가까이 만들어졌다. 이 영화들은 여학생들을 성적 대상화한 Schoolgirl Report 시리즈(13편), Housewives Report 시리즈(6편) 등의 하위 시리즈를 포함하는데, 이들 영화는 10대 소녀와 4, 50대 남성간의 섹스, 남매간의 섹스, 심지어 강간 장면까지 포함하고 있었다. Harald Steinwender and Alexander Zahlten, *Ibid*, pp. 298~299.

람들에게 그들의 성 지식을 인터뷰하는 시퀀스는 '리포트' 영화의 하위 시리즈인 '여학생 리포트Schoolgirl Report' 영화들의 밑그림을 제공했다. 〈헬가〉와 같은 성교육 영화들처럼, 이들 영화 자막에는 이미지들의 소비를 정당화하고 '과학적인' 가치의 증거를 제공하는 포즈를 취하기 위해 학문적인 자문 리스트가 등장한다. 또한 외국과 목가적 자연이나 풍경의 이미지들을 끼워 넣은 몽타주 시퀀스들 역시 존재했다.[50]

〈헬가〉가 1970년대 내내 양적으로는 독일영화의 거의 절반을 차지했던 섹스플로이테이션 영화의 선구로 거론된다는 사실은 흥미로운 부분이다. 그 원인은 물론, 이 영화의 대단한 상업적 성공에서 찾을 수 있을 것이다. 즉 성이라는 소재가 성교육이라는 정당화 기제와 만남으로써 그간 억압되었던 섹스와 누드의 영화적 가시화를 이루어냈고, 그것이 관객들에게 성적 호기심을 촉발했던 것이다.[51] 이는 성교육 영화와 섹스영화의 간극이 그다지 멀지 않음을 보여준다.

> 이들 상승 추세에 있는 **섹스영화는 대개 두 개의 부류로 구분할 수 있다. 첫째가 어떻게 하면 올바른 성 지식을 가질 수 있는가 하는 식의 성교육 영화, 두 번째가 섹스 문제를 다룬 도큐멘터리 형식**

---

50 Harald Steinwender and Alexander Zahlten, *Ibid*, p. 296.

51 이는 어느 면에서 이 시리즈가 자초한 것이기도 했다. 이 시리즈의 두 번째 영화로, 출산 이후의 육아와 부부생활을 다룬 2편은 과학적 설명을 위한 보조적 장치로 섹스 장면과 노출 장면이 활용되었던 전편과 달리, 과학적 외피만 두른 채 노출을 상업적으로 활용했으며, 3편에 이르러서는 여주인공이 부부생활을 탈출해 브라질로 여행하는 내용을 다룸으로써 교육적인 가식조차 포기했기 때문이다. Tim Bergfelder, *International Adventures: German Popular Cinema and European Co-Productions in the 1960s*, Berghahn Books, 2005, p. 224.

의 영화이다. 물론 그 나라 사회 사정 때문이겠지만 성교육 영화는 미국이나 독일 쪽에서 많이 나오고 섹스·도큐멘터리 영화는 외설물에 대한 규제가 풀어진 덴마크에서 많이 나온다. 현재 미국에서 돌아가고 있는 성교육 영화는 〈남편과 아내〉 〈결혼의 만족〉 〈결혼 ABC〉 등이 있는데 이들 영화의 한결같은 특정인 한 줌도 안 되는 제작비를 들였다는 것과 예외 없이 해설자로서 의사가 등장한다는 것이다.

(…중략…) 영화에 등장하는 남녀는 결혼반지 같은 것을 끼고 '결혼생활은 이렇게' 하는 식으로 성교육 교과서에 나옴직한 여러 가지 포즈를 보여주는 것이 통례. 배경에는 남녀가 내는 야릇한 소리 대신 의사의 해설이 나온다. 의사는 수염을 길렀거나 파이프를 물고 있는 점잖은 차림, 장중한 분위기가 감도는 서재에 앉아서 가벼운 미소를 띄운 채 "이런 경우는 이렇습니다—" 하고 점잖게 강의를 한다. 이 강의 중에 킨제이니 매스터스와 존슨 박사 같은 이름 있는 섹스 연구가들의 소론을 거침없이 빌어다 쓰는 것도 물론이다.[52] (강조는 인용자)

최근 서유럽 지역의 흥행계를 휩쓸고 있는 〈아이앰 큐리어스 옐로〉란 영화는 그 배드 신 같은 것이 추잡스럽기 짝이 없어 인간도 역시 동물에 불과하다는 한탄을 자아내게 할 정도다. **더우기 서독 같은 나라는 성생활의 정화란 제목과 성교육이라는 이름 아래 남녀 간의**

---

52 "일확천금의 새 장르 섹스영화 – 명분은 '결혼생활의 권태를 쫓아준다'", 《주간한국》 303호(1970년 7월 19일), 22쪽. 이 기사는 《뉴스위크》의 기사를 전재 혹은 발췌 게재한 것으로 보인다.

배드 신 같은 것을 너무도 노골적으로 영사하는 것을 허락하고 있을 정도니 더 말할 것이 없다.[53] (강조는 인용자)

한국에서 '섹스영화'의 붐이 절정에 이르렀던 1970년에 나온 위의 두 기사는 포르노그래피가 여전히 많은 국가에서 합법화(비범죄화)되지 않았던 서구 각국이 어떤 방식으로 섹스를 영화에 활용하는지, 그리고 다큐멘터리 혹은 성교육 영화와 섹스영화 사이의 간격이 영화산업 체제 내에서 얼마나 간단히 무너질 수 있는지를 보여준다. 그것은 영화에서의 '섹스 혁명' 초기에 성교육 영화 혹은 섹스 관련 다큐멘터리들이 (제작자가 의도한 것이든 아니든) 영화 속 섹스나 누드 장면을 드러내기 위한 정당화 기제로 활용되었기 때문이다.[54]

이와 같이 성교육 영화 혹은 다큐멘터리가 섹스영화로 전환되는 논

---

53 "횡설수설", 《동아일보》 1970년 1월 15일자, 1면.

54 이러한 성교육 영화와 '섹스영화'의 손쉬운 전환 가능성은 흥미롭게도 일본영화 〈박치기(パッチギ)〉(이즈츠 카즈유키, 2004) 속 〈헬가〉의 장면이 잘 보여주고 있다. 〈박치기〉는 한국에서 재일조선인과 일본인 간의 갈등과 화합을 다루는 영화로 부각되었지만, 한편으로는 일본에서 1968년이 어떤 의미였는지를 보여주는 중요한 텍스트다. 영화 속 일본의 1968년은 북유럽의 섹스 혁명이 도달하고, 베트남에 대한 미국의 공격이 뉴스에서 지속적으로 다루어지며, 전공투가 결성되기 시작한 시기였다. 이러한 일본의 상황은 비록 서구에 비해 강도가 높았다고 할 수 없지만 섹스-자유-혁명의 연계가 어떤 방식으로든 명확하게 이루어지고 있었음을 보여준다. 예컨대 영화 속에서 혁명을 부르짖던 교사는 영화의 말미에서 섹스 쇼를 홍보하기 위해 다니고, 서구의 자유를 동경하던 사카자키(오다기리 조)는 섹스 혁명의 현장을 보겠노라고 스웨덴으로 간다. 어느 날 주인공 시오야와 친구는 교토의 한 극장에서 〈헬가〉를 본다. 〈박치기〉 속의 〈헬가〉는 여성의 누드와 동물들의 교미 장면을 중심으로 편집되어 나타나는데, 이 설정은 당대 남자 고등학생들에게 이 영화가 어떤 맥락에서 받아들여졌는지를 간접적으로 보여준다. 그들에게 혹은 〈박치기〉의 연출자에게 〈헬가〉는 성교육에 대한 지식이 아니라 간혹 나오는 누드나 교미 장면으로 기억되는 것이다. 영화 속에서 두 주인공은 노골적으로 성을 밝히지는 않지만, 헬가의 누드가 잠깐 나올 때 여성 신체 일부가 뿌옇게 처리된 장면에서 아쉬움을 표한다.

〈박치기〉(이즈츠 가즈유키, 2004) 속 〈헬가〉의 한 장면

〈박치기〉 중 한 장면
상단 중앙에 〈헬가〉 개봉 당시의 제목인 '여체의 신비' 간판이 걸려 있다.

리에 대해 아네트 쿤은 1차 세계대전을 전후한 시기의 성병 선전영화를 소재로 다음과 같이 설명하고 있다.

> 상업 영화관에서의 성병 선전영화의 상영은 (…중략…) 영화의 수용이 위험한 문제가 되었다. 영화의 광고와 관객의 구성이 거의 규제될 수 없었으므로 **영화의 '의도된' 읽기는 결코 보장될 수가 없었다.** 가령 이익에 눈이 어두운 영화관 소유주들이 관객을 끌어들이기 위해 성병 영화의 선정적인 가치를 이용하지 않을 리 없었다. 야한 광고, 특정 연령 이상의 관객만 입장시키는 것(영화 입장에 이런 강제적 규제가 없던 시절에), 여자 전용 상영과 남자 전용 상영을 번갈아 하는 것 등은 금지된 요소가 있다는 암시를 영화 관객에게 분명히 주었다. 선전영화를 보려고 줄을 선 영화 관객의 행동을 관찰한 어느 (검열 반대) 논평자가 언급하였듯이 **"이 사람들의 대화만 들어 보아도 이들이 뭔가 포르노적인 것을 볼 거라고 기대하고 있음을 알 수 있다."**[55] (강조는 인용자)

제작 주체가 상정했던 이러한 '의도된 읽기'의 실패는 배급 주체의 계산의 결과이기도 했다. 1910년대 배급 주체 혹은 상영 주체들은 성병 영화의 '뭔가 포르노적인 것'의 잠재성을 인식하고 있었고, 이는 대중들의 소비 속에서 확정되었다. 그리고 성교육 영화의 섹스영화로의 전환 가능성이 영화의 제작 의도나 전반적인 생산 맥락이 아니라 영화 속 단편적

55 아네트 쿤, 이형식 옮김, 『이미지의 힘: 영상과 섹슈얼리티』, 동문선, 2001, 154쪽.

이미지들, 즉 여성의 나체나 섹스 장면이 어느 정도로 노출되는가와 같은 요소들에 의해 결정된다는 사실은 1910년대뿐 아니라 1960년대 후반의 배급이나 상영업자들이라면 누구나 눈치 챌 수 있었다.

그것은 소위 예술(과학, 혹은 심지어 학문, 교육)과 외설 사이의 모호한 구분선이 끊임없이 교란되며, 예술이 외설의 전조가 되어 왔던 섹슈얼리티와 예술(혹은 대중문화 산물) 간의 다소간 복잡한 역사적 경험의 관계망 속에서도 확인된다. 순전히 오락적인 혹은 상업적인 목적을 위해 성을 착취적으로 소비하는 문화 산물들과 그것을 예술로 구현해내는 것을 구별해야 함을 과거와 현대의 많은 논자들, 특히 예술 창작자들이 주장해왔지만, 실제로 이 구분은 최종 소비 단계에서(혹은 '예술'의 생산 단계에서조차) 종종 흐려지기 일쑤였다. 따라서 성교육 영화, 혹은 성을 통해 여성 혹은 성 소수자를 해방하고자 했던 전복적이고 실험적인 다큐멘터리를 포함한 여러 영화들과 상업적인 '섹스영화'의 구분은 적어도 초기 단계에서는 그리 쉽게 성립될 수 없었다.

그럼에도 제작 주체의 의도가 실제 음란물의 판정 과정에서나 관련 담론에 있어서 중요하게 작용했던 것이 사실이며 이는 당연한 판단이기도 하다. 한국영화 최초의 음화제조죄 유죄를 판정받은 〈춘몽〉을 둘러싼 논란 과정에서 많은 영화평론가들과 기자들이 예술성과 유현목 감독에 대한 믿음으로 이 영화를 옹호했다는 사실은 그 단적인 예가 될 것이며, 이는 서구라도 예외가 아니었다. 즉 성교육 영화나 진지한 다큐멘터리, 혹은 예술영화가 섹스영화의 원조가 되는 것은 개별 영화의 주체가 계산한 결과는 아니라 하더라도 상업적인 착취라는 혐의를 벗기 위한 일종의 알리바이로 기능할 수 있었다.

특히 한국과 같이 급진적이고 전면적으로 가족계획이 도입된 국가의 경우, 이와 같은 성교육 영화의 알리바이 기제는 강화될 수밖에 없으며 국가의 규제를 약화시킬 수 있는 요인이 된다. 또한 그럼에도 그러한 영화의 특정 장면이 가진 위험성은 검열관의 민활한 눈에서 벗어날 수 없는 것이기도 했다.

4. 한국에서 〈헬가〉의 검열과 상영: 검열 서류를 중심으로

4-1. 첫 번째 수입과 검열: 1968년

한국에서 〈헬가〉가 수입되어 검열과 상영이 이루어진 것은 1968년이다. 1968년 3월 29일, 대한연합영화사의 대표이사 홍의선은 공보부에 이 영화(번역 제명: 여성의 신비)[56]의 수입 추천을 신청한다. 이 수입 추천서의 붙임에는 1966년 4월 3일 중앙보건교육연구소(연방보건교육센터)가 관련 단체에 보낸 협조 공문이 번역되어 있다.

> 유아와 어린아이에 관한 영화 제작을 링고필림 회사에게 특별히 제작해줄 것을 협조 의뢰합니다.
>
> 서독 연방정부에서는 임신 및 육아 양육 **가족계획 문제에** 관한 영화를 특별히 제작하여 줄 것을 독일(서독) 보건박물관 및 중앙보건연구소에 의뢰하여 왔음으로 서독 박물관 및 중앙보건교육

56 이 영화의 공식 수입 제목은 〈여성의 신비〉였으나, 이 글에서는 혼란을 초래하지 않기 위해 당시의 공식적인 서류나 기사의 인용구를 제외하고는 〈헬가〉라는 제목을 유지하도록 한다.

연구소에서는 이러한 영화를 링고필림 회사에게 다시 특별히 제작 하여 줄 것을 의뢰합니다.[57] (강조는 인용자)

이 붙임 자료는 서독 연방정부의 지원에 의해 만들어졌다는 텍스트의 신뢰성을 강조하고, 이를 통해 검열 과정에서 일정한 이익을 얻고자 하는 수입자의 의도를 보여주고 있다. 그런데 이 번역문에서 흥미로운 것은 원문에 없는 내용이 포함되어 있다는 사실이다. 즉 공문의 원문은 "임신과 육아 문제에 관한 영화를 만들기 위하여einen Film zum Problem der Schwangerschaft und Säuglingspflege herzustellen"로 되어 있고, 가족계획이나 산아 제한이라는 단어는 사용되지 않았다. 이는 수입업체가 당대 한국 사회의 가장 중요한 사업 중 하나인 '가족계획' 사업을 명분으로 수입 및 검열을 원활히 하기 위해 의도적으로 오역한 결과로 보인다. 이는 "산아 제한을 주안으로 한 초 마이크로 카메라에 의한 세계 최초의 태내 촬영에 성공한 경이의 장편 기록 교육영화. 눈으로 보는 산아 제한. 계몽의 수작"이라는 영화의 홍보 문구에서도 그대로 드러난다.[58]

그러나 이 영화는 실제로는 '산아 제한을 주안'으로 하고 있지 않다. 피임법 관련 내용이 없는 것은 아니지만, 그것은 산아 제한의 당위성에 대한 기초적인 내용 설명, 주기법이나 배란 제어제에 대한 간략한 설명에 그치고 있다. 콘돔 등 피임 도구의 착용법이나 살정제, 링 등 다양한 피임 방식에 대한 설명도 거의 없다. 그것은 당시까지도 독일사회가 피임에 대해 조심스러웠고, 피임약은 1960년대 후반에 이르러서야 의사가 독신 여

57 주식회사대한연합영화사, 「외국영화 수입 추천 신청」, 1968년 3월 29일.

58 이 홍보 문구는 일본에서 사용된 선전 재료의 문구를 그대로 번역한 것이다.

성에게 처방할 수 있게 되었기 때문이다.[59] 이는 서독과 같은 1세계의 산아 제한, 혹은 가족계획에 대한 인식과 상황이 이미 1960년대 초부터 가족계획을 빌미로 무분별한 피임약과 피임 방식의 국가적 보급, 만연한 음성적 낙태 시술이 용인되던 한국과는 달랐음을 의미한다. 실제로 이 영화는 가족계획, 피임, 낙태에 대한 정보가 부족하거나 누락되어 있다는 이유로 비판을 받기도 했다[60]

그럼에도 '산아 제한'을 강조한 수입자의 의도는 성공한 것으로 보인다. 수입 신청을 받은 공보부는 4월 12일, 보사부 보건국에 수입 추천에 대한 의견을 문의한다. 이에 대해 4월 24일, 보사부는 다음과 같이 회신했다.

> 가. 내용이 충실하고 건전한 청소년의 성교육 영화로서 당부 가족계획 및 모자보건교육에 유익한 영화로 사료됩니다.
> 나. 정부 가족계획 사업에 있어서는 한 가정에 알맞는 어린이의 수를 둘 내지 셋으로 계몽 교육하고 있으므로 본 영화에서 **어린이 넷 나오는 장면은 삭제**하는 방향으로 고려하여 주시고
> 다. **기타 영화 장면의 노출 부분은 교육상 필요하오니 삭제 않도록** 당부 의견을 첨신합니다.[61] (강조는 인용자)

이후 공보부는 1968년 5월 2일, 국장회의 석상에서 동 영화를 관람

---

59 Dagmar Herzog, *Ibid*, p. 137.

60 Uta Schwarz, *Ibid*, p. 206.

61 보건사회부, 「기록영화 수입 추천 의견 문의에 대한 회신」, 1968년 4월 24일.

시키고 5월 7일, 공보국장이 재차 관람한 후에 "내용이 교육적이고 수입 추천이 가하다"는 결론을 내린다. 이와 같은 이중의 고려 과정은 공보부가 이 영화가 갖는 일정한 위험성과 파급력(즉 성교육 영화가 섹스영화가 될 수 있다는)에 대해 어느 정도 우려하고 있었고, 신중히 고려했음을 짐작케 한다. 수입 신청에 대한 허가 당시, 문공부 담당자는 다음과 같은 내부 보고 내용을 작성했다.

> 1. 본 영화는 산아 제한을 주안으로 하여 태아의 발생, 성장, 그리고 출산에 이르는 과정을 수록하고 성에 관한 올바른 지식을 이해시키기 위해 서독 정부의 보건위생국의 전면적인 협력과 지도하에 서독 우파 인터내쇼날 사가 제작한 특수 촬영에 의한 기록영화임.
> 2. 1968.4.12 본 영화의 수입 추천에 관한 의견을 보건사회부에 문의하였던 바 4.24일자로 "내용이 충실하고 건전한 청소년의 성교육 영화로서 가족계획 및 모자보건교육에 유익한 영화"라는 내용의 회신을 받았음.[62]

1968년 8월 초에 이 영화가 수입되었고, 학생 관람 허가 신청과 검열 신청이 이루어졌다. 8월 3일에 이루어진 검열에서 당시 검열자들은 모두 이 영화에 제한 사항을 붙이지 않았고, 미성년자 관람 가부는 미성년자영화관람심의위원회에 회부하며, 여고생 이상 관람토록 하는 것이 좋겠다는 의견을 첨부했다. 그러나 이 의견은 8월 6일에 있었던 미성년자영화관

---

62 문화공보부,「외국 문화영화 〈여성의 신비〉 수입용 외화(外貨) 사용 허가 및 수입 추천」, 1968년 5월 9일.

람심의위원회에서 전적으로 받아들여지지는 않았다. 9명으로 구성된(7명 참석) 심의회는 중학생 이상 관람 가로 결정하는 대신, 풀밭에서 남녀가 포옹하며 키스하는 장면 2개 처, 목욕탕에서 어머니가 전 나체가 되어 아이들과 이야기하는 장면, 성교 시(임신될 때) 남녀의 자세 도해 전부를 삭제토록 했다.

이상과 같이 보사부의 의견, 검열자들의 검열 사항, 미성년자관람심의위원회와 공보부의 최종적인 결정 사이에는 미묘한 차이가 있었다. 크게 보아 보사부와 문공부의 차이는 이 영화가 가진 성교육적 가치를 우선할 것인가, 이 가치를 부인하지는 않지만 그것이 가져다줄 일정한 부작용(거칠게 말하자면 섹스영화로의 전환 가능성)을 어느 정도라도 고려할 것인가라는 서로 다른 입장에서 비롯된 것으로 보인다.

검열을 마친 이 영화는 1968년 8월 8일 파라마운트 극장에서 개봉했다. 당시 신문의 한 필자는 이 영화에 대해 상당히 호의적으로 평가한다.

> 우리나라도 청소년의 성교육을 학교에서 하기로 되었는데 이 영화 〈여성의 신비〉는 그러한 목적을 달성시켜주는 최적의 작품이다. 그렇다고 부모가 가르쳐줄 수 없는 지식만을 위한 것이 아니라 혼전의 여성 또는 남성은 물론 출산 경험이 있는 부인도 이 영화에서 배울 것이 많다. (…중략…) 이 영화는 단순한 호기심으로 볼 영화는 아니며 참된 기록이다.[63]

63 "참된 성의 기록 〈여성의 신비〉", 《경향신문》 1968년 8월 10일자, 5면.

1. 제　명　여성의 신비　감독: 에릭크. F. 벤델

2. 제작자　서독 우파 인터내쇼날사

3. 검열신청자　대한연합영화사

4. 규격및수량　총천연색채　35　미리　9　권　4　편

5. 검열합격번호　외국제 0540 호

6. 상영기간　자 1968. 8. 7.
　　　　　　지 1970. 8. 6.　(2　년간)

7. 제작년도　1967년

8. 제한사항　화면삭제　4　개처
　　　　　　화면단축　개처
　　　　　　대사삭제　개처

풀밭에서 남녀가 포옹하며 키스하는 장면 삭제(2개처)
목욕탕에서 어머니가 전나체로 아이와 이야기하는 장면 삭제
성교시(임신될때) 남녀의 자세 도해 전부 삭제

9. 동시상영문화영화

가. 제　명

나. 색채및규격

다. 제작자

1968년 〈헬가〉 검열 당시의 제한 사항
(출처: 문화공보부, 「외국 문화영화 〈여성의 신비〉 검열 합격」, 1968년 8월 7일)

그러나 이 '참된 기록'의 영화가 광고되는 뉘앙스는 다소 달랐다. 개봉 당시의 신문 광고 세 가지 판본 중《동아일보》의 8월 6일자 광고가 눈에 띈다. "초 마이크로 카메라가 잡은 여체 내의 신비", "대담하게 공개되는 여성의 모든 신비"와 같은 문구는 관객이 이 영화를 어떻게 보기를 원했는지를 말해준다. 그리고 이 영화는 문화영화로서는 이례적으로 서울과 함께 부산, 대구, 대전, 광주에서 동시개봉했고[64] 하루에 7회를 편성하는 파격을 감행했다. 그것은 영화 수입자의 영화에 대한 상업적 기대치를 반영한다.[65]

당시 이 영화의 신문 광고에는 흥미로운 이벤트가 게재되어 있다. 그것은 바로 여성 관객 50명에게 피임약인 '아나보라'를 증정한다는 내용이다.[66] 1968년은 그간 가족계획 사업의 주요 피임법으로 실시되어온 리페스 루프법의 부작용이 심해지면서 대한가족계획협회의 주된 피임법이 피임약으로 옮겨간 해였고, 이 사업에 쓰인 피임약은 스웨덴에서 무상으로 지원되었다.[67] 한국 쉐링의 이 이벤트는 이러한 상황에서 판로를 확보하려는 마케팅 전략의 일환으로 해석될 수 있을 것이다. 엄격한 의사의 지도하에 복용해야 한다는 영화의 내용과 배치되는, 피임약이 영화사의 이벤트로 무상으로 증정되는 상황은 1세계 여성 운동가들이 수십 년간의

64 당시 문화영화의 프린트는 두 편 내외로 복사하는 것이 관례였다. 이 말은 동시개봉할 수 있는 지역이 두 곳이 되지 않는다는 의미이다. 따라서 5개 지역에서의 동시개봉은 상당히 이례적이라 할 수 있다.

65 안타깝게도 이 영화의 흥행이나 파급 효과에 대한 실증적인 기록을 찾을 수는 없다.

66 아나보라(anovlar)는 1961년 독일 제약회사 쉐링이 만든 유럽 최초의 먹는 피임약이었고, 그해 유럽 최초로 독일에서, 아시아 태평양 지역에서는 호주에서 처음 시판됐다. 한국에는 1963년에 처음 수입되었다.

67 배은경, 『현대 한국의 인간 재생산: 여성, 모성, 가족계획 사업』, 시간여행, 2012. 116쪽.

《경향신문》 1968년 8월 5일자 광고	《동아일보》 1968년 8월 6일자 광고	《경향신문》 1968년 8월 7일자 광고
현대과학의 개가! 특수촬영의 신기한 생명의 성장 기록! 이 훌륭한 영화를 결혼을 앞둔 전 여성에게… 아들을 원하시는 신혼부부에게… 모체의 고마움을 모르는 남성들에게… 산아 제한을 바라는 중년 부부에게… 자녀의 성교육을 바라는 중년 부인에게… 전 세계가 주목한 문제의 명화!	전 세계가 주목한 이 영화는 과연 어떠한 영화인가 이 영화가 서독에서 3개월간에 물경 2백 60만 명의 관객을 동원! 초 마이크로 카메라가 잡은 **여체 내의 신비** 경이… 신비… 감동 속에 **대담하게 공개되는 여성의 모든 신비** "이 영화는 인간 생활의 유익한 성지식의 사전이다" (강조는 인용자)	전 세계가 주목한 이 영화는 과연 어떠한 영화인가 이 영화가 서독에서 3개월간에 물경 2백 60만 명의 관객을 동원! 경이… 신비… 감동 속에 아름답고 고귀하고 신비적인 그 생명력! "이 영화는 인간 생활의 유익한 성지식의 사전이다"

1968년 〈헬가〉 개봉 당시의 신문 광고

운동 끝에도 당시 서구에서는 제대로 획득하지 못한 결과물이었다. 그것은 이상한 혼돈이다. 3세계 국가의 인구 급증이 세계의 질서에 혼란을 끼칠까 우려하는 1세계의 우생학적 논리에서 추동된[68] 한 3세계 국가의 전격적인 가족계획 사업이 이 아이러니한 상황을 낳은 것이다.

주목할 점은 1968년 〈헬가〉의 검열이 후술하는 바와 같이, 1977년의 검열에 비해 그 수위가 대단히 낮았다는 것이다. 단정 지을 수는 없지만 검열 삭제 장면에 포함되어 있지 않은 것으로 보아, 출산 장면까지도 보여졌던 것으로 짐작된다. 몇 가지 이유와 배경에서 이러한 결과를 설명할 수 있을 듯하다.

첫째, 이 영화가 가지는 비교적 순도 높은 교육적 가치다. 이 영화는 이후에 나오는 노골적인 섹스영화들에 비해(심지어 다른 성교육 영화 혹은 성적 다큐멘터리에 비해), 섹스에 대한 묘사가 주의 깊게 다루어졌고 과학과 지식의 전문성이 상당 수준에 이른 것이었다. 둘째, 한국사회가 사활을 걸고 추진하던 가족계획과의 연관성이다. 이 영화가 가족계획 영화로 소개되었고, 문공부 및 보사부를 통해 교육적 가치를 인정받았음은 앞서 살펴본 바와 같다. 이러한 정책적 필요성이 이 영화의 선정적 위험성에 우선시되었을 것이다. 셋째, 보다 구체적인 맥락에서 보자면, 당시 중고등학교의 성교육 실시와 관계가 있다. 1968년 7월, 문교부는 한국 역사상 처음으로 중고교 학생들에게 성교육을 실시할 방침을 세우고, 여자 중고교는 그해 9월의 2학기부터, 남자 중고교는 이듬해인 1969년부터 실시키로 했던 것이다.[69] 그리고 이 영화는 절묘하게도 8월 8일에 개봉했다. 이

---

68 당시 미국이 제3세계 인구 문제에 개입하는 동인에 대해서는 배은경, 앞의 책, 90~91쪽 참고.

러한 상황은 앞서의 인용문처럼 이 영화가 가지는 '최적의' 교육적 가치를 부각시킬 수 있는 요인이 되었을 것이다.

문제는 이와 같은 맥락이 이 영화가 재수입된 1977년에도 크게 달라지지 않았다는 사실에 있다. 여전히 가족계획은 강력하게 추진되고 있었으며, 성교육 교재에 대한 수요는 상존하고 있었다. 그렇다면 어떤 다른 이유가 있었을까? 필자는 이에 대해 당시까지 국가가 '음란성' 혹은 서구의 섹스 혁명이 낳은 이 영화의 위험성을 감지할 만큼의 경험을 충분히 쌓지 못한 결과로 판단한다. 실제 서구에서도 1968년까지 성교육 영화나 다큐멘터리의 표현 수위는 점차 높아졌으나 노골적인 섹스영화로 진화하지는 않았던 상황이었다. 이러한 상황적 요인이 검열자들로 하여금 이 영화가 가지는 교육적·과학적·국가 정책적 가치를 '순수하게' 받아들일 수 있는 계기가 되었을 것으로 짐작된다.

4-2. 두 번째 수입과 검열: 1976~1977년

〈헬가〉는 1976년 7월에 다시 수입되어 1978년 초에 개봉되었다. 수입과 개봉 사이에 1년 6개월에 가까운 기간이 소요된 것은 검열 과정이 순탄치 않았기 때문이다. 1976년 7월 27일, 수입사인 태창흥업주식회사(대표 김태수)는 문공부에 이 영화의 수입 추천을 신청했고, 8월 6일에 수입 신청이 허가되었다. 이후 이 영화를 정식으로 수입한 태창흥업은 1976년 12월 18일, 검열을 신청한다. 이에 통상검열반[70]을 통해 검열

69 "중고생에 성교육, 여학생은 2학기부터", 《경향신문》 1968년 7월 9일자, 3면.

70 통상검열반과 확대검열반 등 당시의 검열 제도에 대해서는 후술할 것이다.

한 문공부는 보사부와 문교부의 관계관을 불러 미성년자 관람 여부의 의견을 수렴한다. 그런데 그 결과 보사부 검열관과 문교부 검열관의 의견이 나누어졌다(보사부: 가, 문교부: 불가). [표1]은 해당 검열 의견을 정리한 것이다.

검열상의 제한 사항이 적고 미성년자 관람에 대한 개방적인 입장을 보일수록 성 표현에 진보적이라 상정할 때, 종합적으로 가장 진보적인 의견을 피력한 곳은 내무부와 보사부였다. 가족계획 추진, 모자 건강 및 보호를 위한 교육 자료를 필요로 하는 보사부의 입장이 상대적으로 진보적

일 수 있다는 것은 짐작 가능한 일이다. 앞서 살펴보았듯이 보사부는 1968년 검열에서도 유사한 입장을 피력했다. 다만 경찰이 검열관이었던 내무부의 경우가 다소 의외인데, 이는 당시 검열관이 여성이었다는 점에서 이해될 여지가 있다.[71] 반면 문교부 검열관은 미성년자 관람에 대해서는 아예 불가의 판정을 내리고 거기에 "가족계획 영화로 부적합"하다는 의견까지 부기하고 있다. 이와 같은 문교부 검열관의 결정이 가장 보수적이라 할 수 있는 것은 장편 문화영화가 미성년자 관람 불가 판정을 받을 경우 상영이 불가하게 되기 때문이다(영화법 시행령 제18조 2항).[72] 이 검열

71 이 글에서는 당시 검열관들의 실명을 제외했지만, 서류상의 성명으로 보아 내무부 검열관은 여성으로 보이며, 치안본부 소년담당관으로 판단된다. 검열관의 성별 혹은 개인적인 개성이 중요하게 작용했을 것이라는 추측은 해당 검열관이 참석하지 않았던 이후 확대검열반의 내무부 검열 의견이 미성년자 관람 불가였다는 사실로도 짐작할 수 있다.

72 당시 영화법 시행령 18조 2항은 다음과 같다. "문화영화·뉴스영화·텔레비전 영화·광고영화 및 예고편 영화의 검열에 있어서는 제1항의 기준에 적합하여야 하는 외에 연소자(18세 미만의 자를 말한다. 이하 같다)의 관람이 허용될 수 있는 것이 아니면 이를 합격으로 결정하지 못한다." 문화영화 등이 18세 미만 관람 가여야 한다는 취지의 법규는 1966년 12월 27일에 개정된 시행령에서부터 규정되어 있었지만, 그것은 "18세 미만자의 영화 관람의 허용에 대한 심의 기준

[표1] 통상검열반 및 문교부/보사부 관계자 검열 의견 (1976년 12월 16일)[73]

검열자	제한 사항	기타 의견
중앙정보부 검열관	189 여인 목욕하는 나신 삭제 194 극장 선전용 사진 중 여인의 나신에 낙서하는 장면 삭제 317 여인의 나체 장면 삭제 592 여인의 목욕탕 나체 씬과 유방을 타월로 닦는 장면 삭제 732 여인 음부를 크로즈 업 시켜 출산 장면 삭제	중고생 입장 문제는 내무부와 관계 기관의 성교육 관계에 대한 자문을 받는 것이 바람직하다고 사료됨
내무부 검열관 (경정)	여성 나체 장면(3캇트) 및 해산 장면 삭제	중학생 이상 관람 가
보사부 검열관 (모자보건관리관)	1) 출산(분만)시의 여성 성기 노출 장면을 cut함이 타당 2) 목욕 시 여성과 음부 장면은 cut함이 타당	중고생 이상 및 성인 관람 가능
문교부 검열관 (장학사)	가족계획 영화로 부적합 출산의 장면은 cut함이 필요함	미성년자 관람에 대한 의견: 불가

(출처: 문화공보부, 「외국영화 검열 의견서(여성의 신비)」, 1976년 12월 16일)

사례는 한 영화가 부서별 착안 사항, 남과 여의 성차에 따라 다양하게 판단될 수 있음을 보여준다.

이와 같이 의견이 엇갈리자 문공부는 1977년 1월 19일, 통상검열에

에 따라 이를 검열해야 한다"(19조)로 되어 있어 해석이 달라진다. 즉 후자의 규정은 미성년자 관람 가에 맞게끔 검열이 이루어질 수 있도록 유도하는 것이고, 전자의 법규는 아예 불합격이 되도록 명시하고 있기 때문이다. 전자의 규정은 1973년 2월에 개정된 내용이다.

73 문공부 통상검열반에는 문공부 관계자들이 포함되어 있었으나, 해당 서류에는 이들의 입장이 누락되어 있다.

서 논란이 발생할 때 문제를 해결하는 제도적 장치인 확대검열반을 소집한다. 당시 확대검열반에는 문공부 예술국장, 문예진흥관, 종무담당관, 보도담당관, 방송심의관, 외보담당관 및 중앙정보부 부국장, 내무부 치안본부 제2부장 등이 포함되었고, 앞서의 검열관들과 동일인물인 문교부 장학관, 보사부 모자보건관리관 등이 참고자로 소집되었다. 1월 21일, 문예진흥관이 불참한 가운데 문공부 검열실에서 개최된 확대검열반의 의견은 [표2]와 같다.

[표2]에 대해 해당 서류를 작성한 문공부 담당자는 그 결과를 "관람 불가 4, 관람 가 2, 문교부와 보사부의 의견을 근거로 문공부에서 판단(중앙정보부) 1, 문교부 불가, 보사부 가"로 정리하고 있다. 이는 표와 다소 다른 내용인데, 아마도 외보담당관의 엇갈리는 의견을 불가로 통일하고, 서류상 의견을 피력하지 않은 예술국장(확대검열반장)이 불가 의견을 제시한 것으로 보인다.[74] 각 검열자들은 제한 사항을 상세하게 피력하지 않았는데, 이는 이 검열반의 목적이 미성년자 관람 여부를 결정하는 데 주안이 있었고, 앞서 설명했듯 실제 당시 영화법 시행령 18조 2항에 따르면 문화영화가 미성년자 관람 불가의 판정을 받게 되면 검열 자체가 불합격되도록 규정되어 있어, 구체 제한 자체가 큰 의미가 없기도 했기 때문으로 보인다.

74 통상검열과 확대검열 과정에서 통상검열반 및 확대검열반의 운영주체인 문공부 주무국과의 입장이 서류에서 명기되지 않는다는 사실은 의문이다. 문공부 검열 담당 라인이 자신의 입장을 드러내지 않은 상태에서 외부의 검열 의견을 수렴하여 자체적으로 종합적인 판단을 내린 것으로 짐작된다.

[표 2] 〈여성의 신비〉 확대검열반 검열 의견 (1977년 1월 21일)

검열위원	제한 사항	미성년자 관람 의견	기타 의견
예술국장			
외보담당관		고등학교 이상	
외보담당관		불가	
종무담당관	농도 짙은 곳은 삭제 빠 걸에게 문의하는 부분 삭제	교육영화로서 미성년자 (중, 고 이상) 가함	
보도담당관		미성년자 관람 불가	
방송심의관	농도 짙은 키쓰 장면 삭제	미성년자(중, 고 이상) 가	
치안본부 2부장(대)		미성년자 관람 불가	
중앙정보부 심리전국 부국장	출산 장면 및 여인의 나체 장면은 삭제	문교부, 보사부의 공식적인 자문 결과를 근거로 문공부에서 처리	국가안보상 유해로운 사 항 없음
문교부 장학관	가족계획 영화로 부적합함 출산 장면 삭제	미성년자 불가	
보건사회부 모자보건관리관	출산 장면 삭제 목욕 시 음부 장면 삭제	미성년자(중, 고 이상) 관람 가	

(출처: 문화공보부, 「외국 문화영화 〈여성의 신비〉 확대검열 결과」, 1977년 1월 21일)

이러한 검열 의견에 따라 문공부는 최종적으로 1977년 2월 1일, "미성년자 관람이 불가하다고 사료되어 영화법 시행령 제18조 2항에 의거 불합격"되었음을 통지한다. 이 결과는 이미 상당액의 저작권료(3,500달러)와 필름 복사료(6,200달러) 및 통관료 등을 지불한 영화사로서는 감수하기 힘든 재정적 타격을 의미하는 것이었다.

이에 태창흥업은 1977년 5월, 재심을 신청한다. 이때 태창흥업은 서울대학교 보건대학원 원장 권이혁, 국회 문공전문위원 김철, 한글학회 한갑수 박사, 적십자병원 박신근 박사 등 각 분야 전문가들의 추천서를 첨부했고, 대한가족계획협회(회장 양재모)는 별도의 공문으로 문공부에 이 영화를 추천했다. 대한가족계획협회의 공문 내용은 다음과 같다.

> 본회는 태창흥업주식회사의 요청을 받고 성교육 영화 〈여성이 신비〉를 시사 평가한 바 영화 장면 중 출산으로 고통당하는 장면은 지나치게 사실적이므로 일부 삭제하는 것이 좋을 듯하며, 그 외 사항에 대해서는 가족계획 및 모자보건사업 계몽에 필요한 수정 과정, 태아의 생성 과정, 분만 과정 등이 기록영화 형식으로 표현되어 있어 피임 대상자 및 청소년에게 성교육을 통한 가족계획 계몽에 도움이 되는 영화로 사료되어 추천하오니 선처하시기 바랍니다.

재심 신청에 따라 문공부는 1977년 11월 11일, 확대재검열을 실시했다. 보사부와 문교부 관계자들은 제외되고, 중앙정보부는 문공부에 위임하고 불석한 채 실시된 문공부 관료 중심의 재검열에서 중학생 이상 관람 가 4명, 미성년자 관람 가 2명의 의견이 집계되어, 결론적으로 국민학생 관람 불가의 판정이 내려졌다. 다만 이 과정에서 화면 삭제 11개 처, 자막 삭제 3개 처 등, 영화 전체가 대폭 삭제되었다. 문공부는 1977년 11월 16일, 태창흥업에 이상과 같은 검열 결과와 함께 검열 합격을 통보했다. 그리고 이 영화는 1978년 4월 13일, 대한극장과 세기극장에서 동시에 개봉했다.

[표3] 1977년과 1968년 〈여성의 신비〉 검열 제한 사항 비교

	1977년	1968년 (O 표기가 삭제 장면)
자막 삭제	씬 115: "성행위에 대해 좀 설명해주실 수 있읍니까?" 삭제	
	씬 116: "성행위요? 난 그런 거 별로…" 삭제	
	씬 437: "남녀가 성교를 삼가야 됩니다." 삭제	
화면 삭제	씬136: 풀밭에서 남녀가 반나체로 키쓰하는 장면 삭제	O
	씬149: 거리에서 남녀 키쓰 장면 삭제	
	씬187-192: 목욕하는 여인 나체 장면 및 목욕 후 까운 입는 장면 삭제	
	씬 194: 극장 선전 사진 중 여인 나체에 낙서하는 장면 삭제	
	씬 269-272: 남자 성기 도해 장면 삭제	O
	씬 276-286: 남자 성기 도해 장면 삭제	O
	씬 317: 여인 나체 구조 장면 및 여인 음모 장면 삭제	
	씬 576: 누워있는 임산부의 음모 장면 삭제	
	씬591-593: 목욕탕에서 여인 나체 장면과 타올로 유방 닦는 장면 삭제	O
	씬 731: 헬가 음부에서 출산하는 장면 삭제	
	씬 732-738: 피 묻은 태아를 눕혀 놓은 장면 및 태반이 보이는 장면 삭제	

(출처: 문화공보부, 「외국 문화영화 〈여성의 신비〉 검열 합격」, 1968년 8월 7일; 문화공보부, 「외국 문화영화 〈여성의 신비〉 재심 결과 통보」, 1977년 11월 14일)

외국영화 확대 재검열 의견서

~~영화검열의견서~~

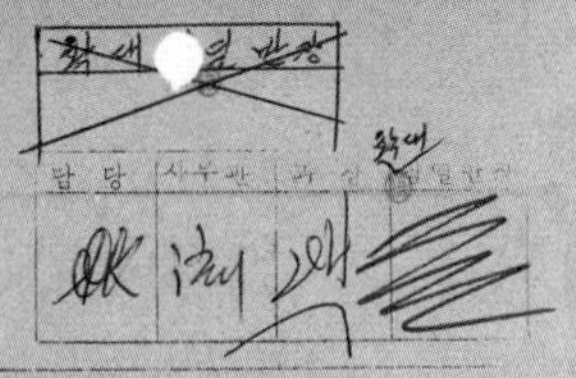

수입자	태창흥업(주) 김태수		제목	여성의 신비(HELGA)	
원작(각본)	게르하르트 데링(독일)		감독	에릭크 에르벤델(독일)	
상영시간	75분		주연		
구분	문화영화		일시	77. 11.11.	
합격여부	합격	미성년자 관람여부	국민학생관람 불가	수출가부	╱

지적사항

1. 자막삭제 (3)
   - 씬115 : "성행위에 대해 좀 설명해 주실수 있읍니까?" 삭제
   - 씬116 : "성 행위요 ?" 난 그런거 별로 … " 삭제
   - 씬437 : "남녀가 성교를 삼가야 됩니다" 삭제
2. 화면삭제 (11)
   - 씬136 : "풀밭에서 남녀가 반나체로 키쓰하는 장면 삭제
   - 씬149 : 거리에서 남녀키쓰장면 삭제
   - 씬187-192 : 목욕하는 여인나체장면 및 목욕후 까운입는장면 삭제
   - 씬194 : 극장 선전 사진중 여인나체에 낙서하는 장면 삭제
   - 씬269-272 : 남자성기 도해장면 삭제
   - 씬276-286 : ―"―
   - 씬317 : 여인 나체 구조장면 및 여인음모장면 삭제
   - 씬576 : 누워있는 임산부의 음모장면 삭제
   - 씬591-593 : 목욕탕에서 여인나체장면과 타올로 유방닦는장면 삭제
   - 씬731 : "헬가" 분만에서 출산하는 장면 삭제
   - 씬732-738 : 피묻은 태아를 눕혀놓은장면 및 태반이 보이는 장면 삭제.끝.

1977년도 〈헬가〉의 확대재검열 결과
(출처: 문화공보부, 「외국영화 확대 재검열 의견서」, 1977년 11월 11일)

4-3. 1970년대의 변화

앞의 [표3]에서 살펴볼 수 있는 바와 같이 1977년, 문공부는 〈헬가〉에 대해 1968년과 같은 중학생 이상 관람 가 등급을 부여했으나, 검열 결과는 상이했다. 총 14개에 이르는 삭제 장면들은 4개에 불과했던 1968년과 크게 비교될 뿐 아니라, 심지어 키스 장면까지 삭제 대상에 포함되었다. 특히 문공부는 자막까지 삭제함으로써 이 영화가 성교육 영화임에도 성행위 혹은 성교의 흔적을 언어에서조차 지우고자 했다. 이러한 차이는 무엇에서 발생한 것이었을까? 이를 이해하기 위해서는 앞서 살펴본 1971년 이후 몇 년의 상황을 돌아볼 필요가 있다.

1971년 12월, 문공부가 거의 폭력적인 방향으로 영화 정책을 수정한 후 1972년 10월 유신체제가 수립됐다. 1972년 12월 말, 한 신문은 한국영화계에서 폭력, 섹스, 멜로물이 자취를 감추었다고 전한다.[75] 다른 신문 기사는 외화 수입 절차가 까다로워지는 바람에 검열 통과가 확실하고 선전비를 줄일 수 있는 이전 영화의 리바이벌 수입이 붐을 이루고 있다고 진단한다.[76] 확실히 1971년까지의 섹스영화 붐은 1972년에 들어 거의 사라지는 듯 보였다.

그러나 같은 시기 한국 영화산업은 극적인 쇠락의 단계에 접어들었고, 1972년에 눈에 띄게 가시화되었다. 이는 거시적인 통계로도 확인되는 바지만, 내부자들이 체감하는 위기의식은 통계와는 비교가 될 수 없을 정

---

75 "선(先)각본 심사제로 정화 모색, 폭력 · 섹스 · 멜러물 자취 감춰", 《경향신문》 1972년 12월 12일자, 5면.

76 "불황 속에 '낯익은 외화' 재수입 붐", 《동아일보》 1972년 7월 15일자, 5면.

도였다. 특히 한국영화 제작 자본의 70~80%를 차지한다고 전해지던 지방 배급업자의 부도 추산액이 4억 원에 달하고 있었다는 것은 심각한 문제였다.[77]

이러한 급락의 경향은 1973년 이후에도 지속되었고, 영화인들과 언론은 한국영화 위기 타개의 일환으로 검열의 완화를 주장하기 시작했다. 예컨대 신상옥은 아시아영화제를 참관하고 온 후 다음과 같이 주장한다.

> 신 감독은 이번 영화제에는 9개국이 출품했는데 한국을 제외한 아시아 각국의 영화는 액션과 섹스물로 관객의 욕구를 충족시키는 방향으로 제작됐음을 느꼈다고 했다. (…중략…) 신 감독은 오늘의 관객은 평범하고 짜증이 나는 영화를 보려는 것이 아니고 액션이나 청춘이 불타오르는 충족 표현을 보려는 데 있는데 우리 여건은 이러한 것들을 제작하는 데 너무나 많은 제약을 받고 있다고 지적, 빠른 시일 내에 해외 진출의 돌파구를 열어줘야 될 것이라고 말했다.[78]

이상의 신상옥의 주장은 해외 영화의 경향과 담론을 한국영화계에 적용하고자 하는 시도인 동시에 한국영화의 해외 진출이라는 정당화 기제를 활용하고 있다는 점에서 흥미롭다. 같은 기간 〈파리에서의 마지막 탱고 Ultimo tango a Parigi〉(베르나르도 베르톨루치, 1972)가 전 세계에서 화제를 일으키며 상영되고 있다는 소식이 지속적으로 당시 언론에서 다루어지고 있었다.

---

77 "스크린가의 불황, 제작 스탭의 15%가 실직", 《매일경제신문》 1972년 10월 12일자, 6면.

78 "아주영화제를 보고… 신상옥 감독 주장", 《경향신문》 1973년 5월 26일자, 5면.

이러한 상황에서 1974년 초 문공부 장관 윤주영은 "예술 작품에 대한 검열을 완화하되 연소자 관람을 엄격히 제한"할 것이라 발표한다.[79] 그래서인지 1974년은 섹스를 주요 테마로 삼은 영화들이 제법 제작되었다. 연방영화사가 제작하고 조문진 감독이 연출해 6월에 개봉한 〈호기심〉은 "다양한 카메라 앵글로 섹스의 본질을 파헤쳤"[80]으며, "프리섹스의 풍조 속에 여성의 순결 문제를 다루"었다는 〈성숙〉(정인엽, 1974년 10월 개봉)과 〈이름 모를 소녀〉(김수형, 1974년 11월 개봉) 등이 개봉하기도 했다. 소위 호스티스 멜로드라마 장르의 효시라 불리는 〈별들의 고향〉(이장호) 역시 1974년에 개봉했다.

그러나 이러한 완화 경향은 1975년 중반에 들어 반전된다. 1975년은 이례적으로 검열을 둘러싼 사고가 많았던 해였다. 우선 1975년 3월, 신상옥의 '신프로덕션'이 홍콩에서 수입한 영화 〈소녀召女〉가 검열받지 않은 장면을 본영화에 삽입했다는 이유로 상영 중지 처분을 받는다. 이는 전례 없는 검열 위반 행위로, 문공부는 비교적 강력한 조치로 이에 대응했다.[81] 그런데 어쩐 일인지 강경하게 대응하겠다던 문공부의 호언장담과 달리 4월 10일, 비교적 이른 기간에 상영 중지 처분이 취소되었다.[82] 이는 신상옥과 문공부의 유착 관계에서 비롯되었으리라 짐작되는데, 이러한 관계를 설명할 수 있는 심각한 사건이 그해 5월에 발생한다.

---

79 "예술 작품 검열 완화키로, 문공부, 금년 영화 시책 발표", 《경향신문》 1974년 2월 5일자, 5면.

80 "〈호기심〉으로 개제 곧 개봉, 연방영화사 제작 극영화 〈밀실〉", 《매일경제신문》 1974년 6월 26일자, 8면.

81 "도중 하차… 영화 〈소녀〉, 가위질 된 필름 삽입", 《경향신문》 1975년 3월 1일자, 8면.

82 "중지 처분 41일 만에 〈소녀〉 재상영 허가", 《경향신문》 1975년 4월 10일자, 4면.

문화공보부에서 영화의 주관부서인 예술국장, 예술국 영화과의 외화계장, 방화계장, 방화계 주사, 그리고 한국영화계에서 가장 중요한 제작자이자 수입자였던 신상옥과 김태수가 뇌물수수 혐의에 연루된 초유의 사건이 발생한 것이다. 우선 검열 기준의 완화 등 검열의 편의를 봐주는 대가로 신프로덕션(신상옥)과 태창흥업(김태수), 한진흥업 등으로부터 뇌물을 받은 실무자들이 구속되었다.

> 검찰에 의하면 이 씨는 작년 4월 김 씨가 대만에서 수입, 상영하려던 영화 〈쌍룡〉의 검열 기준 완화 등을 부탁받고 5만 원을 받는 등 지난 2월까지 외화 검열을 둘러싸고 업자로부터 17회에 걸쳐 58만 원과 작년 11월 주식회사 신프로덕션 신상옥 감독이 수입해서 이미 상영 기간이 끝난 미국영화 〈잘 있거라 황야〉의 상영 기간을 연장해주면서 10만 원을 받은 혐의다.
>
> 또 노 씨는 지난 2월 극영화 〈성숙〉과 〈영자의 전성시대〉 등의 검열을 빨리 마쳐달라는 청탁을 받고 한진과 태창 등 두 영화사로부터 각각 3만 원씩을 받은 것을 비롯, 모두 25회에 걸쳐 59만 원과 복사판 영화의 재상영 허가를 둘러싸고 12회에 걸쳐 26만 원을 받았고 임 씨는 작년 9월 지방 흥행사 백종구 씨에게 극영화 〈모범 운전사 갑순이〉의 복사판 상영 허가를 해주고 8만 원을 받는 등 29회에 걸쳐 지방 흥행사로부터 2백 13만 원을 받은 혐의이다.[83]

---

83 "영화 검열 싸고 금품수수, 문공부 영화과 계장 등 4명 구속", 《동아일보》 1975년 5월 5일자, 7면.

그리고 5월 16일, 예술국장이 구속되었다. 그의 혐의는 1974년 이후 10여 차례에 걸쳐 우수영화 선정의 청탁을 받거나 선정에 대한 사례조로 김태수와 신상옥으로부터 각각 2백 40만 원씩 모두 480만 원을 받은 것이었다.[84] 그리고 1975년 7월 4일, 신상옥과 김태수가 법정 구속되었다.[85] 한국영화 정책과 검열을 좌우하던 주무과와 주무국 라인이 붕괴 사태에 처한 것이다.

그리고 1975년 5월 13일에는 긴급조치 9호가 발표되었다. 긴급조치 9호는 "집회, 시위 또는 신문, 방송, 통신 등 공공전파 수단이나, 문서, 도서, 음반 등 표현물에 의하여 대한민국 헌법을 부정, 반대, 왜곡 또는 비방하거나 그 개정 또는 폐지를 주장, 청원, 선동 또는 선전 행위"를 금하는 것으로, 언론, 예술, 표현의 자유에 대한 광범위한 제한을 가하는 내용이 포함되었다.

이러한 상황에서 문공부는 고강도의 정화 방안을 내놓게 된다. 1975년 6월 5일, 가요, 음반, 연극, 영화, 쇼 등에서의 퇴폐풍조를 없애기 위한 정화 방안을 마련한다. 이 중 영화에 대한 내용은 예륜을 통한 사전 심의 강화, 문공부가 실시하는 검열 규제 기준 대폭 강화(여기에는 국가안보나 국민총화 저해 외에 퇴폐풍조, 저질 내용에 대한 제재 강화까지 포함되어 있었다), 검열 담당관을 보강해 한 번에 그치던 검열 제도를 문제작에 대해 확대검열을 실시하는 양심제 채택, 외화 수입에서 달러의 부정 유출을 막는 방

---

84 "문공부 전 예술국장 구속, 우수영화 선정 싸고 업자 돈 받아", 《동아일보》 1975년 5월 17일자, 7면.

85 "신상옥·김태수 씨 구속, 우수영화 싸고 증뢰", 《경향신문》 1975년 7월 5일자, 7면. 1심에서 예술국장은 2년 6개월, 김태수와 신상옥은 각각 8개월을 선고받았으나, 신상옥과 김태수는 8월 11일 보석으로 출소했다. "신상옥·김태수 씨 보석 허가", 《동아일보》 1975년 8월 11일자, 7면.

안 등이 포함되었다.[86,87]

〈헬가〉에서 문제가 된 확대검열반이 이때 처음 거론되는 것이다. 실제로 문공부는 1975년 6월 18일, 영화 검열 제도 강화를 위한 방안을 구체적으로 보고하고, 6월 23일부터 실행에 들어간다.[88] 1975년 8월 8일에는 영화진흥공사가 광복 30주년 기념 영화 감상회 작품으로 선정한 극영화 〈오발탄〉(유현목, 1961)이 문공부 검열에서 문제작으로 지적돼 상영이 취소되었다.[89] 그리고 11월 5일, 문공부는 재차 영화 검열에 대한 대폭적인 강화 입장을 천명하고 그 구체 방안을 내놓았는데, 이는 확대검열반뿐 아니라 실무반(통상검열반)을 강화하는 방향으로 구체화되었다.[90] 또한 문공부 검열 자문위원회는 "주 1회 정례 심의회의를 갖고 미성년자 관람 가부 포함 문제서 있는 영화에 대한 자문"을 하는 것을 주요한 임무로 부여

---

86 "문공부 공연 활동 정화 방안 언저리, 사전심의·벌칙 강화", 《경향신문》 1975년 6월 6일자, 4면.

87 1975년은 대중가요에 대한 탄압이 본격화된 해이기도 했다. 정부는 이 해 6월 19일, 7월 9일, 9월 29일, 3차에 걸쳐 금지곡을 지정했는데, 그 수는 222곡에 달했다. 그 외 11월과 12월에는 261곡을 불건전 외국가요로 지정했다. 김행선은 이 해가 '대중가요 학살의 해'였다고 전한다. 그 외 그해 11월부터 1976년 1월 사이 대대적인 대마초 단속이 진행되었다. 김행선, 『1970년대 박정희 정권의 문화 정책과 문화 통제』, 선인, 2012, 192~197쪽.

88 이에 대한 구체 내용은 문화공보부, 「영화 검열 제도의 강화」(1975년 6월 18일)라는 제목의 내부 문건에 기재되어 있다. 그 내용에 따르면 영화과장 책임 하에 담당 사무관 1명, 담당 직원 1명, 중앙정보부 1명, 내무부 1명 총 5명으로 기존에 이루어지던 통상검열반 외에, 앞서 언급한 확대검열반을 구성하도록 했다. 확대검열반은 예술국장 책임하에 중앙정보부 심리전국 부국장, 내무부 치안본부 제2부장, 문공부의 문예진흥관, 종무담당관, 보도담당관, 방송심의관, 외보담당관 등 총 8인으로 구성되며 필요에 따라 전문 인사 약간 명을 추가할 수 있도록 되어 있었다. 그리고 확대검열반은 통상검열반에서 결정이 어려운 문제점이 발생하였을 때 재검열을 실시하여 확정하는 것을 주요 임무로 했다. 이러한 검열 강화 방안에 대해 문공부는 긴급조치 제9호에 따른 영화 검열 강화의 일환책임을 명기하고 있다.

89 "광복 기념 감상회, 〈오발탄〉 상영 금지", 《경향신문》 1975년 8월 8일자, 4면.

했다. 그리고 11월 22일, 영화 검열 자문위원으로 이항녕(홍익대 총장), 문인구(변호사), 선우휘(조선일보 주필), 조선출(대한기독교서회 총무), 김천주(주부클럽 총무) 등을 임명한다.[91] 이러한 강경한 분위기 속에서 한국영화계는 긴장할 수밖에 없었고, 기획하고 있던 작품은 물론 촬영 중인 작품에 이르기까지 방향 전환을 고려해야 하는 상황에 처하게 된다.[92]

11월 28일에는 신상옥의 영화사인 신프로덕션의 영화업 허가가 문공부에 의해 취소되었다. 수입 영화 〈장미와 들개〉 예고편에서 검열 통과되지 않은 두 커트가 포함되었다는 이유였다.[93] 또한 1976년 2월, 문공부 보고에서 대통령은 다음과 같이 지시한다.

> 박 대통령은 "주체성 없이 외래 문물을 받아들이는 자세는 우리 자체의 문화 예술을 좀먹게 할 우려가 있으며 이로 인해 어느 시기에

---

90 그 개요는 통상검열반 반장의 급을 높이고, 중앙정보부 관계관을 2인으로 증원하는 것이었다. 문공부 내부 서류(「영화 검열 제도 강화」, 1975년 11월 6일)에 의하면 실무반(통상검열반)의 보강 내역은 다음의 표와 같다.

현재	보강 계획
반장: 문공부 영화과장	반장: 문공부 2급 공무원
검열관: 문공부 담당 사무관 내무부 치안본부 소년담당(경정) 중정 관계관(3을)	검열관: 문공부 영화과장 문공부 담당 사무관 내무부 치안본부 소년담당관(경정) 중정 관계관(3갑, 3을)
계 4명	계 6명

91 "영화 검열 자문위원 5명을 위촉", 《동아일보》 1975년 11월 24일자, 5면.

92 당시 한 기사는 이러한 분위기에 대해 "앞으로 영화 속에서 키스 신 조차도 보기 어렵게 됐다"고 쓰고 있다. "긴장 속 방향 전환 부심", 《경향신문》 1975년 11월 27일자, 8면.

93 "영화업계 부조리 된서리, 신프로 허가 취소의 충격파", 《경향신문》 1975년 11월 29일자, 8면.

우리 것의 문예가 없어지게 된다면 중대한 문제가 아닐 수 없다"고 말하고 그 예로 특히 젊은 층과 성장하는 세대에 악영향을 주는 퇴폐적인 외국영화의 수입을 단속하라고 지시했다.[94]

서구와 다른 '한국식 민주주의'에 기반을 둔 주체성을 바탕으로 한 건전한 민족문화예술 창달이라는 유신 정권의 문화 정책이 영화계에까지 직접 영향을 미치게 된 것이다. 당시 문공부 장관은 대통령의 지시에 대해 "외래문화를 자주적으로 수용하지 못한 그간의 과오를 청산하고 주체적 민족사관에 입각, 전통문화를 발전시켜 이를 국가 발전의 정신적 지주로 삼겠다"고 응답한다.[95]

이 상황이 1976년 7월 〈헬가〉가 수입되는 시점 이전까지의 흐름이었다. 이 기간 검열의 흐름을 크게 보자면 1971년까지의 완화기, 1971~73년 사이의 강화기, 1974~75년 사이의 완화기, 1975~76년의 강화기가 번갈아 나타나고 있었다.[96] 그리고 〈헬가〉는 강화기에 재수입되었다. 특히 1976년 벽두, 대통령의 지시, 즉 '퇴폐적인 외국영화 수입'의 단속 방향은 이 영화의 검열에 불리하게 작용했을 가능성이 있다.

그러나 해당 영화의 검열 과정과 결과를 이해하기 위해서는 전체적인 분위기에 더해 보다 구체적인 정황을 들여다볼 필요가 있다고 생각된다. 무엇보다 이 영화의 수입사인 태창흥업의 대표 김태수를 주목할 필

---

94 "문공부 보고, 주체성 바탕 민족문화 창달", 《동아일보》 1976년 2월 5일자, 1면.

95 위의 기사, 《동아일보》 1976년 2월 5일자, 1면.

96 물론 이는 상대적인 비교이다. 예컨대 유신 정권이 수립되고 긴급조치가 발동되기 시작한 두 번째 완화기가 첫 번째 완화기와 같은 수준은 아닐 것이다.

요가 있다. 김태수는 1960년대 후반에서 1970년대에 한국영화계에서 가장 중요한 제작자 중 한 명이었고 1972년에는 영화제작자협회 회장, 그리고 1973년에는 영화배급협회 회장을 거쳤다. 당시의 영화제작자협회나 영화배급협회가 정부의 권력을 일정 부분 공유하고 있던 관변에 가까운 단체였음을 감안한다면, 이 양 단체의 회장을 역임했던 김태수가 문공부와 밀접한 관련을 가지고 있었음을 짐작할 수 있으며, 이 유착 관계가 1975년의 뇌물 사건으로 밝혀졌던 것이다. 이와 함께 문공부 예술국의 영화과 라인의 거의 전 직원이 구속당했다.

여기서 참고해야 할 하나의 사건이 더 있다. 1975년 12월, 태창흥업이 수입한 〈엔터테인먼트〉라는 장편 문화영화를 둘러싼 태창흥업과 문공부 사이의 다툼이다. 태창흥업이 수입한 이 영화에 대해 문공부가 문화영화에 해당하지 않는다는 결론을 내리자, 태창흥업이 변호사를 동원하여 문공부에 문화영화 개념의 모호성을 지적하는 등의 항의를 하고 결국 문화영화로 인정받은 사건이다. 이 과정에서 주무국과인 예술국 영화과는 문공부 법무담당관실로부터 추궁을 받는 등의 굴욕적인 상황에 처했다.[97]

〈헬가〉의 수입 신청은 이 사건이 해결된 3개월 후인 1976년 7월에, 미성년자 관람 불가를 결정한 확대검열은 1977년 1월에 이루어졌다. 저작권료와 필름 복사비를 합쳐, 이미 지출된 10,000달러에 해당하는 재정적인 손실을 민간 영화사가 감수케 할 결정은 사실, 아무리 강경한 분위기에서라도 쉽게 내려질 수 있는 것은 아니다. 게다가 이 영화는 1968년

---

97 이 사건은 문화영화의 개념 변화와 관련 법률 개정에 있어서 중요한 의미를 가진다. 이 사건의 상세 경과와 의미에 대해서는 이 책에 수록된 조준형, 「문화영화의 제도화 과정: 1960~70년대 영화법과 관련 정책 변화를 중심으로」를 참고.

에 중학생 관람 가 판정을 받았고, 이는 서류에 지속적으로 언급되고 있었다. 따라서 문공부(정확히는 예술국 영화과)의 결정은 일반적인 검열 의견 이상의, 앞서 언급한 태창흥업과 문공부 주무과 사이의 특수한 관계가 개입한 결과가 아닌가 짐작할 수 있다.

그리고 태창흥업은 1977년 5월 초에 이 영화의 재심을 신청했고, 재심사는 11월, 즉 6개월이 지난 후에 이루어졌다. 통상적인 절차에 비해 지나치게 지연된 이 6개월간 영화사와 문공부 사이에 일정한 협의가 이루어졌을 가능성이 높았을 것으로 보인다. 또 하나 염두에 둘 것은 영화 시책과 같은 명시적인 정책 전환으로 드러나지는 않았지만, 1977년에 접어들면서 검열은 다시 완화의 움직임을 보여주고 있었다는 사실이다. 이 해 후반기 언론들이 앞다투어 영화 정책과 검열의 문제점을 지적한 가운데, 김수용의 〈야행〉(9월 개봉)과 김호선의 〈겨울여자〉(10월 개봉)와 같은 성인 영화가 하반기 히트작의 반열에 올랐다.[98] 이러한 완화 분위기에서 〈헬가〉의 상영은 비록 크게 삭제된 형태로나마 가능해졌던 것으로 보인다.

---

98 이호걸에 따르면 성인 영화라 할 수 있는 호스티스 멜로드라마, 혹은 호스티스 영화가 가장 많이 생산된 시기는 1977년과 1978년이다. 이 시기에는 〈미스 양의 모험〉(김응천, 1977) 〈O양의 아파트〉(변장호, 1978) 〈나는 77번 아가씨〉(박호태, 1978) 〈꽃순이를 아시나요〉(정인엽, 1978) 〈26×365=0〉(노세한, 1979) 등과 같은 다수의 호스티스 영화들이 흥행 순위의 앞자리를 차지했다. 이호걸, 「1970년대 한국영화」, 한국영상자료원 편, 『한국영화사 공부: 1960-1979』, 이채, 2004, 96쪽.

5. 나오며

앞서 서문에서 언급한 바와 같이, 이 글은 1960년대 말 이후 영화에서의 성적 표현과 검열이라는 주제에 대한 시론적인 성격을 띤다. 시론에 머무를 수밖에 없는 것은 이 주제에 대한 연구를 진척하기 위해 필요한 사실 관계의 확인과 기초 조사 자체가 부족한 형편이기 때문이다. 예컨대 구체적인 검열의 수행 과정, 시기별·국내외 영화별·장르별 검열 기준과 강도, 검열에 대한 국가의 변화하는 강조점, 검열 실무 주체, 실제 삭제 및 축소된 장면 등 무엇 하나 정확히 밝혀지지 않은 실정이다. 이 글은 이러한 한계에서나마 특정 영화의 검열 자료와 신문 기사 등 실증적인 자료를 통해 당대의 흐름을 재구성하고자 한 일종의 중간 결과물이다. 따라서 다음에 제시하는 이 글의 잠정적인 시사점들은 향후 보다 폭넓은 조사와 연구를 통해 검증되고 보완되어야 할 것이다.

첫째, 1968년에서 71년 사이 한국의 섹스영화 붐은 국가가 허용한 결과라기보다는 영화산업과 수요자의 요구, 그리고 무엇보다 '섹스 혁명'이라는 국제적 경향으로 인해 추동된 결과라 할 수 있다. 당시 한국 정부, 혹은 사법 기관은 갑작스럽게 높아진 영화의 성 표현 수위의 적절성을 판단할 수 있는 구체적 기준과 경험을 보유하지 못했다. 이러한 상황은 검열자들로 하여금 〈헬가〉의 섹스영화로의 전환 가능성보다는 텍스트 자체가 가진 교육적·과학적·정책적 가치를 우선하게 했고, 첫 번째 검열의 수위가 낮았던 배경이자 원인이 되었다.

둘째, 1960년대 후반 이후 국가의 영화 성적 표현에 대한 검열은 일관되게 수행되지 않았으며, 강화기와 완화기를 반복했다. 이는 박정희 정권기의 검열 혹은 영화 텍스트에 대한 각종 통제 경향을 일괴암적으로 규정짓는 것이 위험할 수도 있다는 사실을 함의한다. 〈헬가〉가 1968년에 4개의 장면이 삭제되고 중학생 관람 가로 개봉한 것과 1976년에 검열을 통과하지 못한 것, 그리고 1977년에 검열을 통과했으나 대폭 삭제된 것은 국면적 흐름 변화에 따른 결과라 할 수 있다. 그러나 물론 이 완화기와 강화기라는 것은 상대적인 것이다. 예컨대 1960년대 후반의 완화기는 1970년대의 완화기에 비해 더 높은 표현 수위가 가능했던 것 같다.[99] 주목할 점은 강화의 계기는 어느 정도 특정 지을 수 있으나(유신체제, 긴급조치, 영화 시책 등), 완화의 계기는 1969년 박정희의 발언 외에 거의 가시화되지 않는다는 점이다. 이는 1970년대 한국사회에서 국가에 의한 가시적인 강제가 없다면 영화의 성적 표현이 높아지는 경향으로 나타날 수밖에 없다는 것을 보여준다. 즉 당시 국가의 규제는 관객의 수요나 산업계의 요구보다 높은 수준에서 유지되었다고 할 수 있다.

셋째, 1969년에서 71년 사이의 '섹스영화' 붐이 국가에 의해 중단되는 것과 유신체제 이후 반복적으로 검열이 강화되는 계기는 당시 박정희 정권이 서구의 민주주의 정체나 근대성을 부정하고, 한국식 정체와 근대화를 체제 유지의 이데올로기로 삼은 것과 관련된다. 즉 당대 국가와 영화의 성적 표현 간의 관계 변화는 단순히 국가와 영화계(혹은 시민사회)만이 아니라 보다 거시적으로는 서구와 한국의 관계 설정 방식의 변화가 작용한 결과였다.

---

99 물론 이는 〈헬가〉만을 놓고 보았을 때의 잠정적 결론이다. 이에 대해서는 개별 영화들에 대한 보다 정교한 연구가 필요하다. 그러나 이때 염두에 둘 것은 현재 한국영상자료원이 서비스하고 있거나 DVD로 출시한 판본으로 이를 판단할 수는 없다는 것이다. 이 판본들은 당시 검열된 판본이 아니라 네거티브 원 필름을 복원한 것들이기 때문이다.

넷째, 검열은 지속적인 협상과 타협, 심지어 협잡과 공모의 과정이다. 이 과정에서 국가의 검열 기준이나 강화와 완화라는 주기가 큰 범위의 한계선을 규정한다면, 구체적인 선은 끊임없이 유동한다. 이 글이 김태수라는 제작자와 문공부 사이의 관계를 비롯한 당대의 사건들에 비교적 긴 분량을 할애한 것은 이와 같은 상황적인 요인을 강조하기 위함이었다. 〈헬가〉라는 영화 텍스트의 교육적 성격, 서독 정부의 후원 아래 만들어진 생산 맥락, 중학생 관람 가로 결정되었던 이전의 검열 사례, 성교육 교재에 대한 당대의 사회적인 수요 등을 감안할 때, 검열의 강화기라 할지라도 김태수와 문공부의 관계 설정 여하에 따라서는 1977년 1월에 다소간의 삭제를 거쳐 검열을 통과할 수도 있지 않았을까? 검열자와 피검열자의 관계가 검열에 불리하게 작용할 수 있다면, 반대로 그 관계가 검열에 유리하게 작용할 수도 있을 것이다. 즉 검열의 우연적이고 상황적인 맥락이 구체 검열에서는 중요하게 작용할 수도 있다는 것이다.

다섯째, 이상의 우발성의 요인을 검열자의 개별성이라는 또 다른 측면에서 생각해볼 수도 있다. 1976년 12월, 〈헬가〉에 대한 통상검열반의 검열 과정에서 보사부와 내무부의 검열관은 1960년대 말의 검열과 크게 차이나지 않는 제한 사항으로 미성년자 관람 가 의견을 피력했고, 중앙정보부 검열관은 비록 제한 사항을 상당히 열거했으나 미성년자 관람 가부에 대해서는 관계 기관의 의견에 위임했다. 결국 이 영화가 통상검열반에서 미성년자 관람 가의 결정을 받지 못한 데에는 문교부 검열관의 의견이 크게 작용했다고 볼 수 있는데, 이 검열관은 확대재검열에도 참석해 미성년자 관람 불가의 의견을 피력했다. 반대로 내무부 검열관으로 참여했던 여성 경정은 이 영화의 검열에 가장 진보적인 의견을 제시했다. 그러나 확대재검열에 참석한 다른 내무부 검열관은 미성년자 관람 불가의 의견을 냈고, 재심사 과정에는 다시 여성 경정이 참석해 미성년자 관람 가의 의견을 제시했다. 이를 감안할 때 검열은 단순히 국가나 정부 부서의 입장이 개인을 통해 제시되는 과정이라기보다는 검열자들의 개성, 성별, 가치관이 표출되는 계기일 수도 있다.

참고문헌

신문 및 잡지

《경향신문》, 《대한일보》, 《동아일보》, 《매일경제신문》, 《서울신문》, 《신아일보》, 《조선일보》, 《중앙일보》, 《한국일보》 등 각 기사

논문 및 단행본

김원, 「'한국적인 것'의 전유를 둘러싼 경쟁: 민족중흥, 내재적 발전 그리고 대중문화의 흔적」, 『사회와 역사』 93집, 한국사회사학회, 2012.

김행선, 『1970년대 박정희 정권의 문화 정책과 문화 통제』, 선인, 2012.

린 헌터 편, 조한욱 옮김, 『포르노그라피의 발명』, 책세상, 1996.

박유희, 「박정희 정권기 영화 검열과 감성 재현의 역학」, 『역사비평』 99호, 역사비평사, 2012.

배은경, 『현대 한국의 인간 재생산: 여성, 모성, 가족계획 사업』, 시간여행, 2012.

아네트 쿤, 이형식 옮김, 『이미지의 힘: 영상과 섹슈얼리티』, 동문선, 2001.

여임동, 「1960년대 말 박정희 정권기 "섹스영화"의 등장 배경에 관한 연구」, 『영화문화연구』 11집, 한국예술종합학교 영상원 영상이론과, 2009.

유선영, 「과민족화 프로젝트와 호스티스 영화」, 공제욱 엮음, 『국가와 일상: 박정희 시대』, 한울, 2008.

이호걸, 「1970년대 한국영화」, 한국영상자료원 편, 『한국영화사 공부: 1960-1979』, 이채, 2004.

임상혁, 『영화와 표현의 자유』, 청림출판, 2005.

Dagmar Herzog, *Sexuality in Europe: A Twentieth Century History*, Cambridge Univ. Press,

2011.

Harald Steinwender and Alexander Zahlten, "Sexploitation Film from West Germany", Terri Ginsberg and Andrea Mensch eds., *A Companion to German Cinema*, Blackwell Publishing ltd., 2012.

James Stuart Olson ed., *The Historical Dictionary of the 1960s*, Greenwood Press, 1999.

Jeffery Escoffier, "Introduction", Jeffrey Escoffier ed., *Sexual Revolution*, Thundder's Mouth Press, 2003.

Linda Williams, *Screening Sex*, Duke University Press, 2008.

Tim Bergfelder, "Exotic Thrills and Bedroom Manuals West German B-Film Production in the 1960s", Randall Halle and Margaret McCarthy eds., *Light Motives: German Popular Film in Perspective*, Wayne State University Press, 2003.

______, *International Adventures: German Popular Cinema and European Co-Productions in the 1960s*, Berghahn Books, 2005.

Uta Schwarz, "Helga(1967): West German Sex Education and the Cinema in the 1960s", Lutz D. H. Sauerteig and Roger Davidson eds., *Shaping Sexual Knowledge: A Cultural History of Sex Education in Twentieth Century Europe*, Routledge, 2009.

기타

문화공보부, 영화 〈헬가〉(여성의 신비) 수입 및 검열 관련 서류 일체.

영화 〈헬가〉(여성의 신비)